「沖縄県民」の起源

戦後沖縄型ナショナル・アイデンティティの生成過程

1945-1956

坂下雅一 ［著］
SAKASHITA Masakazu

有信堂

「沖縄県民」の起源―戦後沖縄型ナショナル・アイデンティティの生成過程一九四五－一九五六／目　次

序章 ―――― 1

はじめに／分析アジェンダ／分析舞台と仮説、作業内容／分析枠組――その眼目と制約／先行研究との相違／構成／「琉球」、「沖縄」、琉球・沖縄、の表記原則／その他の用語法

第Ⅰ部

第一章　理論的前提 ―――― 23

第一節　事件史的ナショナリズム分析の視座　23

理論課題としての方法論的ナショナリズムと集団主義／認知的視角／ブルーベイカーの民族・ナショナリズム理論／事件史的ナショナリズム分析の基本枠組／事件史的ナショナリズム分析の意義と発展性／社会運動論のフレーム分析視角の有用性

第二節　分析枠組の設定　38

基底的な分析概念・枠組／「我々カテゴリー」＋「理念」＝ネーションのヴィジョン／エスニシティとネーション／琉球・沖縄の「自治」「経済自立」／複合ヴィジョン／ナショナル・アイデンティティ（schema）とフレーム（frame）の基本関係／ナショナル・アイデンティティの統合機能／枠組1「支配者」―「我々」間の政治認識闘争（縦の相互作用）／枠組2「我々」内の政治認識闘争（横の相互作用）／枠組3

「我々」と「外部」との相互作用（三項連関図式）

第二章　前史―近代沖縄型「ネーション」の生起 ―― 71

第一節　論述の前提　71

はじめに／近代的「我々観」生成におけるエポックとしての日清日露戦争／琉球列島のエスニックな多様性と「琉球人」「沖縄人」カテゴリー

第二節　グローバル・リージョナルレベルの「世界観」の転換と琉球・沖縄　78

「近世」における沖縄群島の「世界観」＝「我々観」／近代ナショナリズムのグローバルダイナミクスと琉球・沖縄

第三節　「民族内民族」としての「琉球民族」の誕生と「自治」「沖縄県民」　88

はじめに／日清日露戦間期に「留学生」が置かれた社会文脈／代表的「留学生」太田朝敷／太田朝敷における「統合」と「差異化」の交錯／興隆する「自治」理念の内実／「琉球民族」の登場／まとめ

第三章　舞台―「戦時占領期」の政治・社会と「我々観」の揺らぎ ―― 119

第一節　戦争被害と基地建設、統治政策と生活世界の変動　120

「戦後」の政治展開の規定要因としての沖縄戦／三つのキーワードから見た米軍統治政策の鳥瞰図／琉球政府以前の「政治」の制度的変遷／琉球政府以前の経済政策の展開／消費生活の変化と「都市」「多文化」の形成

第二節　「我々観」の揺らぎ　141
米側による「日本・日本人」―「琉球・琉球人」関係の理解／「公的カテゴライゼーション」として「琉球」のインパクト／複合ヴィジョンの機能停止と「離日」「帰日」言論の始まり／日本から「沖縄」への「政治」の伝播／ナショナル・アイデンティティの状態

第Ⅱ部

第四章　「自治」「経済自立」理念の表出（一九四五―一九五〇）―――173
第一節　一九四〇年代における「自治」「経済自立」理念の登場　173
「自治」理念をめぐる「戦前」と「戦後」の政治環境の相違／「自治」の表出／「自治」のマスターフレーム化／「自給」から「経済自立」へ
第二節　一九五〇年代における「自治」「経済自立」理念の展開　184
生活苦の緩和による米軍政評価の一時的好転／「自治」の対抗理念としての性格の一時的弱体化／米軍の琉球統治指針の確立と「経済自立」の「理念道具」的活用／平良辰雄の知事当選と「経済自立ブーム」／まとめ
第五章　「脱基地経済」理念の生成と「自治」の「高揚」（一九五一―一九五二）―――201
第一節　始動する「経済自立」の「脱基地経済」化　201

「自立経済計画」の顛末に見る沖・米「経済自立」理解の齟齬／戦後沖縄型「経済自立」理念の兆し

第二節　米軍主導の政治制度改革に対する幻滅と「自治」の高揚　210

群島政府の「自治」に対する評価の反転過程／「自治」理念の「フレーム補足」による「高揚」過程／まとめ

第六章　「復帰」理念の表出と高揚（一九五一―一九五二）　233

はじめに

第一節　「復帰」の「構造要因」　235

沖日政治指導者間の交流増大と「日本情報」の流入／一九五一―一九五二年における「沖縄」・日本・米国の三項関係／在日沖縄人政治アクター／「復帰」のプル要因としての対日貿易の始動／「社会・教育政策財源問題」における「復帰」の「プッシュ要因」／「教育・社会政策財源問題」における「復帰」の「プル要因」／戦災校舎復興問題の復帰運動への関連

第二節　「復帰」の表出・高揚の事件史的展開過程　257

一九五一―五二年にかけての「帰属問題」の通史的把握／「第二の引き金」としてのresidual sovereignty／「復帰」理念のリフレーム／質的変化1　「救済者日本」の登場と「域内問題」と「対日問題」の境界消滅／質的変化2　「『日本人』の成員資格の維持」というアジェンダの登場／residual sovereigntyの政治コミュニケーション的ダイナミクス／日本側による「残存主権」的理解と「沖縄」への伝播／まとめ

第七章　「自己決定」の行方―「離日」消滅と複合ヴィジョン再生―――293
はじめに
第一節　「離日」の消滅　295
転換点としてのサンフランシスコ講和会議／復帰反対論の特徴1　「オール沖縄」的な「離日」感情の代弁性／復帰反対論の特徴2　「日本人」の前提化と「民族自決」の不在／論争内容の時代的特徴／復帰反対派の政治・経済構想／復帰反対論の「経験的信頼性（empirical credibility）」の衰退
第二節　複合ヴィジョン再生に伴う「自己決定」のリフレーミング　309
琉球・沖縄人の「自己決定」と「日本・日本人」への「復帰」の接合／主体性喪失への警戒感／複合ヴィジョンに付随する「緊張」の封印／複合ヴィジョンのオルターナティブフレーム／まとめ

第八章　抵抗主体としての「沖縄県民」の生成（一九五二―一九五六）―――335
はじめに
第一節　一九五〇年代中頃の政治情勢　337
当該期の三項連関構図／国際情勢の「沖縄」へのインパクト／当該期の主要な政治アクター／抗米の諸文脈／人民党をめぐる「政治」の事件史的展開（一九五二―五四年）
第二節　土地闘争と「復帰」の高揚、「沖縄県民」の再表出・再主流化　358
軍用地問題の事件史的展開過程（終戦直後から一九五四年まで）／人民党による「沖縄

県民」の使用再開／「朝日報道」、「伊江島・伊佐浜」から「島ぐるみ闘争」へ／「沖縄県民」興隆の原因／まとめ

終章 389

結論／一般理論的インプリケーション

補説 「自給」「経済自立」のナショナリズム思想史的起源 401

公分母としての「外部統制・依存から脱却」≒「内的統制の確立」／「外部の統制・依存から脱却」≒「内的統制の確立」の理念の起源と展開／「自治」と「経済自立」の起源

あとがき 411

参照文献／索引 巻末

序章

はじめに

ネーションとは「集合的な自己決定主体」として「想像」される「我々」のことである。本書では、このような政治的な側面に照準を合わせたネーション理解の立場から、「沖縄のアイデンティティ」の「揺らぎ」の歴史的な様相について、「民族・ナショナリズムの社会学[1]」の理論装置を用いて浮かび上がらせてゆく。

「同化と異化のはざま」（大城一九七二）、「日本人であって日本人でない」（小熊一九九八）などと表現されてきた「沖縄のアイデンティティ」の「揺らぎ」。政治に注目する本書の立場からは、この「揺らぎ」を次のように表現できる。琉球・沖縄人の「自己決定（self-determination）[2]」の希求と「日本・日本人」への「帰属」の希求という二つの緊張関係にあるベクトルが「からみ合った」状態で同居している。

この「からみ合った」状態での「同居」を安定化する作用を持つ沖縄に特有の政治主体表象として「沖縄県民」を捉え、その来歴を探究すること。これが本書の基本的な趣旨である。

「県」という日本の行政制度に由来する「県民」という表記は、語義的には単純にその行政区域内の住民を指し示す言葉であり、ネーションのような際立った政治性・文化特殊性の含意はない。しかし、日本や米国といった大国の強権に翻弄され続けた歴史の中で、沖縄戦に伴う破壊と殺戮、居住地の強制収用による基地の建設を経験した沖縄では、広い意味での自己決定を希求する強いベクトルが働いている。こうした文脈にあって、例えば「普天間基地の県外移設は県民の総意である」といった表現中の「県民」には、「琉球処分[3]」以来の日本（ヤマト）による政治経済的、文化的覇権の歴史を背景に、「沖縄人（ウチナーンチュ）」ないし「琉球人」という民族性を帯びた自己決定主体という含意が生じる。そのような集合的な思いが強く感じられる「場」が、米軍基地などをめぐる国家の政策に対して「我々」の抗議と闘争の意志を表明する「県民大会」である。

だが同時に「沖縄県民」は「県」という用語を含むがゆえに、「我々」が「日本・日本人」の不可分の一部である、という含意も不可避的に合わせ持っている。つまり、「沖縄県民」は「日本・日本人[4]」への「帰属」を所与の前提に、しかし「日本人」とは別個の自己決定主体としての「我々」の「想像」を喚起する自己表象だといえる。

こうしてみると、沖縄における政治的な意味でのネーションのアイデンティティ、すなわち「ナショナル・アイデンティティ」の「揺らぎ」の特徴を捉える上では、「日本人」や「琉球民族」といった「民族カテゴリー」の観点から探究するよりも、「沖縄県民」への着眼を起点に探究を進めた方が、その複雑さをより的確に把握できるのではないだろうか。そして、それは「日本人」と「琉球・沖縄人」という二つの「ネーション・カテゴリー」に同時に依拠した「自己決定主体」の「想像」、という新しいナショナリズム理解を提起、発展させる理論的可能性を秘めている。

「沖縄県民」の理論的インプリケーションはもう一つある。既存のナショナリズム研究の多くは、近代的国民意識の興隆であれ、あるいはアイデンティティの「揺れ」や「紛争」であれ、ネーションをめぐるアイデンティフィケーション過程を、社会空間全体に一元的に作用する社会過程として捉える傾向がある。「社会」にネーションのイメージが充満してゆく過程を強調する「想像の共同体」のメタファーはその典型だといえよう。

これに対し「沖縄県民」という「我々イメージ」は、その影響力を「沖縄社会」全体に一律に発揮しているわけではない。例えば、沖縄島の市井の人々の日常の生活世界において主流的に用いられる「我々」表現は、「ウチナーンチュ」であって「沖縄県民」ではない。他方、「沖縄論壇」の言説空間に目を向けると、近年目立っている「復帰思想」に批判的なスタンスの論考では「沖縄人」や「琉球人」が目立ち、「沖縄県民」はもはや主流とはいえない。

つまり「沖縄県民」は、「県民大会」をはじめ、様々な政党・団体・行政機関・人々がその政治的意志を表明する政治的な「場」に特化して大きな影響力を有する「アイデンティティ」表現だといえる。このように分節化された領域でのみ支配的な影響力を発揮する「アイデンティティ」の社会過程を捉え分析する理論道具は、現在もっとも広く参照されているB・アンダーソンら一九八〇年代のナショナリズム理論にはなく、この点でも新たな理論的思考が必要とされる。

以上のような「沖縄県民」への着眼を起点に導きだされた理論課題を踏まえ、本書では独自の分析枠組を設定する。それによって、戦後沖縄に特有の政治主体観念が形成される歴史過程に社会学的な光をあて、従来埋もれていた「沖縄の自己決定」の諸潮流を掘り起こしつつ、それら潮流と「日本・日本人」への「帰属」との交錯の様相を捉える。

本書の分析の土台となるアプローチは、理念・概念の来歴を探究する理念史・概念史である。「我々」を表記する用語（「沖縄県民」「日本人」「琉球人」など）や、その「我々」が「目指すべき」ものとして提示される諸理念（「自治」「経済自立」「復帰」など）の意味内容の変化や概念の組み合わされ方を検討することで、「集合的な自己決定主体」の「想像のされ方」の変遷の把握が可能になる。

ただし、上記のような理論課題に対応するには、知識人のテキストを読み解く古典的な理念史・概念史の手法では不十分である。必要とされている分析枠組みは、「沖縄県民」をネーション の関連概念として捉える本書の立場を理論的に裏付け、なおかつ、「政治の世界」の「場」に特有のアイデンティフィケーション過程を捉えるものでなければならない。そこで、一九九〇年代後半以降に興隆した新しいナショナリズム理論潮流などを参照して、本書の分析文脈に適合的な理論道具や概念装置を整備する。この作業により、古典的な理念史・概念史の手法では捉えられない、理念が短い時間スパンにダイナミックに変化する様相や、「政治」という限定された領域で展開する「我々」観念の生成・変容過程を捉えることが可能になる。

沖縄研究の文脈では「アイデンティティ」や「自己決定」は実存的な問いに根ざした中核的なテーマで、関連する歴史研究の数も多いが、「アイデンティティ」や「ナショナリズム」に関する社会理論の活用を軸とする歴史社会学的な研究は盛んとはいえない。本書は、こうした研究状況に一石を投じることで、これらテーマをめぐる議論の活性化を狙う。

分析アジェンダ

ここで第一章で提示する分析概念を一部先取りして、より具体的な分析アジェンダを提示しておこう。本書はナショナル・アイデンティティを、記述概念としてではなく分析概念として設定している。本書の分析概念としてのナショナル・アイデンティティは、行政機関や政党、運動団体、マスコミ等の諸政治アクターからなる「政治の世界」を統制する政治文化の一種である。

その上で琉球・沖縄の文脈におけるナショナル・アイデンティティの特徴を、琉球・沖縄人の「自己決定（self-determination）」の希求（より具体的には「自治」「経済自立」理念の追求）と「日本・日本人」への「帰属」の希求（より具体的には「祖国復帰」という目標の追求）という二つの緊張関係にあるベクトルが「からみ合った」状態で同居する「複合ヴィジョン（syncretic vision）として把握している。そして、その複合ヴィジョンのいわば「依り代」的な「我々カテゴリー」として「沖縄県民」を捉えている。

そして、このような特徴を持つナショナル・アイデンティティが戦後初期の「沖縄」の「政治の世界」で形成されてゆく社会過程の分析を試みる。[5]

琉球・沖縄の民族・ナショナリズム現象についての最もわかりやすいアプローチは、境界メカニズム（Barth 1969）が分析者自身にも作用することによって生じる「沖縄」と「日本」との「異族感」や「薩摩の琉球侵略」「琉球処分」等の歴史的知識、そして「ウチナーンチュ vs ヤマトンチュ」等の社会通念上の概念枠組（実践のカテゴリー）に忠実に、近代以前の琉球国が日本とは異なる「エトニー（ethnie）」（Smith 1986＝一九九九）であることを明示的ないし暗黙の前提とすることである（例えば、松島二〇一二）。

これに対し本書は逆のベクトルからアプローチする。琉球・沖縄の「自己決定」と「日本・日本人」への「帰属」のトレードオフ的「せめぎ合い」の関係性を所与の前提にするのではなく、それらの意味内容をいったん鍵括弧に括る。

その上で「自治」「経済自立」「復帰」等、戦後沖縄の中心的な政治理念とその主体を規定するカテゴリー（「琉球人」「日本人」「沖縄県民」等）を結び付ける用語法、レトリックに注目し、その意味連関の「型」を抽出するのである（分析のカテゴリー）。その抽出された「型」が生成・変容する過程のwhyとhowを、近現代「沖縄」が巻き込まれた包摂と排除、序列化等の「上」からの作用とそれに対する沖縄側の反応が交錯する過程に目を配りながら歴史的に検討すれば、「沖縄人」や「日本人」というカテゴリーを「民族集団」とアプリオリに同一視するのとは異なる視角から民族・ナショナリズム現象の生成・変容過程を照射することができるはずである（Brubaker 2004a: ch.1）。

分析舞台と仮説、作業内容

以上のような分析アジェンダに基づいて研究を進める上で、本書が注目するのが一九四〇年代後半から一九五〇年代前半にかけての時代である。

激しい地上戦で荒廃した沖縄群島では、戦前の差別・蔑視体験や「守ってくれるはずの『友軍』に逆に追い立てられ、愛しい人たちの命が奪われた」という沖縄戦の体験などから、一九四〇年代末の時点では、「祖国復帰」が自明の選択肢として語られていたわけではない。

だが一九五〇年代に入ると、ほどなく「復帰」が「あたりまえの理想」となるという変化が起き、その理想の具体的な内容もまた、政治情勢の変化とともに変容していった。それは「革新」の側では、当時アジア・アフリカで興隆していた植民地独立ナショナリズムのそれと同様、虐げられた状況の唯一最大の抜本的解決策を復帰（アジア・アフリカの場合は独立）に見出し、「一刻も早く祖国復帰を実現し植民地状態から自らを解放しなければならない」という、昂揚感と切迫感を持った、しかし根強い反戦平和志向を特徴とする戦後の琉球・沖縄に特有の「たたかいの文化」（Tarrow [1994] 1998＝二〇〇六：四三）の興隆を見た。この「たたかいの文化」を印象づけてきたのが万単位の人々が反戦平和のスローガンを叫びながら日の丸を掲げて街頭をデモ行進した復帰運動全盛期の運動風景であろう。

同時に初期には祖国復帰に抑制的だった「保守」の一部の人々が語る将来ヴィジョンも、高度経済成長期に入った

「日本」への復帰に期待を込めたものに変化し始めた。

その一方、「自治」や「経済自立」といった政治や経済に関する「自己決定」を希求する「理念」が興隆したのもこの時代である。つまり、この時代に、琉球・沖縄の「自治」や「経済自立」という理念が立ち上がって拡散・主流化したことに伴い、「沖縄人」「琉球民族」といったカテゴリーで表現される「我々」が政治・経済的な「自己決定」の主体という意味でのネーション性を強める過程があったことも想定しうる。

こうして見ると、一九四〇年代後半から一九五〇年代前半にかけての沖縄群島では、「自治」「経済自立」に代表される琉球・沖縄の「自己決定」の潮流と「復帰」への潮流が生起し、高まってゆく過程が同時並行的に進展していたことになる。

そうであるならば、「復帰」の潮流と「自己決定」の潮流とが「からんでゆく」過程があったのではないか。このような作業仮説に立脚して一九四〇年代後半から一九五〇年代前半にかけての公的な政治言論を分析してゆくこと。これが本書の作業内容である。

作業にあたっては「自治」「経済自立」を、琉球・沖縄の「自己決定」のベクトルを代表する作業定義的概念として活用する。これらは今日でも琉球・沖縄の中核的政治理念の一翼をなしており、その意味でこれら理念の生成・変容過程を追うことは、戦後沖縄のナショナル・アイデンティティの起源を探究することでもある。

復帰運動の生起以前の一九四〇年代については、「自治」「経済自立」をどのようなアクターが、どのような文脈で、どのように使用したのかを丹念に確認しながら、これら理念の使用頻度の趨勢や意味内容の変化の過程を追うことでその興隆・変容過程を浮かび上がらせる。

復帰運動の生起後は、まず、「復帰」の「理念」が興隆し「あたりまえ」の前提になってゆく過程を丹念に追いつつ、「自治」「経済自立」「復帰」がどのような意味連関のフォーマットの中で「同居」したのかに注目して考察する。次いで、戦後沖縄で最初の大規模な抵抗運動だった一九五〇年代の土地闘争に注目し、その中で琉球・沖縄人の「自己決定」のベクトルと「日本・日本人」への「帰属」のベクトルが交差する様相を照射する。

この二つの作業によって戦後沖縄に特有のナショナル・アイデンティティが混成的（syncretic）に形成されてゆく社会過程が浮かび上がるはずである。

分析枠組――その眼目と制約

以上の作業課題に取り組むために、本書では、R・ブルーベイカー（Brubaker 1996）が提起した「事件史的（eventful）」ナショナリズム分析の視座をベースにした独自の分析枠組・概念装置を設定した。

「政治界（political field）」の概念を中心に据えるこの視座は、ナショナル・アイデンティティを、対立的な諸政治アクターがせめぎ合う「政治の世界」で、何らかの理由で広まり、自明の前提として暗黙裡に共有されるようになった「我々のあるべき姿」に関する認識・表現のフォーマットとして扱う点に特徴がある。

その眼目は、民衆の「生活世界」レベルのアイデンティフィケーション過程と行政機関・政党・社会運動等が織りなす「政治の世界」におけるアイデンティフィケーション過程を峻別し、後者に照準を合わせる点にある。

一九五〇年代の「沖縄」の人々は、ヤマト・ヤマトンチュとの接触において、身につけた母語や文化習俗の「境界」作用は現代よりはるかに大きく、そして「戦前」に留学・出稼ぎ・移民に出た人々のライフヒストリーにおいてヤマトンチュから受けた差別・蔑視は現代よりはるかに厳しいものがあった。沖縄戦を生き残った人々の中には、日本軍将兵に迫害されたり、身内を殺害された人も少なくない。つまり人々の「生活世界」のレベルで駆動する「エスニック」なアイデンティフィケーション過程においては、沖縄／ヤマト間の「境界」は現代よりはるかに顕著だったことが想定される。

しかし、「政治の世界」のレベルで駆動する「ナショナル」なアイデンティフィケーション過程では、「復帰」が「島ぐるみ」の理念となり、日の丸が高く掲げられ、「日本人」になるための国民教育運動が盛んだった。一八七九年に琉球国が滅亡して以来、この時代ほど「日本人」「日本民族」との一体性や「本土の同胞」との連帯を希求する社会運動がかくも大規模に展開された時代もない。

本書の分析枠組は、このような「生活世界」レベルの「エスニック」なアイデンティフィケーション過程と「政治の世界」のレベルの「ナショナル」なアイデンティフィケーション過程の断絶（と連続）を意識化した上で、「エスニック」とは異なる「ナショナル」なアイデンティフィケーション過程に固有のダイナミクスを浮かび上がらせる。それは日本語で「ナショナリズムの高揚」と表現されるような数年単位の短い時間スパンの政治展開に伴って生成・変容する民族・ナショナリズム現象を捉え、同時に、どの時代に、どの政治アクターがどのような「我々のあるべき姿」を提示し、それがどのように広まり、定着したかを検討することで、ナショナル・アイデンティティの起源を照射することを可能にする視座である。

反面、この視座は「社会」や「民衆」を総体として照射することはできない。この視座が直接照射するのは政治界の政治アクターたる行政機関、政党、社会運動等の指導者たちや新聞の言論であり、その言論の中に含まれるヴィジョンだからである。浮かび上がるのはあくまで「指導者層」のヴィジョンであって「市井の人々」の「思い」ではない。

選挙の洗礼を受ける政治家たちの言論活動は、必然的に有権者の動向を敏感に意識したものになり、新聞は読者の動向を敏感に意識する。その意味では政治指導者層の言論には間接的に「民衆」「世論」「市井の人々」の意向が常に一定程度反映されるが、「民衆」「世論」「市井の人々」がどう感じ、どう動いたか。あるいは、「近代」「資本主義」「国民国家」等の「上からの作用」に対して人々がその「生活世界」の中でどのように「交渉」「抵抗」したのか、その「交渉」や「抵抗」は「政治の世界」の運動とどう連関しているのか、といった点は照射できない。

こうした制約を踏まえつつ、それでもあえて政治界における政治コミュニケーション的ダイナミクスに分析の照準を絞り込むことで、都市エスニシティとしての「沖縄人」カテゴリーと労働規律の相互作用に照準した冨山一郎（一九九〇）の研究でも、知識人の言説や法制度に現れる「ナショナル・アイデンティティ」の「揺れ」に照準した小熊英二（一九九八）の研究でも浮かび上がらない、政治文化としてのナショナル・アイデンティティを社会学的な分析の俎上に乗せることが可能になる。これがこのような分析枠組を設定する意図である。

先行研究との相違

戦後初期沖縄の民族・ナショナリズム現象に関する実証的な研究は、従来「祖国復帰」の5W1Hをめぐる問いを軸に展開されてきた。その問題設定や議論は伝統的に「日本国家の（逆）照射」が中心的関心テーマをなす「日本史（社会史・思想史）」の文脈に強く規定され、一九九〇年代以降は、欧米のポストコロニアル思潮やナショナリズム・国家論の理論を取り込みながら日本語圏で固有の発展を遂げた研究領域として知られる「国民国家論」の強い影響を受けている。

　社会学的な視座から戦後初期を含む「沖縄」をめぐる民族・ナショナリズム現象を分析した研究としては、先述した冨山一郎の『近代日本社会と「沖縄人」』（一九九〇）や小熊英二の『〈日本人〉の境界』（一九九八）が著名であろう。「復帰運動」や「独立論」を直接的なテーマとした歴史学的な研究の最近の動向（二〇〇〇年代以降）について、本書と同じ時期（一九四五―一九五六）を対象にしたものを分類的に列記すると、まず教職員や学生といった復帰運動の中心的な担い手の動向に注目した研究として、戸邉秀明（二〇〇二、二〇〇八、二〇一二）、藤澤健一（二〇〇五）、高橋順子（二〇一二）、櫻澤誠（二〇一二）らの研究がある。社会史・民衆史や政治史の観点からの研究としては池田慎太郎（二〇〇六、二〇〇七）、上地聡子（二〇〇六、二〇〇八、二〇一三）、鳥山淳（二〇一三a、b）、櫻澤誠（二〇〇八、二〇一二）、若林千代（二〇一五）らの研究があり、さらには社会運動史と思想史を融合させた観点から「沖縄」と「奄美」をめぐる戦後初期左翼運動史に接近した森宣雄（二〇一〇）の研究がある。

　本書同様に、「アイデンティティ」をめぐる社会理論を明示的に参照しながら戦後初期沖縄の政治過程と民族・ナショナリズム現象の相関関係を問題化した研究としては、林《リム》泉忠（二〇〇五）と山崎孝史（二〇〇五、二〇〇七、Yamazaki 2003）の研究がある。このうち政治地理学を専門とする山崎孝史の研究は、本書に先行して社会運動論のフレーム分析の枠組を参照した先行研究となっている。

　これら多彩な専門分野の研究者による先行研究との比較において、本書は以下のような独自性を有する。

　まずこの領域で最も伝統があり研究蓄積が深いのは知識人や教員の言説を題材にした日琉同祖論などの文化イデオロ

ギー研究である。これに対し本書は、ナショナリズム理論を用いて「政治の世界」における民族・ナショナリズム現象の生成・変容に照準を合わせた点で、思想史、教育史のみならず政治史とも異なっている。

また既存研究のうち冨山（一九九〇）、小熊（一九九八）に代表される社会学的な分析視座を内包した研究の多くはナショナリズム現象を広い意味での「文化」の領域における権力作用と同義のものとして捉える「文化政治」的視座に明示的ないし暗黙裡に依拠している。この理論視座に立てば、人間意識を根源的なレベルで統制する規範や認識枠組をめぐる「政治」闘争は「文化」「社会」の領域で行われるので、議会・選挙政治は表層的で重要性を持ったものと見なされえない。実際、「文化政治」視角に依拠した先行研究において、議会・選挙政治の過程は分析の「対象」ではなく、「背景」として扱われている。これに対し本書の理論視座は、政治勢力間の争いのダイナミクスの中から繰り出される言論のナショナル・アイデンティティに対する影響に注目するものであり、それによって「文化政治」視角の死角を照射することになる。若干標語的に言えば、本書は「政治文化」視角をもって「文化政治」視角の「死角」を照射するものである。最後に、「自治」「経済自立」の概念史的研究は本書が初めてと思われる。

構成

本書は、二部八章からなる本文と序章・終章そして補説から構成される。

まず第一章と第二章、第三章で理論的前提と分析の背景を説明する第Ⅰ部を構成する。

第一章では分析枠組・概念の設定作業を行っている。R・ブルーベイカー（Brubaker 1996）が提起した「事件史的」なナショナリズム分析の視座をベースに、アメリカ社会学で発展した社会運動理論の一つ、フレーム分析の概念枠組などを取り込む形で独自の分析枠組を設定している。また本書の分析概念としてのナショナル・アイデンティティや「ネーションのヴィジョン」「複合ヴィジョン」といった独自の分析概念の設定もこの章で行っている。

第二章では、一九四五年から一九五六年までの「沖縄政治」を分析舞台とする「本論」の「前史」として、「戦前」の沖縄県における近代的な「我々観」の生成をスケッチしている。

一九世紀の「西欧の衝撃」は、かつての琉球国の地に未知の新しい思考枠組をもたらす一方、一七世紀から続いてきた北東アジアの国際秩序を「近代的」な国際秩序に再編し、その過程に巻き込まれる形で琉球国は日本帝国統治下の「沖縄県」となった。こうした当時のグローバル・リージョナルな「世界観」＝「我々観」変動の鳥瞰図の中に琉球・沖縄をめぐる社会変動・地政学変動を位置づけながら、「我々観」や「理念」の生成過程をスケッチしている。

第三章は本書の「分析舞台」の説明である。より厳密に言えば、本書の分析対象時期のうち一九四五年八月から一九五二年四月のサンフランシスコ講和条約発効までの期間における沖縄群島の社会政治変動状況と「アイデンティティ政治」をめぐる状況を素描している。

第四章から第八章までが第二部を構成する。ここでは一九四五年から一九五六年までの「沖縄」におけるナショナル・アイデンティティの形成過程を第一章で設定した分析枠組に則して照射してゆく。

第四章と第五章では「自治」「経済自立」の理念の興隆・変容過程を浮かび上がらせる。

第四章が一九四五年から一九五〇年までの時期を取り扱い、第五章は、「自治」「経済自立」の理念が「復帰」理念と同時並行的に興隆した一九五一年から五二年までの時期を扱う。第六章と第七章は、一九五一年からサンフランシスコ講和条約が発効した一九五二年四月までを対象に「復帰」理念の興隆過程とそれに伴って再生した複合ヴィジョンの諸相を照射する。そして、第八章では、一九五二年から五六年にかけての土地闘争を駆動因に、琉球・沖縄人の「自己決定」と「復帰」が「からみ合い」ながら興隆する過程が生じ、その中で「沖縄県民」という「我々カテゴリー」の使用が復活して、広まり、定着してゆく様相を捉えている。

また、補説では、「自治」「経済自立」を「自己決定」の指標として採用した本書の設定の正当性を補強するために、「自治」「経済自立」の概念史的起源を、西欧のナショナリズム思潮の中に位置づける作業を行っている。

「琉球」、「沖縄」、琉球・沖縄、の表記原則

次に地名表記について説明したい。本書では、琉球と沖縄の名称については、原則としてカギ括弧付きの「琉球」

「沖縄」表記を用いる。

その第一の理由は、「琉球」「沖縄」という用語が含意する地理的範囲が明治以降、恒常的に揺らいでいる上に、本書の分析対象時期である一九四五年から一九五六年までは、その揺らぎが特に激しい時期だからである。

まず、「琉球」や「沖縄」といったカテゴリーが含意する地理的範囲の「揺らぎ」を確認した上で、その「揺らぎ」の特性を踏まえて表記原則を説明しよう。

一般に現代の日本語圏では、沖縄県内でも県外でも「琉球」と「沖縄」は同義のものとして扱われることが多い(6)。

明治以前、「沖縄」は王府のある「沖縄島」ないしその周辺離島を含めた「沖縄諸島」(＝「沖縄群島」)を指し示す用語であった。しかし、一八七九年(明治一二年)に琉球国が滅ぼされ、その地を管轄する沖縄県が設置されたことを契機に、「沖縄」は「琉球」の語と互換的な意味も持つようになった。この点はこの時代の琉球・沖縄を代表する知的エリートである太田朝敷や伊波普猷の文章表現に明示的に出ている。

言葉をかえて表現すれば、「琉球」≒「沖縄県」≒「沖縄」という解釈図式は、明治に、日本語話者を拘束する支配的な認識枠組として日本語圏で定着し、今日に至っているのである。

ところが、本書の主な時代対象である一九四〇年代後半から一九五〇年代前半にかけては、この「琉球」≒「沖縄県」≒「沖縄」という解釈図式が通用しない例外的な時代となっている。このため、当該時代の一次史料中の「琉球」を、「現代」の読み手が「沖縄県」や「沖縄」と同義の用語として読んでしまうと「誤読」になってしまう。

しかも、行政単位としての「琉球」の地理的範囲は、この一九四〇年代後半から一九五〇年代前半にかけての時代の中でも大きく変化しているため、地理的範囲の含意を正確に理解することは容易とはいえない。

そこでまず当該時代における「琉球」カテゴリーが含意する地理的範囲の変遷を叙述することで、読み手の理解を助けることにしたい。

地図1は九州と台湾の間に弧状に連なって点在する島々の地理的区分と名称を提示したものである。これらの島々全体は「南西諸島」ないし「琉球列島」という名称で括られ、その下位区分として奄美大島以北の「薩南諸島」と沖縄島以南の「琉球諸島」という二つのサブカテゴリーが付されている。

この「琉球諸島」、すなわち「沖縄群島」[7]と「宮古群島」と「八重山群島」の地理的範囲は、明治国家による併合によって消滅した琉球国とその後継行政機関として設置された「沖縄県」の地理的領域とほぼイコールである[8]。したがって「琉球」≒「沖縄県」≒「沖縄」という解釈図式が含意する地理的領域は「琉球諸島」とほぼ同じである。

これに対し、一九四〇年代後半から一九五〇年代初頭にかけての時代に、行政カテゴリーとしての「琉球」が含意する地理的範囲はこれより広い。時系列的には次のように変化している。

まず、一九四六年一月二九日に東京のマッカーサー司令部が発した指令は米統治下「琉球」の範囲を北緯三〇度以南とし、このため翌二月初旬、北緯三〇度線以南に位置する「トカラ列島」と「奄美群島」における日本政府と鹿児島県庁の行政機能が停止されて、沖縄島にある米軍政府の管轄下に組み込まれた。北緯三〇度線の位置は地図1に表記されている。

この後一九五二年四月に発効したサンフランシスコ講和条約では、米統治下「琉球」の範囲は北緯二九度以南とされた。地図1で示されている通り、北緯二九度線は「トカラ列島」の南、「奄美群島」の北に位置している。この条約の発効により「トカラ列島」の施政権は日本政府に移った。

さらに一九五三年一二月には奄美群島の施政権も日本政府に移り、米統治下「琉球」の北限は北緯二七度線以南と「鳥島」とされた。つまり「琉球」の地理的領域は「沖縄県」のそれと再び合致したのである。

このように、一九四六年一月から一九五三年一二月まで期間の米統治下「琉球」は「日本」の都道府県の領域設定では「鹿児島県」に属していた地域まで含んでいたため、「沖縄県」の地理的領域とイコールにならない。また「琉球」と「沖縄」の関係は、「琉球」∨「沖縄」であって、「琉球」≒「沖縄」ではない。

以上の情報を本書の章立てに添って提示すれば、第三章から第七章で扱う時代の「琉球」の北限は「トカラ列島」北方の緯度三〇度線、第八章のうち一九五三年一二月までの「琉球」の北限は「奄美群島」北方の緯度二九度線で、それ以後は「沖縄群島」北方の緯度二七度線となる。

地図１：南西諸島（琉球列島）地図[9]

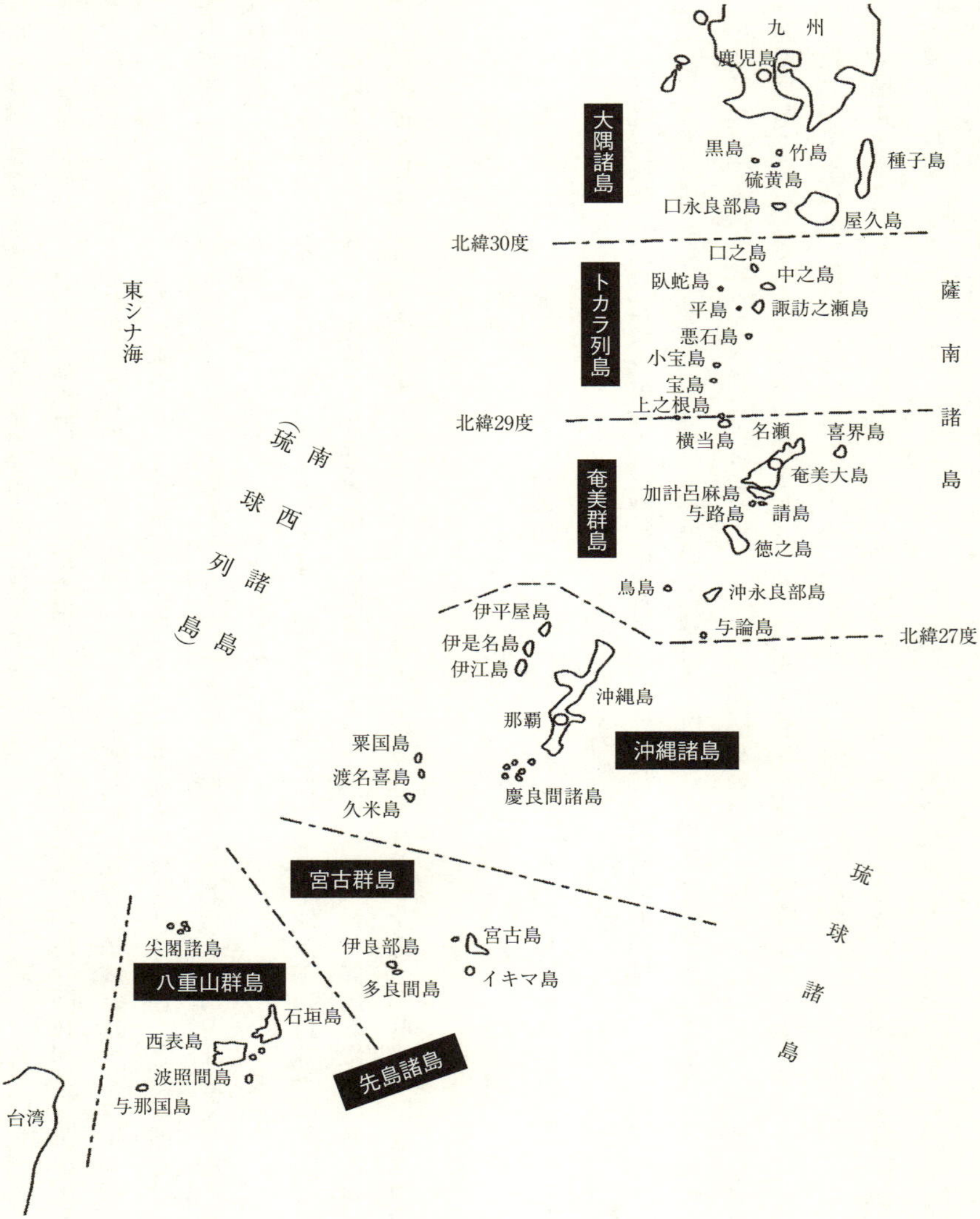

このように本書における「琉球」カテゴリーが含意する地理的領域は、章ごとに違わざるをえない。しかし、このように「琉球」「沖縄」にカギ括弧を付けて文脈依存的に使い分けてゆく用法は煩雑なため、琉球列島とその住民を漠然と指し示す一般的な記述用語としては（カギ括弧なしの）琉球・沖縄の語を設定したい。

この表記の第一の特徴は「琉球」と「沖縄」を並列させることで地理的領域の含意をあえて曖昧にぼかしている点にある。時代によってカテゴリーが含意する地理的領域が変遷する以上、全体を通して用いる記述概念についてはその含意を積極的にぼかす必要がある。

第二の特徴は「琉球」と「沖縄」を並列させることで、「琉球」と「沖縄」のカテゴリー関係もぼかされている点にある。

実は「琉球」∨「沖縄」という解釈図式が公定化されていた戦後初期の時代文脈にあっても、本書の分析舞台である沖縄群島の政治言論空間では、他の群島とは異なり、「琉球」≒「沖縄」という解釈図式に依拠した表現が消えることはなかった。

例えば、この時代の新聞記事の中には「沖縄の自立」という表現が含まれていることがある。この「自立」主体としての「沖縄」がこの時代の用語法通り「沖縄群島」の領域を指し示すのか、戦前の「沖縄県」の領域を指し示すのか、あるいは「奄美」を含む米統治下「琉球」と同義で用いているのかを判別するのが困難な場合がある。「沖縄」の一部であったことのない「奄美」を含めた「沖縄」というのは用語法的には間違っているのだが、しかし文意からは米統治下「琉球」全体の「自立」を指しているとも理解できるからである。

このように実際に人々が用い、アイデンティフィケーション過程に直接影響を及ぼすカテゴリーの用法は、「公定カテゴリー」とは異なり、政治コミュニケーション的ダイナミクスの中で絶えず生成・変容している以上、不可避的に曖昧さ、シニフィエの不安定さを帯びざるをえない。この点、琉球・沖縄という「ぼかした」表記であれば、「琉球」「沖縄」間のカテゴリー関係の曖昧さやシニフィエの不安定さをも総体として包み込んでいるので、全体に共通して用いる用語として用いやすいという側面がある。

以上のようにそれぞれの時代の地理的領域の含意を帯びざるをえない「琉球」「沖縄」とより曖昧で包括的な（カギ括弧なしの）琉球・沖縄を使い分けることを本書の名称表記の原則とする。

そして、この原則の延長線で、奄美群島、宮古群島、八重山群島についても、「奄美」「宮古」「八重山」といったカギ括弧付きの表記を用いることとする。

ただし、沖縄以外の漢字と連結した表現、例えば沖縄側、沖縄現地、沖縄糖業、沖縄住民、沖縄再進出、戦後初期沖縄等々は、鍵括弧をつけると煩雑になるためそのまま用いることを原則としたい。

その他の用語法

さて、「琉球」と「沖縄」のカテゴリーが指し示す地理的範囲が揺らいでいることは、表裏の関係で「日本」の地理的範囲も同時に揺らいでいることを意味する。この点については、まさにこの「〈境界〉の揺らぎ」を主題とした小熊英二（一九九八）の『〈日本人〉の境界』の議論でも明らかであろう。

例えば、琉球・沖縄では、本書の分析対象時期には、「日本復帰」という表現が用いられていたが、ある時期から使われなくなり、代わって「本土復帰」という不思議な表現がよく用いられるようになった。前者の場合は、「日本」の「外」に置かれた「我々」が「日本」に復帰するという含意があるが、後者の場合はすでに「日本」内部の一部ではあるが、しかし北緯二七度線によって「本土」と切り離されている「我々」が、「本土」と再結合する＝復帰するという含意がある。

一見、目的が明確な復帰運動の文脈においてすら、「復帰先」を指し示すカテゴリーが揺らいでいるわけで、そうであればこの「復帰」を検討する本書においてはカテゴリーの意味内容を宙吊り状態にしておくために鍵括弧付の「日本」「日本人」「日本・日本人」を用いる必要がある。ただ、表記の煩雑さを軽減するため、「ヤマト」や「本土」と同義の狭い意味であることが明確である場合、あるいは日本の「政府」や「国家」の代名詞として用いる場合、そして日本以外の漢字と連結した表現の場合については、通常通り鍵括弧なしの日本と表記したい。

このほか、本書は、第一章で本書に特有の分析概念を設定するほか、記述概念や文献引用についても以下のような用法を設定することにしたい。

＊マッカーサーが総司令官だった東京の米軍司令部は、物理的に同じ司令部とその要員が異なる権限を持つ二つの組織、すなわち連合国軍最高司令官ＳＣＡＰ（Supreme Commander for the Allied Powers）の司令部と極東軍指令部ＦＥＣ（Far Eastern Command）を兼務する複雑なものだった。外交史の研究では、厳密に使い分けているようであるが、本論文では「マッカーサー司令部」の呼称を用いたい（マッカーサーは一九五一年四月に解任されるが、本書での言及は結果的にマッカーサー在任中に限定されている）。

＊在沖米軍政の名称は、一九五〇年一二月以前は軍政府（Military Government）、以後は米国民政府（USCAR=United States Civilian Administration of the Ryukyu Islands）であるが、使い分けが煩雑な上に、「軍政」という性質に変化がないことから原則「米軍政」と表記し、必要に応じて「米民政府」の語を用いる。

＊戦前の「沖縄縣」の旧字表記は戦後表記の「沖縄県」に統一する。

＊「沖縄諸島」ではなく「沖縄群島」を用い、群島中の主島は「沖縄島」の名称を用いる。

＊英語の self-determination は「自己決定」と訳す。ただし、古典的な national self-determination を指し示す場合においては、「民族自決」の語を用いる。なお、本書では、「民族自決（national self-determination）」を様々な「自己決定（self-determination）」思潮の一つとして位置づけている（第一章参照）。

＊琉球史の専門書の多くは「琉球王国」ではなく「琉球国」の表記を用いていることから本書もこれにならいたい。琉球王朝時代の原文書が「琉球国」表記だからだと思われる。ただ代名詞としては「王国」の語も用いる。

＊史料引用においては、漢字の旧字体を新字体に変更する。また、文章の中で鍵括弧付きで引用されているものについては、読みやすさを優先して適宜句読点を加える他、誤植や仮名表記の修正、濁点や欠落字の補完を行う。ただし第二章で扱う明治・大正期の史料については、時代性を考慮して字体変更も含め修正はしない。なお新聞の発行年月日

の記載は、その新聞紙面上の表記に依拠する。元号表記の場合は、西暦を併記して表示する。

＊引用文中、判読不能なものには□を付すことにする。〔　〕は著者による補足を示す。中略は……で示す。

＊「県史」や「全集」等、表記名が長い文献を引用注・参照注に付す場合は、独自の簡略表記を用い、巻末の文献リストの冒頭に明示することにしたい。

（1）「ナショナリズム」に関しては、日本語圏では「国家」を問題化する「国民国家論」という研究領域がある。これに対し本書の分析視座は、英語圏で盛んな、ネーションやナショナル・アイデンティティの説明に重点を置く「ネーションとナショナリズムの社会学」（吉野二〇〇五）の流れを汲んでいる。ただ表記を短くするため、本書では「民族・ナショナリズムの社会学」と表記する。ナショナリズムをめぐる国家重視の視座とネーション重視の視座の相違については第一章の注2を参照。

（2）本書では、民族固有の独立国家の樹立という含意を帯びた古典的な「民族自決」よりも広い self-determination 概念を指し示す用語として「自己決定」を用いる。詳しくは第一章参照。

（3）ここではわかりやすさを重視して「琉球処分」と表記したが、具体的な論述に入る第一章以降は、沖縄近代史の近年研究の動向を反映するために原則、「廃琉置県（琉球処分）」と表記する。

（4）琉球・沖縄の文脈では、「日本」「日本人」という用語は、文脈依存的に琉球・沖縄を含む場合と含まない場合がある。本書では、「ヤマト」や「本土」と同義の狭い意味であることが明確である場合、あるいは日本の「政府」や「国家」の代名詞として用いる場合にのみカギ括弧なしの日本を用い、それ以外の場合、つまり琉球・沖縄を含むことが明確か、含むか含まないかが微妙な「境界線上」にある文脈においてはカギ括弧付きの「日本」「日本人」「日本・日本人」と表記する。この点については本章の最後でも説明する。

（5）これ以後、このカギ括弧付きの「沖縄」を沖縄島およびその周辺離島（久米島、慶良間諸島、渡名喜島、粟国島、伊江島、伊是名島、伊平屋島等）を指し示す用語として用いる。一九五二年四月に琉球政府が樹立される以前、沖縄群島、奄美群島、宮古群島、八重山群島は、地域毎に異なる法・行政・税制機構と議会を有しており、「琉球」を単位とする単一の政治空間を想定できない。また琉球政府樹立後も、「土地闘争」をはじめとする「基地」をめぐる政治問題はほぼ沖縄群島でのみ起きており、このため本書は分析の照準を、今日の「沖縄県」や米統治下「琉球」の地理的範囲より狭い沖縄群島の範囲に合わせる。したがってカギ括弧付きの「沖縄」の語を沖縄群島を指す狭義の意味で用いる。「奄美」「宮古」「八重山」も同様である。米統治下琉球列島全体を指し示す概念としては、当時の用語法に則してカギ括弧付きの「琉球」を用いる。ただ「琉球」や「沖縄」といったカギ括弧付きの表記を使い分けることの煩雑さを軽減するため、カギ括弧なしの琉球・沖縄を琉球列島とその住民を漠然と表現する一般的な記述表記として用いたい。この用語法や「琉球」と「沖縄」の地理的、行政区域的範囲の変遷については本章の最後に改めて詳述する。

（6）ただし、この二つのカテゴリーは文脈依存的に使い分けられる傾向がある。例えば、琉球王朝時代を取り扱う中近世史の研究文脈では「琉球」

の語が多用されるのに対し、「戦後史」や「現代史」の研究文脈では、主語を「沖縄」とする使い分けが定着している。「戦後沖縄史」や「現代沖縄史」という表現が慣用句として浸透していて、「戦後琉球史」や「現代琉球史」という表現が日本語に事実上存在しないことがこの傾向を物語っている。

（7）地図1で表記された地理的名称は「沖縄諸島」と表記されているが、本書の主たる関心対象である一九五〇年前後の行政区域名は「沖縄群島」となっているため、「沖縄諸島」ではなく「沖縄群島」表記で統一したい。付言すれば「諸島」「群島」「列島」等の漢字表記は、英語表記ではいずれもislandsなので、「諸島」と「群島」の表記の差異は、漢字表現の枠内でしか意味を持たない。

（8）例外は、沖縄島北方に位置する島島で、地図表記的には「薩南諸島」の一部をなしているが、その統治権は、歴史的に「琉球国」「沖縄県」に属し今日まで続いている。

（9）出典：Eldridge（2004＝二〇〇三：一九）より転載の上一部加筆。

第Ⅰ部

第一章　理論的前提

第一節　事件史的ナショナリズム分析の視座

理論課題としての方法論的ナショナリズムと集団主義

本書の理論枠組は国際社会学の視座を重視して組み立てられている。

日本の国際社会学は、それまでの社会学の研究視角からこぼれ落ちていた「国境を越える現象」を捉えるための新しい研究視座・領域として一九七〇年代に提起された。

その研究アジェンダは、一般に「国民国家の相対化」という今日では半ば常套句化した表現で説明されることが多いが、それだけでは根源的な説明足りえない。なぜなら、「国民国家」や「国民社会」の枠組を乗り越える思考を探求していけば、それは「社会学の中心概念である『ソサエティ（社会）』に挑戦」（梶田［一九九二］一九九六：三）することに帰結せざるをえないからだ。そこで問題化されるのは、正確には、「社会」や「society」という概念そのものというよりは、「人間の行動は何よりも居住する特定の領域によって拘束される」という前提を起点に、その地の人間の社会関係総体を「他とは本質的に異なる独自な特徴を持つ」「まとまった統一体」と認識させる思考枠組である（吉野一九九三：九四）。

近代において、とりわけ強い規定力をもって人間の「社会」認識を「囲い込んだ（caged）」（Mann 1993＝二〇〇五）「国民国家＝社会」という認識は、そのような人間の諸関係を閉鎖的な空間に自己完結的に把握してしまう思考枠組の一種である。

社会過程の「複数性」「境界性」「越境性」（樋口二〇〇六：六三五）に注目することでこれを相対化し、「社会学の出発点」ともいうべき「社会」というものの「基礎的な成り立ち」（小井土二〇〇二：四四七）、すなわち「世界の分節化の……メカニズム」（小井土一九九三：三四六）について捉え直す新しい視座を提示し、その変動の内実を実証的な分析によって浮き彫りにすること。これが国際社会学のエートスであり、「これらのテーマを国際社会学という名でくくって提示することの積極的意義」（吉野一九九三：九六）である。

本書の文脈において重要なのは、このような研究スタンスが、不可避的に「ナショナリズム」というテーマと結び付かざるをえないことである。「自分の生まれ育った『社会』」を自然のもの、所与のものと感覚させているのが近代ナショナリズムの力であること、そして「国民国家の相対化」を掲げた重要研究の分析枠組の多くが、実は依然としてその力に拘束されていることが近年意識され始めた。

このような問題意識を一言で表す表現として近年英語圏から導入されて用いられるようになったのが、「方法論的ナショナリズム」である。

方法論的ナショナリズムは、ネーションや国家の領域が所与の分析舞台・単位であることが「あたりまえ」の前提として自然化された認識枠組のことである（Wimmer & GlickSchiller 2002）。単一的・統合的・自己完結的な「社会」（≠文化、政体、経済、社会集団等）の存在を所与の前提に、諸々の社会作用がその「境界」内で自己完結的に展開するものと認識させる方法論的ナショナリズムは、社会科学の様々な研究潮流において「境界」をまたぐ社会作用を分析の射程から無意識レベルで排除してきた。国際社会学は、このように不可視化された越境的な社会作用を可視化することで、既存の社会理論を組み替えてゆくプロジェクトであり、したがってその理論アジェンダを適切に表した表現は「国民国家の相対化」ではなく、「方法論的ナショナリズムの相対化」ということになる。

さらにこの「方法論的ナショナリズムの相対化」という理論アジェンダは、民族・ナショナリズム研究の文脈では、「集団」や「共同体」の「物象化（reification）の克服」という理論アジェンダの設定に結び付く。単一的・統合的・自己完結的な「社会」観は、「国民社会」という国民国家単位の「社会」観に固有のものではなく、国民国家より小さな「ナショナル・マイノリティ」、あるいは国民国家より大きな「トランスナショナル」ないし「ディアスポラ」な社会関係を、単一的・統合的・自己完結的な「民族」「共同体」「集団」（＝「社会」）と認識させる枠組でもあるからだ。アメリカ社会学を代表するナショナリズム研究者の一人であるR・ブルーベイカーはこのような物象化された「民族」「共同体」「集団」を分析の所与の前提とする無意識レベルの方法論上の慣行を「集団主義（groupism）」と呼称した(Brubaker 2004a)。

民族・エスニシティやナショナリズムを[1]「国際社会学的」に研究するというとき、それはこの「集団主義」、そして国際社会学全体の理論アジェンダである「方法論的ナショナリズム」を払拭した分析視座から研究対象にアプローチしてゆくことと同義である。

そして、民族・ナショナリズムをめぐる研究領域においては「方法論的ナショナリズム」や「集団主義」的な認識枠組が研究者の思考を無意識レベルで拘束しているがゆえに、「構築主義」的な理論潮流の興隆に必然的に伴うはずの分析視角・枠組の組換えが不十分にしか展開されていない。別な言い方をすれば「構築主義」的な理論視角に内在する分析力のポテンシャルが十分に発揮されていない。これが本書の分析作業を規定する理論的問題意識である。

ネーションやナショナリズムは一般に国民国家や民族集団と対関係にあるものとして認識され、その認識枠組の鋳型にそって研究が展開されてきた。

しかし、世界が、均質的で平等な、そして自立的・自律的・統合的な人間集団＝ネーションから構成され、国家と同義ないし対関係にあるという認識枠組を自然化させているのは近代ナショナリズムの作用にほかならない。民族・ナショナリズム現象を分析する上で、ネーションを国家やエスニック集団の対概念とする認識を前提とすることは、説明対象である近代ナショナリズムの論理を分析枠組の前提とすることにより、その論理にそぐわない社会過程を不可視化することを意味する。つまりネーション「A」やナショナリズム「A」を国家「A」やエスニック集団「A」の対概念とする認識を前提とする分析上の利点はない。

したがって、日本という「国」の地理的版図に対応した「単一」の「日本ナショナリズム」や「日本民族」、およびそれと相互排他的な「単一」の「琉球民族」や「琉球ナショナリズム」をアプリオリに想定する利点もない(2)。いうまでもなくこれは「民族」「ネーション」を「幻想」として退けるものではなく、これらの概念を新視角から捉え直すことで人間の「我々」認識を根源的なレベルで拘束するその力の源を探求することを意味している。

認知的視角

しかし、「国際社会学的」な民族・ナショナリズム研究の分析を可能にする具体的なフレームワークはどこに求めうるのか。それは「民族」や「ナショナリズム」を「越境的」「複数的」な社会現象と把握することを基点にしつつ、同時に体系性を持った「枠組」として練り上げられたものである必要がある。残念ながら、そのようなフレームワークは日本の国際社会学の文脈ではなく、英語圏の社会学的なナショナリズム研究の理論潮流の中に求めざるをえない。

本書が注目したのはブルーベイカーが「認知的（cognitive）」と表現する理論潮流である（Brubaker et al. 2004＝二〇一六）。次節で詳述する本書の分析枠組のメタ理論的前提をなす認知的なナショナリズム研究の理論潮流についてここで俯瞰しておこう。

ナショナリズムの社会学的研究は一九八〇年代に興隆した。それが先行したエスニシティ研究の興隆と異なるのは、エスニシティ研究が「階級」概念では捉えきれない「国民社会」内の社会動態を把握する分析視角として関心を集めたのに対して「国民社会」そのものを問題化した点にある。

ブレークスルーを担った研究者たちが、早くから「『社会世界を観察する社会科学者』を観察する」（Wimmer & GlickSchiller 2002: 302）視点に立つことで、「国民社会」を相対化することを志向していたことはA・D・スミスの一九七〇年代の作品からも窺える。

今日、「社会」の研究は、疑問の余地なく、国民国家の分析と同一視されている。「方法論的ナショナリズム」の原理は、近代の社会学、政治学、経済学、人類史といったあらゆる分野で働いている。研究がこのように進められるのにはそれなりの理由がある。だが、その理論的な基盤は、ほぼ、ナショナリストの規定する概念の受容に由来し、そして長い時間をかけてこれらの概念を強化しているのである。このようにして、世界の国民国家システムは…（中略）…我々の認知景色全体の持続的かつ安定的な一部となっている。[3]（A. D. Smith 1979: 191）

だがブレークスルーからおよそ三〇年を経た今日、ナショナリズムの相対化の不徹底さを指摘する新世代の研究者の論考が目立つようになってきた。[4]

指摘の一つは、研究者の認識枠組における国民国家の相対化がなお不十分で、その視座に依拠した研究を具体的に展開してゆくための研究手法・方法論もシステマティックに探求されていない、というものである。そのような状況の改善を目指す研究潮流が興隆する中で、「方法論的ナショナリズム」という用語が、スミスの上記引用文中のような単なる叙述上の表現から研究戦略上の鍵概念に「格上げ」され、にわかに注目されるようになった（Wimmer 2002; Wimmer & GlickSchiller 2002; Beck 2004=2006）。

一方、「国民国家の相対化」を掲げた研究も、よく見ると、近代ナショナリズムに規定された社会関係の「括り方」を前提としており、本当の意味でのナショナリズムの相対化になっていない、という指摘も出てきた。A・ウィマー（Wimmer 2002）はその問題意識を以下のように表現している。

ビリッグ（筆者注：Billig 1995のこと）が、日常の言説と実践について述べたことは、社会世界に対する科学的な対峙についてもいえることである。なぜなら科学的な対峙もまたナショナルな諸原則によって構造化されており、それがあまりにもあたりまえの、常識的（banal）な慣行になっているために、（その構造が）視野からすっかり消えてしまうのである。（ibid.: 5）

社会科学者たちが、彼ら自身の社会の根本的な諸原則を分析することは、彼らが世界を見るのに使うレンズ自体がその諸原則によって色づけられているために、不可能なのだろうか？　ちょうど例えば、黄色のレンズを通してみたら黄色を識別できないように。(ibid.: 6)

人間の諸関係を閉じられた空間に内在的・閉鎖的・統合的・単一的な社会過程＝「社会」「集団」「ネーション」「民族」として把握させる近代に特有の認識枠組自体を分析の俎上に載せて、初めて「ナショナリズムの相対化」と言えるのではないか、というわけである。

すでに述べたように、本書の理論的背景を説明する文脈でより大きな関連性を持っているのは、この「方法論的ナショナリズム」という概念の問題対象を「国民国家」のみならず「近代ナショナリズムに規定された認識枠組」へと拡大・深化させる研究潮流である。

複数の研究者は、ネーションや国民国家を発展段階史的な枠組の一段階に位置づけるマクロ歴史社会学的分析―例えばGellner（1983＝二〇〇〇）―の問題点を指摘する。近代以前から近代、あるいは近代からポスト近代へという社会変動の変化の大きさをクリアに出すため、比較の準拠点となる近代ネーションを一体性・同質性を強調するネーション理念そのままに提示してしまう、という形で「方法論的ナショナリズム」に絡め取られているというのである（Wimmer & GlickSchiller 2002; Chernilo 2007; 佐藤二〇〇九ａ）。

他方、「構築主義的」視座に立っているはずの研究者による分析対象の無意識レベルの物象化も問題化されるようになった（Brubaker & Cooper 2000）。ネーションや民族をクリアに境界づけられた統合的な社会集団＝実在物（entity）として物象化して把握する通俗的理解を十分に意識化・相対化しきれていないため、民族・ナショナリズム現象を司る社会過程の多様性や可変性が十分に可視化されていないという批判である（Day & Thompson 2004: ch.1; 佐藤二〇〇九ｂ：五四）。

さらには「方法論的ナショナリズム」を乗り越える潮流の一翼をなすトランスナショナル・ナショナリズム研究が、

「トランスナショナルなネーション」という物象化された対象を構築している、という「方法論的ナショナリズム」と「集団主義」の双方に関係する指摘もなされている（Wimmer & GlickSchiller 2002）。

以上のような指摘事項に通底するのは近代に規定された人間の思考枠組のコモンセンス的前提（集団主義・方法論的ナショナリズム）をいかにかいくぐって不可視化されがちな社会過程を浮かび上がらせるのかという問題意識と、それを可能にする「ナショナルな現象に関する新しい思考法」（Özkirimli 2000: 191）の探求、という研究の方向性である[5]。このような研究性向は、先に「国際社会学的」という形容詞で括った本書の研究性向と同一のものである。

しかし、この「新しい思考法」とはいかなるものであろうか?

その具体的な理論内容は、当然のことながら論者によって異なる。だが、最近の理論文献を検討すると、二つの大きな特徴が理論研究の軸として浮かび上がる。第一の特徴は、いわゆる「構築主義的」理論視角を分析により徹底して反映させるべく、「想像の仕方」により詳細に分け入っていくことを志向する点にある。この点は、主要な研究者たちの以下のようなナショナリズムの把握の仕方からも読み取れよう。

（筆者注：ナショナル・アイデンティティに規定された）読み方や視聴の仕方、理解の仕方、前提の仕方（が私たちの思考をナショナリズムへと誘導する）。（Billig 1995: 127）

ネーションは……話し方、思考様式、行動様式によって構成される……。（Calhoun 1997: 5）

ナショナリズムとは世界の特定の見方、理解の仕方であり、我々が、我々を取り巻く様々な現実を把握し、構造づけることを手助けする参照枠組である（中略）ナショナリズムは、……カテゴリーとそれに準拠した知識を通して稼動する認知現象である……。（Özkirimli 2005: 30）

以上のように、ナショナリズムを特定の様式にフォーマット化されて人々に共有される「我々」のヴィジョンをめぐる認知現象と捉える視座は、それまでの研究に根強かったナショナリズムを特定の領域内の社会過程の帰結として捉えたり、その生成物＝ネーションを単一のものと想定したりする前提を相対化することにつながった。人間の認知現象が政治的な国境や民族境界と一致することは論理的にありえないからである。その結果ナショナリズム現象の複数性や脱領域性を強調する理論潮流が興隆した。これが第二の特徴である。

例えば「想像の共同体」という用語の生みの親、B・アンダーソンの研究の変遷からは脱領域性への方向性が窺える。「想像の共同体」（Anderson［1983］1991＝一九九七）の研究アジェンダの一つは、ある国民国家の領域の人々が単一の「我々」ヴィジョンを共有しているという前提に立って、なぜある特定の領域が「我々」の単位となったかを説明することにあった。したがって、そこで展開された思考は、不可避的に後に国民国家の領土となる領域をアプリオリに想定した上でその領域内作用に照準を合わせたものとなり、なおかつその作用の帰結として形成されたヴィジョンの同一性を強調するものとなった。(6) つまりネーションを「想像の共同体」として提示した点は従来の固定観念を壊すものであっても、その「想像の共同体」を国民国家の領域に対応した単一のヴィジョンと見立てた点では従来のネーション観を継承・再生産していた。

しかし「遠距離ナショナリズム」をめぐる論考（Anderson 1992＝一九九三、1994, 1998＝二〇〇五：第三章）や、グローバルな鳥瞰図の中でナショナリズム運動とアナキズム運動の連関を示した「三つの旗のもとに」（Anderson 2005＝二〇一二）の段階では、「想像」の社会過程が領域内作用だけでなくグローバルな規模の領域間作用によっても統制されていることが強調されており、特定の領土を所与の分析アリーナとしない脱領域的な思考を探求することで、「想像の共同体」では十分に相対化しきれなかった「方法論的ナショナリズム」を乗り越える意図が読み取れる。

このようなナショナリズムの脱領域性ないし越境性に注目する「トランスナショナル」なナショナリズムの研究は、移民研究とナショナリズム研究の結節領域で活動する研究者達の間で特に活発で、より実証的な研究が生み出されている（例えば、Azuma 2005＝二〇一四；南川二〇〇七）。

一方、複数性の探求についてはウズキリムリが、直接的・明示的なアジェンダセッティングをしている。彼は分析対象として「単一」のナショナリズム（例えばフランスのナショナリズムやトルコのナショナリズム）を想定すべきではないと説く（Özkirimli 2000: 228）。なぜなら人々が想像するネーションというヴィジョンは、実のところ立場によって大きく異なっており、統一された、同質的なネーションを「想像」するという社会心理過程は実際にはありえない。したがって例えば、トルコにおけるナショナリズムを研究する際に想定すべき分析対象は a single unitary Turkish nationalism ではなく Turkish nationalisms であり、その分析の焦点はこれらの異なるトルコ・ネーションのヴィジョンが支配的な影響力を得るために互いにせめぎ合う社会過程を捉えることにある。

以上のような「新しい思考法」を探求する理論潮流について、ブルーベイカーは、「関係的（relational）[7]」視座を前提にした広い意味での「認知的（cognitive）[8]」アプローチというタームで括った（Brubaker et al. 2004＝二〇一六; Brubaker 2009）。

それは自力で動く「主体」的な実体を最初に想定するコモンセンス的思考を排除して、「社会的位置間の相互作用」（Tilly 2005: 14）を思考の起点に据え、ダイナミックに変化する関係性の帰結としてそれぞれの社会的位置（例えば、民族・ネーション）の可変的な特徴を捉える思考法を探求するものであり、同時にその関係性の中で生じる類型化とカテゴリー化の社会作用をより詳細に解明することを希求するものでもある（Calhoun 1997; Özkirimli 2000, 2005; Tilly 2005; Zelizer & Tilly 2007; 南川二〇〇七）[9]。

米国で最近、F・バルトの「境界メカニズム」（Barth 1969）の理論視角を洗練させる作業が活性化してきたこともこのような潮流の一環としてとして位置づけられよう（Tilly 2005; Wimmer 2008a, b）。また後述するように、アメリカ社会学における社会運動論の文脈でも、一九九〇年代以降近似した理論視角が興隆し、その中から民族・ナショナリズムに関わる研究が生み出されている（例えば、Johnston 1991）。

ブルーベイカーの民族・ナショナリズム理論

以上のような広義の「認知的」なメタ理論潮流に属する諸理論のうち、本書の分析が具体的に依拠するのがブルーベイカーの人種・エスニシティ・ナショナリズム理論[10]である（Brubaker 1992, 1996, 2004a, 2004b＝二〇一六, 2005, 2009;

Brubaker et al. 2006)。その理論は以下のような固有の特徴を有するがゆえに、本書の分析に適合的である。このことから、本書ではブルーベイカーの理論を土台に、これを発展させる形で具体的な分析枠組を設定する。

ブルーベイカーの理論の第一の特徴は、「物象化」された「集団」観念を分析からいかに排除するのか、という研究遂行上の方法論的な問題設定を理論作業の中心軸に据えた上で、そのような観念を分析から排除する理論・概念装置の構築にまで踏み込んでいる点である。具体的には、既存研究の多くが理論的な議論は「構築主義的」に展開しながら実際の分析では実体的な前提を払拭しきれていないのは、「カテゴリー」と「集団」、日常語的な（vernacular）理解に根ざした実践のカテゴリーと分析カテゴリーを混同しているからだと指摘する（Brubaker & Cooper 2000; Brubaker 2004b ＝二〇一六）。そして「ネーション」「エスニック集団」「アイデンティティ」「ディアスポラ」といった用語を分析概念として使用していることがそのような混同の誘い水になっているとして、オルターナティブな概念枠組を具体的に提示している（Brubaker1996, 2004a, 2005）。

特徴の第二は、異なる学問分野を横断して学際的・全体論的に論じるのではなく、分析の対象を徹底的に分節化した上で、その対象で内在的に展開する関係的な社会作用に照準を合わせる点にある。その議論の範囲は自らが専門とする社会学的視座からのアイデンティティ政治分析の研究文脈に禁欲的に限定されている。

具体的な理論内容について見ると、最初期から今日まで一貫しているのは、ネーションの「所在地」を、「日本人」や「クルド民族」といった主体表象のカテゴリーや、そのカテゴリーに関して定着した慣用句的にフォーマット化された考え方や語り方の中に見出すという、広義の「認知的」視座である。

ただ研究の射程は、制度論的視座からフランスとドイツの国籍制度の生成・変容過程を比較研究的に探求した最初の単著（Brubaker 1992＝二〇〇五）では数十年単位の時間スパンでの変化に照準を合わせていたものが、一九九〇年代後半からは、より短い時間スパンのナショナリズムの変容や、生活世界レベルで生起するミクロなエスニシティに移ってきた。

二〇〇〇年代中頃に出された大著（Brubaker et al. 2006）では、異なる分析レベルの現象を捉える分析枠組の合わせ技で、国民国家の境界地帯に位置するトランシルバニア地方の「ルーマニア系マジョリティ」―「ハンガリー系マイノリティ」関係の全体像を提示することを試みている。そこでは民族・ナショナリズム現象を「マクロ」(developmentalist＝マクロ歴史社会学)、「メゾ」(政治界で展開する nationalist politics)、「ミクロ」(everyday ethnicity) の異なる分析レベルに分節化し、それぞれのレベルで見える民族・ナショナリズムのダイナミクスが、必ずしも統合的な民族・ナショナリズム現象全体の一部ではなく、それぞれのレベルに固有のダイナミクスが働いているがゆえにときには異なるレベル (例えば everyday ethnicity と nationalist politics) の間に非整合的な断絶が生じるとの議論を展開している。

本書が依拠するのは、このうち「メゾ」レベルの民族・ナショナリズム現象に照準する「事件史的 (eventful)」(Brubaker 1996) と彼が呼ぶ理論視角である。

これは、P・ブルデューの「界」[11] (仏語 champ＝英語 field) 概念にヒントを得て、民族・ナショナリズム現象を、それぞれに固有の力学によって統制された内在的なダイナミクスを有する「文化」「経済」「政治」といった領域に分節化し、このうちの「政治」(アイデンティティ政治) にフォーカスする理論視座である (ibid.: 17)。

その基礎的な理論設定は次のようなものである。

事件史的ナショナリズム分析の基本枠組

事件史的ナショナリズム分析の枠組の中核概念は「政治界 (political field)」である。政治界は極めて顕著な「社会世界の『区分けに関するヴィジョン』の原理」("principle of vision and division" of social world) (Brubaker 1996: 3, 24) である「ネーション」をめぐって非対称な力関係上に位置する諸アクターの「相争うスタンスが闘争しあうアリーナ」である (ibid.: 8)。この理解に立てば、ネーションは、「集団」や「共同体」ではなく、「我々」のあるべき姿に関する「ヴィジョンのフレーム」(ibid.: 19) であり、したがって偶発的で、常に揺れ動く存在として扱われる。そしてナショナリズムは特定のネーションのヴィジョンやそのヴィジョンに基づいた特定の政治スタンスが支配的になる状況、およびそれに伴って生成されるナショナルな一体感 (nationness)、集団感 (groupness)、特殊な規範や文化コード (象徴、ふるまい

〈habit〉、行動・表現スタイル）の生成現象として把握される。ただし、ネーションやナショナリズムの生成・変容は界に内在的な過程ではない。それは異なる界（例えば「沖縄」の立場から見れば「米国」・「日本」・「奄美」・「宮古」・「八重山」等）からもたらされる政治情報に刺激されて関係的に生成・変容する。他の政治界で「我々」のヴィジョンのフレームに関わる大きな出来事—事件、報道、論争、活動—が生じれば、それはマスコミなどを媒介して当該の界に伝えられ、ときにはその情報自体が「我々」意識を強める。同時にその界のプレイヤーたる諸政治アクターはその出来事を踏まえて、新状況でのスタンス・立場のフレームを再構築する。そして、新状況下で政治言説の「受け手」の共感・支持を最も集めた政治スタンスの影響力が持続的になれば、それが「我々」に関する支配的なヴィジョンとなる。このフレームの生成・変容過程の帰結として、「ネイションフッドに制覇される（being "overcome by nationhood"）」（ibid.: 20）、「突然結晶化する（suddenly crystallizes）」（ibid.: 19）などと表現されるような、我々意識の表出現象、規範や政治文化コードの生成現象が生じるのである[12]。

事件史的ナショナリズム分析の意義と発展性

以上のような事件史的ナショナリズム分析の視座にはどのような理論的意義があるのだろうか。

主に英国で発展したナショナリズムの社会学的研究は、そもそも近代以前から近代へという人類史的な社会変動の鳥瞰図の中で、国民国家や国民意識の形成・波及過程、そしてその根強さの５Ｗ１Ｈを問う、というマクロ歴史社会学的な関心の延長線上に興隆した研究領域である（吉野二〇〇五）。だが、その発展過程において、よりミクロな生活世界レベルの「草の根」目線で浮かび上がる社会過程に照準を合わせる研究潮流も生まれた。それは一方では、博物館や儀式、マス・メディア、軍隊、学校、そして家族などの様々な公的私的回路を通じてナショナルな認識枠組が作られてゆく「上から」の作用に関する探究を活発化させ、もう一方では個々人の日常生活で生じる社会的相互作用の「インフォーマル」な社会過程が「下から」ナショナリズムを立ち上げてゆく作用に対する探求を活発化させるものであった（例えば、Billig 1995）。

今日、研究者の多くは、不平等な政治経済文化的権力編成を「分析舞台」として把握した上で、社会変動論的な「マクロ」と生活世界レベルの「ミクロ」双方のレベルを視野に入れて両者の相関関係（交渉・抵抗等）に目を配りながら、そのいずれかのレベルに焦点を当てる研究戦略をとっている（例えば、中島二〇〇五、南川二〇〇七、石原二〇〇七）。しかし、「マクロ」歴史社会学的な鳥瞰図から捉える社会変動でも生活世界レベルの「草の根」目線で捉える「ミクロ」な権力作用でもない、両者のいわば「中間」レベルに目線を置くことで初めて浮かび上がってくるナショナリズム現象があるのではないか。

このような問題意識から提起されたのが両者のいわば「中間（メゾ）」レベルの「政治紛争」に照準する事件史的ナショナリズム分析の視座だといえよう（Brubaker 1996: ch.1）。

これまでの説明で明らかなように、それは数年、数ヵ月、数日といった短い時間スパンで突然「結晶化」し、偶発的で、からみ合いながら揺れ動く不安定なヴィジョンのフレームとしてのネーションの変容を具体的な政治展開との相関関係の中に把握する。それにより、「マクロ」でも「ミクロ」でも見えない「メゾ」レベルで展開する政治コミュニケーションを駆動因とするナショナリズムのダイナミクスを浮かび上がらせるのである。

この「結晶化」概念のような短い時間スパンの民族・ナショナリズム現象は、例えば日本語の論壇誌などでは「ナショナリズムの高揚」という表現で捉えられ、注目されてきた。だが日本語圏や欧米における論壇的議論は、社会学的な分析を展開するために必要な分析枠組を整備する取組みの活性化にはつながってきたとは言い難い。(13)「事件史的」ナショナリズム分析の視座は、このレベルの民族・ナショナリズム現象を捉える数少ない理論的手がかりである。

ただ問題は、ブルーベイカー自身の研究関心が一九九〇年代後半以降「ミクロ」な everyday ethnicity の分析に移ったことに伴い、「事件史」視角を、一九九〇年代中頃に彼が提示したアブストラクトなスケッチから分析枠組として作り込んでゆく作業が停滞気味になっていることにある。

「マクロ」「メゾ」「ミクロ」の異なる分析レベルの理論枠組の合わせ技で民族・ナショナリズム現象の全体像を捉えようとした Brubaker et al.（2006）でも、政治界については簡単な議論がある程度で、踏み込んだ分析は生活世界レベルの everyday ethnicity に集中している。

そこで本書では、前述した政治界を中心とする事件史的ナショナリズム分析の基本枠組をベースに、政治界における民族・ナショナリズム現象の社会過程を詳細に捉えることを可能にする理論・概念装置を取り込んで、その分析目的に、より適合的な独自の分析枠組を設定することにしたい。

設定作業にあたっては、ブルーベイカーと理論的に近しい視座に立つ Wimmer (2002)、佐藤(二〇〇八)の理論・概念装置も導入するが、大きな柱となるのは事件史的ナショナリズム分析の理論視角と社会運動論のフレーム分析の理論・概念枠組の接合である。

社会運動論のフレーム分析視角の有用性

事件史的ナショナリズム分析の視座は、本書の説明対象であるナショナル・アイデンティティの生成・変容が「我々のあるべき姿」をめぐって諸政治アクターが展開する政治言論闘争を駆動因とする変容メカニズムに規定されていることを含意する。しかし、政治界に関するブルーベイカー自身の説明が大枠の提示にとどまっているため、政治言論闘争がどのようにナショナル・アイデンティティの変容に結び付いてゆくのか、という変容メカニズムの説明は「ブラックボックス」のまま残されている。この「ブラックボックス」を埋める上で有用なのが、社会運動論のフレーム分析の理論・概念群である。

社会運動論のフレーム分析は、特定の運動文脈における概念や用語法、レトリックに注目して、その意味連関のパターンを抽出し、そのパターンが発話者の置かれている状況の変化に対応してどのように変化し、それが運動の栄枯盛衰とどのように連関しているのかを捉えることを志向する理論・分析視角・方法論である。一九六〇年代に社会運動論の理論視角として興隆した政治機会構造論や資源動員論の死角となっていた運動の「解釈」(意味の創出)と運動ダイナミクスの相関関係を照らし出すため、D・スノーやW・ガムソンら主に米国の社会運動論研究者によって提示・整備された(Snow et al. 1986; Gamson 1992)。広い意味での象徴的相互作用論の延長線上で組み立てられたその枠組は、ブルーベイカー的な意味での広義の「認知的」理論潮流に属するものとして把握できる。

この理論潮流は、「運動」をめぐる政治過程のダイナミクスの文脈で、特定の政治・社会状況の解釈を提示することによって「政治的意味」を創造する社会運動家たちの言論活動である「フレーミング」、そしてそのフレーミングに用いられるレトリカルな解釈図式である「フレーム」の「ミクロ」な社会過程を捉えるための豊富な理論・分析概念群を有している。ブルーベイカーや後述するウィマーの理論は、いずれも「界」全体を俯瞰する視点から組み立てられているが、これに「ミクロ」な社会過程に照準したフレーム分析の理論・概念道具を接合すれば、「ミクロ」―「マクロ」間の連関をより詳細に捉えることが可能になる。

ただ、フレーム分析は、社会運動の生成・拡大・縮小といった運動のダイナミクスを、政治機会構造論・資源動員論などの他の分析視角と組み合わせながら説明することを念頭に構想された分析枠組である。したがって「すべてのたたかいを、意味をめぐる闘争として理解しようとする誘惑の前で引き返している」（Tarrow [1994] 1998＝二〇〇六：三二七）という社会運動論に固有の分析上の前提を共有しており、この点、政治コミュニケーションに伴う「政治的意味」の生成変容過程に照準する事件史的ナショナリズム分析の射程とのズレも見受けられる。

しかし、一九九〇年代後半から本書の理論視角に親和的な理論・概念枠組が相次いで提起されるようになった。その多くが本書同様「界」概念に手がかりを得ようとしている。具体的な事例としてはSteinberg（1998, 1999）の議論を受けて、討議界（discursive field）の概念を用いるようになった二〇〇〇年代中頃以降のスノーの論文（Snow 2004, 2008）、cultural field の概念を持ち出したWilliams（2004）がある。

これらフレーム分析の最新の理論・概念道具を事件史的ナショナリズム分析の理論視角に接合すれば、政治界における政治認識闘争がナショナル・アイデンティティにフィードバックされてその変容を引き起こしてゆくダイナミクスを捉える分析視座を設定できる。

第二節　分析枠組の設定

基底的な分析概念・枠組

本節では本書の分析枠組を提示する。まず基底的な分析概念・枠組を提示し、次いでナショナル・アイデンティティの生成・変容過程を捉える詳細な分析枠組を説明するという段取りで提示したい。

まずはネーションのヴィジョンとナショナル・アイデンティティである。諸政治アクターの「相争うスタンスが闘しあうアリーナ」である政治界では、「我々の本来あるべき姿、将来目指すべき理想」等について異なる意見を持つアクターたちが様々な「ヴィジョンのフレーム」を提示し合っている。このような異なる諸ヴィジョン間のコミュニケーション過程がその政治界に支配的な政治文化としてのナショナル・アイデンティティを変容させてゆく様相を照射すること。これが本書の分析内容なのだが、そのためにはヴィジョンの「型」を捉える概念道具が必要となってくる。この概念道具を以下のように設定する。

「我々カテゴリー」＋「理念」＝ネーションのヴィジョン

「我々カテゴリー」とは、文字通り「我々」を指し示す固有名詞のことである。それは、人間の集合を把握するカテゴリーのレパートリー（例えば、階級、ジェンダー、エスニシティ等）のうち、「平等な個々人からなる集合的な自己決定主体」としての「我々」を編成するタイプのカテゴリーである。多くの場合「日本人」「クルド民族」といったネーション名が用いられることが多い。

「理念」とは文字通り、「我々の本来あるべき姿、将来目指すべき理想」などの理念内容のことを指し示す。

「カタロニア人」「南アフリカ人」等の「我々カテゴリー」とその「我々があるべき姿」を指し示す「理念」（分離独立、人種平等など）という二つのパーツの組合せによって構成されるヴィジョンの「型」、これがネーションのヴィジョンである。

この概念道具を用いれば、政治界は、諸アクターがそれぞれに「我々カテゴリー」と「理念」を様々に組み合わせた「型」＝ネーションのヴィジョンを提示し合う百家争鳴状態にあるということができる。しかも政治アクターは、政治情勢の変化に合わせてその言論内容を柔軟に組み替えてゆく性向を有するので、その「型」は短い時間スパンの中で組み替えられる可変性を有している。

ただ、そのような百家争鳴状態の中から、ある政治アクターが提起した特定のネーションのヴィジョンがその政治界に支配的になってゆくことがある。この場合、「支配的」というのは当該政治界で所与の前提として共有されている「世界の見方」「理解の仕方」「前提の仕方」になった状態のことを指す。「界」概念に即した表現をすれば、当該政治界の「ゲームのルール」の一部となった状態である。

このようにあるネーションのヴィジョンが、暗黙の前提として諸政治アクター全体を規範的に拘束する状態となったとき、そのヴィジョンは当該政治界で「支配的」になり、その政治界の政治文化＝ナショナル・アイデンティティの一部に加わったということになる。

逆の観点から見れば、ナショナル・アイデンティティとは、それら支配的なネーションのヴィジョンの集積体、レポジトリー（貯蔵庫）として位置づけることができる。諸政治アクターは、このレポジトリーに格納されている「我々の理念」の「型」を暗黙裡に参照しながら、その政治言論を組み立て、そうすることでこの政治文化のレポジトリーに拘束され、経路づけられていることになる。

この視座から見れば、例えば戦後「日本」の政治界では、戦後政治の流れの中で「平和国家」「唯一の被爆国」「単一民族国家」「固有領土の堅持」等の「理念」が支配的となった結果、これら「理念」と「日本人（≒日本国民・日本民族）」という「我々カテゴリー」から構成されたネーションのヴィジョンが長く「戦後日本」のナショナル・アイデンティティとして機能してきた、と説明しうる。

政治文化としてのナショナル・アイデンティティそのものの内容は、通常、具体的に説明されることはない。なぜなら「言わずもがな」の所与の前提として自然化されているからこそ「支配的」だからである。なおかつ、後述するように、その意味内容は機能的にファジーである必要がある。「平和国家日本」といった「お決まり」の常套句的な政治表現はナショナル・アイデンティティの特性をよく表している。

以上説明したように、政治アクターが提起するネーションのヴィジョンの様々な「型」の一部が、政治界のコミュニケーション過程の作用によってナショナル・アイデンティティ化してゆくという理論的前提に依拠して、その過程を捉えるのが本書の分析枠組みの機能である。そしてこのネーションのヴィジョンを「我々カテゴリー」＋「理念」に分節化することで、分析対象時期のテキスト上の「我々カテゴリー」と「理念」にどのようなものがあり、それらがどのように組み合わされてネーションのヴィジョンが構成され、それがどのように変化し、所与の前提化したのか、といった点を意識化することができる。

エスニシティとネーション

ところでブルーベイカーの理論では、「集団」としての「エスニック集団」は想定しなくても、日々生成・変容する現象としてのエスニシティは想定されている。このような認知現象としてのエスニシティとネーションを峻別するポイントは何か。

R・ジェンキンスやT・エリクセンが論じているように、集団現象の社会過程の観点から検討すると、ネーション現象をエスニシティ現象と峻別するのは容易ではない（Jenkins 1997: ch.10; Eriksen［1993］2002＝二〇〇六：第六章）。両者を区分する最大のポイントは、むしろネーション現象としての「我々」のヴィジョンが、「主権的存在」「平等な個々人からなる集合的な自己決定権者」といった政治性を帯びている点にある。

ネーションのヴィジョンには、本来自分たちのことは自分たちで決めるべきなのに、外部の抑圧的な「他者」によってその意図を阻害されている主体としての「我々」想像を人々の間で喚起する機能がある。この「外部の統制・依存からの脱却」⇒「内的統制の確立」という「理念」が、ナショナリズム現象とエスニシティ現象一般とを峻別するポイントとなる。この「理念」を便宜的に「自己決定」という用語で括って表現すれば、様々なエスニシティ現象のうち自己決定主体としての「我々」想像が特定のネーションのヴィジョンの生成・主流化によって喚起され、前提化＝ナショナル・アイデンティティ化してゆくのがナショナリズム現象である。

以上のように、本書が照準を合わせるのは、一般概念としての「ナショナリズム」総体ではなく、「ナショナリズム」という単一の用語に含まれる諸々の側面のうち、「外部の統制・依存からの脱却」≒「内的統制の確立」（≒「自己決定」）の「理念」、そしてネーション性を帯びた「我々カテゴリー」の二つのファクターの相関関係である。[14]

一般概念としての「ナショナリズム」という用語に内包されるその他の要素、例えば同じ「理念」でも「国民」の文化的同一性や「個」や「中間集団」より「全体（国家）」を優先する規範は本書の分析のターゲットではない。

また先ほど、便宜的に「自己決定」というタームで括ったが、「外部の統制・依存からの脱却」≒「内的統制の確立」というネーションの「理念」の意味内容を指し示す用語は、「自己決定」やその原語たる self-determination に限定されない。

漢字の「自決」「自立」「自律」「自治」等とその翻訳元であったと思われる英独仏語の諸用語、例えば英語の場合であれば self-determination, autonomy, self-government 等の用語は、意味内容や使用文脈において差異を有しながらも、しかし、「外部の統制・依存からの脱却」≒「内的統制の確立」という意味を公分母として共有する「自己決定」用語群として把握できる。

つまり本書の変数は「自己決定」およびそれと等価の諸「理念」（self-government, 民族自決等）とそれら理念が立ち上げるヴィジョンの主体を指し示す「我々カテゴリー」（「琉球民族」「日本人」「沖縄県民」等）、そして特定の「事件史的」政治展開文脈において「我々カテゴリー」と「理念」が、コンティンジェント（偶発的）に結び付いて反復されることで顕著になったり、逆に文脈的関連性を喪失したりすることで生起・変容・高揚・弱体化するネーションのヴィジョン、そして所与の前提化したネーションのヴィジョンのレポジトリーであるナショナル・アイデンティティである。

琉球・沖縄の「自治」「経済自立」

ところで、琉球・沖縄人を主体とするネーションのヴィジョンは想定しうるのだろうか。

本書では、琉球・沖縄人を主体とする「自己決定」の指標として「自治（自己統治）」と「経済自立」の二つの「理念」に注目した。

戦後沖縄政治を代表する保革共有的な理念である「自治」と「経済自立」を一連の「自己決定」用語群の一部と理解し、これら「理念」とその主体を指し示す「沖縄人」「琉球民族」「沖縄県民」等の「我々カテゴリー」のセットがネーションのヴィジョンとして機能しているとの理解を前提に分析を行う⑮。

政治理念的文脈での「自己決定」の概念である自治（＝自己統治 self-government）は、人民＝ネーションが自らの代表を通して自らを統治する、という人民主権の根本を指し示す概念といえよう。ただ、フランスのような領域国家を所与の前提にステイト―ネーション関係を「想像」する啓蒙思想的ヴィジョンとはあべこべに、「自己決定」の理念では文化共同体のアプリオリな存在を前提にするので、「民族の統治は民族自らが行う」という意味内容も付加され、被支配民族がその統治権を取り戻すことが理念となる。

経済理念的文脈での「自己決定」の概念である経済自立（economic self-support 等）は、昭和二〇年代の日本や琉球・沖縄の文脈では、産業振興による生産力の増強を通して国際収支の赤字を解消し、米軍基地関連収入や朝鮮戦争「特需」を含む広義の援助依存からの脱却と経済政策の自立／自律性の確立を意味した。

ただ日本の文脈での経済自立と琉球・沖縄のそれとの間には差異もある。一八世紀に登場したネーションを資本蓄積→投資→生産力増強の一連の循環過程が自律的に展開するアリーナとして、そして富の蓄積体として把握するヴィジョンは、領域国家を所与の前提とする啓蒙思想的ステイト―ネーション関係においては、漢字訳の翻案通り wealth of nations ＝「国富」でもある。これに対しネーションを所与の前提とし、独立国家は選択肢の一つに過ぎない自己決定系のヴィジョンにおいては、国家を伴わないネーションを主体とする経済自立ヴィジョンが論理構造上可能である。日本の文脈での経済自立を前者、琉球・沖縄の文脈でのそれを後者と整理することができる。

「自治」や「経済自立」の理念が語られる際、その主体を指し示すカテゴリーとして用いられる「琉球人」や「沖縄県民」には自己決定主体としてのネーションが自動的に含意される。そしてその観念の正当性は「我々」がかつての琉球国の民の子孫で、ヤマトとは異なる言語・文化性を帯び、それゆえに差別されてきたという歴史的記憶によって補強され、「琉球人」や「沖縄県民」をして「ナショナル・マイノリティ」の概念に適合的なイメージを帯びさせている。

複合ヴィジョン

次に二種の「我々カテゴリー」による複合的なネーションのヴィジョン、「複合ヴィジョン（syncretic vision）」である。琉球・沖縄人を主体とする「自治」「経済自立」のヴィジョンは、「沖縄」における民族・ナショナリズム現象の半面に過ぎない。米統治時代には、自分たちが日本民族の不可分の一部であることを前提とした「祖国復帰」が圧倒的に支持された。したがって琉球・沖縄人を主体とする「自己決定」のベクトルと「日本・日本人」への「帰属」のベクトル(11)「日本人」としての「自己決定」のベクトル）が、どう交差したのかを交通整理する作業が必要となる。

この二つのベクトルは、伝統的に「人間は一つのネーションに帰属し、それゆえ真正なナショナル・アイデンティティは一つしかない」という近代ナショナリズムの世界観を前提とした枠組の中で交通整理されてきた。沖縄独立論では、「沖縄人・琉球民族」をネーション、「日本人」を支配者によって人工的に植えつけられた一種の虚偽意識と理解する。祖国復帰論では「日本人」をネーション、「沖縄人・琉球民族」をサブナショナルなレベルの「アイデンティティ」として整理する。整理の内容では対立的だが、片方のカテゴリーをネーションとして認定すれば、もう片方を「虚偽意識」や「ネーション未満のアイデンティティ」とダウングレードさせるという整理の視座は通底している。

また、「日本人」意識が強くなれば「沖縄人・琉球民族」の主体性観念が弱くなり、逆に「沖縄人・琉球民族」の主体性観念が強くなれば「日本人」意識は弱くなる、というトレードオフ的な整理の仕方も通底している。

このような前提に依拠した既存研究は、独立論の衰退と復帰運動の興隆という戦後初期沖縄の歴史過程を、「沖縄人・琉球民族」の主体性観念が弱くなり、「日本人」にとって代わられる過程として整理してきた（例えば、林《リム》二〇〇五：第二章）。

これに対し「複合ヴィジョン」の交通整理の視座は、「日本人」と「沖縄人・琉球民族」のどちらもが現に「民族共同体」の含意を帯びているという事実と、なおかつ戦後沖縄の政治言語に支配的な語り口においては、この二つのカテゴリーが文脈依存的に、ときには同時に組み合わされて「我々」を表現してきた、という二つの事実に注目し、この状態を琉球・沖縄の政治文化＝ナショナル・アイデンティティに支配的な「我々」想像の「型」と理解する。

この視座に立脚すれば、「日本」への帰属と「沖縄人・琉球民族」の主体性の関係の歴史的変化は、前者が後者にとって代わるのではなく、同じ時空で生じる「我々」想像の中で「日本への帰属」と「琉球・沖縄人の自己決定」という緊張を孕んだヴィジョンが「からみ合い」（syncretize）、その「からみ合い」の構図が事件史的な政治展開の影響を受けて変容することによって、「我々」想像の「型」の内容が変容していく過程として把握される。

このような「複合ヴィジョン」概念の演繹的な設定を帰納的に裏づける事例として一九五〇年代前半の「沖縄」の政治家、桃原亀郎の日記の以下の文章を挙げておこう。

> 近頃、即ち四月二十八日、国連対日講和条約、否日本の独立の日以来、琉球の在り方に対し、琉球人否日本人の頭には不可解なものがあるのは事実である。……（一九五二年五月八日）
>
> ……琉球民族の琉球民族に依る民族的問題にする努力、実践こそ、本年度の琉球住民に課された民族的課題であると思ふ。その民族的努力、実践に依ってのみ、琉球の政治、経済、教育の進展は実施されるものである。即ち、民族的政治力の結集なくして、琉球の問題は何一つ前進するものではない。民族的自主独立の精神に依り、其実践が完全日本復帰の運動たることは、誠に世界の必然であり、自然であり、日、米、琉の自然である。……（一九五三年一月一日）
>
> （宜野湾市教育委員会編『宜野湾市史別冊・戦後初期の宜野湾―桃原亀郎日記』一九九七：二三二、二五一―二五二）

「日本人」を主体とするネーションのヴィジョンと「琉球人」「琉球民族」を主体とするネーションのヴィジョンがレトリカルに結び付き、自己決定の主体を重層的・複合的にイメージするための連結した意味連関をなしていることが窺えよう。

しかし、「琉球人」は、琉球・沖縄住民がかつての琉球国の民の子孫で、ヤマトとは異なる言語・文化性を帯び、それゆえに差別されてきた、という「肌感覚レベルの実感」によって裏打ちされた歴史的記憶を帯びたタームである。それゆえにこのような意味連関は葛藤と緊張を孕んだものにならざるをえない。文中の「琉球人否日本人」という表現は、まさにそのような葛藤と緊張を示唆している。

「琉球人」と「日本人」の意味連関は、例えば「関西人」を「日本人」の下位区分として図式化したときのようなスムースさや安定さを欠いているのである。そして基本的に緊張関係にあるがゆえに不安定性を帯びた「日本人」と「琉球人」のカテゴリーを一つにまとめて複合ヴィジョンを安定させる機能を持ったカテゴリーが「沖縄県民」だ、というのが本書の議論の一つである（第八章を参照）。

以上、本書の研究文脈に沿って説明したが、複合ヴィジョンは琉球・沖縄の文脈に限定された概念ではない。この概念は、琉球・沖縄のような国民国家システムの形成過程で辺境化された地域における近代ナショナリズムの作用を従来とは異なる観点から捉え直す理論的切り口として機能する。

琉球・沖縄以外の事例で、直感的にわかりやすい事例としてはScottish NationとBritish Nationの関係が挙げられよう。「スコットランド」のネーション性を所与の前提にしつつ、同時に「イギリス」というネーションの構成単位でもあることを「想像」するのが、一七〇七年の「合同」以来のスコットランド政治の主流のヴィジョンであった。このような複合ヴィジョンに対抗する関係にあるのが、British Nationへの帰属を否定して、スコットランドを単独のネーションとして捉えるＳＮＰ（Scottish National Party）などのスコットランド独立派のヴィジョンである。

この複合ヴィジョンの概念は、物象化された「集団」観念を分析から排除することを中心軸に据えるブルーベイカーの民族・ナショナリズム理論の視座と完全に整合的である。ネーションを「集団」や「共同体」ではなく、「我々」のあるべき姿に関するヴィジョンのフレームと理解するのであれば、異なる「民族カテゴリー」を使い分けて「我々」を自己理解することも可能だからだ。

実際、トランシルバニア地方の「ハンガリー系マイノリティ」の everyday ethnicity を参与観察的に分析した研究（Brubaker et al. 2006）では、「我々」の社会生活上のエスニックな「経験」―自らが「何人」であるかの自己認識を含む―を解釈する際には、ある文脈では「ハンガリー人」、別の文脈では「ルーマニア人」という風に、二つのエスニシティ／ネーションのカテゴリーが重層的・複合的に参照・動員されている局面を捉えている。

ブルーベイカー以外でも、こうしたネーションのヴィジョンの重層性・複合性を捉える作業は、近年、主に「移民ナショナリズム」の研究文脈で活性化している（Azuma 2005＝二〇一四；南川二〇〇七）。ただ、「ネーション」や「ナショナル・アイデンティティ」が、伝統的に単一的・同質的・境界固定的な共同体を指し示す概念として用いられてきたという経緯があるためか、このような新しい理論潮流の興隆にもかかわらず、その習合性・複合性を一言で捉えるような概念装置は少ない。この点に複合ヴィジョンの概念を設定する意義があるといえる。

ナショナル・アイデンティティ（schema）とフレーム（frame）の基本関係

以上の概念設定を前提にした上で、次にナショナル・アイデンティティの変容メカニズムの説明に移りたい。まずナショナル・アイデンティティとフレームの関係に関するミクロ社会学的な理解を静的に提示し、その上で「沖縄」の文脈におけるネーションのヴィジョンの生成・変容の動態を捉える、より詳細な分析枠組を提示することとしたい。

まずナショナル・アイデンティティをフレーム分析視角に理論的に適合的な形に再定義しておこう。それは、『我々』とその『理念』に関する定型的な意味連関のパターンを内包した諸解釈図式の集合」と定義される。(16)

解釈図式とは、「過去の経験を要約し、同時に新しい情報を獲得、解釈、回復する際のフレームワークとして機能する一般的知識構造」(17)である。人間が周辺環境から受容する演繹的には複雑な諸事象の情報は、無意識裡に参照する解釈図式によって、より単純なフォーマットに交通整理されて「認識」される。

そして、このような解釈図式の認知メカニズムは「我々のあるべき姿」の「型」＝ネーションのヴィジョンに関する「認識」についても作用する。先述した「我々カテゴリー」＋「理念」＝ネーションのヴィジョンという図式はそれ自体が解釈図式の一種である。そして、ナショナル・アイデンティティはそのような解釈図式が集合するレポジトリーということになる。そしてそのようなレポジトリーに格納されたネーションのヴィジョンは、当該政治界に支配的な政治文化の一部として定着している支配的な認識枠組のテンプレート（雛型）である。

「我々」に関わる新しい、したがって未知の政治的出来事・状況が生じたときに、その政治界の構成員たちは、これら諸解釈図式を無意識裡に参照することで、その出来事・状況を理解可能なものとして把握する。「沖縄県民の自治」や「沖縄の経済自立」といったテンプレートが予め参照軸として脳裏にあるからこそ、特定の出来事や状況が「自治」のような「理念」にとって前進を意味するのか、それともそれが踏みにじられたことを意味するのか、という意義づけが可能になる。そして、それが慣用的に定着しているがゆえに、用語や表現の選択に労することなく政治状況を瞬時に理解・表現することができるのである。

そしてこの政治界のアクターが政治状況を表現する際に用いる政治状況認識の解釈図式がフレーム（frame）である。諸政治アクターは、自らに対する支持を集め、支持者たちの行動を動員し、逆に敵対勢力の支持を削ぐために、「我々の世界」で起きている事象をわかり易く圧縮・単純化した解釈図式であるフレームを提示することで、関係する政治的な出来事や政治状況を自らが提示したい形で意味づける。[18]

つまりナショナル・アイデンティティとフレームは、どちらもネーションのヴィジョンの解釈図式を内包している。しかし、その機能は異なっている。

両者の違いはschemaとframeの概念をもって把握できる。Benford & Snow（2000: 614）の注3の整理に即して提示すれば、ナショナル・アイデンティティの解釈図式をschema（複数形はschemas, schemata）、フレームの解釈図式はframe（複数形はframes）として交通整理できる。[19]

その相違点は、第一に、schemaであるナショナル・アイデンティティは、日々生じる新しい政治的出来事・状況を理解可能なものとして認識することを可能にする当該政治界に予め定着した解釈図式＝定型的な意味連関の集合なのに対し、フレーム（frame）は、その予め定着した解釈図式＝支配的政治認識にはない新しい状況認識の枠組とその意味を提示することで支配的政治認識を変化させる動因だということである。そうした新しい状況認識の枠組や意味は、支配的政治認識を変えることを狙った政治アクターが言説操作的に構築する場合もあれば、意図せざる結果として生成することもある。そのメカニズムは、後述するナショナル・アイデンティティの変容を捉える枠組において説明する。

第二の相違点は、フレームが諸政治アクターが提起する個別具体的な「我々のあるべき姿」の「自画像」であるのに対し、ナショナル・アイデンティティは、それら個別具体的なフレーミングの底流で「言わずもがなの当たり前の前提」として非明示的に存在する様々な「我々カテゴリー」と「理念」のレポジトリーだという点にある。

両者のミクロ社会学的関係性は次のようなものである。

「沖縄人」や「日本人」といった「我々カテゴリー」や「自治」「経済自立」といった「理念」は、単一的で固定的な意味内容を含意した状態にはない。それは特定の「シニフィアン―シニフィエ」の固定的なセットの状態ではなく、それを参照するアクターがそれぞれの立場に従って多様に解釈できる「解釈のレパートリー（repertoire of interpretation）」[20]として存在している。表現を変えれば、「我々カテゴリー」や「理念」を指し示す単語やその単語から構成される解釈図式は、複数の含意を潜在させた状態で存在している。M・スタインバーグはこの特性を「多義性（multivocality）」という用語で表現している（Steinberg 1999）[21]。単語やそれらを組み合わせた解釈図式は「複数の声」を持つというわけである[22]。

そしてナショナル・アイデンティティがそのような状態として存在していることが、諸アクターがその言論活動の中で提示している「理念」の具体的な意味内容が千差万別なのにもかかわらず、その「理念」の同一性が確保され、それら諸アクターが「同一の理念」を「共有」している、という不可思議な状態を可能にしている。

例えば、社会運動論の研究文脈で参照されることが多い米国の文脈の「権利（rights）」ないし「公民権（civil rights）」

の「理念」について見てみよう。

米国の文脈での「権利」や「公民権」といったタームが提示する「理念」が、一八世紀のアメリカ建国理念以来の「アメリカ的自由主義（American Liberalism）」、あるいはそれに由来する「政治文化」ないし「市民的宗教」と密接に関係していることは所与の社会的事実として扱ってよいだろう。本書の分析用語に引きつければ、「権利」は、「アメリカ人」という「我々カテゴリー」とペアになった「理念」として、ネーションのヴィジョンを構成し、支配的政治文化としてのナショナル・アイデンティティの一部をなしている。

そう見れば、一九六〇年代の黒人公民権運動をはじめ「先住民の権利」「性的マイノリティの権利」「（離婚した）父親の権利」等々の確立を目指す諸社会運動は、一見、「権利」ないし「公民権」といった用語に象徴される「アメリカ的自由主義」の「理念」を「共有」しているかに見える。[23]

しかし、一般概念としての「権利」の「理念」が、様々な社会運動の言論文脈、すなわちフレームに取り込まれて「女性」「性的マイノリティ」「先住民」「（離婚した）父親」等の様々な「我々」を指し示す「カテゴリー」と結び付いたとき、そこで提起される具体的な「ヴィジョン」は当然運動文脈ごとに異なる。例えば「権利」という用語は共通していても、離婚した妻に引き取られた子どもに面会する「権利」と、西欧人到来以前から「聖地」となっていた「我々の土地」を開発から守る「権利」とでは具体的に指し示される意味内容が相当に異なっている。[24]

さらにいえば、先住民運動の文脈における「集合的権利」や人間が対象となっていない「動物の権利」が指し示す意味内容は、「アメリカ的自由主義」の「伝統的理念」としての「個人の権利」の理念内容と重要な点で相違がある。

つまり様々な「権利」を掲げる諸運動が「権利」理念の単一の意味内容を共有しているとは言い難い。しかし、それでもなお「権利」や「公民権」が、普遍的な「イズム」としてのリベラリズムとも違うアメリカに固有の「政治文化」「市民宗教」に根ざした「理念」であるという確かな感覚もある。

「権利」や「公民権」という単語が指し示す具体的な意味内容が運動ごとに微妙に異なっていて完全に合致しないとすれば、これら千差万別のアジェンダを掲げる諸運動は、いかなる意味において「権利」や「公民権」の「理念」を

「共有」しているといえるのだろうか。

このジレンマは、「権利」や「公民権」を用いた解釈図式を「イデオロギー」や「信念体系」のような体系的な観念構築物ではなく、多義的な「解釈のレパートリー」として把握することで統合的な説明が可能になる。

つまり、それぞれのアクターがそれぞれの文脈に適合的な言論の「型」を間主観的に共有された「解釈のレパートリー」のレポジトリーの中から選択し、それを自らのフレーム構築に活用していると理解すれば、諸アクターが提示するフレームは直接的には運動文脈依存的に千差万別な意味内容を含意しつつ、それでいてそのフレームの組立て方はレポジトリーたる「解釈のレパートリー」の範囲内に収斂し、千差万別な中にも共通性向が生まれてくることになる。

例えば「性的マイノリティの権利」も「先住民の権利」も「動物の権利」も「父親の権利」も、メッセージの具体的な意味内容自体は、運動文脈に対応する形でコンティンジェントに生成しても、自らの運動理念を「権利」という意味内容的には曖昧な「言論のレパートリー」を用いて表現していることそれ自体によって、それら運動が提示するフレームがアメリカに特有の政治文化の影響に拘束され、経路づけられる形で理念表明していることになる[25]。

この「性的マイノリティの権利」「先住民の権利」「動物の権利」「父親の権利」等の形で提示された個別具体的な解釈図式をframe（フレーム）、これらframeを構築する上で、諸政治アクターが参照する暗黙知としての解釈図式をschema（ナショナル・アイデンティティ）として整理できる。

琉球・沖縄の文脈で、このナショナル・アイデンティティ（schema）―フレーム（frame）の関係を例示する事例として、「経済自立」について見てみよう。

「沖縄の経済自立」（あるいは自立経済）は「沖縄」という「我々カテゴリー」と「経済自立」という「理念」を組み合わせて「我々があるべき姿」を表現した解釈図式の一つである。琉球・沖縄においては、あらゆる経済構想・政策談義は、「経済自立」を目指すことが暗黙の前提となっている。その意味で「沖縄の経済自立」は政治的立場を超えて「全県民」が「共有」するヴィジョンである。

だが実は、「何をもって『沖縄の経済自立』というのか」という点についての共通理解は存在しない。

経済自立の最も古典的な指標は「対外収支」なのだが、この指標では米軍基地に依存した経済構造の問題が浮かび上がらない。この点をカバーするために、嘉数啓（一九八三）は、「対外収支」と「産業構造」の二指標、大城肇（一九九三）は「財政構造」「産業構造」「収支構造」「技術構造」「就業構造」「所得・資産構造」の七指標を作業定義とする理解に依拠した「経済自立」分析の枠組を提起した。これらの「経済自立」理解は、いずれも影響力は大きいものの、「経済自立」という言葉が発せられると自動的にそのような意味の概念として理解される「暗黙知」として共有されるレベルには至っていない。

その理由の一端は、「理念」としての「沖縄の経済自立」の意味内容が、経済学の範疇からはみ出てしまう包括的なもので、こうした経済指標からなる「経済自立」理解は、「我々」の「思い」を十分反映していないという感覚があるからである。

例えば対外収支、産業構造の二つの指標の均衡を作業定義とする嘉数啓（一九八三）の経済自立論に対し、富川盛武（一九八七：二二二―二二三）は、対外収支が黒字で産業構造のバランスがとれても、地域住民の「くらしよさ（福祉）」が悪化したり、環境破壊によって自然のポテンシャルが損なわれるような状況は「経済自立」とはいえないのではないかと疑問を投げかける。そして、「要するに、自立経済とは、『社会的経済単位が自らの意志と知恵の力によって、経済が成長、発展し、かつまた同時に生態系のバランス、社会的福祉、文化の向上が実現されつつある状態』のことである」という「経済自立」の解釈を示した（同書：二二三）。大城肇（一九九三）も、七指標に基づいた経済自立の分析の枠組を提示する一方、「経済自立」の「理念」そのものは「過度の財政依存から脱却し、移輸出競争力のある産業を振興するとともに、失業が改善され、経済的格差も是正されて、経済、社会、文化等が個性的に発展していくプロセスである」と定義しており、マクロ経済学的分析概念の範疇に収まらない理念として提起している。

最近では松島泰勝（二〇〇六：一五四）が、「『経済自立』とは、中心地が生産過程で生じる外部不経済を捨てるにもかかわらず、周辺地にはプラスの外部経済を許さないような関係性を、周辺地が拒否することである……外部不経済とは、環境汚染、資源の枯渇、不潔、品質の悪化、退屈な仕事、不平等な所得配分、トップ偏重の社会組織等である……

日本にとっての外部不経済である米軍基地を琉球が拒否することが本来の『経済自立』につながる」と論じている。同じ「沖縄の経済自立」でも、マクロ経済学的な経済効果を捉える概念として理解するのか、「生態系のバランス、」や「経済、社会、文化等が個性的に発展」する状況まで含んだ概念として理解するのか、あるいはそれでも不十分で「脱軍事化」の進展度まで含んだ概念として理解するのか、によって概念内容は大きく異なってくる。つまりそれぞれの論者が論じる「沖縄の経済自立」の解釈図式（frame）や「経済自立」という単語の意味内容はそれぞれに異なっていて共有されていない[26]。

それにもかかわらず、「経済自立」は「県民全員」が共有している「共通理念」だという疑いようのない感覚がある。つまり「経済自立」という「理念」の同一性は確保されている。シニフィアンだけでなく何らかの「意味」を共有しているという感覚があるのである。

schemaとしての「沖縄の経済自立」に関する様々な解釈図式を、それを参照するアクターがそれぞれの立場に従って多様に解釈できる曖昧で基底的なもの、言い換えれば複数のシニフィエを潜在化させた「解釈のレパートリー」として機能していると見れば、こうした点は説明がつく。

例えば琉球・沖縄の文脈での「経済自立」が、何からの自立かと問われれば、それは米軍基地や日本からの自立であることが暗黙の前提として共有されている。これが基底的な解釈図式（schema）である。

しかし、このような曖昧な解釈図式は経済政策や経済構想の論争文脈では用をなさない。

経済政策や経済構想をめぐる文脈で用いられる「経済自立」は、政策概念・学術概念である以上、「何をもって『依存しない』というのか」という点についてより詳細な解釈図式を必要とするからである。「日本に依存しない」という場合、それは日本政府の交付金に依存しないということなのか、あるいは琉球・沖縄の産業の日本市場への依存度を下げるという意味なのか。あるいはその両方なのか。様々な「解釈」を潜在させた「解釈のレパートリー」がそこにはある。そしてそれぞれの論者は、その様々な「解釈」を潜在させている基底的な解釈図式（schema）をベースに、独自の「解釈」を立ち上げて各々の解釈図式（frame）を組み立てているのである。それらframeのレベルでの「経済自立」の意味内容には同一性はない。しかしschemaのレベルで存在する「米軍基地や日本への依存からの自立」という曖昧な「理念」は、基底的な解釈図式としてそれら論者に「当然の前提」として共有されている。

このようにナショナル・アイデンティティとしての「沖縄の経済自立」は、こうした基底的な解釈図式が様々なシニフィエを潜在させている状態で存在している。そして、各アクターは、無意識裡にschemaとしての解釈図式＝ナショナル・アイデンティティを参照し、その規範的拘束力の境界内において多様な「経済自立」の解釈図式（frame）を提示している。このように把握すれば、「沖縄の経済自立」をめぐる「多様性」と「共有性」を同時に把握することができる。

ここで例示したのは学術・政策的論争の文脈での認識闘争であったが、「沖縄の経済自立」をめぐるこのようなschema‐frame関係は当然具体的な政治イシューをめぐる政治認識闘争の文脈でも見られるはずである。

ナショナル・アイデンティティの統合機能

以上のナショナル・アイデンティティ（schema）とフレーム（frame）の相関関係を見てみると、ナショナル・アイデンティティには対立する諸アクター間の所与の「共通点」となることで、対立が「アリーナ」そのものの瓦解につながらないよう統合を保つ、という社会機能があることがわかる。この統合機能を理論的にうまく説明しているのが、ウィマーの「文化的妥協（cultural compromise）」の理論視角である。[27]

「文化的妥協」は、「知の権力性」に注目する理論視座と「合理的選択論」の接合を目指したウィマー独自のハビトゥス論に依拠している（Wimmer 2002: 26-28）。

ブルーベイカーの初期の作品（Brubaker 1992＝二〇〇五）においては、ネーションの「理念」と「利害」の関係について、「理念」研究の重要性を強調するため、理念が利害関心の経路を片務的に決定するという関係性を前提にした上で、理念の形成から制度構築への歴史過程を把握していた。作品中で引用されていたマックス・ウェーバーの以下の文章がその思考枠組を簡潔に提示している。

人間の行動を直接支配するのは、理念ではなく、（物質的および理念的な）利害関心である。しかし『理念』によってつくりだされた『世界像』があたかも転轍手のように、利害関心のダイナミクスによって行為が駆り立てられる軌道を決定することも非常にしばしばある。（Brubaker 1992＝二〇〇五：四〇）[28]

これに対しウィマーは、その視座を踏まえつつ、それに加えて逆の過程、つまり利害が対立する諸アクターの利害関心追求の妥協点として支配的な共通世界観が立ち上がり、確立されてゆく過程も存在するとして、それを捉える理論枠組を提示した（Wimmer 2002: ch.2）。

それによれば、個々人は、その出生時、経済的・政治的・文化的資源が不均等に配分された社会編成上のマトリックスの中に位置づけられる、そして個々人はそれぞれの位置に対応した社会体験を積む中でその社会的位置に対応した「世界の解釈の仕方」（scheme）＝「文化」を内面化させ、その世界観が規定する範囲内で、その時々に直面した状況における合理選択的な評価・判断を下し、社会的に行動していく。

さらに、経済的・政治的・文化的な資源が豊富な社会的位置に対応した社会経験を積んだ人たちと、経済的・政治的・文化的資源を欠いた社会的位置に対応した社会経験を積んだ人たちの間では、当然、正当な世界観・理念も経済的な利害関係も異なっているので、そこに様々な理念・利害対立のダイナミクスが生じる。このアクター間の社会関係・コミュニケーション過程のダイナミクスの中から、対立する諸アクターの観点から「長期的な利益」と認識しうる要素を含み、それゆえに対立する諸陣営全体が「当たり前」のこととして納得しうる社会類型と世界観のパターン＝「集合表象」が形成される、とする。これが本書でいうところのナショナル・アイデンティティである。

ウィマーやその基となったブルデューのハビトゥス論に依拠すれば、ある世界観の解釈をすべてのアクターが共有することはありえない[29]。人間は社会編成上の位置に対応したハビトゥスと scheme の視点からしか世界を解釈できないからである。それにもかかわらず社会編成上の異なる布置に位置する人々が「ネーション」のような一体感・同一感を共有するためには、この政治社会観が提示する様々な記号や象徴のシニフィアンが一致し、それでいてシニフィエがおのおの違うことが意識化されない、少なくとも政治化されないことが前提となる。

ネーションのヴィジョンの異なる解釈を互いに黙認し合うことで、異なる政治スタンスに立つ人々の間で一体感・同胞感を帯びたネーションの「想像」が可能になる。逆にいえば、曖昧であればあるほど多用な解釈が生まれ、より多くのアクターがそのヴィジョンを受け入れやすくなる。

つまりナショナル・アイデンティティは、ファジーであることが社会機能的に要請されているのである。ファジーであることによって、社会編成上のどのハビトゥスの視点からも同一の概念や記号・象徴に意義を見出すことが可能となり、それゆえに対立する諸アクターの異なる動機からの暗黙の政治的支持を獲得した、包括的で強い共鳴性を帯びたヴィジョンたりうる。ナショナリズムの言葉で表現されることによって、様々な主観的な利害を間主観的な一般意志にまとめ上げ、異なる利害を持つ諸アクターが、政治的には恒常的な対立状態にありながらも、同時に特定の社会秩序に暗黙裡に同意し、これを所与の前提とすることが可能になるのである。

このような状況についてウィマーは、「契約の非契約的な要素」(ibid.: 29) というデュルケム由来の表現を用いて説明している。自覚レベルでは、全面対立しているように見えるアクターたちの無自覚・暗黙裡の同意事項というわけである。「契約の非契約的な要素」としてのナショナル・アイデンティティが、諸政治アクターのフレーミングの内容を暗黙裡に拘束し、その展開を経路づけているがゆえに、どんなに先鋭的に見える政治対立も「アリーナ」そのものの瓦解にはつながらないのである。

枠組1　「支配者」―「我々」間の政治認識闘争（縦の相互作用）

以上、ナショナル・アイデンティティとフレームの基本的な関係を静的に提示した。その延長線上で、次にナショナル・アイデンティティの生成・変容過程のダイナミクスを捉える枠組を提示したい。ナショナル・アイデンティティの生成・変容は、あらゆる社会変動同様、紛争によって駆動する。本書の分析文脈では、ナショナル・アイデンティティの生成・変容を駆動し、経路づけている要因として三種類のコミュニケーション過程を捉える枠組が必要となる。第一は「支配者」―「我々」間の「縦の相互作用」によって生じる政治認識闘争である。第二は、「我々」内の諸政治アクター間の「横の相互作用」によって生じる政治認識闘争である。第三は、「我々」と「外部」との相互作用によって生じる政治認識闘争である。最初に「縦の相互作用」によって生じる政治認識闘争から見てみよう。

ブルーベイカーやウィマーの界に関する理論設定では、「我々」(国民) 内の階級・エスニック・人種対立の構造を暗黙裡に念頭に置いて、それらの対立を反映する形で諸政治アクターの政治認識闘争が闘われているものとして設定されている。しかし、こうした設定は、琉球・沖縄の文脈における分析には必ずしも適合的ではない。

なぜなら近代の琉球・沖縄における中核的な政治認識闘争は、「我々」内というよりも我々を統治する「支配者」たる日本政府やヤマト人、あるいは米軍政や米国人と「被支配者」である「我々」の間に存在するからである[30]。琉球・沖縄の文脈での「我々」が目指すべき「理念」は、多くの場合「我々」を統治する「支配者」を仮想敵にした「対抗理念」の性質を帯びている。例えば「基地依存からの脱却」としての「経済自立」の理念は、米軍が採用した「基地経済」構築の経済政策に対する「対抗理念」としての性質を帯びている。

こうした「対抗理念」の生成・変容メカニズムを理解する上で重要なのは、それが「被支配者」側が独自に、内在的に編み出すのではなく、多くの場合、「支配者」側がいわば持ち込んだ「理念」を被支配者側が「読み替える」という形の相互作用によって駆動するという点である。こうした「支配者」―「我々」間のコミュニケーション過程は、対抗理念の生成・変容を可能にしつつ、同時にその語彙の選択を拘束することによってその生成・変容の展開過程を経路づける。

具体的には二種類の制約がある。第一の制約は、言論闘争的なコミュニケーションそのものに内在する。この点を指摘するのがM・スタインバーグの討議界 (discursive field) の理論視角である (Steinberg 1998, 1999)[31]。

この理論視角によれば、「強者」―「弱者」間で論争的な状況が生じて「弱者」側が対抗言説を組み立てる際、「弱者」側自身が新しい概念を創出するよりも、「強者」側が提示した概念の「読み替え」の形をとることが多いのは、そこに「強者」―「弱者」間の相互作用によって生起するコミュニケーションの「場」が生成し、両者を拘束するからである。

なぜなら論争状況においては、あるフレームは、対論相手のフレームへのレスポンスとして組み立てられるので、提起する解釈図式や意味は一部、対論相手のフレームに依存することになるからである。そして、相手の解釈図式や意味に一部依存したフレームが提起されると、それに対して再反論する相手も、また相手の解釈図式や意味に一部を依存したフレームを組み立てる。スタインバーグが"talk and back talk"と表現するこの反復的連鎖によって支配者―被支配者間に討議界とその「ゲームのルール」が生起し、双方がそれに拘束されるがゆえに、言論構築の材料（概念や解釈図式）は、その「場」に蓄積された範囲内に「固定」されてゆく。[32]

つまり、弱者側が、強者側の提示した語彙や理念といった政治言論の道具立てはそのままに、それらを再解釈＝読み直しによって対抗言説のフレームを組み立てることが多いのは、両者間のコミュニケーション・ダイナミクスによって生起した「場」に両者が拘束され、無意識のうちに用語選択が制約されているからなのである。

本書においては、例えば第五章で取り上げる「経済自立」理念の生成・変容過程にこのようなコミュニケーション過程が見出せる。

第二の制約は、「支配者」―「被支配者」間の力関係の差に由来する。「被支配者」側の「対抗理念」は、多くの場合「支配者」側に弾圧されない範囲に納められる。つまり、「支配者」側が「対抗理念」に気づかないかこれを容認・黙認するメカニズムがある。しかも例えば、戦前の琉球・沖縄の文脈では事態はより複雑である。「抵抗理念」の生成のベクトルは、同時に支配者である「日本人」の「境界」内に自らを位置づけ、同胞感を醸成することを希求するベクトルを同伴していたからだ（第二章参照）。

この点を説明する上で有用なのが、（Wimmer 2002: 31-32, note 13）で提示されている「会話の含意（conversational implicature）」という視点である。それは次のようなものである。

強い立場の人たちがXという言明をし、その強い立場ゆえにその言明のシニフィアンをより弱い立場の人たちが受け入れざるをえない状況において、より弱い立場の人たちがそれにYという解釈を付す。強い立場の人たちもそれを許容ないし黙認する。そうすることによって、弱い側も面目を保ちながらその言明を受け入れることができ、摩擦とそれに伴う労力の使用を回避しながらある言明の支配的立場が確立される。

このように言明（シニフィアン）を曖昧に提示し、それを反復することで強者―弱者の間に一定の一体感・同胞感を帯びたネーションの「想像」が可能になる。

弱者側の解釈は、あくまで自分たち自身のための解釈であるから、往々にして強者側に対する「対抗理念」の性質を帯びることが多い。ただし、それがあからさまに「強者」に対する対抗理念であると弾圧を受けることになる。したがってそれは、「対抗理念」であることを強者側が感知しえないか、黙認しうるようなレベルの、それでいて弱者側の「我々」の中では対抗理念であることがわかる、いわば「隠された政治文化コード」である必要がある。本書の事例では、例えば第二章で検討する太田朝敷の「自治」をめぐる言論を、そのような「隠された政治文化コード」の一つとして捉えることができる。

枠組2　「我々」内の政治認識闘争（横の相互作用）

次に、「我々」内の諸政治アクター間で生じる「横の相互作用」がナショナル・アイデンティティの生成・変容とどう連動しているのか、その動態を捉える枠組を提示しよう。

政治界では、諸政治アクターが、その時々の政治状況を固有に解釈するフレームを組み立て、これを提示して、政治的な「意味」を付与する政治言論活動＝フレーミングを行う。

このような諸政治アクターの、多くの場合には互いに敵対的なフレーミングのせめぎ合いは、フレーミング・コンテスト（framing contest）として概念化される（Benford & Snow 2000: 625-627）。

フレームの生産者である各政治組織（新聞を含む）の指導者層は、一面、自らの信じる価値・信念体系やそれに基づいた情勢判断を政治言論の「聞き手」（行政機関・政党・社会団体等他の政治アクター、「潜在的な構成員・支持者」、「傍観的大衆」「読者」）に訴えるという素朴な動機に基づいて、様々なフレームを組み立てて、政治言論活動に用いている。

反面、これら政治組織の指導者層、特に政党や運動団体の指導者たちは、政治アクターである以上、自らが目指す方向に「政治を動かす」ために、「聞き手」の「『合意』を動員し（consensus mobilization）、『行動』を動員する（action mobilization）」[33]、という道具主義的・動員主義的なフレーム構築の狙いを不可避的に持っている。そして、その狙いに従って注目してほしい政治イシューの問題の所在、分析、解決策を混ぜ合わせたフレームを、局面ごとに内容を調整しながら組み立てている。これをフレーム調整（frame alignment）と呼ぶ（Snow et al. 1986）[34]。

しかしこれら政治アクターはフリーハンドで、フレームを構築できるわけではない。「どのようなフレームを構築すれば、『聞き手』にアピールして支持を拡大できるか」という政治組織の構成員の意識は、「聞き手」の「常識的（common sensual）」状況理解と支配的価値判断にアピールするフレーム構築を志すことになる。[35] それはとりもなおさず、その政治界の「聞き手」の「常識的」状況理解と支配的価値判断を底流で規定している「契約の非契約的な要素」たるナショナル・アイデンティティが規定する「正当的な政治言論の範囲[36]」を意識してフレームを構築することを意味する。つまりその政治組織のフレームが明示的に提示する、あるいは暗黙裡に前提する「我々」と「理念」の関係は、ナショナル・アイデンティティに内包された解釈図式（schema）のレパートリーの中から、少なくとも一部を「材料」として組み込んでいなければならない。

別な言葉で表現すればナショナル・アイデンティティとは、政治認識構築のための「道具キット」（Swidler 1986）であるネーションのヴィジョンの「レパートリー」（Williams 1995）が格納された「政治文化資源ベース[37]」の一部であり、その「レパートリー」が共鳴的（resonate）なフレームの種類を限定している。

しかし、現状打破を志向する諸勢力の場合、上記レパートリーの範囲内でのフレーム構築に安住するわけにはいかない。現状を打破するための新しい状況解釈を同時に生み、広めることも狙わなければならないからだ。タローの言葉を借りれば、「レーニンや毛沢東のように運動企業家は運動フレームを特定の文脈における行為へと方向づける。そして標的となる人々の文化と、かれらの価値観や目標との交差点でフレームを形作るのである[38]」（Tarrow［1994］1998＝二〇〇六：一九二）。

つまりナショナル・アイデンティティに起因する「聞き手」の「常識的」状況理解と価値判断にアピールし、それでいてその「常識的」状況理解と価値判断にはない新しい状況解釈・価値を提起し、「聞き手」への浸透を狙う、という ある意味矛盾した行為が求められる。この新しい意味の源泉となるのが、その時代に世界的に興隆している、新しい「イデオロギー」や「国際規範」、あるいは政治界に内在的に生成した「新しい理念」などである。これらを仮に「グローバル・新思潮」と呼ぼう。

例えば、政治組織の指導者層は、支配者に政策変更を迫るフレーミングを行う必要があると判断した場合は、支配者が無視できない国連憲章などの国際規範中にある「新しい理念」を導入することができる。

あるいは、支配者を「敵」と見なして、これに対抗する「行動の動員」を最大化する、という判断を下した場合は、「常識的」情勢理解や支配的価値判断では、「不運」「やむをえない」とされていた政治的事象を、『我々』が抵抗すべき政策的な従属政策・抑圧政策」と再定義する「フレーム転換(frame transformation)[39]」のフレーミングを行う必要があるが、その際も転換を促進するような「新しい世界観」を、国際的な「イデオロギー」から導入するか、それまでの体験(例えば戦争体験)に基づいて自ら立ち上げることができる。

しかし、いずれの政治アクターも、ナショナル・アイデンティティによって規定された「正当的言論の範囲」内で言論活動を展開する必要がある以上、全く新しい「理念」だけで政治言論を組み立てることはない。新しく導入された「理念」は、必ず、間主観的に共有されている支配的な解釈図式(schema)のレパートリー中のいずれかの解釈図式と組み合わされて政治言論(frame)を構成することになる。つまり、「変革」を目指す政治言論は、必然的に、従前からある「我々カテゴリー」と「理念」の組み合わせのレパートリーに「新しい理念」を「編み込んだ」ものとなるのである。

そのようにして組み立てられた政治言論でも、その時々の政治状況で間主観的に共有された「常識的」な情勢理解や価値判断の範囲に収まらないこともある。その場合、その政治言論は「聞き手」に「誤った」「非現実的な」ものと受け取られるので、その政治アクターは言論内容を素早く修正しなければ、その言論活動は非正当的なものとして位置づけられ、政治のメインストリームから外れて、影響力を失ってゆくことになる。

しかし、逆に政治アクターが「新しい観念要素」と「古い観念要素」を編み込んで構築したフレームが、事件史的政治展開の政治局面にぴたりとはまり、その政治界の他の諸団体・勢力（新聞を含む）もそのフレームを用いるようになることもある。[40] これを「フレーム拡散（frame diffusion）」と呼ぶ（Benford & Snow 2000: 627-628）。そして、様々なアクターに取り入れられることで大きな影響力を持つフレームを「マスターフレーム（master frame）」と呼ぶ。[41]

マスターフレームは異なる運動テーマを掲げる運動団体が共有し、それによって普段はばらばらに行動している諸運動体の行為やフレーミングを一定の方向性に収斂させる機能を持つフレームとして概念設定された（Snow & Benford 1992）。それは解釈スコープの広さ、つまり幅広いテーマや理念を取り込んで接合する包含性、柔軟性を特徴とするフレームであり、したがってマスターフレームが提示する解釈図式は多義性（multivocality）の強さ（曖昧さ）という点でナショナル・アイデンティティの解釈図式（schema）と近似した特性を有している（Benford & Snow 2000: 618-619）。[42]

フレーム拡散によってあるマスターフレームを用いるアクターが多くなればなるほど、そのマスターフレームはその政治界における間主観的な共有度が高まる。同時に、それら圧倒的多数のアクターがそのマスターフレームを反復して使用すればするほど、そのマスターフレームは慣用化＝自然化してゆく。その結果、そのマスターフレームの「解釈図式（frame）」は、当該政治界に支配的な「解釈図式（schema）」＝ナショナル・アイデンティティのレパートリーの一つになってゆく。そしてこの新たに「格納」された解釈図式中の「新しい観念要素」の分だけ、ナショナル・アイデンティティは変容することになる。

つまり、ナショナル・アイデンティティ中の元からの「材料」と新来の「グローバル・新思潮」を参照して組み立てられた諸政治アクターのフレーミングは、マスターフレーム化を媒介にナショナル・アイデンティティにフィードバックしてゆくことで、「新しい観念要素」をナショナル・アイデンティティに付け加え、変容させてゆくのである。

そして事後、新たにナショナル・アイデンティティの一部となったその解釈図式は、時代や文脈を超えた諸政治アクターがフレーム構築の際に「持ち出す」ことができる「資源」そしてそのフレーム構築の範囲を制限する「拘束源」として機能してゆくのである。

以上のように、「新しい観念要素」を組み込もうとする諸政治アクターの創造的な、しかしコンティンジェントなフレーミング活動（エージェンシー）、その諸政治アクターの思考枠組や判断をも拘束するナショナル・アイデンティティの規定力（構造）、そしてフレーム拡散の引き金要因となる「事件史的」政治展開、の三項の循環的かつ自己変革的な社会過程によってナショナル・アイデンティティは生成・変容するのである。そしてそれによって政治界の「常識的政治理解」や価値判断は、時代とともに変化してゆくのである。

枠組3　「我々」と「外部」との相互作用（三項連関図式）

以上は単独の政治界（本書の分析文脈でいえば、政治界「沖縄」）に内在的なコミュニケーション過程に限定した説明である。しかし、「我々」（政治界）とその「外部」との相互作用によって生じるコミュニケーション過程もまたナショナル・アイデンティティの生成・変容にインパクトを与える変数である。この点は、ブルーベイカー自身が提示した三つの政治界の連関関係を捉える枠組を本書の研究文脈に適合化して導入することで浮かび上がる（Brubaker 1996: ch.3）。三項連関図式ともいうべきこの枠組では、三つのナショナリズムが相互依存的かつ関係的に影響し合う構図が提示されている。その三つのナショナリズムとは具体的には「祖国」（external national homelands）のナショナリズム、その祖国から「分断」された「在外同胞＝マイノリティ」（national minority）のナショナリズム、そしてその在外同胞を「マイノリティ」として統治する「支配国」（nationalizing state）のナショナリズムである。

もし「支配国」の政治界で生じた政治エリートの発言や事件から、「支配国」が「在外同胞」を同化し、その自治と民族性を奪う政策を強化しているという認識が、「在外同胞」と「祖国」の政治界で強まれば、「在外同胞」と「祖国」の政治界の諸アクターはその新認識に対応する形でそれぞれの政治的なスタンスを変化させる。こうした「在外同胞」と「祖国」側の対応策の情報が「支配国」に伝わると、今度は「支配国」の政治界の諸アクターが新情報に対応する形で政治的なスタンスを変化させる。また「在外同胞」の頭越しに「支配国」と「祖国」の間で政治的な合意が結ばれれば、その情報が「在外同胞」の諸政治アクターの政治スタンスの変化を促進するし、逆に「祖国」を蚊帳の外において「在外同胞」と「支配国」が政治的な妥協に至れば、その情報が「祖国」の諸政治アクターの政治スタンスの変化を促進する。

このように三つの政治界の連関内では、いずれかの政治界で生じた出来事は、自動的に他の二つの政治界のナショナリズムに影響し、それが連鎖的に循環してゆく。つまり事件史的な政治展開は、「沖縄」に内在的に起きるのではなく、三つの政治界が連結したいわば「メタ政治界」の過程として展開する。そしてその展開に応じて、「沖縄」の諸政治アクターのフレームと政治界全体を統制するナショナル・アイデンティティも変容してゆく。

このモデルが伝統的なイレデンティズムや民族統一ナショナリズムの理解と異なるのは、この理論では、もともと一つの民族があって、それが分断されたとは捉えない点にある。ある政治の場で「我々は在外同胞である」というヴィジョンとそれに伴う政治スタンス（自治や祖国との再統合の要求）が支配的になれば、そこに在外同胞ナショナリズムが生起したと捉える。つまり、「祖国」と「在外同胞」が本当に共通の言語・文化・歴史を共有する同じ「民族」なのか、という問いは意味を持たない。また、一見、同じネーションを「想像」しているかに見える「祖国」と「在外同胞」は、分析上別々のナショナリズムとして捉える。同胞意識や連帯感はあったとしても、異なる政治文脈で異なるアクターたちによって立ち上げられたヴィジョンやスタンスの具体的な内容や思惑は異なる。「同床異夢」的な状況もありうる。したがって「祖国」側の「返還」と「在外同胞」側の「復帰」は、同じナショナリズムの両極面として捉えるのではなく、別々のナショナリズムとして把握する。

三つのナショナリズムは、それぞれの政治界で互いをどう認識するのか（他の二つのナショナリズムに関して、どのような解釈が支配的になるのか）によって、その内容を変化させる（抑圧者か解放者か、血を分けた「同胞」かそれとも都合のいいときだけ「同胞」を持ち出すだけの存在か等）。その変化は、個別具体的な政治局面で、ネーションのカテゴリー（〇〇人、〇〇民族）やその理念がどのように使われて政治認識が枠づけられ、政治言説や政治行動を立ち上げるために使われるのか、という点に注目することによって把握しうる。

本書では、このような三項連関図式を緩く応用した上でその中の一項である「沖縄」に照準する。ブルーベイカーのオリジナルの枠組における「祖国」を「日本」、その祖国から「分断」された「在外同胞」を「沖縄」、そしてその「在外同胞」を統治する「支配国」を「米国」に置き換えることで「外部」である日本や米国発の政策や様々な事件に関わる情報が「沖縄」の政治界に受容されることで生じるナショナル・アイデンティティへのインパクトを捉えることができる。[43]

（1）「民族・エスニシティとナショナリズム」という表現が長いことから以下「民族・ナショナリズム」と短縮して表現する。英語の ethnicity 概念と漢字の「民族」概念が捉える社会現象の範囲は同一ではないが、本書の分析舞台である戦後初期の「沖縄」で具体的に用いられていたのは「民族」であることから、「民族」の表記を優先したい。

（2）無論、具体的な歴史現象の中では、ネーションと国家、より正確にいえば「我々」という人間集合のヴィジョンであるネーションのヴィジョンと「我々」を統治する原理とそれに基づく政治体制のヴィジョンである国家のヴィジョン（国家観）は峻別不可能なほどからみ合ってきた。この峻別不可能性がゆえに、英語では nation-state というハイフン付きの用語が用いられているわけなのだが、両者の相関関係に目を配るにしても、最終的な被説明変数を国家に置き、ネーションを説明変数の一つとするのか、それともネーション現象を説明する変数の一つとして国家を置くのかでは分析の射程がおのずと異なってくる。本書のミッションは、人々の「想像」の過程に迫ることであり、国家はその過程における極めて重要な、しかしいくつかある説明変数の一つに過ぎない。なおネーションと国家の峻別が特に日本であいまいになりがちなのは、nation-state の訳語である「国民国家」から原語にあるハイフンが抜け落ちてしまっていることにもよるだろう。nation-state では nation と state が対等な名詞なのに、「国民国家」という単語では主語は国家で国民は単なる形容詞に過ぎない。つまり「国民国家」の研究とは「ネーションのイズム」という字義通りの「ナショナリズム」の研究というよりも国家の研究なのである。

（3）法律文化社より邦訳（巣山靖司監訳 Smith 1979＝一九九五）が出ているが、この訳はそれとは別に独自に訳出したものである。

（4）デイとトンプソンや佐藤成基は、ナショナリズム研究の近年の動向を俯瞰した上で、この分野の興隆の火付け役となった Anderson（[1983] 1991＝一九九七）、Gellner（1983＝二〇〇〇）、Hobsbawm & Ranger（1983＝一九九二）、A. D. Smith（1986＝一九九九）などの「古典」とは質的に異なる新しい研究潮流が一九九〇年代に生まれているとして、これを「古典以後（post-classical）」というタームで括っている（Day & Thompson 2004: ch.1; 佐藤二〇〇九b）。

（5）このような研究志向そのものは、新しいものではない。吉野耕作（一九九三）が国際社会学の目指すべき方向性を示すものとして日本に紹介したマイケル・マンの理論は、明らかにこの方向性を探求している（Mann 1993＝二〇〇五）。ただ日本の「国際社会学」が主な対象としている「メゾ」ないし「中範囲理論」レベルの研究文脈で、社会学の具体的な分析道具として用いることを念頭に、新しいナショナリズム・エスニシティ理論・概念枠組を整備する取り組みが進んだのは一九九〇年代中頃以降のことである。

(6) 具体的には、中東欧における「俗語の分布範囲」や植民地エリートの「巡礼」、新聞や小説の文章配置・構図の共有といった議論はいずれも後に国民国家となる領域の内的作用を強調している。

(7) このメタ理論的思潮を包括的に検討したエミルベイヤーは、関係的視角の理論的インプリケーションの一つとして国民社会的「社会」概念を代替する新しい概念の創出を上げている（Emirbayer 1997: 294-5）。

(8) ブルーベイカーによれば人間の認識過程について、個人の内面にフォーカスする心理学的な狭義の“cognitive”アプローチは、社会学で大きな影響力を持つ関係的な“discursive”アプローチと対立的に把握されることも多いという。これに対しブルーベイカーは双方を統合するような広い意味での“cognitive”アプローチを主張している（Brubaker et al. 2004＝二〇一六）。

(9) このような分析視角の応用範囲は、当然のことながら民族・ナショナリズム研究の領域に限定されない。より広い文脈でこの分析視角を検討した作品として片桐（二〇〇六）がある。また関係的視角の探求よりも狭義の「認知」過程の考察に力点を置く社会心理学的な民族現象論として小坂井（二〇〇二）がある。

(10) 人種とエスニシティとネーションは別個の研究領域ではなく、同一研究領域内の異なるカテゴリーとして捉えるべきだというのがブルーベイカーの主張である。ただ先述した本書の用語法に基づき、以後は「民族・ナショナリズム理論」の語をもって代替する。なお、ブルーベイカーのこれまでの研究と理論内容の全体像については、ブルーベイカー自身の説明（二〇一六）および佐藤成基（二〇一六）の解説を参照。

(11) 「場」という訳語があてられることもある（例えば、佐藤一九九五）。しかし最近の著作物の訳（Bourdieu & Wacquant 1992＝二〇〇七、佐藤二〇〇八）では、「界」の語があてられているため、本書でもこれにならった。

(12) この二つの英語表現が指し示す社会現象は、日本語で民族意識やナショナリズムの「高揚」と表現される現象と合致すると思われる。

(13) 例外的な先行研究として、二〇世紀初頭の中部ジャワ島の政治世界を舞台にした白石隆の *An Age in Motion*（Shiraishi 1990）が挙げられる。ただ歴史学者による作品であるがゆえに、理論研究上のアジェンダが明示的に提示されていない。それゆえにか、英語の作品であるにもかかわらず管見の限りこの作品を取り上げた英語圏のナショナリズム研究の概説書はない。

(14) 「ナショナリズム」総体を被説明変数とする一般理論や統合理論はありえないというのが本書の立場である。被説明変数は「ナショナリズム」概念が含む複数の要素のいずれかでなければならない。その理由についてはナショナリズムの一般理論を志すA・D・スミスのアプローチの不可能性と弊害を指摘したBreuilly（2001: 49）やÖzkirimli（2000: 225-227）の議論がわかりやすい。

(15) 「自治」や「経済自立」を「自己決定」の派生理念とする理解の詳細については本書の「補説」を参照。

(16) シュルツのDeutungsschema＝解釈図式の概念に依拠した佐藤成基（二〇〇八：一九）のナショナル・アイデンティティの説明を参考にした。

(17) *International Encyclopedia of the Social & Behavioral Sciences*, Vol.25, 2001: 13526-13527の“Schemas, Social Psychology of”の項目で示された定義に依拠した。

(18) この一文の執筆にあたってはSnow & Benford（1988: 198, 1992: 137）を参考にした。

(19) フレーム分析に関する初期の鍵論文（Goffman 1974: 21; Snow et al. 1986; Snow & Benford 1992: 137）を見ると、frameの定義にschemasやschemataが含まれている。つまり、frameはschemaと同じものとして扱われている。しかし、schemaは社会世界の自明性が生み出される認知メカニズムを説明するための概念であるのに対し、社会運動が提示するframeのエートスは自明なものを自明でなくする「気づき」をもたらすことにあり、社会運動論的意味でのフレーム（集合行為フレーム）をschemaやschemataの概念を用いて理解することには根源的な矛盾がある。ここで依拠したBenford & Snow（2000: 614, note 3）のschemaとframeの概念関係の整理は、こうした矛盾を解消するために従来の概念関係を再定義したものとして位置づけることができる。初期の鍵文書における概念設定の影響もあって、このような整理の仕方は現時点でフレーム分析の研究コミュニティ全体に必ずしも共有されているとはいえないかもしれないが、ナショナル・アイデンティティを対象とする本書の分析文脈においては、この交通整理の視座が明らかに有効なため採用した。なおschemaや「図式」といった用語ではアルゴリズム的な連関の含意が強く出るが、frameの場合は語源からして「枠づけ」「枠組」の含意が強い。しかし、frameの定義にschemaの単語が入っていることを見れば、フレーム分析の理論潮流においてはschema概念にもframe概念にも「図式」と「枠組」双方の機能がある、と折衷的に理解されているようだ。frame概念における「図式」機能と「枠組」機能の差異を明示的に意識した論文としてはWilliams & Benford（2000）がある。

(20) Mooney & Hunt（1996）、Steinberg（1998, 1999）がこの概念を使っている。ただいずれの場合もこのタームを後述のマスターフレームと互換的な概念として設定しており、その用法は本書よりも限定的である。

(21) ロシアの文学批評・理論家M・バフチンの言語理解にヒントを得た分析概念として設定されている（Steinberg 1998）。言語特性の基礎的な理解についてバフチンの仕事を援用しつつ、それをC・ティリー由来の「レパートリー」の視角と接合して、政治紛争コミュニケーションを捉える「討議界（discursive field）」の設定に取り込んだところにスタインバーグ的な意味での多義性（multivocality）の眼目がある。

(22) schemaは本書が依拠するブルーベイカー的な意味より狭い伝統的な意味での"cognitive approach"の概念であるのに対し、スタインバーグの多義性はエージェンシーを強調する"discursive approach"が提示する議論であり、両者は理論的緊張関係にある。しかし両者の理論的整合性を確立する作業は本書の作業の射程を超えており、ここでは折衷的に概念設定するに止めたい。

(23) 社会運動のフレームとしての「権利フレーム」「公民権フレーム」とAmerican Liberalismの関係をめぐる理論的議論については、例えばTarrow（[1994] 1998＝二〇〇六：二〇四―二〇六）、Williams & Kubal（1999）、Williams & Benford（2000: 136-137）があるほか、広く米国の文脈を念頭に置いた政治文化環境とフレームの関係を検討した論文としてはWilliams（1995）、Williams（2004）がある。ここでの議論もこれらの文献で得られた情報に基づいている。

(24) さらに言えば、フレーム分析視角で近年興隆した「イデオロギー」と「フレーム」の関係性をめぐる議論では、アクターは、多くの場合、複数の「イデオロギー」から取り込んだ観念的要素を「編み込んで」フレームを構築するため、「イデオロギー」に内在する信念体系とその価値の範疇から逸脱することが多いことが指摘されている。この観点からも「アメリカ的自由主義」の「権利」と米国の諸運動体が掲げる「権利」を同一化して捉えることはできない。この点ついてはSnow（2004）を参照。またフレーム分析の研究文脈内における「イデオロギー」と「フレーム」の関係に関する理論的対立軸はJohnston & Noakes eds.（2005）の第九章から第十一章でのジョンストンらとスノーらとの論争から読み取れる。

(25) このようなナショナル・アイデンティティとフレームの関係性の整理を前出のウズキリムリのa Turkish NationalismとTurkish nationalismsの議論に引きつければ、この整理の民族・ナショナリズム研究へのインプリケーションが窺える。トルコにおける民族・ナショナリズム現象は、a Turkish Nationalismではなく、Turkish nationalismsとして把握しなければならない、というのがウズキリムリの主張であった。しかし、Turkish nationalismsを個々のアクターのフレーム、a Turkish Nationalismを間主観的に共有されているナショナル・アイデンティティと見れば、ここで提示されたナショナル・アイデンティティとフレームの連関は、nationalisms と a nationalism の双方を同時に射程に入れて、両者の相関関係を問題化してゆくことこそ民族・ナショナリズムの社会学が目指すべき方向性だということを示唆している。

（26）この点について筆者がインタビューしたある経済学者は、「どうやったら経済自立を実現できるか」という論議は、往々にして「何をもって経済自立というのか」という定義をめぐる議論に立ち戻りがちで、そうすると各々が自分自身の「経済自立」理解に固執するので、議論が収斂しなくなる傾向があると述懐していた。

（27）ウィマーの理論と本書の理論関心には相違点も多く、本書では、彼の理論の全体構成のうち「利害の妥協」の視角のみをピックアップして移植するにとどめている。ウィマーの理論そのものが本書に適合的でないのは、第一に、ウィマーの理論は、その最終的な説明対象をネーションではなく国家に置く国家論的問題関心を前提にしているからであり、第二にウィマーの理論枠組がネーションのヴィジョンが個々人の生活世界におけるコミュニケーションの中から生起し、それによって個々人の認識を拘束するものとして捉える視座に依拠しており、「メゾ」レベルの政治のダイナミクスの作用が不可視化されているからである。

（28）ドイツ語原文は Weber（1920: 252）、英訳文は Weber（1920=［1948］2009: 280）にある。

（29）ウィマーはアクターの世界認識の枠組（scheme）と行動パターンはハビトゥスに規定されるというブルデューの理解に依拠している。ただし、彼はブルデュー自身のハビトゥス概念には、自らが置かれた状況の是非を考えるという普遍的な人間能力の存在を無視して、社会編成上の位置が直接行動を規定するという社会決定論的な側面があるとして、①ハビトゥスによってその時々の状況において何が自分の利害なのかという認識パターンの範囲を規定→②その範囲内で「是非の判断」という人間の普遍的能力に基づいて戦略が立てられ、それに基づいて行動する、という二段がまえのハビトゥス論を提示している（Wimmer 2002: 27）。

（30）佐藤成基（二〇〇八：二三）の「公共的言論界」の概念設定同様、政治界の諸アクターの中には、統治機構も含まれるので、米軍政も政治界「沖縄」のアクターの一つである。しかし、アプリオリに「外来の他者」である上に日本語のコミュニケーション・ダイナミクスに拘束されない米軍人たちは、ネーションのヴィジョンの規定力の範囲外にあるので、米軍政は、そのフレーミングによって「沖縄」のネーションのヴィジョンに影響を与えても、自らはその拘束力の範囲外という例外的な状況にある。

（31）政治界と同じく「界」の概念を含んでいるが、政治界と討議界は同一ではない。討議界は論争テーマごとに生起・消滅することが想定されているのに対し、行政制度に根ざした政治界の場合は、はるかに長い生成・消滅のサイクルが想定されている。なお討議界の議論は、二〇〇〇年代に入って、社会運動論におけるフレーム分析の始祖の一人として知られるスノーが自らの理論的議論に取り入れたことにより、フレーム分析の理論潮流の中で主流化した観がある（Snow 2004, 2008）。

（32）スノーはこの過程を Goffman（1974: 82, 156-157）から引いた 'lamination' とか 'frame crystallization' という用語で表現している（Snow 2008）。もっとも討議界の規定力の強さを「特性」ではなく、「変数」として取り扱うことを提唱しているスノーが主張するように、「経路」づけの力の度合いは事例によってヴァリエーションがあると想定すべきであろう。

（33）Klandermans（1984）.

（34）フレーム分析の概念設定においてこのフレーム調整は、様々な種類の下位区分の概念に分節化される。このうち本書の分析文脈では「問題の本質」を提示する「診断的フレーミング（diagnostic framing）」（Benford & Snow 2000: 615-616）、「何をすべきか」を提示する「予後的フレーミング（prognostic framing）」（ibid.: 616-617）、オーディエンス側の関心が高いイシューにまで言論内容を拡大する「フレーム拡張（frame extension）」（ibid.: 625）、ある要素を際立たせて強調する「フレーム補足（frame amplification）」（ibid.: 624-625）、そして異なるイシューに関するフレームを結び付けて一つの大きなフレームを構築する「フレーム架橋（frame bridging）」（ibid.: 624）の五種類のフレーム調整を参照している。

（35）このフレームの支持動員力を表現する概念が「共鳴性」（resonance）である。Benford & Snow（2000: 619-622）は共鳴性を分節化しているが、ここでの記述は、このうち文化的共鳴性（cultural resonance）や narrative fidelity と呼称されている概念にあたる。

（36）Wiliams & Kubal（1999）の the boundaries of the legitimate の議論を参考に設定した。

（37）Benford & Snow（2000: 629）の「文化資源ベース」というタームに由来する。ただ本書では「政治界」概念が含意するように狭義の「政治」の領域に照準しているので、「政治」という語を付け加えて用いたい。本文の叙述からわかるように、ナショナル・アイデンティティは、「政治文化資源ベース」内の「資源」の一つとして相対化されて設定されている。ナショナル・アイデンティティの範疇に入らない政治文化コードとしては例えば、「スト」「デモ」などの「闘争のレパートリー」（Tilly 1995）が挙げられる。

（38）当然のことながら、実際の意味・価値・信念の形成過程ははるかに複雑であり、運動戦略的観点はその一面を捉えうるに過ぎない。例えば、人間は単なる運動フレームの受動的な「聞き手」ではありえない。自らの体験や思いを様々な学習によって得た価値や信念に照らし合わせる中で政治スタンスが固まり、それに伴って生じる怒りの感情や連帯感に突き動かされて政治的にアクティブな「意識ある市民」として行動する、という過程もあろう。このような点はフレーム分析に対する近年のクリティクの中で指摘されている（例えば、Goodwin & Jasper eds. 2004; Johnston & Noakes eds. 2005）。しかしナショナル・アイデンティティの生成・変容を捉えることを目指す本書の分析枠組では、価値・信念の創造過程の多用性を示すことよりも、特定の解釈図式が、形成、拡散されて影響力を強めてゆく過程を一貫して捉えることを優先したい。

（39）ここで記述したようなアクター操作的なフレーム転換の概念設定についてはSnow et al.（1986: 473-476）、Benford & Snow（2000: 625）を参照。スコープが広がった近年の概念設定についてはSnow（2004: 393-396）を参照。

（40）このフレームの拡散過程は、諸政治アクターが互いの対立的関係から連帯へ転じたり、対立を弱めたりすることを意味していない。その対立状態自体は解消していないにもかかわらず、その底流で、特定のアクターが出した特定の解釈図式が、鋭く対立する相手も含めて政治界全体に広まってゆくという、矛盾を孕んだ過程が想定されなければならない。

（41）このように「フレーム拡散」の事実から事後的にマスターフレームを抽出する概念操作は、この概念を運動ダイナミクスの説明変数とする立場の研究者からは方法論的に問題視されている（例えば、Swart 1995: 468; Williams & Benford 2000: 135）。しかし、本書の場合は、マスターフレームの動員力に照準を合わせているわけではなく、これをナショナル・アイデンティティの変容過程の媒介変数として設定することに意義があるのでむしろ積極的にこのような事後的な設定が必要とされる。

（42）もっともこのタームを作ったスノーらの設定では、包含性はマスターフレームの特性でなく変数として設定され、解釈の幅が比較的狭いマスターフレームもあると設定されている（Snow & Benford 1992: 138-141; Snow 2004: 390）。しかし本書の研究文脈においては、ナショナル・アイデンティティにフィードバックしえないような多義性の低いフレーム（例えば、核凍結フレーム）をマスターフレームとして設定する意義はないので、前出の「権利フレーム（right frame）」のような運動文脈や時代を超えて用いられる影響力の強いフレームだけを念頭に置いて、このように概念設定したい。

（43）緩く応用という意味は、米国は「琉球」の「同化」を試みたわけではないので、ブルーベイカーのオリジナルの枠組における nationalizing state の位置づけとは異なってくるからである。また、米国の議会・政党や諸政治アクターが「琉球」をめぐってどのように対立したのかについては先行研究がなく、それらアクターが分析の俎上に浮かび上がらないので「政治界」としても設定できない。したがって本書の三項連関図式では支配国＝米国だけは「政治界」ではなく米国政府と狭く設定される。

第二章　前史―近代沖縄型「ネーション」の生起

第一節　論述の前提

はじめに

本章では琉球国の滅亡による「近世」の終焉に伴って「平等な人間からなる集合的な政治主体」という近代ネーション的な意味での「我々観」が琉球国の遺民の中から形成され、「日本・日本人」への帰属のベクトルと「からみ合い」ながら複合的なネーションヴィジョンを織り成してゆく過程について考察する。

前章で提示した理論枠組では「戦前」に定着したナショナル・アイデンティティは、「戦後」の「沖縄」で「政治文化資源」として機能し、政治言論を統制する。この「政治文化資源」の特徴を把握することが本章の狙いである。「沖縄県民」「琉球民族」といった「我々カテゴリー」や「自治」という自己決定理念が、いかなる環境において、どのように立ち上がり、「我々」想像の概念道具として定着したのか。こうした問いを軸に考察したい。

もっとも、この章はあくまで四章以降の「本論」の前提／背景を説明するという位置づけであることから、近世琉球史や沖縄近代史における既存研究の成果を、「国際社会学的」な民族・ナショナリズム研究の観点から組み立て直して俯瞰的にスケッチしてゆくという作業内容とする。そのため、第一章で設定した分析枠組ではなく、政治・文化の両領域にまたがるアイデンティフィケーション過程の鳥瞰図を押さえうるような、よりアブストラクトなフレームワークに依拠して論述する。

ただ、「国際社会学的」な民族・ナショナリズム研究の観点から見れば、琉球・沖縄史の文脈での考察以前に、そもそもこの時代のナショナリズムがグローバルレベルでどのような運動をしていて、そのグローバル運動が「東アジア」世界にどのような衝撃を与え、その衝撃がどのようにして「日本」「琉球」あるいは両者の関係に影響したのか、という玉突き的連鎖の様相を浮かび上がらせる必要がある。

そこでまずこの時代におけるナショナリズムのグローバルダイナミクスを最初にスケッチし、そのスケッチの中に、琉球・沖縄における「我々観」の生成変容のダイナミクスを落とし込む形で論述することにしたい。その上で代表的な知識人の言説を題材に「戦前沖縄」のナショナル・アイデンティティに関するより踏み込んだ考察に進む。中心的な考察対象となるのは太田朝敷《ちょうふ》である。最初の「近代的」沖縄人指導者、太田朝敷の言論を手がかりに、「自治」の「理念」や「琉球民族」＝「沖縄県民」という「我々カテゴリー」が導入・創造され、琉球・沖縄に特有のネーションのヴィジョンの最初の「型」が形成されてゆく動因と過程を浮かび上がらせたい。

論述の前に、この時代の琉球・沖縄におけるアイデンティフィケーション過程を論じる上で、前提となる知見が二点あるので、提示しておく。

近代的「我々観」生成におけるエポックとしての日清日露戦争

本章の関心は、一八七九年の明治国家による琉球国の併合（いわゆる琉球「処分」）から沖縄戦が勃発する一九四五年までの六六年間にわたる「戦前」の沖縄でどのような「我々カテゴリー」とその「我々カテゴリー」を主体とする「理念」が生成・展開したのかという点にある。

この時代、地球上のあらゆる人間はかつてないほどのドラスティックな変化に巻き込まれた。それは「近代」が地球の隅々に行き渡り、同時にその行き渡った「近代」の内実が一九世紀的なものから狭義・広義のフォーディズムに代表される二〇世紀的なものに変化してゆくことで、人間世界が大きく変貌していった時代である。

こうした時代のグローバルな変化に琉球国の遺民が巻き込まれる過程で、「近代」が受容され、身体化していく過程があり、その一つの側面が、本章が照準する近代的な「我々観」—いわゆる「集合的アイデンティティ」—の生成過程であったと想定されるわけだが、その過程の中で大きな質的転換点＝時代区分として設定しうるのが日清日露両戦争の戦間期（一八九五—一九〇五）である。この時期に三つのエポックメイキングな出来事が集中して起きている。

一つは琉球・沖縄近代史の文脈で「旧慣制度の改革」などと呼ばれるもので、その焦点であった「地割制」と呼ばれる王国時代の土地の共有制度を「所有権」概念に基づく私的所有に転換する土地整理事業（地租改正）が一八九七年から一九〇三年にかけて行われた。

社会変動的意味での「近代」の浸透過程について、「府県」という枠組の中で沖縄県と他の府県を比較した際の大きな相違点は、沖縄県の場合、技術・インフラ面では他府県同様「文明開化」の波が押し寄せた反面、行財政制度の骨格は王国時代のものがこの時期まで存置されていたという点にある。

「旧慣制度」が維持されていた時代（旧慣温存期）でも、例えば糖業については、砂糖キビの汁を搾り取るため製糖農家が使用する圧搾機が、従来の木・石製からより圧縮率が高い鉄製圧縮機へ転換するというイノベーションが生じた。これに加えて県庁の方針に基づく王国時代のサトウキビの作付け制限の撤廃、蒸気船による輸送航路開設に伴う大阪などの砂糖市場への流通網の整備等の要因が重なり、農民は鹿児島などのヤマト人商人の商業活動に直接的に巻き込まれ、経済依存度を高める結果となった。これが増産圧力となり砂糖の生産量は一八八七年から一八九六年の一〇年間に三倍に増加した。[1]

その一方、農民は「旧慣温存」政策によって残置された王国時代からの地方役人に「年貢」的な物納税（沖縄島では特に砂糖）を納める存在であり、同時に王国時代の国家祭祀制度を担った各農村の「ノロ」や「トキ」と呼ばれる神女たちも「公務員」として県庁からの俸給を受けていた。[2] こうしたいわば「近代」と「前近代」の並存状態が急速に解消されたのが日清日露戦間期である。

二つ目の出来事は、この「旧慣制度改革」と重なるタイミングで本格的な出稼ぎ労働移民が始動したことである。沖縄県からの最初の労働人口の域外移動は、日清戦争直後の台湾に向けて生起したようだ（又吉一九九〇）。一八九九年には海外移民も始まる。この最初の海外移民はわずか二七人であったが、第二回目の移民送り出しが行われた一九〇三年から毎年三桁ないし四桁の海外出稼ぎ移民が持続的に送り出されるようになり、日露戦争直後の一九〇六年には移民数は四六七〇人を記録して最初のピークを記録した。[3] その後、第一次大戦後に「ソテツ地獄」と呼ばれる深刻な経済不況が起きると、排日移民法により移民不可能となった米国に代わって南米やフィリピンなどへの海外移民の流れが生起したほか、新たに大阪を中心とする日本帝国の工業中枢部や南洋群島・台湾・「満州」等の「外地」への「帝国内出稼ぎ移民」が大規模に展開した。[4] こうした一連の移民現象の起点、そして「移民エスニシティ」としての「琉球人」「沖縄人」の生成過程[5]の起点を日清日露戦間期に求めることができる。

そして三つ目の大きな出来事は日清日露両戦争そのものである。欧州近代の勃興期において英仏などの国家間戦争がネーション意識の生成ないし浸透の最重要変数の一つであることは、ナショナリズム研究における多くの既存研究（例えば Colley 1992＝二〇〇〇）が強調してきた点で、今日では定説化しているが、琉球・沖縄の文脈での「日本人」意識の変化の鳥瞰図を時系列的に検討すると、この説がこの文脈でも有力であることがわかる。

沖縄近代史の既存研究によれば、日清戦争勃発の段階では士族・地方役人層の多数派は清国の勝利による琉球国の再興を願うという状況だったが、清国の敗戦とともに勢力は急速に衰えた。日露戦争の段階では、一八九八年に沖縄県にも導入された徴兵に対する忌避が続出する一方、海軍・志願兵を含めて二〇〇〇人から四〇〇〇人が出征しおよそ二〇〇人が戦死、二一二人が殊勲者・功労者として表彰された。新聞が戦況報道に合わせて県出身軍人の「武勲」や「名誉の戦死」を頻繁に報じたことを受け、これら軍人の出身地域でも銃後の支援の動きが活発となり、戦病死者の遺族の慰問・葬儀、援護等が行われた。[6] 宮古島では後に「久松五勇士」と呼称される逸話も生まれている。[7]

また、小学校の就学率も日清戦争勃発年の一八九四年には二二・〇％に過ぎなかったものが、日露戦争終結直後の一九〇六年には九〇・一％に達している。[8]「帝国臣民日本人」の意識を注入する「国家装置」としての学校の機能を踏まえれば、この就学率の変化も、「日本人」意識の定着過程上で、特に日清戦争が大きな分岐点となったことを裏書きするファクトだといえよう。

以上の三点を踏まえると、日清日露両戦争以前と以後で質的に異なるアイデンティフィケーション過程が展開したと想定することが妥当だと思われる。

日清戦争以前、沖縄県に住む人々の世界認識の枠組は、行政制度的にも社会変動的にも政治情勢的にも琉球国時代の、したがって近代以前に形成された世界観の強い影響下にあった。それが日清日露戦争を境に、沖縄県人≒内地日本人≠外地人・植民地人というカテゴリー関係の認識枠組の支配力が急速に強まり、なおかつそのカテゴリー関係を内面化した主体が大量に県外に労働移動して、出稼ぎ・移住先の階層的な社会編成に取り込まれる過程で、近代エスニシティとしての「琉球人」「沖縄人」が生起するのである。

以上のように、日清日露戦争を琉球・沖縄の文脈のアイデンティフィケーション過程をめぐる質的分岐点とする時代認識を前提に、本章の論述を進めたい。

琉球列島のエスニックな多様性と「琉球人」「沖縄人」カテゴリー

さらにもう一点、論述の前提となる歴史外在的な要因について押さえておきたい。それは歴史時代以前に形成された琉球列島の言語・エスニシティの多様性である。ここでは仮に「群島エスニシティ」と呼称しよう。

L・ヒルシェフィールドのいうところの“folk sociologies”（Hirschfield 1996）のレベルでは、ヤマトや沖縄群島出身者の思考は、沖縄島中南部の「文化」をもって沖縄県内各地の「諸文化」を代表させるある種の「沖縄文化中心主義」に強く規定される傾向にあり、それは本書が提示する情報を読み手が解読する際の理解に影響する恐れがある。この「沖縄文化中心主義」を払拭するために、琉球列島諸地域の「群島エスニシティ」に関する基礎的情報を明示的に提示した上で、「琉球人」「沖縄人」といったカテゴリーが、「群島エスニシティ」ごとに異なる含意を帯び、異なる用いられ方をすることを確認しておきたい。

二〇一〇年、ユネスコは消滅危機にある言語の問題を啓発するために、Atlas of World's Languages in Danger（第三版）[9]を発表したが、その中で琉球列島の言語多様性を「奄美」「国頭」「沖縄」「宮古」「八重山」「与那国」の六つのカテゴリーで表した（地図2）。この六つのカテゴリーで括られたコトバを母語とする話者は、母語で他のカテゴリーの出身者との意思疎通はできない。言葉をかえれば、それぞれが「エスニックカテゴリー」としてのポテンシャルを有しているということである。このうち「沖縄」「奄美」「宮古」「八重山」は、「それぞれが異なる言語を話す人々」というエスニックな含意を帯びたカテゴリーとして琉球列島内で広く認識されてきた。

「宮古」「八重山」は近世琉球王朝の世界観のヒエラルキーの中では、軍事的に征服された「外地」として認識され、祭祀面を含む行財政制度においても特殊な位置づけをされていた。「奄美」は一六〇九年の島津氏の琉球侵攻までは「八重山」「宮古」同様琉球国の版図内にあったが、島津氏の侵攻以後は、対外的（例えば対清国）には引続き琉球の一部とされていたものの、薩摩藩の支配地となった。

このように「宮古」「八重山」と「奄美」では、近代以前の歴史体験に大きな差異があるが、いずれの地域の生活史も過酷な税収奪による苦しみを軸に叙述されている点は通底している。

列島内の「人の移動」の規模が「近代」に比べて極めて限定的な王国時代、村落共同体内で自己完結的に人生を送る「沖縄」「奄美」「宮古」「八重山」の農民が相互に直接交流する機会は例外的であったと思われる。明治以前には、文字が書けない「沖縄」「奄美」「宮古」「八重山」の農民の互いの言語コミュニケーションは通訳を必要とすることが想定され、相互の絆は王府から派遣される「統治者」や「交易者」が媒介した間接的なものであった。したがって四群島の農民層の意識において、四群島全体を包括した「我々カテゴリー」である「琉球人」は大きな意味を持ちえない（Smits 2015b）。

しかしこのような近代以前の琉球列島の言語・エスニシティ状況に「日本型近代」が作用した時、「琉球人」「沖縄人」カテゴリーは群島エスニシティの置かれた文脈によって、異なる含意を帯びながら「近代化」されることとなった。

地図２　琉球列島（南西諸島）における危機言語分布[10]

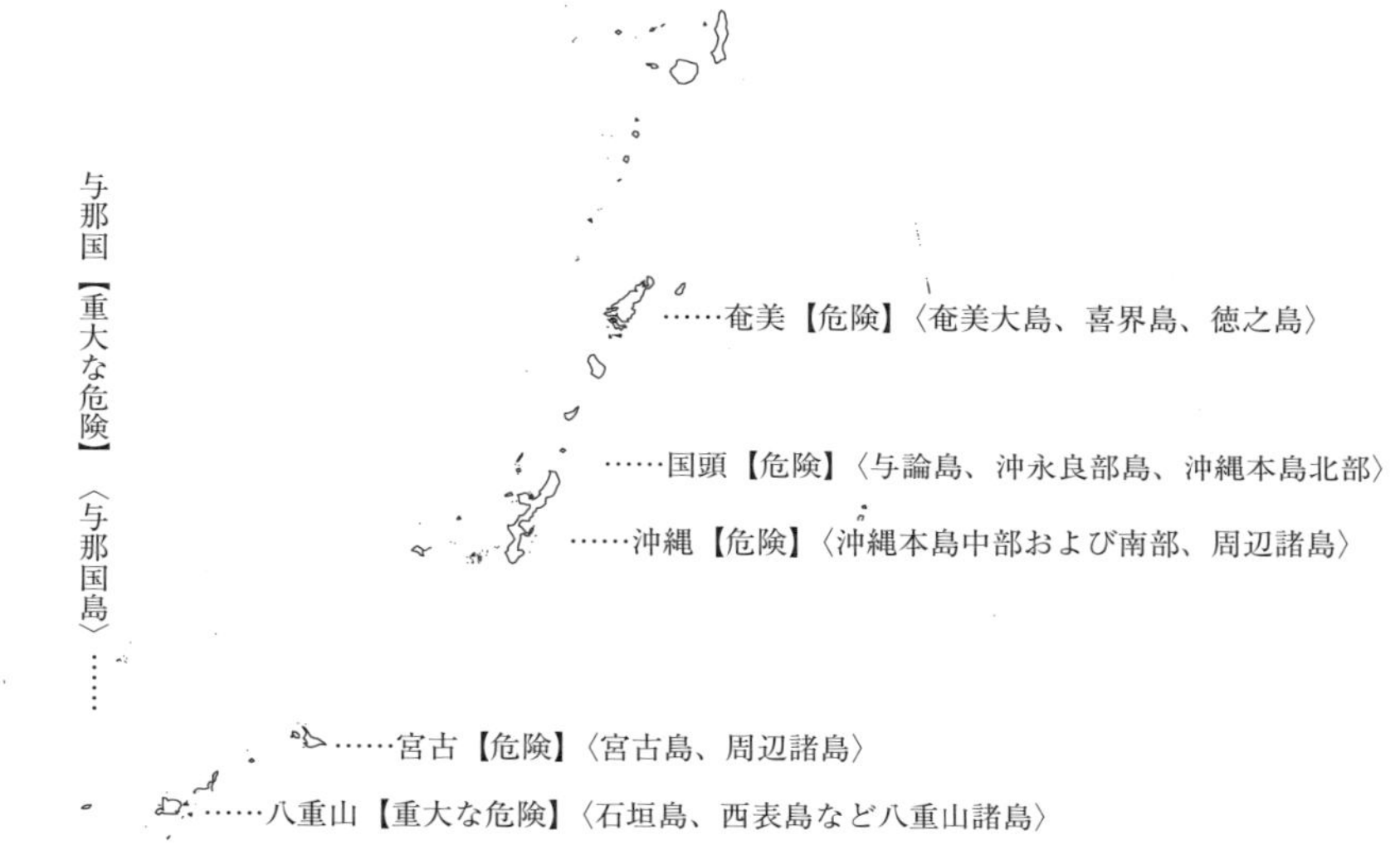

（ユネスコ "Atlas of the World's Languages in Danger" をもとに作成）

　まず「沖縄県」となった沖縄群島、宮古群島、八重山群島では、「琉球人」を「沖縄県人」と同義に用いる文脈が生起した。この用語法では「奄美」は「我々」の範疇から暗黙裡に排除され、逆に「鹿児島県」となった「奄美」の観点からは、この用法での「琉球人」は「他者」ということになる。他方、「琉球人」カテゴリーに四群島全部を包括する「我々」含意を付与した用語法も、引き続き用いられたため、「奄美」における「琉球人」は、文脈依存的に「我々」にも「他者」にもなるシニフィエの不安定性を帯びた概念となった。

　次に「沖縄人」カテゴリーであるが、王国時代、「沖縄」というカテゴリーは沖縄群島を指した。したがって「宮古」「八重山」「奄美」の「群島エスニシティ」を帯びた人々にとって、「沖縄」「沖縄人」は「他者」ということになる。

　しかし明治に入ると「沖縄県」「沖縄県人」の短縮版として「沖縄」「沖縄人」カテゴリーを用いる近代的な用法が生起し、このため沖縄群島を指す「狭いカテゴリー」と近世琉球国とその民と等価の「広いカテゴリー」としての「沖縄」「沖縄人」が混在するようになった。その結果、「宮古」「八重山」における「沖縄人」は、文脈依存的に「我々」にも「他者」にもなるシニフィエの不安定性を帯びた概念となった。他方、鹿児島県の一部となった「奄美」にとって、「沖縄」「沖縄人」には「我々」を指し示す機能はない。

このようなカテゴリー状況は近代移民現象によって移住先にも「輸出」されている。沖縄県からの海外移民先として著名なハワイや北米西海岸への移民には、「奄美」「宮古」「八重山」出身者はほとんどいない。その結果、「沖縄県人＝沖縄人」の用法は自明視的に定着し、英語表記でも Ryukyuan よりは Okinawan 表記が目立つ。一方、戦前の台湾では、沖縄群島からの出稼ぎ・移民と「宮古」・「八重山」からの出稼ぎ・移民からなる万単位の「沖縄県人社会」があったようだが、既存研究の中には、沖縄群島出身者と「宮古」・「八重山」出身者の間に境界が存在したことを指摘しているものもある。(11)

大阪圏では沖縄群島と奄美群島から大規模な出稼ぎ移民が流入したが、沖縄群島出身者が「沖縄県人」、奄美群島出身者が「鹿児島県人」というカテゴリーに結び付いていたこともあって、両者は文化的共通性を有しながらも、基本的には、別個のエスニックカテゴリーとしての性質を帯びていたとみられる。(12) 実際、それぞれの郷友会的共同性は多くの場合、別個に生起していたようだ。(13)

以上のような琉球列島のエスニシティの多様性と「琉球人」「沖縄人」カテゴリーの用法は、本書の分析舞台である戦後初期沖縄群島の文脈ではさらに複雑化するのだが、その点は改めて第三章で詳述したい。

第二節　グローバル・リージョナルレベルの「世界観」の転換と琉球・沖縄

「近世」における沖縄群島の「世界観」＝「我々観」

「西欧の衝撃」直前の近世琉球(14)における「我々観」はどのようなものであったのだろうか。「民族・ナショナリズムの社会学」の視座からこの問いに答えるためには、「自己決定主体」という近代ネーション的な意味での「民族」の観念に引きずられることなく、琉球国の統治下にあった諸地域・諸階層間の「世界観」＝「我々観」の共有面と断絶面を丁寧に検討することが肝要となろう。その作業は同時に、「近代」の「琉球民族」と「近代以前」の「琉球人」の連続面と断絶面を浮かび上がらせるものでもある。

琉球列島を構成する四つの群島の出身者にとって、「琉球人」「沖縄人」カテゴリーが、「我々」を指し示すカテゴリーとしてアプリオリに共有されていないことはすでに見た通りである。つまり、四つの群島の「世界観」＝「我々観」はそれぞれに異なっている。この群島間の差異を踏まえた上で、ここでは琉球国の「中心」であり、本書の分析舞台である沖縄群島に照準を合わせて、王国時代の「世界観」＝「我々観」を検討したい。

「古琉球」[15]期の「海洋貿易国家」のイメージとは裏腹に、近世琉球国家の経済運営体制の軸足は農本主義にあった。農業生産の最大化を図るため、農民は出身村落からの移動が禁止され、漁ですら農業に支障が出るとして制限されていた[16]。他方、薩摩以外のヤマトと琉球の間の「ヒトの移動」は禁じられ、薩摩人や華人の官人や海運関係の民間人が公務で来訪した場合であっても定住は禁じられた（豊見山二〇〇三：七三―八一、田名二〇〇三：一七九）。一般農民は出身村落に緊縛され、「他国人」は那覇ですら定住を禁じられているのだから、一般農民は「他国人」と持続的な社会関係を持ちえない。

つまり近世琉球の人口の大半は農村部の農民で、この人たちは所属する農村共同体の中で生涯を過ごし、「外部世界」とは持続的な接触を持たなかったと推定できる。他方、「町方」（王国の中枢である首里・那覇・泊・久米を指す行政カテゴリー）に居住する王府役人層（中・上級「士族」[17]）は漢文・和文の素養を身につけ、「唐人」や「大和人」といった「他者」と持続的な接点を持つ立場にあった[18]。

近世琉球の人たちの「我々観」を理解するためにはこうした王府役人層と一般農民の「世界観」＝「我々観」の共有面と断絶面を理解することが重要となる[19]。

まず、「共有面」についてみると、王府役人層と一般農民の「世界観」＝「我々観」の共有を促進していたのが沖縄群島の宗教世界であり、その世界を国家統治に取り込む形で整備された国家祭祀制度である。

琉球国の国家祭祀制度は、王朝発祥の地である沖縄群島に固有の宗教世界の世界観を基盤にしているが、一六世紀に王国の統治が「宮古」・「八重山」・「奄美」に及ぶとこれら地域の祭祀も区別を残しつつ統合された。少なくとも古琉球時代の末期にあたる尚真王（在位期間一四七七―一五二六）の時代には、王国の国家祭祀制度が村々にまで行き渡る形で整備されていたようだ。

それはキミマモンやキミテズリと呼ばれる国家守護神の託宣を受けたり、火の神などの諸神に祈願する神女の組織で、首里に住む聞得大君と呼ばれる最高の神職を頂点にノロやトキなどと呼称される末端の村落単位の神女までを網の目のように網羅する機構であった。それは姉妹が兄弟の霊的守護神になるという歴史時代以前に起源を持つ宗教世界観「おなり神信仰」に根ざしており、国家全体から各村落に至るまでの公的な祭礼を取り仕切ることで、国家と村落共同体の世界観を統合する（池宮二〇〇三、赤嶺二〇〇五、後田多二〇〇九：第一章）。

そして例えば村落共同体の役所で取り行われた清国への進貢船の無事を祝う祭事などを通して、琉球国の住民を括る「琉球人」という「我々カテゴリー」が庶民層にも一定レベルで意味を持っていたと想定できる。

反面、「町方」に住む王府役人層と地方農村にすむ一般農民の間には大きな断絶もあったことが推定される。その差異を対照的に提示してみよう。

まず、近代以前の農村の「世界観」＝「我々観」の実相については、高良倉吉による以下の文章が近代エスニシティ的な「我々観」との差異を踏まえて巧みに説明している。

島と海―この二つの環境条件を背景に人びとの生活単位として形成された重要な存在が現在の字《あざ》、かつて村（ムラ）・シマと呼ばれた集落である。

最近はあまり聞かなくなったが、もともと沖縄社会では相手の出身地をたずねるさいに、市町村名ではなく、「あなたはどこのシマンチュですか」（チュは人の意）、つまりどこの字の出身者なのかを聞くことのほうが多かった。その理由は、シマ（字）はもっとも基本的な生活母体であり、人びとは市町村ではなくシマ（字）に対する帰属意識のほうが強かったためである。

古琉球（中世）から近世、そして近代までの長期にわたって、沖縄に住む人びとの直接的な生活単位はシマ（近世では村、近代以降は字とよばれた）であった。人はある特定のシマにうまれて成長し、シマのなかから伴侶を得て、子どもを育て、そしてあの世へと旅立った。むろん、彼や彼女の亡骸《なきがら》をおさめる場所は、シマの一角に存在する先祖代々の眠る共同墓であった。年間をつうじての行事や祭りもシマ単位で行われるものであり、生活者にとってみればシマは一種のミクロコスモスといえた。そのような存在であるシマを平均五～一〇個程度集めて編成された上位の行政単位が間切《まぎり》であり、この間切がのちの時代に市町村となるのである。したがって、シマ（字）の数を合計したのが各市町村の範囲であり、各市町村を合計した範囲が沖縄全体のことであることになり、その原則は新しく開かれた大東諸島をのぞくすべての地域をつらぬいている。

ウチナーンチュ（沖縄人）という意識は、シマンチュ（シマの人）意識が強固なあいだは発生しにくく、むしろシマンチュ意識が現代化や都市化の過程で希薄化するプロセスをつうじて登場したところの、自己主張の新しい概念といえるかもしれない。（高良二〇〇四：八）

一方、G・スミッツ（Smits 1999＝二〇一一）が照射したのは近世琉球の最高指導者のテキストから浮かび上がる「琉球王国の自画像」である。そのベースにあるのは中華帝国の華夷秩序と日本の幕藩制的秩序の双方が参照された近世琉球に固有の国際秩序観である。以下、一八世紀の名相、蔡温《さいおん》の国家観およびそれが王府役人層の「我々観」に与えた影響に関するスミッツと渡辺美季の研究（二〇一一、二〇一二）に依拠してエリート層における「琉球国人」としての自意識を見てみよう。

当然のことながら、この時代、王国統治の正当性は「琉球民族」に由来しない。近世琉球において、琉球国王の統治の正当性は、前述の沖縄群島に固有の宗教世界のほかに、神仏が混淆した中世日本型の宗教思想と儒教にも由来していた。指導者層の世界観ではこうした三系統の宗教要素を混在させた伝統儀礼や中国皇帝による冊封によって統治の正統性を得た王がまずあり、「士族」「百姓」の二大身分に属する人々はその王にぶらさがる形で存在している（豊見山二〇〇四a、二〇〇四b：Ⅲ第一章）。

この三系統の宗教思潮のうち、儒教が影響力を増したのが一八世紀から一九世紀の滅亡に至るまでの琉球国の国家ヴィジョンの最終形態で、その確立者が「儒者宰相」ともいうべき存在であった蔡温である。

蔡温のヴィジョンでは、琉球は四書五経の一つ「大学」に基づいて、拡大的な「家」である「国家」の一つとして捉えられる。こうした儒教的な意味での「国家」では人間関係を秩序だったものにすることが求められるため、蔡温は、例えば身分秩序について、儒教理念に基づく正当化による補強を図った。秩序の最上位に位置する王には「儒教聖人」的統治者、王府役人層はその補助人、と各人に身分に対応した役割を付与した上で、儒教倫理に即した行動を求め、そうした役割分担的な行為の合算として「国家」が「御政道の本道」を目指すとされた。

その上で外交面では、中華帝国の華夷秩序と日本の幕藩制的秩序の交差点にあり、なおかつパワーポリティクス的に薩摩に従属する状況にある琉球の目指すべき「御政道」として蔡温が目指したのは、儒教論理に基づいて琉球を隣接する両大国と道徳的に対等に位置づけることであり、そしてその延長線上に物質的な安定や繁栄を実現することである。なぜならば物質的な安定や繁栄は内面の道徳的高潔さが外面に現れたものである、というのが蔡温の「御政道」の思考枠組だからである。

具体的には五行説に基づいた物的土台（水・火・土・木・金）を揃えることが説かれる。これは琉球に豊富な「木」（森林資源）の輸出によって、琉球にない「金」（銀貨や金属）を薩摩に提供してもらう。その物的土台の上に陰陽五行に由来する五倫四民に基づいた秩序だった儒教社会を構築すると物的にさらに栄えると同時に、両大国と道徳的に対等な地位を得ることができるというものであった。

このような蔡温の国家観は、近世国際関係史の観点から渡辺美季（二〇一二）が提起した近世琉球に特有の「狭間の思想」の代表例として位置づけることができる。

この時代、日清両国間に政府間関係はない。つまり中華帝国の華夷秩序と日本の幕藩制的秩序は断絶している。そのような状況にあって、異なる政治秩序に同時に属していた琉球は、対日・対清関係を使い分けることで、日清のどちらにも完全には統制されず自国の利益を優先する主体的な立場から日清関係の調整を図れる、「狭間」的なポジションにあった。そのような「狭間」的な国家間関係上の立ち位置を肯定的に読み替えることで、琉球国家とそれに奉仕する王府役人を肯定的に自己アイデンティファイする知的営為が「狭間の思想」である。

それは琉・清・日の三国関係を「世界」とした上で、その中に「我々」を自己に有利な形で位置づけて認識するという近世琉球に特有の「世界観」＝「我々観」である。

王府役人層は、こうした「世界観」＝「我々観」を官人教育の過程で、あるいは日・清両国の対応相手と接触する際の「心がけ」に関する上層部からの指示書の読み込み、といった形で内面化する機会が多かった。その上で、「他国人」と実際に接触する経験を通して「琉球国人」という我々意識を醸成するアイデンティフィケーションの社会過程があったものと推定できる（渡辺二〇一二）。それは近代の「琉球民族」とは異なる、しかしその生起に影響を与えた「我々カテゴリー」である。

以上、沖縄島における地方農村の一般農民層と「町方」の王府役人層の生活世界を比較してみると、両者の間で大きく異なるアイデンティフィケーション過程が駆動していたことを看取できる。

そして先述したように、地理的には、琉球には、「沖縄」、「奄美」、「宮古」、「八重山」という互いにコトバが通じない「群島エスニシティ」間に大きな分断線がある。そしてどの地域でも農民は出身村落に政策的に緊縛されていたので地理的・社会的流動性は現代よりもはるかに低い。

近代以前の「国家」にはすべての社会階層を包括するような政治共同体意識は社会構造的に醸成されえないとする「民族・ナショナリズムの社会学」の基本モデル（例えば、Geller 1983＝二〇〇〇）に適合的な状況があったといえよう。[20]

そして、こうした階層間の「世界観」＝「我々観」の差異が大きい近世琉球的状況に規定されていたがゆえに、「旧慣温存」期には、国を滅ぼされた旧士族・地方役人層において激烈な救国・抵抗運動が生起したのに、平民の間では「新しい支配者」に対する大規模な集合行動が生起しなかったという社会階層間の「温度差」が生じたと言いうる。[21]

しかし、後述するように、日清日露戦争期以降の社会変動過程は、近世の一般農民の生活世界では大きな意味を持ったとは思われない「琉球人」というカテゴリーを、近代ネーション的な含意を帯びた概念に変容させ、それによって

「民族」の観念とは無縁であった琉球国に「民族国家」の含意を付して読み直すことを可能にした。それによって「琉球王国」と「琉球人」は現代の「沖縄県民」との連続性を確保し、同意の概念として認知されることとなるのである。

近代ナショナリズムのグローバルダイナミクスと琉球・沖縄

上述したような近世琉球的「世界観」＝「我々観」から近代的な「世界観」＝「我々観」へのパラダイムシフトの基点となるのが、一八七九年の明治国家による琉球国の併合（いわゆる琉球「処分」）と沖縄県の設置である。そのヴィジョン転換の内実を検討する前に、琉球・沖縄における変化を同時代のグローバルな近代ナショナリズムの潮流と、その影響を受けつつも内在的な要因によっても規定されていた北東アジアにおける「世界観」＝「我々観」の転換過程の中に位置づけておこう。

ナショナリズム研究の既存研究は、一九世紀後半から第二次世界大戦にかけてナショナリズム思潮に二種類の変化が生じていたことを示している。

第一の変化は、フランスなど既存の領域国家をアプリオリな前提にしたネーションのヴィジョンに代わって、文化共同体としてのネーションのアプリオリな存在を前提にした政治ヴィジョンが興隆・拡散していったことである。この「はじめにネーションありき」の政治ヴィジョンのうち、ウェストファリア的な国際政治秩序を大きく変容させてしまったのが「ネーション」の居住領域にそのネーションを主権者とする国家を樹立することを正当化する national self-determination、漢字で「民族自決」と表記される思潮である。[22] ただしそれが国際規範として主流化するのはウイルソン一四ヵ条に代表される第一次大戦後の新しい国際秩序構想が提起された後のことで、それ以前は「民族自決」思潮は、「影響力を増しつつあるラディカルな新興思想」ではあっても主流化した国際規範となっていたわけではない。

こうした民族自決定着以前の国際規範状況を浮き彫りにするのが「廃琉置県」（琉球処分）を受けて一八八〇年代に展開された「琉球」の政治的地位をめぐる琉日清の政治言説である。[23]

與那覇潤によれば当時、日本政府は、清国と西欧列強に対して琉球領有の正当性をアピールするために国際法を参照して問題を提示したが、参照した「万国公法」には当時ロシア・プロイセン、ハプスブルク帝国の三国の分割状態にあったポーランドの事例を例示しながら、国家の領域が民族の領域と一致しなくても問題がない[24]ことが明示的に書き込まれていた（與那覇二〇〇九：七四―七六）。このため日本政府が清国政府に併合の正当性を主張した文書の半分以上は、日本側（薩摩）が琉球の租税権を掌握していた、すなわち「主権」を持っていたという実効支配の歴史的事実の説明に割かれ、江戸時代の文献をもとにした「言語風俗人種王統の一致」という論点はこの主張を補完する付随事項として盛り込まれているに過ぎない[25]。

第二の変化は、俗に「第一次グローバリゼーション」とも呼ばれる一九世紀後半から二〇世紀初頭にかけてのグローバルな社会変動の一部として、かつてない規模の「人」と「情報」の双方向・多方向的な移動が生じたことにより、例えば南アメリカで起きた華人移民の待遇をめぐる政治問題が、清朝の国民国家化の過程を駆動させる、というような政治イベント・運動・思潮のグローバルな連動関係が生起し始めたことである（園田二〇〇九）。

B・アンダーソンが描いた、一九世紀末のフィリピン独立運動・思潮のグローバルダイナミクスは、そのような連動関係が全地球規模にまで広がってまだまもない比較的初期の事例である（Anderson 2005＝二〇一二）。そこではフィリピン独立運動・思潮が、通信・運輸革命によって可能になった欧州アナーキストやキューバなど他地域の独立運動家とのグローバルな交流＝相互影響の連鎖の中で生まれ、展開してゆく過程が捉えられている。本書の分析概念に引き寄せれば、フィリピン独立運動は、フィリピンの歴史文脈に蓄積された「政治文化資源」と「グローバル・新思潮」の交差の中で生成したのである。

このフィリピン独立運動の興隆と同時代に展開していたのが、琉球国の旧士族層・地方役人層を中心とする琉球国再興運動である。既存研究を見る限り、この琉球国再興運動は王国の再興に焦点化されており、運動の言論からは「平等な個々人からなる集合的自己決定主体」という近代ネーション観念の影響は窺えない[26]。またベトナムの独立運動家ファン・ボイ・チャウが琉球国滅亡を題材にした本を出しているものの、ファン自身を含めて他国の独立運動家が琉球救国運動の活動家と直接接触したという事例を提示した既存研究を確認できない[27]。琉球国再興運動はアンダーソンが描いたようなグローバルな革命運動・思想連関との接点を持たなかった。

さて政治イベント・運動・思潮のグローバルな連動関係は、アンダーソンが描いたような世界中に散らばる「エリート革命家」同士の相互作用としてのみ展開したわけではない。いわゆる「トランスナショナル視角」の立場からマイグレーションとナショナリズムの関係性を問題化することを志向する研究者の多くは、「移民エスニシティ」―「ホームランドナショナリズム」の連関を問題化することを志向している（小井土［一九九五］二〇〇五、GlickShiller 2004）。それは移民先の階層的な社会編成に組み込まれることで近代的なエスニシティ意識が興隆し、そのエスニシティ意識の高まりがこれら移民をして出身地の独立運動や改革運動の支援へ向かわせて、運動が活性化し、それがまた移民先の社会編成におけるエスニシティに再度影響するという循環的な連関である。

先に例示した園田節子（二〇〇九）の研究も、「移民エスニシティ」―「ホームランドナショナリズム」の連関を問題化する研究潮流の最新の成果として把握できる。そこでは南北アメリカへの華人移民の間で生起した待遇改善運動の外交問題化を通して、近代的な「中国国家」とその「国民」という観念が華人移民と清朝政治エリート双方に内面化され、その国際世界認識の枠組を転換させてゆく過程が描かれている[28]。そして、同時にその過程は、大井由紀（二〇〇六）が論じた華人移民の「排除」を通して移民受入れ側の国家の「近代化」が促進されるという逆の側面と表裏の関係をなしている[29]。

沖縄県から海外移民が始まったのは一九〇〇年頃、大阪や南洋群島・台湾といった日本帝国内の都市・開拓地への出稼ぎ移民が本格的に始まったのは一九二〇年頃と、華人移民のケースよりだいぶ遅いこともあり、渡航先における「移民エスニシティ」の生起が沖縄群島における民族・ナショナリズム現象に与えた影響は慎重に見極める必要がある。ただ、一九二〇年代以降にはこうした「移民エスニシティ」体験を内面化させた移民・帰還者の多くが、故郷の政治に関与する事例が出ている。戦後の代表的な沖縄独立論者である仲宗根源和《げんわ》（東京などにおよそ二〇年在住）や大宜味朝徳《ちょうとく》（埼玉やパラオなど合わせておよそ二五年在住）も長期の「移住」体験を内面化している。

以上提示した一九世紀後半から第二次世界大戦にかけてのナショナリズム思潮の展開は、社会進化論や優生学などの

「近代科学」の興隆過程で、欧米が最上位に位置づけられるように「近代化」された人間区分の一般概念（Nation, Volk, Race, Culture, Civlization 等）と、それら概念を起点にしつつそれを文脈化する形で形成された「我々カテゴリー」（「インドネシア人」、「スロバキア人」、「（宗教カテゴリーでなく民族カテゴリーとしての）ユダヤ人」等）の生成を促進した。さらに、それに随伴してその新しく登場した「我々」の「本来あるべき政治状態」を指し示す「政治理念」の受容・内面化も進み、第一次世界大戦後は、「ネーション」を autonomy, democracy, sovereignty 等の「主体」とする近代的な「社会世界の区分けに関するヴィジョン」が急速に主流化し、国際規範化してゆくのである。

後述するように伊波普猷が、日琉同祖論と「琉球民族」というタームを提起し、それを正当化するにあたっては、彼の直接の専門分野である言語学だけでなく、人種学・民族学とそこに内在している社会進化論や優生学の論理が参照されている[30]。またそれと同時並行して「自分に自分を支配させると云ふこと」[31]（太田朝敷）という「自治」の理念も興隆した。同時代の朝鮮のように創造されたばかりの「朝鮮民族」が「民族自決」の理念と結び付くのとは異なる展開を辿ったとはいえ、「琉球民族」という「我々」ヴィジョンが、こうしたグローバルなナショナリズム思潮の影響下に生成したのは間違いない。

さて、以上のようなナショナルな「我々」ヴィジョンの地球規模の展開というグローバルなレベルの文脈で生じていた変化は、当然のことながら、琉球・沖縄と伝統的にその周辺環境を成してきた北東アジア―ときに「儒教文化圏」「漢字文化圏」というタームで括られる中国・朝鮮・日本・ベトナム―をも巻き込んでいった。

山室信一（二〇〇二）は、「グローバル」―「（スプラナショナルな）地域」―「国家」の三層が「相互に交叉し、入れ子構造をなす複合的関係性の諸相」をなすフレームワークを設定することで、「日本人」や「中国人」といった個別国家の文脈における近代的「我々観」と「アジア人」というリージョンレベルの「我々観」の生成を同時に説明した。この山室の研究を含む東アジア近代史の文脈における近年の研究成果は、日清日露戦間期に、北東アジア諸国のリージョナルな「国際世界」観とその中に位置する「我々」の自己規定が一気に「近代化」したことを示唆している（例えば、岡本二〇〇四）。そして、近世琉球的「世界観」＝「我々観」から近代沖縄的「世界観」＝「我々観」への転換はこのリージョンレベルの変動の一環として位置づけうる。

まず、二つの戦争による地政学環境の変化は、中国・朝鮮における「近世」的世界観を急速に弱めると同時に、近代国家のモデル国となった日本経由での「近代知」の拡散を促進した。その一つの形態が翻訳和製漢語の一つである「民族」の逆輸出である。こうした過程の結果、日韓併合や辛亥革命直前の一九〇〇年代の段階では、中国・朝鮮において君主を正当性の源泉とする国家観に代わって君主とは無関係の被支配者の文化共同体のヴィジョンとこれを正当性の源泉とする国家観が興隆する。そのリージョン内在的な動因とアンダーソンが描いたようなグローバルな革命家の運動・思潮連関の交叉点に一九一一年の中国辛亥革命や一九一九年の朝鮮三・一独立運動で表現されたヴィジョンが生起してゆくのである。

日清戦争における清国の敗北は、琉球・沖縄の指導階層にとって情勢論的に琉球国再興の可能性が完全に潰えたことを意味しただけでなく、伝統的な華夷秩序世界の中に琉球を位置づける世界観の維持を不可能にした。また日本帝国の南縁が台湾にまで延びたことにより、琉球国の故地は、「領土紛争」という「国際政治」とのインターフェースを失い、日本帝国の「国内秩序」に完全に組み込まれた。それに伴って、琉球国の遺民が前提とする世界観は日本帝国の国内秩序を前提としたものに変化した。別な言い方をすれば、日本帝国が「世界」となり、その「世界」の中での「我々」の位置づけを模索するというヴィジョン生成の新しい「経路」が形成されたのである。

この「経路」に沿ったヴィジョン生成がいかになされたのか、具体的に見てゆこう。

第三節　「民族内民族」としての「琉球民族」の誕生と「自治」「沖縄県民」

はじめに

沖縄県への「近代」の流入経路を時期が早い順に検討すると、最も早いのは「経済」と「教育」の領域であろう。「経済」の領域では、旧慣温存政策によって王国時代の行財政制度が据え置かれ、また士族・地方役人層の多数派が琉球国の再興を希求するという「移行期」にあっても、沖縄県庁に「転勤」してきた「官僚」と、その「官僚」が進めた糖業振興を中心とする経済政策に連動する形で鹿児島などから移住してきた他府県出身の「寄留商人」によって日本の「文明開化」の物産と知識が持ち込まれた。沖縄県の経済で支配的な影響力を持つようになったこれら「寄留商人」が、生産者からの砂糖の買付けと「輸出」、生活必需品の沖縄県への「輸入」といった形で文明開化時代のヤマトと沖縄県の経済関係を、消費文化面を含めて結び付けたからである。[32]

しかし本書の観点から重要なのは、「教育」を媒介にした「近代」の「知」、「教育知」の流入である。[33] 日清戦争以前にこの「教育知」を内面化した最初期の「近代的」沖縄人男性エリートの中から、「近世」に強く規定された琉球国再興運動とは質的に異なる「近代的」な「我々」ヴィジョンが生み出された。それが、琉球・沖縄の人々に内面化され、定着したことで戦後沖縄の段階では、政治文化資源として機能することになる。

このような「近代的」なヴィジョンが本格的に表出し始めたのは日清日露戦間期のことである。この時期、最初期の「近代的」沖縄人男性エリートは、後述する太田朝敷や謝花昇《じゃはなのぼる》といった最年長者でもまだ三〇代で、「留学」から「帰郷」して仕事を始めたばかりの「将来有望な若手」という立場にあった。日琉同祖論の提唱者として知られる伊波普猷は太田や謝花より一世代下で、まだ三高・東京帝大に在学中の「留学生」である。[34]

本節ではまず、これら「留学生」「元留学生」が置かれた日清日露戦間期の社会文脈を押さえて、彼らが提示した近代的な「我々」ヴィジョンの枠組を経路づけた「近代知」をめぐる力学を浮かび上がらせる。

その上で、彼らの一連の言論活動の中から、近代的な「我々」ヴィジョンが表出・変容してゆく過程を提示する。

日清日露戦間期に「留学生」が置かれた社会文脈

日清日露戦間期の「日本」では、西欧の学知の受容過程で「人種」や「民族」といった概念が新たに北東アジアに新興帝国をなした「我々」の「世界」認識の「基軸」（山室二〇〇一）としての影響力を高めつつあった。

「モンゴロイド」という用語の生みの親であるブルーメンバッハをはじめとする西欧の人種論の知識は日本ではすで

に江戸時代に受容され、明治初期の段階ではすでに主流化された知識となっていたようだ（竹沢二〇〇五：三六、八九［注三九］）。

しかし明治日本に受容された近代学知としての「人種学」は当時の「最新科学」と結び付くことで、ブルーメンバッハらの時代とは質的に転換しつつあった。その「最新科学」とは明治初期から大きな影響を持ち始めた社会進化論的思考である。「優勝劣敗」「適者生存」の「自然の摂理」によって「優れた人種」が繁栄し、「劣った人種」は滅んでゆくという人間観・世界観が、近代以前の「日本型華夷秩序」的な序列認識の土壌と「アジア支配」という日清戦争以後の政治プロジェクトと結び付くことで、西欧のオリジナルの学知を組み替えた「コピーのオリジナル」（竹沢二〇〇五：序論）としての「日本型人種論」の世界観を興隆させつつあった。そして、その一環として一九〇〇年代に優生学が紹介され、「遺伝」の規定力より「環境」の規定力に力点を置いた「日本型人種改良論」の視角も興隆しつつあった。

こうした知的潮流の中でnationの漢字訳として一八八〇年代に登場した「民族」は、「人種」と明確に区分けされた概念として提示される途上の段階にある。人類学の文脈で「民族」を「文化的基準に基づき社会的に定義された集団」、「人種」を「身体的基準にもとづいて社会的に定義された集団」とする区分は一九一三年の論文で見られ、大正期以降に普及したようだ（坂野二〇〇五）。

このような日清日露戦間期の「人種」≒「民族」観にあって、「留学生」「元留学生」たちは「日本人」と「非日本人」に文脈依存的に仕分けされる状況にあった。

まず東京の新聞などにおける「琉球人」「沖縄県人」をめぐる論壇的言説では、日本との「同一性」を強調する論が数多く出される反面、「留学生」の生活体験では「異人視」の眼差しを逃れえない現実があった。また、一八八〇年代以降に興隆した「日本人起源論」の文脈では、「日本人」「アイヌ人」との近接度をものさしとしながら人体測定学などの手法を用いて、「琉球人」を位置づけていく作業が進められる最中にあった。その作業は「沖縄人は日本内地人と最も親しき系図民族たるを信ずる」（鳥居龍蔵）という方向性で収斂しつつあったが、それは明白な結論というよりは、「開化」と「未開」の範疇を往復する際どさを伴うものであった（冨山二〇〇二：第一章）。

伊波普猷など「留学生」の一部は、東京在住のインフォーマントとして人類学者に接しており、こうした状況を熟知していた。

日清戦争の帰結は、こうした知的環境に「台湾」という新たなファクターを加えた。日本帝国内に「植民地」＝「外地」という帝国内ヒエラルキーの下層に位置する新しい構成単位が出現し、なおかつそれが沖縄に隣接していて「人種学」的にも沖縄との関係がとりざたされる台湾であったことは、新たに生み出された「内地」「外地」という二層構造を前提にした上で、そのうちの「内地」への包摂を志向させるよう「留学生」「元留学生」のヴィジョン生成を経路づける作用を生んだからである。

このように「留学生」「元留学生」をして、一層強く「内地」への包摂を志向させるモーメントが生じたのが日清戦争後の状況だったのである。

しかし、反面、「留学生」「元留学生」のヴィジョン生成には、逆に「日本」「日本人」との差異化を志向させるベクトルも働いていた。

彼らの「故郷」沖縄県の行財政政策は、日清戦争後も、引き続き県庁のヤマト人官僚によって掌握され、また経済も鹿児島や大阪から移住した「寄留商人」が、特に金融や流通面で、支配的影響力を有していた。そしてこれらの人々は、琉球・沖縄を劣ったものと見なす価値判断から歴史や言語風俗慣習を否定的に捉え、同時にこれら歴史や言語風俗慣習が日本帝国への忠誠心育成の疎外要因になるとの認識を持ち、これらをヤマトの言語風俗慣習に入れ替える「日本人化政策」≒「近代化」政策を志向していた。

こうした状況は「留学生」「元留学生」たちをして「主客転倒」によって自らが「主人」であるはずの地で「食客」にされ、自己否定を強いられていると認識させた（『太田朝敷選集・上巻』二七二―二七三）。こうした故郷のヤマト人支配の状況を打破して再び「主人」となり、沖縄県民が自己肯定できるような「我々」のヴィジョンを立ち上げることもまた「留学生」「元留学生」の重要アジェンダだったのである。

このように、「日本人」の眼差しを意識せざるをえない「留学生」たちが思い描く「あるべき沖縄の姿」は、「日本」

への同一化と「日本」との差異化の二つのベクトルが複雑に交錯するものとならざるをえなかった。

小熊英二（一九九八）が指摘したように、「近代」が日本経由でしか到来しなかった琉球・沖縄では近代化（文明化）と日本化はシンクロしていた。そして「文明」か「野蛮」かを判定する「日本人」の眼差しの下で受容した「教育知」によって、「封建制度の因習からの解放」という価値を内面化させた「留学生」たちは、日本化そのものを否定できず、かといって日本化を進めることは、沖縄県におけるヤマト人の政治・経済的ドミナンスと琉球・沖縄側の文化的自己否定を意味するという矛盾を抱えていた。

こうした状況において、個々の「留学生」「元留学生」たちはそれぞれに異なる立場から、「矛盾」を「矛盾」でなくすようなヴィジョンを提起してゆくことになるのである。

代表的「留学生」太田朝敷[35]

以上提示した「留学生」たちのヴィジョンの経路づけに関する一般的な説明を、より具体的に提示するために、代表的な「留学生」の一人である太田朝敷の日清日露戦間期の言論を検討しておこう。[36]

一八六五年、首里士族の家庭に生まれた太田は一八八二年に東京に派遣された五人の第一回県費留学生の一人で、つまり「留学生」の最初の世代にあたる。太田は他の四人とともに学習院の中等科に入学し、翌年断髪。一八八五年に慶應の予科に進学した。一八八六年には東京の沖縄人留学生による学生会が結成されており、学校での教育知の受容と「留学生」仲間での議論が交わる中で、郷里の将来について自分なりの考えを立ち上げていったと思われる。途中、一年ほどの一時帰郷をはさんで一八九三年頃に郷里へ引き上げ沖縄県最初の新聞『琉球新報』の設立に参画し、以後明治から昭和にかけてこの新聞で論陣を張ることになる。

太田が帰郷した当時、日清戦争前夜の沖縄県では前述した旧慣温存政策を軸とする統治がなされ、行財政機構は上級士族層の「家録」をはじめとする既得権を含めて、王国時代のものが存置される一方、その士族層の多数派は清国の軍事介入による琉球国の復活を祈念するという状況にあった。反面、一八九〇年代に入ると「近世」的な世界観にも変化の兆しが見えていた。

まず一八九一年、太田の第一回県費留学生仲間にして唯一の平民であった謝花昇が、帝国大学農科大学を卒業して、今日の用語でいうところの「キャリア官僚」にあたる高等官の沖縄県技師に就任し、凱旋帰郷した。一八九三年には、王国時代から宮古・八重山地方に課せられていた重税、人頭税の撤廃を求めた宮古島農民の請願団が上京して帝国議会に対し請願活動を行った。この運動はその主体が「士族」の既得権に異議を申し立てる「農民」であったという点で、近世的社会秩序観念に風穴を開ける性質を帯びていた。また運動が沖縄県内にとどまらず、発足間もない帝国議会へのロビー活動という形で展開した点でも近代性を帯びており、琉球・沖縄における近代的な社会運動の嚆矢として位置づけうる。

太田が参画した『琉球新報』の創刊は、こうした漸進的な「近代」浸透の一環として位置づけることができる。この新聞は日本語の言文一致体で書かれており、したがって読者は学校等で日本語の読解能力を身につけていることが前提とされている。こうした新聞が創刊されたことは、この頃までに一定程度まで日本語の読解能力が普及してダイグロシアが出現しつつある社会状況を浮かび上がらせ、同時に、この新聞で用いられる西欧近代の諸概念の翻訳語—「文明」「社会」など—が沖縄に流入する経路が作られたことを意味する。

この『琉球新報』というプラットフォームで太田が展開した言論からは、彼が提示した「沖縄のあるべき姿」のヴィジョンの内実と、彼をしてそのようなヴィジョンを提示させた社会動因を読み取ることができる。

太田朝敷における「統合」と「差異化」の交錯

まず「日本型人種論」の世界観と「内地」「外地」からなる新しい「日本帝国」の世界観がそれぞれに台頭し、融合しつつあった日清日露戦間期における「日本人」の眼差しが太田の「我々」ヴィジョンにどのように作用したのか、太田の具体的な言論で確認しよう。ここでの対象時期より後にずれるが、大正四年（一九一五年）一月三一日付け『琉球新報』に掲載された太田のコラムの引用から始めたい。

◎那覇の市中でも一番多く出逢者は男女の労働者である、実質は別問題として外容はどう贔負《ママ》目で見ても普通の日本人とは思はれまい　皮膚の色合、着物、着具合……（中略）……斯うは云ふもの丶此等は慥かに血を分けた吾々の同胞である。特別に台湾の蕃地から輸入した種子《タネ》でもない、……（中略）……併し此光景を有《アリ》の儘机の上に展開しさて他府県の諸君の眼には如何に映るかと虚心平気に考へて見ると……。[37]（『琉球新報』大正四〈一九一五〉年一月三一日）

「他府県」と「台湾の蕃地」の二項を参照しながら、「日本人」が「吾々」をどう見ているのかが意識されていることがわかる。同時に、「普通の日本人とは思はれまい」という表現には太田自身が「同胞」に「蕃性」を感じてしまっている状況も窺える。「日本留学」は太田を「日本人」の目線にさらすことで、自らのエスニックな「異質性」を自覚させ、政治化するのと同時にその「日本人」の目線を「自己の目線」として内面化させるという二重の働きを持って彼の「近代人化」を進めたことがわかる。

このような「留学生」の複合的な立ち位置は、一九〇〇年に行われた講演録の次の一節からも確認できる。

私が帰つて来ます途中、鹿児島に於て、船着場に久米村の婦人が二十人許り、一かたまりになつて立て居るのを見ましたが、当地では目に馴れて何とも思ひませぬけれども、彼の地では、私でさへ余程目に着きました。矧むや他府県の人々の目で之を見れば、余程異様の感が起るであらうと思ひます。……[38]（『琉球教育』第五五号、明治三三〈一九〇〇〉年一〇月二八日）

こうした「留学生」の複合的な立ち位置は、一方で以下の引用文のように、ヤマト人のオリエンタルな眼差しに対し反発させた。

……彼等は何の為に来りたるか、曰く視察、曰く探検、彼等が視察し探検したる結果は、やがて新聞雑誌の記事となり、多数公会の演説となり、茶室食堂の談話となり、兎に角琉球と云ふ固有名詞は、全国同胞の頭に印したり、然れども是まで同胞の頭に印したる所の琉球は、多く弓張月的の幻影にあらざれば、一種特別の劣等社会なり……。[39]（『琉球新報』明治三五〈一九〇二〉年二月二三日）

◎他府県人が沖縄諸般の事業を見て称賛するは……我々土着の人民の耳には却つて侮辱となりて聞ゆるなり　彼等の意に謂らく琉球人は先天的劣等の人民なりし筈なるに置県以来これ程進歩せるは意外なりと云ふにあり　是れ果して我々に対するの讃辞なるか……県外の参観人あるときに……参観人も亦新附の人民にしてはよく発達したと云ふ意味に於て感心するなり……。[40]（『琉球新報』明治三四〈一九〇一〉年八月一五日）

しかし、もう一方では、「留学」によって太田の中に内面化された「日本人」が、「同胞」の中に「蕃性」を感じさせ、しかもそれが「留学」中に受容した当時の「最先端科学」の「知」である社会進化論的な世界認識と容易に結び付いてしまうので、その論理を「我々」に有利なように読み替える作業が必要になってくる。

それは「沖縄の人民は其先天的脳力に於ては決して他府県人に劣ることなし然るに……到底及ばざるものあるが如く誤認するは是れ旧藩的の卑屈心より出づるものなり」[41]と環境規定論的理解をもって遺伝規定論的理解に対抗させる作業として現れ、同時に「我輩は本県が内地と同元同種　其風俗の如きも其根元を同ふせることを明細に説明せんと欲するの意切なりき」[42]という気持ちを高め、「我々」の「日本人」との同一性を確認する作業へ導いた。

こうした非対称な力関係に規定されたアイデンティフィケーション過程の影響下に太田が提示した「沖縄が目指すべきヴィジョン」の一つの典型が、後世、太田の言論の中で最も著名となり、それがゆえに彼の否定的イメージを決定的にさせた一九〇〇年の講演における次のような言辞である。

沖縄今日の急務は何であるかと云へば、一から十まで他府県に似せる事であります。極端にいへば、嚔する事まで他府県の通りにすると云ふ事であります。満場相顧みて苦笑す全国の百分一位しかない地方でありますから、其れ位な勢力では、到底従来の風習を維持して行くことは出来ない。維持が出来ない者とせば、我から進で同化するか、又は自然の勢ひに任すか、取るべき道は此二ッであります、即ち積極にやるか消極にやるかの二ッでございます。若し消極的に同化させやうとすれば、優勝劣敗の法則に支配されて、幾多の不利を感じなければならぬやうになります。……[43]（『琉球教育』第五五号、明治三三〈一九〇〇〉年一〇月二八日）

文中の「優勝劣敗」の語は、社会進化論の「知」に根ざした「劣等人種」→「淘汰」という解釈図式を念頭に彼がこのヴィジョンを提起したことを示している。そしてそれが「文明化」＝「日本化」という図式と表裏一体の関係にあるからこそ、「日本人」への「同化」が「我々」が「生き残り」、「発展」してゆくための生存戦略として機能するのである。[44]

しかしこうした「同化」＝「統合」のヴィジョンは、「留学生」が解決すべき問題の半分しか解決しない。前述したように、彼らが提示すべき「我々」のヴィジョンには、「故郷」におけるヤマト人の支配を打破して再び自らをして「主人」たらしめ、同時に「同胞」が自己肯定できるような要素も盛り込まれなければならなかったからである。太田自身も「我輩の眼中には『如何にせば沖縄県をして他府県と同等の勢力を有せしむべき乎』と云ふの外何の問題もなし[45]」と言明していた。

そのような太田のスタンスは、例えば次のような言辞として現れている。

……本県は二個の分子を以て組織せらる、一は本県人民、一は内地人是れなり……此二分子は、数の上より云へば、大抵二十と一の比例なるべし、然れども勢力の上よりいへば、凡そ一と百の反比例をなすべし、足下よ、是れ単に政治上のみとなす勿れ、社会上に於ても然り、商業上に於ても亦然り、我輩は説明の便利上、仮りに本県人民を以て甲団とし、内地人を以て乙団とすべし……今甲乙二団をして化学的に結合せしむるには、少くとも勢力の均衡を保たしめざるべからず、然るに今日の如く、一と百との比例を継続するときは、甲と乙とは奴隷と主人、若くは被征服者と征服者の関係を免かれざるなり……。[46]（『琉球新報』明治三五〈一九〇二〉年六月九日）

沖縄人民はさながら食客の境遇に陥り、政治上より社会上に至るまで、一切の賄は居留人の方寸に出て、沖縄の士民は唯々諾々たゞ其制に服従するのみ……所謂大和人の前には、犬に対する猫の如く、猫に対する鼠の如く、其声を聞いても身を縮むる程にして、如何なる無理も御尤を以て通したり、而して居留人は尽く思慮あるものにあらず、否其十中八九は人民の弱身につけ込み、公に私に其権威を濫用するの徒なりき……。[47]（『琉球新報』明治三五〈一九〇二〉年六月一三日）

……中山門[48]抔を存しておくのは人民をして旧藩を追想せしむるの媒介となるから取くずせ抔と唱へるが……実に馬鹿々々しき骨頂だ　此処が数百年来の都でござると麗々しくして置くのが本県人民愛国心の発源ともなるのだ……。[49]（『琉球新報』明治三四〈一九〇一〉年二月一五日）

……本県小なりと雖も、察度、尚巴志の如き英傑あり、向象賢、蔡温の如き政治家あり……就中蔡温の如きは、其国内に施設したる所の事々より推すも、熊沢蕃山と遽かに甲乙を決し難し、然るに此等の人々の名さへ知らずして、本県の価値を品評するは、妄も亦た極れりと云ふべし……。[50]（『琉球新報』明治三五〈一九〇二〉年六月一五日）

太田が「日本人」への「同化」＝「文明化」を目指すベクトルと同時に、「故郷」におけるヤマト人の政治経済文化的支配の打破と自己肯定感の回復を目指すベクトルをも追求していることがわかる。

ただ、対立的な要素を内在するこの二つのベクトルを整合的に同居させたヴィジョンを組み立てるためには、二つのベクトルをシームレスに接合するいわば「つなぎ」的な役割を持つ概念・理念道具が必要となる。そうした「つなぎ」の役割を担ったのが日清日露戦間期の「日本」では「文明の最先端」を行く政治理念と認識されていた「参政権」や「自治」であり、同じく最先端の言語・民族学理論として提起され、ヤマト側にも受け入れられた「日琉同祖論」であった。

まず「自治」と「参政権」について検討し、次いで「日琉同祖論」について検討しよう。ただ、第四章で論じるように、日本の統治権が消滅した戦後初期沖縄群島においては、「日本への参政権」は関連性を失って「資源」として動員されなかったのに対し、「自治」は政治言論の組み立てに頻繁に動員された、という相違点がある。そこで、ここでは主に「自治」に焦点を合わせて叙述し、「参政権」の問題は「自治」との関わりがある範囲において触れることにしたい。

興隆する「自治」理念の内実

小熊英二が『〈日本人〉の境界』（一九九八）で示したように、「参政権」と「自治」は原理的には二律背反的なベクトルを内在化させた理念型として設定できる。「参政権」は国民共同体への「包摂」ないし「統合」のベクトルを反映し、他方「自治」は国民共同体からの「排除」ないし「離脱」のベクトルを反映したものとして整理できるからである。

しかし、第一章で述べたように「自治」のシニフィアンは単一のシニフィエと固定的に結び付いた概念として存在している訳ではない。それは幅広い解釈のレパートリーを内包しており、この語が用いられる文脈によってそのシニフィアンが指し示す具体的意味内容は相当に異なってくる。

このため、『〈日本人〉の境界』の第Ⅱ部における日本帝国の植民地政策をめぐる論争の分析が明らかにしたように、戦前の「日本」では「自治」という用語の意味内容は不安定に揺れ動いた。例えば、台湾や朝鮮の日本帝国への「統合」を主張する文脈で台湾や朝鮮の「自治」の実現が論じられる一方、朝鮮や台湾にカナダやオーストラリアのdominionのような状況を実現するという「離脱」的な主張をする文脈で「自治」の実現が説かれることもあった。英帝国下のカナダやオーストラリアのdominionは限りなく「独立」に近い政治体制である（小川二〇一二）。

これから論述する沖縄県の文脈でもまた、「自治」は不安定性を帯びた概念として登場する。

「自治」という用語が沖縄県の文脈で登場した正確な時期は現時点で確定できないが、管見の範囲では一八九七年の

「公同会」の運動文脈で太田朝敷が読売新聞に寄稿した文章に自らの運動体を「自治党」という略称で呼称しているのが現時点での最古の用例である。(51)

「公同会」の運動とは日清戦争直後の一八九五年と九七年の二度、「沖縄ニ特別の制度ヲ施行」することを求めて行われた政府・議会に対する請願運動である。(52)この運動は「特別制度」の「長司」には最後の国王尚泰を任じ、以後、継続して尚家から「長司」を出すという世襲制の復活を提唱していたことから、沖縄近代史の文脈では従来「旧支配層の自己保身」などと評価されていたが、近年になって「主体性回復運動」「特別自治運動」と再評価する動きがあるようだ。(53)

実際、太田が「自治党」という略称を持ち出していることを踏まえれば、太田朝敷ら近代的な「教育知」を内面化した若手が、この時点で近代ナショナリズムの派生理念としての「自治」の理念にコミットしていた可能性を看取できる。(54)

いずれにせよ「公同会」運動が事実上消滅した一八九八―九九年頃になると、「自治」と「参政権」というタームが太田朝敷が編集を取り仕切る『琉球新報』などの沖縄県の新聞に登場していることは確認できる。「自治」理念の最初の提唱者は太田朝敷ら近代的な「教育知」を内面化した「留学生」たちである可能性が高い。

「自治」理念の生起と時を同じくして、沖縄県で最初の「近代的権利」獲得運動である参政権運動も立ち上がった。これは先述した平民出身の高等官、謝花昇が県庁を退職して同志と設立した団体「沖縄倶楽部」がその政治活動の一つとして取り組んだもので、謝花らは東京で政府・議会関係者相手にロビー活動を展開し、その結果、選挙法を沖縄県に適用する議案を帝国議会で審議するところまでこぎつけた。

この「沖縄倶楽部」の活動は、謝花の活動を敵視した県庁や琉球国の旧支配層によって謝花が政治的に追い詰められ、最終的に発狂するという悲劇的な結末で幕を閉じ、参政権の沖縄県適用も、旧慣が温存されていることに伴うテクニカルな問題もあって、法案修正こそなったものの、施行期日は未定のまま繰り延べとされた。(55)

しかし、この運動の終結後も、「他府県と同等」の行財政制度と権利の実現を求める沖縄側の様々な動きが続き、一九〇九年の特別県政施行（県会設立）、一九一二年、一九一九年の二度にわたる衆議院議員選挙法改正・施行を経て、一九二一年の段階では沖縄県は完全に「他府県と同様」の行財政政治制度となり、沖縄県民の権利・義務関係は「内地」一般と同様となった。

ここでの問題は、こうした一連の政治過程で「元留学生」たちが「参政権」と「自治」という理念にどのような狙いを込めていたのかということである。再び太田朝敷の言論に戻り、彼の自治と参政権に関する認識を探ってみよう。次に提示するのは太田が主筆だった『琉球新報』において「自治」の語が登場する最初期の記事である。

……本県の地租を改正するに非すんば県会の如き県下一般の自治制度を布き又は国会議員の撰挙権の如き其他文明人として有せさるへからさる優等なる権利を収得し能はさるなり　然らば則ち地租改正は一には国民平等の仁政なり一には本県民の位置を高尚ならしむるの端緒なり……。[56]

（『琉球新報』明治三一〈一八九八〉年八月一日）

『〈日本人〉の境界』では、台湾や朝鮮での「自治」の付与／獲得を「排除／離脱」のベクトルの一環として捉えたのに対し、琉球・沖縄における「地方自治」の付与／獲得は、「参政権」の付与／獲得と同じ「統合」のベクトルの中に位置づけているが、「文明人」としての「優等な権利」の習得によって、「本県民の位置を高尚ならしむる」ものと意義づけた上記引用文は、小熊の言う通り、「自治制度」の実現が「統合」のベクトルの中に位置付けられていることを示している。太田にとっては参政権も自治も、「統合の実現によって平等を実現する」という彼の「同化論」の中に位置づけうる理念という側面があるのは間違いない。後年の別の論考では、「『参政権』や『自治』といった制度・権利を獲得することで、帝国政府・議会に対する交渉力を強める」という、より現実政治的な見地からの意義づけを述べているが、これも「包摂／統合」のベクトルの中に位置づけうる言説であろう。

だが、以下の引用文は、「自治」制度に込めた太田の狙いが、琉球・沖縄における「地方自治」の付与／獲得を一義的に「統合」のベクトルとして捉えてしまう小熊の枠組に収まるものではないことも示している。

地方自治と云ふのは平たく言えば其土地其土地の習慣を公認し其公認した習慣に基づいて或程度まで自分に自分を支配させると云ふことである……。[57]（『琉球新報』明治三九〈一九〇六〉年七月八日）

「自分に自分を支配させるということ」という一文からは、太田にとっての「自治」は同時にヤマト人支配からの「離脱」のベクトルをも含んでいることが読み取れる。同様の含意は、太田が主筆を務めた『琉球新報』が一九〇九年の特別県政施行を受けて掲載した以下の記事からも読み取れる。

……県の世帯向きの事は総て政府に一任しありて一切手出しを為し得ず所謂る部屋住みの意気地なき境遇……今回本令の実施と共に分家して始めて独立の人間となり県の所帯を自らなし県を興隆ならしむるも将た衰微せしむるも総て自己の手腕に在るの自由を有するに至りたる……。[58]（『琉球新報』明治四二〈一九〇九〉年三月一四日）

「部屋住み」の境遇を脱して「県の所帯を自らなし」「総て自己の手腕に在るの自由を有するに至」ったという意義づけは、「統合」のベクトルというよりは、ヤマト人のドミナンスを打破して再び自らをして「主人」たらしめるという「離脱」のベクトルが読み取れる。

琉球・沖縄の文脈における「自治」は、東京の中央政府の直接的な統制を受けることを前提とした「県」という地方行政制度に依拠したものであった点で、小熊の言うところの「独立王国」であった「総督府」支配下の朝鮮や台湾より、おのずと self-government としての「自治」の制度的権限は弱くならざるをえない。また朝鮮や台湾にしても、論壇的な議論はともかく、政策実務者レベルで構想された「自治」の内容は極めて制限的な内容であったことは小熊が明らかにした通りである。だから沖縄県政改革に対する上記の太田の評価は過大評価なのである。

だが為政者側の構想／制度において、「沖縄県政」の含意が単に中央集権的支配を円滑にするために権限の一部を統治の現場に近い地方に移譲するという「統合」的なものであっても、「自治」概念のシニフィエの不安定性は、太田のようなマイノリティエリートをして、それに「自分で自分を支配させること」「県の所帯を自らなし……総て自己の手腕に在るの自由を有するに至」ったというヤマト人支配からの可能な限りの「離脱」の含意を込めて読み直すことを可能にした。

この読み直しの手法によって、ヤマト人の支配を打破して再び自らをして「主人」たらしめるという「離脱」のベクトルを、為政者側の弾圧を受けることなく追求することが可能になった。

相反するベクトルを曖昧に同居させている「自治」概念の不安定性は、為政者側の疑心に肩透かしを食らわせることを可能とするし、また為政者側も深く追及することはしない。つまり「離脱」の意味での「自治」は、そのような含意があることをヤマト側が気づかないか黙認した「隠された政治文化コード」（第一章第二節参照）の状態で存在しているといえる。その一方、前章で提示したウィマーの「会話の含意」の理論のように、「弱い立場の人たち」が提示するあいまいなシニフィアンの言明を、「強い立場の人たち」が許容ないし黙認する状況が出現すれば、日本帝国の「強い立場の人たち」とより「弱い立場の人たち」の一体感・同胞感が可能になる。

別な言い方をすれば、「琉球・沖縄人」の自己決定という「離脱」のベクトルと「日本・日本人」への帰属という「統合」のベクトルを同居させた「我々観」が可能になるのである。

ここに複合的なネーションヴィジョンの起源を見出すことができる。

それは「県民」という「四民平等」的平等性に規定された「我々観」を「主体」と想定している点で、琉球国再興運動とは質的に異なる近代ナショナリズム思潮の影響下に生起した「我々」のヴィジョンなのである。言い方を換えれば、「自治」の理念の興隆によって「沖縄県民」は「平等な個々人からなる自己決定主体」というネーション性を帯びたことになる。

他方、それは、同時代の朝鮮で生起したような「民族独自の国家の樹立」という「民族自決」＝狭い意味での self-determination のヴィジョンとも質的に異なる。琉球・沖縄で追求されたのは、民族自決的な「朝鮮人」のような自己完結的な「我々」ではなく、琉球・沖縄人であることを維持し、故郷の「自治」を実現しながら、「日本人」という共同体へ参画してゆくことを理想とするものであった。それは政治軍事的に「故郷」から「日本・日本人」を排除できないという前提条件下に生起した「日本人」への統合を通じて故郷におけるヤマト人の統治権の可能な限りの「排除」ないしヤマト人支配からの可能な限りの「離脱」を実現するという生存戦略であったともいいうる。

さて、『〈日本人〉の境界』が見落とした戦前の「自治」理念の大きな特徴が一つある。それは「自治」が、当時の文脈では、社会進化論的世界観と密接に関わっているということである。

次に示すのは那覇近郊の真和志村で太田朝敷が一九一一年に行った講演録の一部である。

……自治と云ふことも詰り自分の事は自分で始末すると云ふことで地方自治と云へば自分の地方の事は誰れの世話にもならない誰の厄介にもならないで自分でよく始末をして行くと云ふことに過ぎない　即ち未丁年者が始めて一人前の人間となつて自分の家を始末する能力が発達したと同様の訳合である　今日地球上の人類は十五億もある　此等の人類に依つて形ちづくられて居る都市又は町村部落は幾らあるか知らないが其□自治の都市町村は僅かのものであらうと思ふ　早い話が東洋では我日本国ばかりで日本国内でも台湾、樺太、朝鮮の如きは未だ自治を許して居ない　斯う云ふ次第であるから自治の民と云ふものは世界でも最も進んだ人民であつて世界の真中に立つても誇るに足るべき人民と云はなければならない。[59]（『琉球新報』明治四四〈一九一一〉年二月一日）

今日的感覚では、「人種論」とは無関係な政治理念の概念に思える「自治」が、当時は、発展段階論的な階層秩序を前提とした世界観の中に自己の「能力」を位置づける概念として機能する文脈があったことが見てとれよう。[60]

この文脈では自己肯定的に使われているが、発展段階論的な階層秩序を前提とする以上、「自治能力」の優劣を判定する「日本人」の目線を絶えず意識せざるをえない。この「文明人」に自らの「自治能力」がいかに判定されるのかを意識する文脈は、戦後初期沖縄群島でも再現されることとなる。

ところで、太田朝敷ら「留学生」が希求した自治／参政権制度の実現や、それによって生まれるはずの自己肯定のロジックは当初の狙い通りの効果を挙げたのであろうか。

本節で紹介した一連の太田朝敷の言論の中で最初に取り上げた『琉球新報』一九一五年一月三一日に掲載された太田のコラムに戻りたい。参政権と他府県同様の自治制度がすでに実現した時期に書かれたそのコラムは、先に紹介した部分の後に以下のような文章が続いている。

……国家の形式上では他の府県と同等の待遇を受けて居る、併しながら個は形式のみ、実質に於ては未だ土人的待遇を免かれない……県会もあり代議士も出し、学者もあり知者も居ると云ふても駄目だ、台湾の蕃地からも医者も教員も出して居る、沖縄県民としては矢張り土人たるを免かれまい、何の彼のと豪さうなことを云ふても土人の囈語《ネゴト》たるに過ぎない……。[61]（『琉球新報』大正四〈一九一五〉年一月三一日）

「台湾の蕃地からも医者も教員も出して居る」という一文からは、発展段階論的図式を前提にした「日本人化」＝「文明化」の論理だけでは、「植民地」自体の「文明化」に相殺されてしまい、「日本人の境界」のボーダーライン内にかろうじて入っているという状況にある「我々」が、再び「境界」の外に放り出されることへの恐れが窺えよう。

太田のような「日本人」の目線を内面化した「元留学生」は、発展段階論のような脆弱な仕分け道具ではなく、「植民地」と「我々」を決定的に区別して、「我々」を「日本人の境界」内に決定的に位置づけ、なおかつ「ヤマト人とは異なる我々」を自己肯定できるロジックを欲していたのである。こうした「元留学生」のニーズに答えたのが「日琉同祖論」と「琉球民族」であった。

「琉球民族」の登場[62]

伊波普猷が日琉同祖論を最初に提唱したのは一九〇一年、「琉球民族」というタームを用い始めたのは一九〇六年頃とされる。ただ一九一一年に出された伊波の処女単行本は『琉球人種論』というタイトルであることから、最終的に

「琉球民族」という表記に一本化されて琉球・沖縄の言論空間で定着したのは「人種」と「民族」の分節化が進んだ一九二〇年代以降のことと想定される。

思想史的観点からの伊波普猷研究によれば、彼の思想の中で「琉球民族」がキータームであった時期はそれほど長くない。先述した「ソテツ地獄」に衝撃を受け、なおかつ私的な問題から故郷から逃れて東京で学究生活に入った一九二〇年代半ば以降は「南島」「南島人」という概念が伊波の思想を探る手がかりとして重要視されている。だが、「南島」や「南島人」があくまで伊波普猷という知識人の「個性」と分かち難く結び付いた概念であり続けたのに対し「琉球民族」は、伊波によって提起された後、琉球列島の人々に受容されて慣用的に定着し、「我々」のカテゴリーとして支配的な位置を占めることとなった。したがってここではやはり「琉球民族」に照準を合わせる必要がある。

伊波普猷は琉球処分直前の一八七六年に、裕福な那覇士族の家庭に生まれた。彼の「留学生」時代は、一八九六年に上京して東京の中学校に編入学してから、三高を経て東京帝大の言語学科へと進んで一九〇六年に卒業し帰郷するまでの一〇年余りである。この間人類学者鳥居龍蔵の知遇を得て、琉球列島における鳥居の調査活動のインフォーマント的な役割も果たし、同時に、先述したように一九〇一年から彼自身も論考を発表して、日琉同祖論の議論を展開してゆく。帰郷後も引き続き日琉同祖論の延長線上で論考を発表してゆき、一九一一年に日琉同祖論の代表的著作である論文集『古琉球』を出版し、日琉同祖論のオーソリティとしての地位を確立した。

『古琉球』の巻頭論文「琉球人の祖先について」で、この時期の伊波の日琉同祖論の鳥瞰図が示されている。それは、言語・民俗におけるヤマトと琉球の類似性を根拠に、歴史時代以前の日本列島にプロトナショナル的な「天孫人種」を想定し、その母体から分かれて琉球列島に南下し殖民した一群が、歴史時代に入ってヤマトとの交通が断絶したことにより、彼が「アマミキヨ」と呼ぶ独自の「個性」を持った集団をなすに至ったという議論が展開されている。そして「アマミキヨ」が島ごとに形成された諸政治体を「琉球王国」が統合したことを「琉球民族の統一」という呼び方で括る。それは高度の独自文化と政治体制を持つ「勇敢なる大和民族」[63]にふさわしい「海上王国」であったが、一六〇九年の島津氏の侵攻によって悲惨な状況に置かれた。しかし、一八七九年の「国民的統一の結果、半死の琉球王国は滅亡したが、琉球民族は蘇生」したと意義づけられている。

このような前提に立った上で、それに続く諸論文の中では「国民的統一」が「琉球民族」の「個性」の抹消ではなく維持を要請するとの議論を随所にちりばめている。それは例えば、日本帝国が「種々の異なった個性の人民を抱合して余裕のある国民」である「大国民」を目指すべきで、その前提の上で「沖縄人をして有力なる日本帝国の一成分たらしむる」べきだとする主張や「もしもこれまでの惰力で琉球固有の者をかたっぱしからぶちこはさうとする人があったら……両民族の間に於ける精神的連鎖を断ち切るのであります。」「一致してゐる点を発揮させることはもとより必要な事で御座いますが、一致してゐない点を発揮させる事も亦必要かもしれませぬ。」といった主張である。

こうした論理構成からなる日琉同祖論が、支配者側の言説を自分たちに有利な形へ読み替える試みであったことは、多くの既存研究で指摘されてきた。小熊英二の言葉を借りれば日琉同祖論は、「沖縄の神話や言語は、そのままで『日本』なのであり、それを破壊することは『日本』を破壊すること」というロジックによって「『日本人』と平等になりながら、『日本人』と異なる個性をもつ状態」を実現するものであった（小熊一九九八：二九七）。

その論理を伊波自身の専門である言語学や交流があった鳥居龍蔵の人類学といった当時の「最新科学」の知見で裏づけることで、支配者ヤマト人側にとっても文句のつけようがないレベルの正当性を生み出し、日本帝国の民族学説の主流とすることで、日琉同祖論は琉球・沖縄側にとってヤマト人による「排除」に抗し、「平等」を要求するための強力な言説武器となった。

同時に、その論理を、互いの社会的接触において不可避的に「異族感」を生じさせているヤマト、琉球・沖縄側双方に受け入れさせるためには、「同一民族」の側面も徹底的に強調されなければならない。この点は、近代的な「民族」「人種」概念が存在しない一七世紀の琉球国の宰相羽地《はねじ》朝秀《ちょうしゅう》（尚象賢《しょうしょうけん》）の残したヤマトとの歴史的・文化的共通性を指摘したわずかな行数の文章を、伊波や伊波と同世代の歴史家である東恩納《ひがしおんな》寛惇《かんじゅん》が、王国指導者による「同一民族論」として意味づけ、それによって本来は琉球・沖縄側にとって負の歴史であるはずの琉球国の滅亡を「民族統一」としてリフレームしてゆく過程を與那覇潤（二〇〇九）がクリアに捉えている。

こうした文脈の中で提起された「琉球民族」の概念は、同じ「民族」の語が付されていても、同時代の朝鮮で興隆した「朝鮮民族」とは、質的に異なるカテゴリーとならざるをえない。先述したように、興隆しつつある民族自決思潮の影響下に生成した「朝鮮民族」は、それ自体で自己完結したコンテナ的な「集団」であり、したがって「日本人」とは相互排他的な概念なのに対し、「日琉同祖論」に依拠した「琉球民族」は「大和民族」との複合性が所与の前提となっているからである。

別な言い方をすれば、「琉球民族」は当初から複合ヴィジョンを前提に提起された概念だといえる。伊波の日琉同祖論と「琉球民族」の議論は、故郷では熱狂的に歓迎された。最初期の伊波の論考である「海の沖縄人」を読んだ太田朝敷は、「全身の熱が頭に集まつた様」になったとその興奮ぶりを記し、「今こそは奮励一番沖縄種族の本色を発揮する秋だ」「我輩は君がますます県民を鼓吹せんことを切望する」[64]と締めくくっている。

一九〇六年伊波は東京帝大を卒業して帰郷し、各地を精力的にまわって講演し、彼の学説を広めていった。そんな彼の活動を太田朝敷は次のように意義づけている。

伊波文学士の琉球史講演は本県の発達に貢献すること実に大なるものありと信ずる　元来本県人は自家の人種的価値を自覚しないから此小島に生れたものと大国に生れたるものとは天賦の価値に於て高下があるものと誤認して居る　動もすれば大国の人は違ひますと云ふて卑屈になるのも之が為だ……▲……太古に於て吾々の祖先は既に今日の基ひを開いた其勇悍の気鋭敏の質は琉球史に明かなるほどありありと見へる　吾々は決して小島民たるを恥づるに及ばないではないか▲近来多くの学者の研究に依つて琉球民族が大和民族と同一根幹たることが殆んど決定されて居る　諸君が之を自覚するの時は即ち吾々が大和民族として大手を振つて世界を闊歩するの時期である　之を自覚するのは自家の歴史を知るにありとすれば琉球史の研究が最も大切なること勿論である……。[65]（『琉球新報』明治三九〈一九〇六〉年一〇月二七日）

「我輩の眼中には『沖縄県をして他府県と同等の勢力を有せしむべき乎』と云ふの他何の問題もなし」という太田が、その一環として「本県が内地と同元同種　其風俗の如きも其根元を同ふせることを明細に説明せんと欲」していたのは先述した通りである。そんな太田が伊波の学説にどれほど大きな期待をかけたかは想像にかたくない。伊波自身の講演活動、そして伊波の学説に共鳴した太田ら琉球・沖縄の指導者層の講演活動や新聞を通した言論活動によって日琉同祖論と「琉球民族」の概念は琉球・沖縄の人々に急速に普及した。そしてこうした言説を内面化した人々が海外や日本帝国内の出稼ぎ移民先でヤマト人による「排除」に直面したときに、これに対抗する実践的な言説道具として用い、それによってさらに深く内面化されてゆく。

一方、日琉同祖論は日本帝国の学術コミュニティにおける主流の議論となったことで、ノンアカデミックな執筆者による記事や著作でも紹介されることで日本帝国の言論空間における正統性を確立してゆく。一九一五年（大正四年）には、大正天皇即位の祝賀によって贈位された過去の偉人たちの中に、東恩納や伊波らによって日琉同祖論の提唱者とされた羽地朝秀らが含まれた。日琉同祖論と「琉球民族」は天皇のお墨付きを得ることに成功し、日本帝国におけるその正統性を確かなものにした。

同時期、沖縄県の権限・制度は、他府県と同一となり、参政権を得る過程にある一方、ヤマト出身の「寄留商人」の経済支配力は相対的に弱まる過程にあった。

こうした流れ自体は、「植民地」と「我々」を決定的に区別して、「我々」を「日本人の境界」内に決定的に位置づけ、なおかつ「ヤマト人とは異なる我々」を自己肯定できる状態を希求してきた太田ら「元留学生」たちの目指した方向に向かっていた。

それにもかかわらず太田の眼には事態が改善したとは映っていなかったことは大正中期に書かれた次の論考から窺える。

他府県と肩を並べることが出来なければ、制度の形式はどうなつても、実際は殖民地の土人と撰ぶ所はない……

台湾には三百万の土着人が居るが、数万の内地人の為めに支配されて居るではないか……岡村博士は其の「琉球みやげ」中に「正直に云へば、どうしても琉球は内地とは思はれない」と書いてある、此れは真実の告白だと思ふ、唯り博士の告白たるのみならず、他府県から来る人々は皆さうだと思うふ。◇他府県の人々に、内地と思はれないのが、即ち本県の地方的最大弱点で、之を内地と思はしむるまでに改革するのが、県民の第一に努力すべき事ではないか、……言葉《コトバ》とても地方の訛りがある丈けで根本から相違してると云ふことはない、それで居て内地と思はしむることが出来ないのは、先覚者たるもの、努力が足りない故である、それこそ融和渾一、官民協力して改革に取掛れば、内地とか琉球とかの差別を取除く位ひは、格別困難な事でもあるまい、……[66]（『琉球新報』大正七〈一九一八〉年一月二〇日）

法制度的な「平等」を実現し、日琉同祖論が帝国のお墨付きを得ても、生活世界で直面する異族視・蔑視・差別がなくなるわけではなく、したがって「日本人」から排除されているという実感は消えない。そして、すぐ隣に存在する台湾という「本物」の植民地が常に意識される状況にあって、「植民地」に「堕ちる」ことなく「内地」に入るためには、「クシャミまで内地人まねをする」という一九〇一年の段階での生存戦略は一七年後の一九一八年の段階でも強迫観念のようにまとわりつかざるをえない。冨山一郎（二〇〇二）が主張するような、それが単なる「排除」ではなく、関東大震災の朝鮮人虐殺にすんでのところで巻き込まれそうになった琉球・沖縄人が感じたような「日本人と思われなければ抹殺されかねない」という「暴力の予感」によって駆動していたとすれば、それは一層切実さを帯びたものにならざるをえない。

太田のこの論考の後先述した「ソテツ地獄」が起き、それまでにない規模の出稼ぎ・移民が日本帝国の産業都市や植民地に向けて移動し、それらの地で階層的な社会編成に組み込まれた。日清日露戦間期には、「外地」と「内地」からなる日本帝国の制度秩序と、「日本型オリエンタリズム」に裏打ちされた日本型人種イデオロギーの交差する磁場に置かれたのは、太田朝敷ら一部のエリート「留学生」に過ぎなかった。しかし、今度はそれとは比べ物にならない規模の人々が「日本人」の眼差しを終始意識せざるをえない磁場に置かれた。そしてそれらの人々が生活体験の中から得た教訓に基づいて、「内地と思わしむるまでに」言語や風俗を改良しなければならないという「生活改善運動」やその一環として姓名を内地人風に変える「改姓」の流れが生起し、本格化したところで日米開戦を迎えるのである。

まとめ

以上、本節では日清日露戦間期の地政学変動と「民族」「人種」や社会進化論的世界観・人間観の日本における受容というイデオロギー作用が交差する状況に置かれた琉球・沖縄の「留学生」たちによる支配言説の読み替えの中から、「琉球民族」という「我々カテゴリー」や「自治」という理念が興隆してゆく過程を見てきた。

そこで照らし出されたのは、「琉球民族」としての主体性が失われて「日本人」に取って代わったというよりも、「日本」への同一化によって「日本人」という「我々」を内面化する過程と、「日本」からの差異化によって琉球（沖縄県）全体を単位とする平等な個々人からなる自己決定主体としての「我々」想像が同時並行的に生成する過程であった。

それは王国時代の庶民層には大きな意味を持たなかった「琉球人」が主要な「我々カテゴリー」として興隆する過程であり、同時に、「我々」を指し示す新しい用語として「琉球民族」や「沖縄県民」「沖縄県人」が興隆する過程であり、その「我々」を主体とする「理念」たる「自治」、そして「日琉同祖論」が生み出され、主流化する過程であった。「沖縄県政」という「自治」の実現は、日本帝国の為政者にとっては、中央集権的な統治体制をスムースに実施するために統治の現場に近い地方自治体に権限の一部を譲渡するという「統合」の含意を持つ施策であったかもしれない。少なくとも日本帝国の支配力を弱めるという含意は込められていなかったはずである。これに対し太田朝敷は、「自治」を自らの故郷で「主人」から「食客」の地位に墜ちた政治状況を打破して、再び「我々」が「主人」となるための「理念」として読み直した。それは支配者側が許容・黙認しうるぎりぎりの範囲内で「自己決定」を実現してゆく戦略であったと解釈できる。そして日琉同祖論は、そのような琉球・沖縄に特有の「自己決定」理念を追及するための強力な言説武器だったといえる。

もっともより細かく見れば、基本的には文化論である日琉同祖論や「琉球民族」の概念は、直接的には「自治」の理念とは結び付かない。だが「琉球民族」と同義の政治論的概念である「沖縄県民」という「我々」カテゴリーを媒介にして両者は結び付く。

これまで見てきたように「沖縄の自治」の「理念」は、①「日本人」という共同体への「包摂／統合」＝「近代化／文明化」、②沖縄県におけるヤマト人の統治権の可能な限りの「排除」、ヤマト人支配からの可能な限りの「離脱」と琉球・沖縄人の「個性」の自己肯定化、③「文明人」が必然的に持つ「自治能力」の獲得という三種類のベクトルを内包している。これに対し「『日本人』と平等になりながら、『日本人』と異なる個性をもつ状態」を指し示し、なおかつ「アイヌや生蛮みた様に、ピープルとして存在しないでネーション」[67]として存在する「琉球民族」の観念はその三つの理念の総てに対応した主体「カテゴリー」として機能している。その意味では「沖縄県民」と「琉球民族」の二つの「我々カテゴリー」は、相互に補完しながら「我々」想像を育んでいたといえる。

本節で検討した太田朝敷や伊波普猷の言説の動向から見て、このような複合ヴィジョンの基本的なフォーマットが完成したのが明治末から大正初めにかけての一九一〇年代といってよいだろう。

「ソテツ地獄」以後は、それに起因した大規模な出稼ぎ・移民の生起という社会変動がロシア革命以降グローバルに興隆したマルクス主義思潮と交差する中で、政治運動の形態やそれらの運動で掲げられた政治理念自体はさらなる変化を遂げてゆく。だが、複合ヴィジョン的自己理解の枠組自体は、揺らぐことなく沖縄戦まで持続してゆく。

それが「戦場化」による破壊と殺戮を経験し、なおかつ「支配者の交代」という大きな変動を見た戦後初期の状況の中で、どのような変化を伴いながら再表出してゆくのか。これが第Ⅱ部での論点に一つとなってゆく。

（1）西里（二〇〇四：二四八）の表を参照。「旧慣温存期」の国・県の統治政策の狙いとその経済的インパクト、およびヤマト人商人の活動の様相については秋山（二〇〇五）、西里（一九八二、二〇〇四）を参照。また同時期の漁業のイノベーション・発展については市川（二〇〇九）、加藤（二〇一二）も参照。

（2）「旧慣温存期」の村落の生活世界に照準した最新の研究としては、主に地租や租税をめぐる社会制度面に注目した平良（二〇一一）がある。また同時期に存置された王府の国家祭祀制度をめぐる政治過程についての研究として後田多（二〇〇九：第二章、二〇一三）がある。

（3）『沖縄県史：各論編5：近代』（二〇一一：三三八）記載の国（地域）別出移民表を参照。近代における沖縄移民の全体概要については、前出『沖縄県史：各論編5』第五部の「沖縄移民の諸相」、および『沖縄縣史　第7巻：各論編6』（一九七四）を参照。伝統的に研究が盛んな南北アメリカやハワイへの移民に加えて、近年ではアジア・太平洋地域に関する研究も進んでいる。

（4）近年、「南洋群島」「台湾」といった日本帝国内の「外地」への移民、および帝国崩壊に伴う「引き揚げ」に関する研究が盛んになっている（例えば、蘭編二〇〇八、二〇一一）。これに対し、首都圏や関西圏と沖縄県との間の人の移動については、「移民研究」の観点からの研究書は相対的に少ない（例えば、『沖縄縣史　第7巻：各論編6』（一九七四）、冨山（一九九〇）。

（5）「移民エスニシティ」としての「沖縄人」生成の局面を捉えた社会学性の強い研究として冨山（一九九〇）がある。マルクス主義系のポリティカルエコノミー・文化政治理論に依拠する冨山のその後の研究（［一九九五］二〇〇六、二〇〇二）においては、「エスニシティ」や「アイデンティティ」の分析そのものが主要目的になっているわけではない。それでも日本帝国の社会編成ヒエラルキーの包摂と排除のダイナミクスによって生じる「生」の変化の一環として、「沖縄人」などのカテゴリーが生起し、マジョリティによる他者表象と「我々」認識のせめぎあいの中で展開してゆく社会学的な諸相に目配りした内容を含んでいる。

（6）以上の叙述は『那覇市史：通史篇　第2巻：近代史』（一九七四）の第六章と又吉（二〇〇五）に依拠した。出征兵士数についてはそれぞれの著書が異なる人数を挙げているためおおまかな数値表記に止めた。

（7）日本海海戦の直前、北上するバルチック艦隊が宮古島で目撃されたことを受けて、五人の漁師がサバニとよばれるクリ船で一五時間こぎ続けて石垣島にある電信所に連絡した逸話。この逸話は昭和初期に国定教科書に掲載され、全国的に知られるようになった。

（8）『沖縄県史　各論編5：近代』の一九八、二〇四頁の表を参照。

（9）http://www.unesco.org/culture/languages-atlas/

（10）文化庁作成「ユネスコが認定した、日本における危機言語・方言の分布図」より琉球列島部分を抜粋。http://www.bunka.go.jp/seisaku/kokugo_nihongo/kokugo_shisaku/kikigengo/pdf/bunpuzu.pdf

（11）もっとも散発的に言及される程度に過ぎない（例えば、星名二〇〇三：一九三［注二五］、野入二〇一一：一六六―一六七）。既存研究は、沖縄県出身者の観点から見た中軸的なエスニック境界が「日本人」／「沖縄県人」／「台湾人」の三項間にあったことを示唆している（金戸二〇〇七、松田二〇〇八a・b、野入二〇〇八）。琉球列島から出たときは群島エスニシティ間の境界はより大きな「日本人」／「沖縄人」の境界に相対化される作用があったことが窺える。

（12）「戦前」における「奄美」からの大阪圏への人口移動動態については西村（二〇〇六：五八―六一）、沖縄県からのそれは冨山（一九九〇：九四―九八、一一三―一一五）を参照。

（13）もっともこの点は、既存研究からは間接的に窺えるに過ぎない。というのは、都市エスニシティ現象を「『沖縄人』対ホスト社会」の枠組で捉えた研究（例えば、冨山一九九〇）では「奄美人」は登場せず、その逆（例えば西村二〇〇六）もまたしかりだからである。つまり戦前大阪圏の文脈における「沖縄人」―「奄美人」のエスニック関係を捉えた社会学的研究は管見の限り見当たらない。

(14) 琉球史の時代区分用語で一六〇九年の島津氏の侵攻から一八七九年に王国が滅亡するまでの時期を指す。

(15) 琉球史の時代区分用語で、一二、一三世紀頃から一六〇九年の島津氏の琉球侵攻までの時期を指す。

(16) それゆえ島嶼地域にもかかわらず漁業は産業的に発展しなかった。例外は沖縄島南部の糸満で一八世紀頃から沿岸漁業が発達し、好漁場を求めた琉球列島各地への移住も生じたようだ（市川二〇〇九、加藤二〇一二）。

(17) 士族とは文語的表現で、口語的にはユカッチ（良人）。

(18) 水戸藩領内に漂着した海運業従事の下級士族の記録を検討した豊見山（二〇一六）によれば、書き言葉としての和文だけでなく、口語の「日本語」も使える層も一定程度いたことが窺える。

(19) 近世琉球の身分は制度的には王府に系図を認定された「士族」と無系の「百姓」の二大カテゴリーを基軸とした。しかし、当然のことながら、実際の社会的関係性はより複雑で「士族」＝支配階層、「百姓」＝被支配階層の二項関係では把握しきれない。沖縄島についていえば、王府から禄を供与されず官職を得る機会も少ない下級士族（無禄士族）の多くは那覇や首里での商業・手工業に従事し、士族身分のまま地方に下野して開拓農民になる人たちもいた。他方、地方行政を取り仕切る地方役人層は身分は「百姓」であっても職務上必要な知識・行政技法を取得したことに伴う文化資本を有しており、識字教育を受けない一般農民との社会階層上の距離は大きかった（田名二〇〇三、豊見山二〇〇四ａ、二〇一一）。しかしここでは、アイデンティフィケーション過程における「琉球人」カテゴリーの社会機能の異同を最上流と最下流の階層間で確認することを優先して、「王府役人層（中・上級士族）」と「一般農民」の二項にあえて単純化して整理する。

(20) この点についてはスミッツ（Smits 2015a, b）が近似した理解を示している。ただ琉球国の政治体制を「帝国」概念を用いて捉えるなど、本書との相違点もある。また、近代ネーションと近代以前のエリート層の共同性の連続性を重視するアントニー・スミスの「エトニー（ethnie）」概念を起点に近世琉球の把握を試みたものとして（松島二〇一二：第五章）がある。

(21) この点について、沖縄近代史研究では、西里喜行（二〇一一：三〇―三二）が「身分制社会の中の支配層と民衆の乖離がナショナリズムの結集を妨げ、琉球社会の各界層が全民族的な危機意識を共有する段階にまで到らなかった」と指摘している。ただ最近では、「復帰思想の克服」という観点から、社会階層間の「温度差」を重視する叙述よりも、士族層による琉球国再興運動に「侵略への民族抵抗」を読み込むことを重視する歴史叙述が目立つ（例えば、後多田二〇一〇）。なお、付言すれば、「旧慣温存」期にあっても農民の「一揆」的な集合行動自体は各地で生起した。ただ、それは「廃琉置県（琉球処分）」で地方行政への統制力が弱まったことを受けて徴税権力を搾取的な形で実質的に増大させた地方役人層をターゲットとしたものであった（『沖縄県史：各論編5』第2部第3章、平良二〇一一：第二章）。その最大のものが宮古島で生起した人頭税廃止運動である。

(22) 第一章で説明した通り、本書の理論枠組において、「『民族』による主権国家の樹立」という狭義の「民族自決」は、一九世紀に登場した「民族」を主体とする様々な「自己決定（self-determination）」思潮（一八世紀啓蒙思想的ネーションとは異なる「『はじめにネーションありき』の政治ヴィジョン」）の一つ（one of them）に過ぎない。ただ「民族自決」は、この時期に登場した多種多様な、「『はじめにネーションありき』の「自己決定」ヴィジョンのうち、唯一国際規範として定着することに成功した。「民族自決」以外の「はじめにネーションありき」の政治ヴィジョンの具体的事例としては、例えば鶴見太郎（二〇一二）が提示した一九世紀後半のロシアユダヤ人の間で生起したシオニズムの諸ヴァリエーションが挙げられる。この研究によれば、誕生直後のシオニズム思想・運動は、最終的に主流となったパレスチナ移住→イスラエル建国というヴィジョン以外に、脱領域的なnationality原理に依拠した民族自治をロシア帝国の文脈で実現することを目指すヴィジョンなど、現代のナショナリズム理解の通念には収まらない思潮があったことが示されている。なお「民族自決」原理がウェストファリア的国際秩序を変容させたという議論についてはMayall（1990）を参照。

(23) 一八八〇―九〇年代の「琉球」の「帰属問題」をめぐる琉日清の政治的相互作用の研究は伝統的に政治史・国際関係史的観点からなされてきた。最近の研究成果としては西里喜行（二〇〇五）、波平恒男（二〇一四）がある。これに対し與那覇（二〇〇九）の研究は「ナショナリズムの社会学」の理論的議論を明示的に踏まえた上で、政治コミュニケーションの社会作用に注目する理論視座に依拠しているため本書の分析視座に親和性が強い。

(24) 傍線は筆者が付した強調線。

(25) さらに言えばそこで展開された「同一論」には後の日琉同祖論の中核的論点をなした「住民集団の血統的起源」という観点が明示的に言及されていないのに対し、漢字圏で伝統的に重視されていた「王統の起源」が論点として意識されていたという特徴がある、と與那覇は指摘している。この意味でも当時の日本の指導者層の思考における近代ナショナリズム思潮の規定力がまだ弱かったことを示唆している。したがって、いわゆる「国民国家論」の一部の先行研究にあるような、「国家の統治領域と民族分布の版図が一致するべきだ」という規範があたかもこの時点の東アジア域内外交のアリーナで働いていたかのような想定に基づいて、琉球「処分」に歴史学・文化人類学の「学知」を動員した「ナショナリズムの政治学」を見出すような叙述は正確さを欠く、という與那覇の指摘はその限りにおいては有効だと思われる。

(26) 西里（二〇〇五）、後田多（二〇一〇）に記載されたテキストを参照した。

(27) ファン・ボイ・チャウと彼の「琉球血涙新書」については比屋根（二〇一一）を参照。また山室信一のファン・ボイ・チャウ理解については山室（二〇〇一：二八五―二八六）を参照。

(28) この作品では、「華人移民の中国国民化」は従属変数であるが、インドネシアにおける近代「政治」とナショナリズムのヴィジョンの生成過程を丹念に追った白石隆の*An Age in Motion*（Shiraishi 1990）では、逆に「華人移民の国民化」が移住先の「近代化」を駆動させる起点となった連鎖も捉えられている。そこでは、まず「国民化」しつつあったジャワ在住の華人が、辛亥革命の成功を契機にジャワ人に対する優越感を高めたためエスニック紛争が勃発し、その紛争に対応する形で生まれたジャワ人の運動体が最初の（西欧近代的意味での）「政治」運動として興隆する過程が描かれている。本論文の分析概念に引き寄せれば近代的な「政治界」が生起したわけである。さらに、その次の段階として、このいわば「プロトナショナル」な政治運動が、植民地政府当局、およびイスラム改革思潮やマルクス主義などのライバル思潮・運動との連携と対立の「事件史的」ダイナミクスを織りなす中で、蘭領東インドに固有の「我々」ヴィジョンが「インドネシア」という名称を獲得しながら生成し、「ジャワナショナリズム」などのライバルを蹴落として支配的ヴィジョンとなってゆく過程が捉えられている。

(29) 華人移民のアメリカ国民国家形成への影響については貴堂（二〇一二）も参照。

(30) この点に関してはフーコー的な生権力論の視座から伊波普猷の「学知」における（したがって日琉同祖論における）優生学の影響を考察した徳田（二〇一六）も参照。

(31) 『太田朝敷選集・中巻』二六五。

(32) 寄留商人の詳細に関しては西里（一九八二）を参照。

(33) ここでいう「教育知」は、授業を通して受容される狭義の「知」だけでなく、教員と生徒あるいは生徒同士の「課外」におけるコミュニケーションをも含む広い意味を込めている。伊藤るり（二〇一〇）は、一九〇〇―一九一〇年代の那覇・首里における「女学生文化」の生成動因について、地理的領域としての那覇・首里への大衆消費文化の浸透に還元するのではなく、「教員と生徒双方の移動ネットワークの結節点」としての「女学校」に内在的なダイナミクスに見出す視座を打ち出した。それは「他府県」から入れ替わり立ち替わり赴任する教員、同級生・卒業生・兄弟姉妹等の「遊学」や「仕事探し」での「渡航」といった「人の移動」によって持ち込まれる「近代」の情報が、寄留商人をはじめ那覇在住の「ヤマト人」の同級生たちとのミクロな「闘争」のダイナミクスの中で交渉的な文脈化を伴って受容される過程である。伊藤自身は明示的に論じていないが、その過程自体がいまだ移動していない生徒たちを含めた「移動ネットワーク」を生起させているとも理解しうる。伊藤の分析の直接のターゲットは「女学生」であるが、「教員と生徒双方の移動ネットワークの結節点」としての「学校」に注目する視座は、ここでこれから検討してゆく男子「留学生」が「近代人化」してゆく動因をミクロレベルで捉える上でも有効な視座であろう。

(34) こうした最初期の留学生については『沖縄県史：各論編5：近代』（二〇一一）の第四部第一章において概説されている。

(35) 「太田」ではなく「大田」と表記していた時期もあったようであるが、本書では『太田朝敷選集』に依拠して「太田」の表記に統一する。

(36) 以下の太田朝敷に関する叙述においては、第一書房社から出されている『太田朝敷選集』（太田朝敷著、比屋根照夫・伊佐眞一編、上巻一九九三、中巻一九九五、下巻一九九六）と比屋根（一九九六：第二部）、石田（二〇〇一）、照屋（二〇一四：第二章）を中心に参照した。

(37) 『太田朝敷選集・下巻』一五八―一五九。

(38) 『太田朝敷選集・中巻』五九。

(39) 『太田朝敷選集・下巻』六。

(40) 『太田朝敷選集・中巻』一四二―一四三。

(41) 『太田朝敷選集・中巻』三四、『琉球新報』明治三二（一八九九）年三月一〇日。

(42) 『太田朝敷選集・上巻』二六四、『琉球新報』明治三四（一九〇一）年五月一五日。

(43) 『太田朝敷選集・中巻』五八―五九。ここに提示したのは『琉球教育』に掲載された講演録の抜粋であるが、編集部が強調したい部分に傍点が付されるという操作がなされている。この点について照屋信治（二〇一四：一一三―一一七）は、太田自身の論旨のポイントではなく、『琉球教育』の編集権を掌握していたヤマト人教員が、自らが沖縄教育の最優先事項と提起していた「大和化（同化）」を強調する形に流用することを意図した操作であったことを指摘している。

(44) なお『琉球新報』明治三四（一九〇一）年四月一日に掲載された論考で、太田は「国民的精神統一」と「世界的文明輸入」というタームを用いて両者を「融和」させることが沖縄の目指す道であることを説いている。「日本人化」と「文明化」が本来異なるものであることを太田自身がわかっていて、それでも「日本人化」を通した文明化にしか沖縄の未来はないと太田が認識していたことがわかる（『太田朝敷選集・上巻』二五二）。

(45) 『太田朝敷選集・上巻』二七七、『琉球新報』明治三六（一九〇三）年一二月二一日。

(46) 『太田朝敷選集・上巻』二七〇―二七一。

(47) 『太田朝敷選集・上巻』二七二―二七三。

(48) 首里城の中山門のこと。
(49) 『太田朝敷選集・中巻』九一。
(50) 『太田朝敷選集・上巻』二七四。
(51) 明治三〇（一八九七）年七月二六日〜二九日まで『読売新聞』に連載された「沖縄県の自治問題（社説）」。『那覇市史：資料篇　第2巻中の4』（一九七一）六五八—六六〇に掲載。
(52) 「公同会」は日清戦争後の展開を模索していた琉球国再興運動の指導者層と太田朝敷ら「元留学生」が合弁して立ち上げたもので、日清戦争の勝利によってもはや沖縄士族層の動向に配慮する必要がなくなった日本政府・議会に門前払いされて自然消滅する結果となった。
(53) 再評価のスタンスが明快なのは安里進他（二〇〇四）、豊見山和行・高良倉吉編（二〇〇五）における西里喜行の叙述で「主体性回復運動」「特別自治運動」と意義づけている。これに対し『沖縄県史：各論編5：近代』（二〇一一）における秋山勝の叙述（第三部第五章二四一—二六一）は、「主体性回復」の側面はあっても限定的と意義づけ、森宣雄（二〇〇〇）は、琉球側の日本の体制内への参入の決断＝琉球併合の完了＝日本の一地域社会としての沖縄社会の成立と意義づけている。論争的な状況があることが窺える。
(54) ただ本格的に検討するには刊行されていない一次史料の検討が必要と思われ、現時点では確定できない。
(55) 謝花昇や太田朝敷をめぐる政治の動きに関しては、すでに挙げたもの以外に『謝花昇集』（一九九八）と大里（一九六九［一九三五］）、大田（一九九五［一九六七］）、新川（一九八一）、伊佐（二〇一六a）を参照した。
(56) 『沖縄縣史　第16巻：資料編6』四六。無署名記事なので太田の執筆とは断定できない。文中にある「地租」の改正というのは、旧慣温存政策によって据置されてきた「地割制度」と呼ばれる村落単位での土地の共有制度を近代的な土地所有権制度に切り替える作業のことをいう。当時の衆議院選挙は、一定額の納税をした男子にのみ選挙権が与えられる制限選挙なので、所有権制度が確定しないと選挙人も確定できないという連動関係にある。またここでいう「自治制度」とは市町村とその議会制度および県会の整備に限定される。戦前は任命知事で、県の幹部も内務省を中心とする官僚が派遣されているので現代のそれとは質的な相違がある。
(57) 『太田朝敷選集・中巻』二六五。
(58) 『沖縄縣史　第17巻：資料編7』二六。これも無署名記事なので太田の執筆とは断定できない。
(59) 『太田朝敷選集・上巻』三二六。
(60) この点に関しては、前出徳田（二〇一六）において伊波の言説中にある「自治能力」概念に対する優生学の影響が考察されている。
(61) 『太田朝敷選集・下巻』一五九。
(62) この項の執筆にあたって参照したのは伊波普猷全集（一九七四—七六）に収められた原典と解説以外では、比屋根（一九八一、一九九六）、金城・高良（一九八四）、鹿野（一九九三）、外間（一九九三）、小熊（一九九八：第一二章）、大田好信（二〇〇一：第六章、二〇〇三：第四章）、冨山（二〇〇二、二〇〇五）、伊佐（二〇〇七、二〇一〇）、石田（二〇一〇）である。
(63) 傍線は筆者の強調線。
(64) 『太田朝敷選集・下巻』一一、『琉球新報』明治三六（一九〇三）年一月一七日。
(65) 『太田朝敷選集・中巻』二七一。

(66)『太田朝敷選集・下巻』二五二。
(67)『伊波普猷全集・第一巻』六一。

第三章　舞台――「戦時占領期」の政治・社会と「我々観」の揺らぎ

本章では、次章以降の分析の前提となる分析舞台、すなわち戦後初期沖縄群島の政治・社会の変動状況、および「日本人」や「琉球民族」といった「我々カテゴリー」をめぐる「アイデンティティ政治」の状況を俯瞰的にスケッチして提示する。

扱う時期は、本書の第四章から第七章までの対象時期である終戦から一九五二年四月のサンフランシスコ講和条約発効までの期間（本書では「戦時占領期」[1]と呼称する）に限定する。その理由は、一九五二年四月以前と以後では、政治の制度枠組や状況に質的な差異があり、まとめて叙述するのが困難なためである。したがって一九五二年から一九五六年までを扱う第八章の分析文脈の政治・社会状況については、別途、その章の中で提示することにしたい。

まず、第一節では、戦争被害と基地の建設、そして米軍統治政策に規定されたこの時期の沖縄群島の政治・社会変動状況を俯瞰的に提示する。

第二節では、「日本人」「琉球民族」といった「我々カテゴリー」をめぐる「アイデンティティ政治」の鳥瞰図を、次章以降で展開する分析に関わる範囲で提示する。ただし、米政府の早期講和のスタンスが明確になり、日本（ヤマト）で復帰／返還の機運が高まり始めた一九五〇年から、沖縄群島で復帰運動が生起して、「復帰反対派」と「帰属論争」を展開した一九五一年にかけての政治展開については第六章で詳述するので、本章では、いわばその「前史」にあたる一九四〇年代の状況を中心に説明することになる。

第一節　戦争被害と基地建設、統治政策と生活世界の変動

戦後初期の沖縄群島の政治・社会変動が沖縄戦、米軍基地の建設、そして米軍統治政策の三つの要因に規定されているという理解は、沖縄戦後史研究ですでに所与の前提化した、一般的な理解といってよい。本書もこの理解を踏襲し、以下順番に説明していきたい。

まず、この島々の人々が「戦後」をスタートさせるにあたって「所与の条件」となった沖縄戦のインパクトを踏まえる必要がある。

「戦後」の政治展開の規定要因としての沖縄戦

沖縄戦における住民犠牲者[2]の大きさについては一般に「住民の四人に一人が亡くなった」という言い方で表現されることが多い。これは沖縄群島の戦前最後の人口統計が四九万余人で、県民の戦没者は軍籍にあったものも含めて一二万人前後だとする一九七六年の沖縄県援護課の推計値に由来する表現だと思われる[3]。

だが実のところ、「県人」としての被害はさらに多い。沖縄戦に先立つ一九四四年には沖縄県からの出稼ぎ・移住者が多かった南洋群島のペリュリュー、サイパン、テニアン等の壊滅によって、軍民合わせて一万三〇〇〇人弱の沖縄県人が命を落としたほか、やはり沖縄県からの出稼ぎ・移民が多かったフィリピンでの戦闘でも多くの県人が亡くなっているからである[4]。

こうした統計数値が示唆する被害の甚大さや戦場体験の「全体像」を提示することは、もとより本書の射程を超える作業となる。ここでは、沖縄戦の被害のうち、「戦時占領期」の政治言論の展開過程の規定要因になったと思われる二つの要素を抽出して言及することにとどめたい。

第一の要素は、原初的で基底的な「非戦」理念への強いコミットメントである。戦場をさまよう過程で、（多くの場合凄惨な状況下において）肉親・知人を喪った、という一番狭い意味での喪失感はもとより、日米の武装兵に受けた様々な

身体的・言語的な暴力、そして「これまで信じ、行動してきたことはいったいなんだったのか」という個人の内面の心理・信条面での虚脱までを含めた様々な喪失体験があったはずである。この喪失体験の最も原初的で基底的なインプリケーションは、「戦争は二度とごめんだ」と、それを体験した誰もが腹の底から感じたということではなかったか。

この原初的な「非戦」が、身内や生活共同体レベルの中で語られ、共有されていた戦場体験に関するパーソナルな「思い」から、集合的に共有される「理念」に展開してゆく過程を媒介したのは様々な人々が集う「場」であった公的な慰霊行事だったことが想定される。最初の慰霊碑は一九四六年に沖米日の属性を問わず「戦没者」全体に対する慰霊塔として建立された「魂魄の塔」である。この「魂魄の塔」を皮切りに「ひめゆりの塔」をはじめとする所属団体ごとの慰霊碑が各地に建立されるようになった⑤。

このような慰霊という「行為」を通した「理念」の共有・確認に加え、一九五〇年になると、新聞を媒介に公的言論空間で「理念」の表明・確認が行われる状況が生じている。この年、慰霊塔建立・慰霊祭をめぐる動きが新聞で盛んに報じられるようになる一方、「平和確立しよう　きのう赤十字平和デー⑥」「世界平和促進大会―父を失った一少女が切々と訴える『平和への悲願⑦』」といった催しを伝える記事も登場した。また新聞社（沖縄タイムス社）自体が、沖縄戦の体験を「我々」が改めて確認する狙いから戦記『鉄の暴風』（一九五〇年九月末配本）を出版する一方⑧、日本が憲法九条を基盤とした平和国家として再生することに期待する社説を掲げるような状況も生じている⑨。

個々人の原初的「非戦」の「思い」が公的言論活動の活性化とともに「理念」として展開していく過程があったことが窺える。この展開は「戦争体験」一般というよりは、故郷が凄惨な総力戦時代の戦場となったという、この地に特有の「戦争の経験と記憶」によって強く下支えされたと理解すべきであろう。

ただ、注意しなければならないのは、「戦時占領期」の段階での「非戦」言論は一九六〇年代以降の「反戦平和」の語りとは内容＝解釈図式が一致しているわけではないということである。

「戦時占領期」には、沖縄戦体験を米軍基地の否定に結び付ける言論のフレームは確認できない。管見の限り、米軍政を最も先鋭的に批判していた人民党が、米軍基地の存在そのものに異議を唱えるようになるのはサンフランシスコ講和条約が発効した一九五二年四月以降のことで、しかも一九五〇年代までは人民党のみの主張にとどまり、広範囲な政治勢力がその「理念」に結集する状況は窺えない。

また前述した新聞社説での憲法九条への言及にしても、憲法適用地域ではない「琉球」を除いた日本国の「理念」として言及されていて、「我々」自身がコミットする「理念」として提示されているわけではない。そもそも「戦時占領期」の新聞・雑誌・議会質疑・答弁、選挙演説では憲法九条に言及する頻度が後年より圧倒的に低い[10]。

本書の第Ⅱ部では、「戦時占領期」の沖縄群島の政治の展開過程とその中で展開する政治言論のフレーミングを詳細に検討してゆくが、その前提として、こうした「戦時占領期」の「非戦」理念と一九六〇年代以降の「反戦平和」理念との連続と断絶を踏まえておく必要がある。

押さえておくべき第二の要素は「完全なる破壊」である。政治・社会制度はもちろん、物的生産力も相当に残っていた状況が[11]「戦後復興」の起点だった日本（ヤマト）とは異なり、戦後初期沖縄群島では、あらゆる面で限りなくゼロに近い状態が「戦後復興」の起点だった。

沖縄群島では、行政機関はもとより学校、郵便局、銀行、各種会社、商店などが「建物」という物理的存在はもとより、「法人」としても実質的に消滅した。法人登記簿も消滅したのでその存在を裏づけるものもない。また、沖縄島内の銀行に預けていた預金や土地の台帳や登記簿も消滅したので「財産」という概念もその機能を停止している。つまり戦前の社会制度が総体として消滅したのである。象徴的な数値を挙げれば、米軍史料は、沖縄群島の住宅の九五％が破壊され、牛、馬、豚、山羊は九六％―九九％の喪失だったとしている[12]。

この制度的・物的「戦後ゼロ年」状態は、復興を極めて困難にするのみならず、住民側が米軍資金・物資に極度に依存する状況を不可避的に生み出した。そして、そのような依存に伴う「統治コスト」の増大を警戒する米側をして「コスト」を最小化した統治政策を制定・実行させることになり、それが「戦時占領期」における政治展開の大きな規定要因となってゆく。この点については、次に基地建設と統治政策の内容を提示する中で改めてより詳細に説明してゆきたい。

三つのキーワードから見た米軍統治政策の鳥瞰図

ここで米軍統治の展開過程の大きな流れを俯瞰しておこう。[13] 具体的には、三つのキーワードを設定し、それらキーワードを切り口にして米軍統治の大きな流れを照射する。

第一のキーワードは「軍事優先」である。より具体的には、政策立案・執行におけるプライオリティを駐屯する作戦部隊のニーズを満たすことに置き、それが住民福祉等の民政上の要請と衝突するときは作戦部隊のニーズのほうが優先される、という原理である。

この原理を統治原則として貫徹することが最も容易な統治体制は、米軍が自ら「琉球」を統治する「軍政」である。[14] 一九四〇年代から六〇年代にかけて、米国務省などから、「琉球」の統治権を日本政府に移管して基地の自由使用権のみを享受する「日本返還」論や軍政を文民統治に改める「民政移管」論が提起されるたびに、米軍サイドが強い拒否反応を示し続けた大きな理由はこの点にある。

この軍事優先の原則を体現しているのが基地である。日本本土進攻作戦の拠点として沖縄群島を欲した米軍は、一九四五年四月一日の沖縄島上陸からほどなく基地の建設を開始した。飛行場などの建設地は、伊江島を除けば沖縄島中南部に集中しており、これらの地区の住民を北部の避難民キャンプに収容した上で、米軍は無人となった地に自由に基地を建設した。[15]

今日の普天間基地などの敷地内に戦前あった集落は、集落ごとブルドーザーで壊されて整地され、滑走路や燃料タンク、弾薬庫、司令部などの施設群に変貌した。無論、住民側の承諾はない。伝来の土地を奪われた人々は、「郷友会」という形で旧集落の地縁を維持しながら、各地に「移住」し、七〇年間「帰還」することなく今日に至っている。

一方、軍施設の建設予定地ではなかったり、あるいは建設が取りやめになった地区については、集落の土地そのものは残った。しかし土地を押さえている部隊の判断で多くの土地はその後も長く立入り禁止とされたため、当該地区の住民帰還が遅れた上に、許可が下りて一度帰還した集落が再収用されて、再移転、場合によっては再々移転を強制されることもあった。また防疫などを理由に軍宿舎周辺一マイル以内に住民立入りを禁止したいわゆる「一マイル制限」は、那覇の旧市街地など一部地域の復興を遅らせた[16]。那覇の旧市街地住民の最後の組織的帰還は一九五〇年までずれ込んだ。一九五〇年代初頭に基地の恒久化・拡張工事が始まると、こうした土地の再収用・再立退き事案が再発し、これが第八章で詳述する「土地闘争」への導火線を成してゆく。

なお軍事優先の原則は、米軍統治の終焉によって終わったわけではない。日米安全保障条約・日米地位協定の規定によって米軍飛行機の運用に日本側が口を挟めない、公務中などの米軍人・軍属の犯罪を日本側が捜査・裁判できないなどの形で、「復帰」後も続き、軽減されない騒音や米軍関係犯罪の取扱いの不公正さといった形で住民の怒りの源泉をなしている。

第二のキーワードが前述した「統治コストの最小化＝援助依存の払拭」である。

「統治コストの最小化」は、本来、軍政を執行する上で踏まえるべき原則の一つに過ぎない[17]。しかし「琉球」の戦後統治の文脈では、統治コストの問題は、米国の統治政策の根幹に関わるアジェンダとなっていた。その前提は、「植民地」への投資とは異なり「琉球」の経済復興への支出は、「投資」より「リターン」が少なくなることは不可避で、普通に「復興」すれば、米国政府予算の恒常的な「持ち出し」＝終わりなき経済援助に帰結する、という米側の認識にある。

第一に、借款が基本の対日復興援助とは異なり、住民の「財産」も含めてすべて破壊された沖縄群島の復興事業の費用が米側の持ち出しになることは不可避である。その上、破壊される前の経済自体が自立的ではないことは明らかだった。例えば「琉球」の基幹産業の製糖業にしても、グローバル市場価格より明らかに割高で、何らかの「保護政策」なしには成立しえない、と米側の経済専門家は判断していた[18]。

そんな「琉球」を米国が統治することは、「戦後ゼロ年」状態となった沖縄群島の再建にかかる莫大な経費を米国が負担しなければならない上に、競争力のある産業がない以上、「復興」後も米国政府が半永久的に経済援助を続けなければならないことを意味する。この認識は、終戦後に米政府内で生じた「講和条約後の『琉球』を日米どちらが統治すべきか」というマクロな政策論争の文脈では、国務省の関係者が展開した「日本返還」論の有力な論拠をなしたが、それは本書が対象とする時代では採用されなかった[19]。

その代わり「統治コスト最小化」の原理は、次の二つの政策的特徴として具現化した[20]。一つは、社会・産業インフラ整備のために大規模な財政資金の投入を必要とするオーソドックスな復興政策ではなく、軍事的要請からどのみち投入しなければならない基地建設・維持資金の投入による波及効果で経済を活性化するという特殊な復興政策の採用、という形で現れた。その結果一九五〇年代初頭には後に「基地経済」と呼ばれるようになる経済形態が生成した。

もう一つは、琉球側の行政機関への財政援助をゼロにする「財政自立」政策の追求である。一九四六年に沖縄人行政機関が発足した時点では、米軍政がその予算を一〇〇％負担したものの、漸次沖縄側の自主負担部分が拡大され、一九五八年には琉球政府に対する米側の補助金は予算の四・三％にまで減らされた（琉球銀行調査部編一九八四：三二四―三二五）。それは都道府県の歳入の過半を地方交付税など中央政府からの財源移転が占めるケースが多い日本とは正反対のベクトルに規定された政策であった。

総合的に言えば、米側は、琉球統治のすべての「コスト」が米国政府の財政負担となる状況から脱出する出口戦略として「経済援助なき経済成長」と「琉球人行政機関の財政自立」の二つの目標を設定し、実行したのである。

三番目のキーワードである「親米・離日・防共」は、「イデオロギー政策」面での原理である。

多くの既存研究は米軍政の教育文化政策が「琉球」住民の「日本人」意識を払拭し、親米感情を促進することを意図した「親米離日」の傾向を示していたことを指摘している[21]。

そして、その動機は第一に米軍による琉球の排他的統治を守るという組織的利益追求にあり、第二に「琉球人」＝『我々米軍』が日本の抑圧から解放した少数民族」という米軍人に多かった「民族観」にあったとしている。具体的な「アイデンティティ」関係の施策としては、琉球伝統芸能・文化の奨励・助成による琉球人意識の促進、琉米文化会館の活動を通した親米感情の醸成、琉球大学の創設や米国留学を通した親米エリートの育成が挙げられている[22]。

この「親米離日」と「防共」は論理的には別種の理念であるが、米統治時代の政治文脈では明確に区分することはできない。例えば、復帰後日本共産党に合流する人民党は、米軍政に対する最も先鋭的な批判者であると同時に、最も先鋭的な復帰運動勢力でもあり、「親米」「離日」「防共」の三つの要素すべてに対する脅威であった。

「親米・離日・防共」の原理が最も強く表出したのは「戦時占領期」よりも、第八章が対象とする一九五〇年代中頃である。この時期に、琉米文化会館の建設や琉球大学のプログラムや米国留学制度の拡充など「親米」の文化戦略が急速に強化される一方、人民党の指導者たちが逮捕されたり、琉球大学生が退学させられたり、復帰運動が事実上活動停止に追い込まれたりといった政治的事件が起きた。

だが「軍事優先」や「統治コスト最小化」のような首尾一貫性や徹底性は、この原理には見られない。現実問題として、日本（ヤマト）との政治経済文化的交流を完全に遮断して「琉球」を統治することは不可能であった。文化戦略の根幹をなすはずの教育の現場では、早くから学校の使用言語を日本語以外にすることは現実的でないと判断され、教科書が日本から輸入された。講和条約発効後は、日本（ヤマト）とのスポーツや文化交流も容認され、陸上などの競技団体が「日本」の全国組織（例えば日本陸上連盟）に加盟し、「国体」にも一九五〇年代から参加している。いずれにせよ、復帰運動の興隆という歴史的事実は、この米軍政の「イデオロギー政策」が沖縄群島の政治界におけるアイデンティフィケーション過程に大きな影響を与えなかったことを物語っている。

琉球政府以前の「政治」の制度的変遷[23]

以上のような鳥瞰図を押さえた上で、より具体的な背景文脈の把握に移りたい。まずは「政治界」の土台をなす行政と政治の制度的変遷過程である。「戦時占領期」の制度は複雑な上に頻繁に変更されたため、まず行政機関の制度的変遷について説明し、次いで議会・選挙の制度的変遷について説明したい。

米軍政府の本部は一九四九年末時点で那覇にある。その名称は一九五〇年一二月に、東京のマッカーサー司令部（極東軍総司令部）が出した琉球軍政の任務を定めた指令（FEC指令）によって、「琉球列島軍政府（Military Government of the Ryukyu Islands）」から「米国民政府（USCAR=United States Civil Administration of the Ryukyu Islands）」に変更された。しかし民政移管されたわけではなく、一九四六年七月から一九七二年五月の「復帰」まで一貫して陸軍の管轄下にあって、在沖陸軍の司令官が軍政の長を兼ねる軍政府であった[24]。沖縄群島以外の三群島には軍政府の出先機関が置かれた。

これに対応する琉球人行政機構の変遷は図1の通りである。四群島の住民側政府・議会はそれぞれが独自の立法権、税制、裁判所を備えた一種の「独立王国」的体裁を有している。既存研究の中には、この統治機構が米国の連邦制度をモデルにデザインされたとするものもあるが、四群島の統合度は合衆国のそれよりも低い。例えば後述する臨時琉球中央政府が発足するまで、連邦議会に相当するものはないし、連邦税制的なものもなく、相互に連関がない各群島ごとの税制があるだけである[25]。

戦後行政を始動するにあたって、米軍政は戦前の行政機構を解体することなくそのまま流用することを基本方針としていた。「奄美」「宮古」「八重山」の行政機関が当初、戦前の県庁出先機関の名称である「支庁」の名称を維持したのはそのためである。

これに対し沖縄群島では流用すべき行政機構が消滅してしまっていたので、一から創出しなければならなかった。そこでまず一九四五年八月に沖縄諮詢会（Okinawan Advisory Council）を発足させて行政機構設立のための準備作業に取り組ませた上で、一九四六年四月に沖縄民政府（Okinawa Civil Administration）を発足させた。これが一九五〇年一一月に沖縄群島政府（Okinawa Gunto Government）に改組される。前者と後者の違いは、Administration の英語名を有する沖縄民政府が米軍が任命した知事（Chiji）を頭とする決定権のない実務請負機関であるのに対し、Government の英語名を有する沖縄群島政府の長は公選制の知事（Governor）で、したがって民意を代表する意義を付加された上に、権限の一部が米軍政から移管されたことである[26]。

群島政府の実態については第四章と第五章で詳述するが、さしあたってここでは、群島政府の後継機関として一九五二年四月に発足した琉球政府の行政主席（Chief Executive）が米軍側の任命制に戻り、以後「主席公選」が沖縄群島の政治界の重要アジェンダとなったことだけを押さえておきたい。

ところで琉球政府発足に先立って、米軍政はその準備機関を発足させた。まず一九五〇年六月に臨時琉球諮詢委員会

図1　米統治下琉球の行政機構の変遷(27)

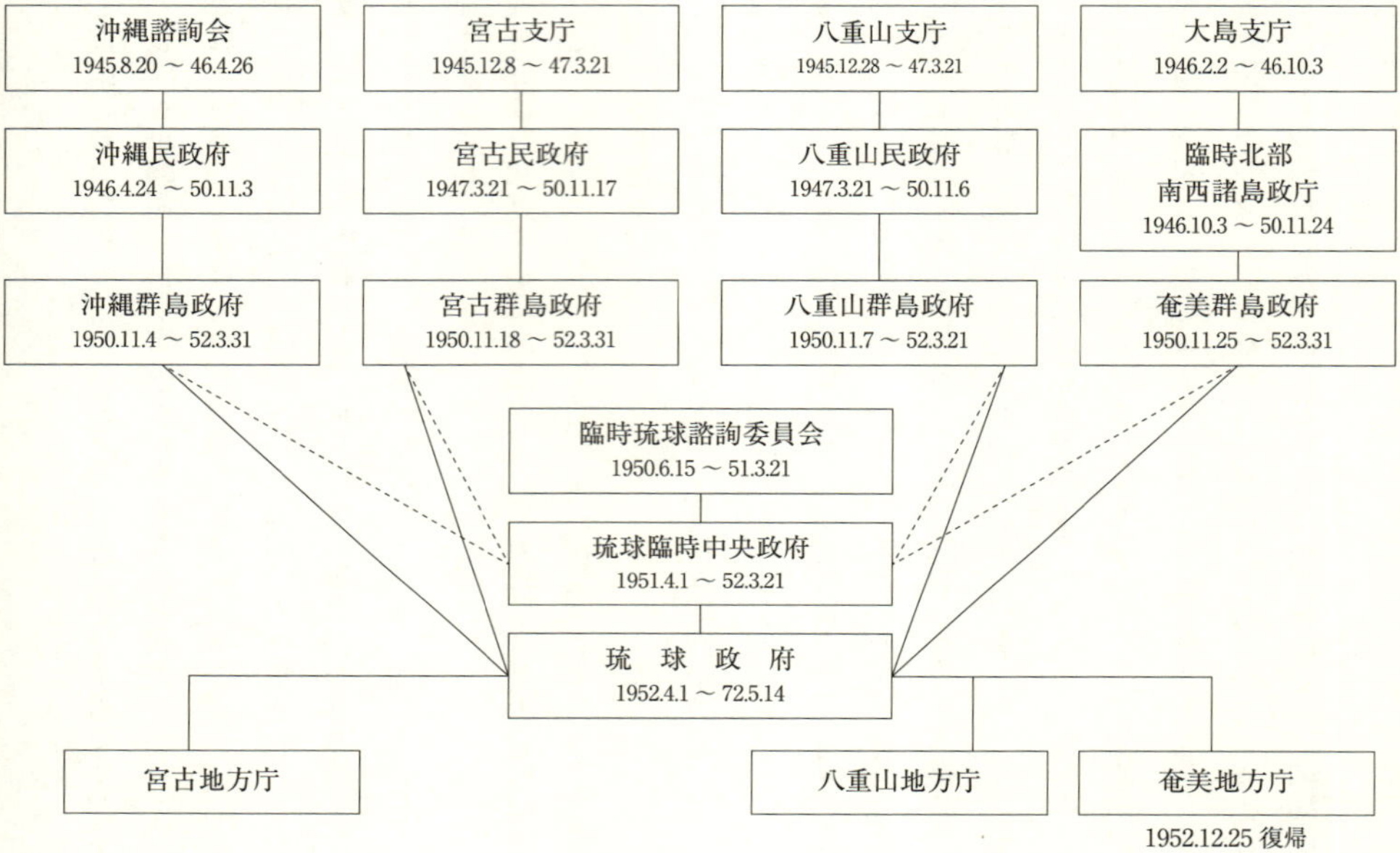

が発足し、一九五一年四月にはこれが琉球臨時中央政府に改組された。このうち、琉球臨時中央政府には一九五一年から五二年にかけて、四群島の政府にある権限と予算の一部が漸次譲渡されながらも、四群島政府と並存したため、この時期の行政は複雑なものとなった。しかし一九五二年四月に琉球政府が発足すると、四群島政府は廃止されて、すべての権限が琉球政府に集約された。

このほかに「郵政」など「琉球」に共通する実務を取り扱う軍政府直轄の専門機関があった。このうち本書で取り上げるのは一九四六年に発足し、改組されて一九四九年から琉球政府発足まで日本を含む海外貿易の実務を取り扱った「琉球貿易庁」である。これら専門機関もすべて琉球政府に統合された。

次に議会・選挙を基盤とする「政治」制度の形成過程を見てみよう。

戦後沖縄における議会・選挙政治の起源は、まだ住民が避難民キャンプに収容されていた時代の一九四五年九月に実施された「市長・市会議員」選挙に遡る。この「市長」とは避難民キャンプが置かれた民間人地区を一二の「市」に分けたもので、避難民キャンプが解消されると消滅し、代わって一九四六年四月に戦前の市町村制度が再興された。ただし選挙・議会政治の観点から見て、これら市町村には戦前のそれとは異なる点があった。戦前の首長が議員の互選制だったのに対し直接選挙制となり、しかも女性参政権が採用されたからである。一方、一九四六年四月に設立された沖縄民政府には戦前の県議会議員を主要メンバーとする沖縄議会が併設された。この議会の議員は米軍政が任命し、議会の機能も沖縄民政府の諮問に限定された。つまり選挙制度の導入はこの段階では市町村レベルにとどまっていた。ただ一九四七年中には三つの政党（沖縄民主同盟、社会党、人民党）が相次いで結成されたほか、教職員会や青年会連合会、婦人会連合会といった後に復帰運動を担う有力な社会団体も一九四〇年代末までに相次いで結成され、政治アクターの組織化が進んだ。

新聞は一九四五年に『うるま新報』[28]、一九四八年に『沖縄タイムス』が創刊し、今日まで二大新聞として存続している。このほか『沖縄毎日新聞』、『琉球日報』、『沖縄ヘラルド』、『沖縄朝日新聞』、『琉球新聞』といったその後廃刊になった新聞もあり、一九五〇年代初頭段階では五紙が存在していた。

沖縄群島全体の政治に関する最初の選挙は、一九五〇年九月投開票の沖縄群島知事選挙と一〇月投開票の群島議会議員選挙である。先に説明した沖縄群島の政府の性格の変化に加えて、群島議会の性格も前身の沖縄議会から変化した。沖縄議会が「諮問機関」で議員も任命制だったのに対し、沖縄群島議会は、公選議員によって構成され、立法権や予算審査権などの権限を備えた「議会」となった。この群島議会議員選挙の後、当選した群島議会議員の大部分が政党（社会大衆党、共和党、人民党）に所属し、ここに議会・選挙を基盤とする政党政治の形が整った。

一九五二年四月に発足した琉球政府では、首班である行政主席は米軍政による任命制に再び戻ったため選挙で選出されるのは議員だけである。「立法院」という名称のこの議会では初めて「琉球」全土から選出された議員が一堂に集った。政党も群島別のものから「全琉」規模のものに再編され、同時に「保革」の色分けが生まれた。以後一九七二年の復帰によってこれら政党の大部分が日本（ヤマト）の政党に合流するまで離合集散を繰り返しながら政党政治が展開されることになる。

図2　戦後初期「沖縄」の経済政策の時期区分

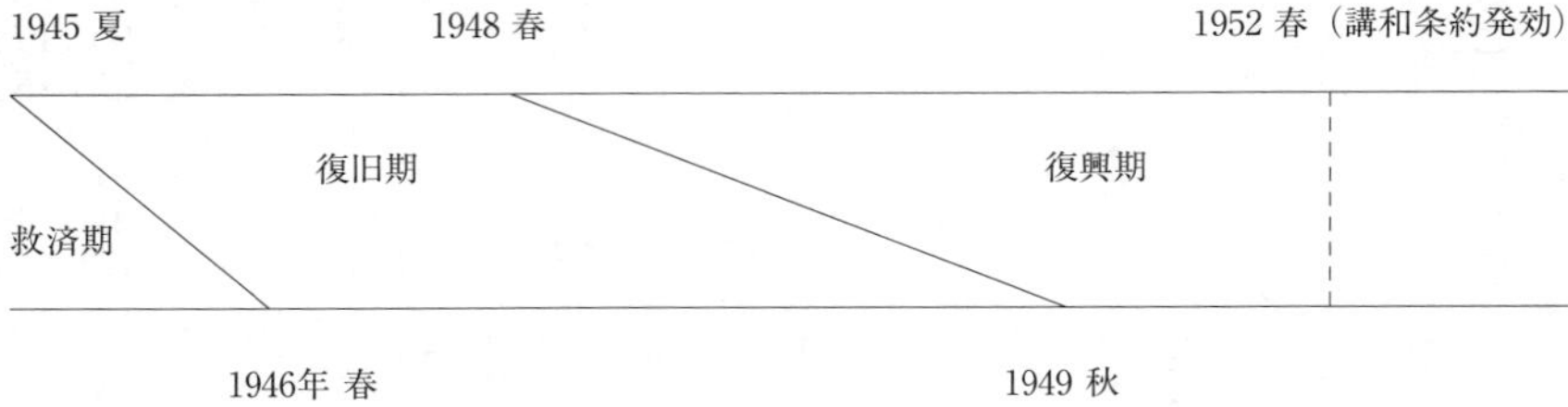

琉球政府以前の経済政策の展開

続いて沖縄群島における当該期の経済政策の展開過程を押さえておこう。その質的変化を捉える道具として、「救済期」「復旧期」「復興期」という三種の時期区分を導入する。年表的に表現すると図2の通りになる。

「救済期」は、一九四五年三月二六日の米軍の慶良間諸島上陸に伴う米軍政の始動から終戦直後までの時期を想定している。この時期、沖縄島最北部や離島など一部地区を除き、一般庶民から王朝時代からの上流階層まですべての住民が「民間人収容所（Civilian Camp）」と呼ばれる避難民キャンプに収容された。

政策の力点は、戦時国際法の規定に基づいて、民間人を戦闘員から選り分けて、避難民キャンプに収容し、米軍部隊にも影響する疫病防止と食料供給を軸に、住民の生命維持を保障することに置かれた。「救済」期は、終戦によって住民の「帰還」が始まり避難民キャンプの解消が進んだ一九四五年一〇月から一九四六年四月にかけて終了する。この時、「軍事優先」の統治原理によって「帰還」促進政策が大きく制約されたのは、すでに述べた通りである。

「復旧」期は、終戦直後から一九四九年秋頃までの時期を想定している。この時期の米軍政の沖縄群島における民政政策の眼目は、第一に帰還・移住する住民の住宅および学校等の仮設的インフラを確保した上で、そこでの自活を促進すること。第二に、沖縄群島内での当面の食糧・生活物資需要を可能な限り島内産品の供給によって賄うことであった。長期的な視野に基づいた社会制度やインフラ、産業復興のための政策もないではなかったが、布石的なものにとどまり、重点は応急措置的な「復旧」にあった。

最大の政策課題として認識されていたのは食糧問題である。この時期、沖縄群島の人口は急増する。

一九五一年刊行の『沖縄群島要覧』によると、一九四〇年の国勢調査で四七万五七六六人だったものが、戦没や疎開などで一九四五年末には三二万六六二五人に減る。しかし一九四六年末には五〇万九五一七人に激増し、以下一九四七年末には五三万七〇五一人、一九四八年末には五五万五六二三人、一九四九年末には五七万一八四六人、一九五〇年末には五八万二六一一人と増加している。(29)

「ベビーブーム」による自然増加率の高まりもさることながら、大きかったのは、一九四五年から一九四六年を中心とする沖縄県出身の日本軍将兵の「復員」や戦中九州や台湾に疎開していた人々の「帰還」、そして「内地」やフィリピン、南洋群島、台湾などに戦前、出稼ぎ・移住していた人々の「引揚げ」といった「帝国解体」に起因した大規模な人口の流入が生じたことが大きい。(30)しかも後述するようにこの時期マッカーサー司令部は「琉球」と日本（ヤマト）を含む「海外」との通行を遮断して、渡航を原則禁止していたので、「琉球」からの流出の方はストップしていたのである。つまり出移民はできなかった。

一方、「琉球」はもともと食料自給率が低い上に、沖縄群島では戦前の肥沃な耕地だった土地に基地が建設されて耕地面積が四分の三から三分の二に減少した。(31)かといって「琉球」の経済の中心地である沖縄群島が「戦後ゼロ年」状態になったため食料輸入に必要な購買力はなく、それが早期回復する見込みもない。そもそもマッカーサー司令部の分断政策によって、「琉球」と日本（ヤマト）や外国との渡航が禁止され、商取引の前提となる定期貨物船のルートや銀行間の送金システムも消滅したので、「琉球」域外との民間商取引は物理的に不可能である。

こうした状況にあって米軍政が採用した政策は、生命維持に必要な最低限の衣食住に必要な物資を米国の負担で供給しつつ、しかし統治コスト負担を最小限度に抑えるために「琉球」域内の食料増産をひたすら促進する、というシンプルなものであった。この政策が長期的な視野に立った「復興」政策ではないことは、それが「アメリカらしからぬ」経済システムを前提としていたことからも窺える。

当時、「自給体制」などと表現されたこの経済システムでは、米軍が供給した物資や島内で収穫された農産物・漁獲物は、「中央」（米軍政府・沖縄民政府とその業務を委託された農業組合連合・水産連合）が一元的に管理した上で、規定の価格・分量に基づいて割当販売することになっていた。農漁民の収穫物は、私有物としては認めるものの、自由な販売は許されず、すべて官公営の売店か組合に販売することが義務づけられた。設定された小売価格は、購入費を大幅に下回るレベルに設定され、その赤字分は軍政府のＢ円予算[32]で補填された。私企業は認められず、個人の商売も禁止。政府や組合に雇用される従業員の賃金も公定制である。私企業の存在そのものが認められないことを踏まえれば、戦中や終戦直後の日本の「統制経済」を超えて、ソ連型の「計画経済」のイメージに近い経済システムだといえよう。

　こうした経済システムを採用したことの必然として、一九四六年四月の貨幣経済復活からほどなくして「ヤミ経済」が生起し、上述した米軍の経済政策は早くから実態経済と乖離したものとなった。[33] 住民の生活実感レベルではこの時代は「『戦果』と『密貿易』の時代」として記憶されている。[34]

　このような「復旧」政策が「復興」政策に入れ替わる転換点となったのが一九四八年三月である。米政府内では終戦直後から、国務省が講和条約後に「琉球」を日本国に「返還」することを主張して、軍政の継続を主張する軍側（統合参謀本部・陸軍省）と対立していたが、この月に国務省政策企画室長Ｇ・ケナンが作成したＰＰＳ28と呼ばれる政策文書を起点にすり合わせが進み、最終的に以下の長期指針を採用することで国務省・軍側双方のコンセンサスが成立し、長期的な視点からのプラニングが可能となった。[35] ケナンが提示した政策指針の骨子は次のようなものである。

　①「沖縄」の基地を恒久基地として運営する。そのためには仮設的なレベルにとどまっていて居住性や耐風性が貧弱な米軍人の居住施設などの増強拡大を進めて恒久駐留体制を整える必要がある。②「琉球」は講和条約発効後も日本国に「返還」せず、米軍が引き続き長期統治する。③米国が「琉球」を長期統治することは、住民の生活福祉に米国が責任を負うことを意味する。それが基地運用の安定性の確保にもつながる。したがって「戦前の生活水準の回復」と「自治政府の樹立」を目標とする政治経済改革の計画を立て、実施しなければならない。

　以上の基本政策に沿って、一九四八年から一九五〇年にかけて米陸軍省やマッカーサー司令部の様々な調査団が頻繁に「琉球」を訪問し、基地の拡大恒久化工事や政治経済改革の計画策定に取り組んだ。同時に、その計画策定作業と並行する形で米軍政は「戦果・密貿易」が経済動脈をなす状態を正常化するための施策を展開した。

まず効果的な金融政策を行えるように一九四八年五月に中央銀行的機能を持つ琉球銀行を設立し、一九四八年七月にはB円軍票のみを法定通貨とする第四次通貨交換を行う(36)。これによりインフレの原因となっていた日本円の流入を遮断し、通貨供給量の統制が可能になった。一九四九年二月になると、通貨回収による引き締めを目的に、政策的に廉価に押さえられていた米軍物資配給の値段を一気に数倍に引き上げる措置を断行した。

その上で慢性的な物不足を解消する政策を打ち出した。一九四八年一〇月には琉球列島内の商取引が自由化され、個人が公然と商売ができるようになる一方、会社法人によるビジネスも許可されて、展開し始めた。一九四九年一一月、貿易専門機関である「琉球貿易庁」が日本で自由に輸入物資を買い付ける権限を与えられ、その資金としてガリオア援助資金から五〇〇万ドルが割り当てられた。これにより大量の日本製品が「琉球」に正規ルートで流入し始めた。一九五〇年一〇月にはついに民間人が日本や「海外」と商取引することも許可され、外貨準備高のシーリング内で日本製品を自由に輸入できるようになった。この年から翌年にかけて、ビジネスに必要な商業渡航許可や定期船便、銀行間送金システムも再開された。「復旧」時代の物不足は急速に改善しインフレは沈静化した。

このような正規貿易ルートの整備と表裏の形で、倉庫に集積された米軍物資や海上の警備体制は強化された。「戦果」や「密貿易」は以前より危険となった上に、一部禁制品を除いてコスト的にも正規品に対抗できなくなってゆき、一九五〇年代初頭をピークに徐々に下火になっていった。

一方、基地の恒久拡大化工事(37)には計画初年度の一九五〇米会計年度で五八〇〇万ドルの予算がついた(38)。一九五〇年四月から年末にかけて二十数回にわたって基地拡張恒久工事の国際入札が行われ、工事もスタートした。入札の大部分は鹿島建設、清水組といった日本のゼネコンが落札し、沖縄側を失望させたが、土木作業員の労働力需要が短期間に急激に高まり、これにより当時の新聞造語で「軍工事ブーム」と呼ばれる未曾有の好景気が到来した。

同時に、米国政府は恒久基地の維持に必要な琉球人要員の確保に乗り出した。一九五〇年四月に、在沖米軍のB円建て予算状況に左右されて不安定だった軍雇用員の給与を米連邦政府予算の中に直接確保する方式に変更して資金源の安定化を図った上で、給与を一気に三倍にまで引き上げた。職種的にもブルーカラー的な「軍作業」にとどまらず、ホワイトカラーや中間管理職に琉球人を積極的に登用する政策も進められた。「復旧」期の軍作業の魅力は「給与」よりもはるかに実入りのある「戦果」へのアクセスにあったが、一九五〇年代に入ると「基地」は「戦果」なしでも「何とか食える」職場に変貌しつつあった。(39)

さらに米軍は、基地内コミュニティ向けのビジネスの育成に乗り出した。野菜の栽培・販売ビジネスや理髪業者の基地内ビジネスへの進出を積極的に奨励している。

こうした施策の結果、多くの農業従事者が高賃金の軍雇用員に転じ、「復旧」期の米軍政府の中核的関心事であった食料自給率の向上をさらに難しくしたが、「復興」期の米軍政にとってそれはもはや中核的な関心事ではなかった。(40) 米国政府から基地工事予算や軍雇用員の給与として支払われたドルが購買力を生み、同時に「琉球」の外貨準備高として積み上がるため、食料や生活必需品を日本から支障なく輸入できるからである。(41)

このように「基地」の建設・維持に投入されるドル資金の波及効果に経済が依存した状況は、後に「基地経済」ないし「基地依存経済」と呼ばれるようになる。「基地経済」構築こそが先述した一九四八年から一九五〇年にかけて来訪した様々な調査団の政策提言を踏まえて、米軍が採用した経済振興の処方箋であり、それは所期の目的を素早く達成したという意味において「成功」したのである。

それにもかかわらず、それは沖縄群島の政治界において「親米」の機運を高めることにつながらず、逆に、「抗米帰日」の機運を高めた。なぜそうなったのか。この点が本書でこれから展開する議論の焦点の一つとなる。

消費生活の変化と「都市」「多文化」の形成

以上、米軍政府の経済政策の展開過程とそのインパクトを提示した。今度は、目線を生活世界レベルに移して、そのレベルで見える変容を簡単にスケッチしてみよう。まず消費生活空間の変化について見てみよう。

一九四五年八月一五日の終戦によって戦争状態が実質的に終結すると、住民を避難民キャンプに収容する意味がなくなり、市町村・字単位で、新旧居住地への「帰還」ないし「移転」が始まった。この流れに「海外」・「外地」・「内地」から引揚げ・復員してきた人たちが加わり、コミュニティと個人の生活を再建する取組みが沖縄群島各地で展開されたのが「復旧」期である。(42)

家屋の九五％が消失した沖縄群島での生活再建の最大の障害は、住居の確保である。多くの居住地では、避難民キャンプ時代に寝泊りしていたカバヤーと呼ばれたテント小屋を持ち込んで当座を凌ぎつつ、米軍政府・沖縄民政府の建材・建築人員支援を受けて、キカクヤー（規格屋）と呼ばれる規格化された簡易木造住宅の建設を進めた。学校校舎もこの手法で建築された。その一方戦場化で荒れ果てた農耕地の再生作業を進めた。

「復旧」期の米軍の経済政策が、経済実態と乖離しており、「戦果」と「密貿易」が実質的に経済の動脈をなしていたことはすでに述べた。この時代の回顧証言には、「ヤミ市場」で購入する「ヤミ価格」の生活必需品に依存せざるをえない状況において、公定物価を前提とした公定給与ではとうてい生活できず、「役得」的に米軍物資を持ち出す「戦果」が生活を支えていた、という趣旨の体験談が多い。(43)

こうした個人的な「戦果」とは別に、グループを組んで米軍物資を大量に運び出して、ヤミ市場に売りさばく組織的な「戦果」を生業とする人々も出現した。そしてこれら流出米軍物資が「密貿易」によって日本や台湾・香港から持ち込まれた物資に交換され、交換された域外物資が「ヤミ市場」に出回った。

もっとも「大量の日本品が正規ルート以外に輸入され市場で自由販売されており住民はこれによって生活必需品の大半を入手している」(44)状況にあってなお入手できないものもあった。次の新聞投書がその「欠乏物」を示している。

……闇市場には密輸入されに《ママ》エロ雑誌や大衆小説ガはん濫しているのに我々の求める書籍は片影さへも見当らない……。（『沖縄タイムス』一九四九年九月八日「公聴：書籍類の輸入を希む」）

一種の「情報飢餓」が生じていたことが窺えよう。

他方、「戦果」や「密貿易」のリーダーの中には、この時期の大もうけで逸話を残した人たちがいる。地域的には、沖縄島南端の漁港町である糸満が非正規交易の拠点として経済的に潤ったことはよく知られている。[45]

しかし微々たる「戦果」収入しか得られず、自給・配給の食糧と公定給与を軸に生活しなければならなかった都市部や農村部の多数派の住民の語りの中では、一般にこの時代は「窮乏時代」とされている。「戦果」や「密貿易」で物資が持ち込まれたとはいっても、ヤミ市場で取引される商品の価格は悪性インフレもあって高かった。この時代の窮乏ぶりを示す象徴的な表現として、沖縄戦後史研究の文献に頻繁に登場する表現を用いれば「教員の月給がタバコ一カートン分にしか値しなかった」という状況であった。

しかし「復興」期に入ると状況は大きく変化した。前述したように「軍工事ブーム」や軍作業員の給与の大幅引上げによって未曾有の好景気が到来する一方、ガリオア援助資金を原資に琉球貿易庁が買い付けた品物や、一九五一年に民間業者の自由貿易がスタートしたことで、正規に輸入した廉価な日本製品が、沖縄群島に大量に流入したからである。日本との通行の復活状況を時系列的に並べると次の通りである。日本からの小包・郵便の許可と公用での日本旅行の許可（『うるま新報』一九四九年九月二〇日）、沖日間の民間無線電信開通（『沖縄タイムス』一九五〇年一月六日）、日琉定期船第一船（『沖縄タイムス』一九五〇年二月五日）、公用以外の初の日本旅行（『沖縄タイムス』一九五〇年三月一日）。

消費生活が急速に豊かになるのと並行して、戦前、那覇市の郊外だった地域での土地開放が進んだため、後に「国際通り」という名称で知られるようになる戦後那覇の中心的繁華街の自然形成が進み、「都市」という用語に相応しい華やかな消費生活の場が再興した。次の新聞記事は、こうした変化を描写している。

……今では、戦前の劇場をしのぐ広壮なやつが次々と建ち出し、明るいゼイタクなフンイキの中で、椅子に坐り、或いはタタミの上で悠々観劇できるようになり、「屋根のない劇場時代」はいつしか昔語りとなつた、明るい劇場の中で、ひとわたり観客を見渡すと、戦争直後、流し目で見られる特殊の女たちのみのニユースタイルが凡ての若い婦女子を風びし、GI服だけだつた男子の中には背広やユカタ姿が点綴される、身の廻りをかざる雑貨や衣類の出廻りが一目瞭然、街をゆけばラジオや拡声器から歌や音楽がかまびすしくヴギウギ調やブルース調と「音」の復興……（中略）……現在、那覇の一流ホテルや民間会社の建物が何と堂々となつたことよ、いな、最近那覇の神里原、まばゆい街燈の立ちならぶ商店住宅街、もう戦争の跡はどこにもない　それから、石油ランプの配給に気を使うこともなくなり、どこも電燈の洪水……（中略）……もう戦争の跡方がひとつ〳〵消え、一つ一つ忘れられてゆく、……。（『沖縄タイムス』一九五〇年一〇月二二日「息づく生活文化―五年間にこんなに変つた」）

次の新聞社説はビールの消費量を切り口にして、社会変容状況を次のように捉えている。

……戦前に比較して戦後はビールをのむ階層が急激に増加したことは疑いのないことであろう。戦前はビールを飲むのは限られた階層であつて一般の生活程度からみて贅沢視されて農村に於けるビールの消費は微々たるものであつた。が、今日はすつかり事情が変つてしまつた。都市居住者と農村居住者の衣食住の内容や好みは戦前のそれとは比較にならぬ程接近して居る。戦前なら都市の消費振りを指をくわえて羨望して居た農村民が今では食物や嗜好物に於て何ら変りのない消費をやつて居る。戦争は沖縄人の生活内容に大きな変化を与えて居る。皮肉な話ではあるが吾々は戦禍に苦しんではきたが生活は内容的には向上して居るという事実を否定する訳には行かない。それは巻煙草の消費からみてもビールの大量放出にあつてもビクともしないことから考えても生活の質的上昇を肯定する外はない。……（『沖縄タイムス』一九五〇年一二月二日「社説・生産と遊離する生活」）

「復旧」期の「情報飢餓」状態も急速に改善された。新聞雑誌は、一九四九年秋頃から正規ルートで入ってくるようになった。一九五〇年三月の新聞記事は、「昔懐かしい婦人倶楽部、新潮、少年倶楽部、幼年倶楽部、子供絵本など約三十種」が特設売店にお目見えしたことを伝えている。[46] 一九五一年になると、「終戦後二、三年は読みたくても本や雑誌の入手方法がなく、沖縄の読書界はまるで暗黒だった。本や雑誌の氾濫する今の本屋の隆盛ぶりとくらべると、夢のような話だ。」[47]と回顧される状況になっていた。

風俗面では社交ダンスの流行（『沖縄タイムス』一九五〇年三月四日、五月一一日）、こいのぼりの復活（『沖縄タイムス』一九五〇年五月五日）、学帽の復活（『沖縄タイムス』一九五〇年三月四日）を伝える記事があり、生活に「ゆとり」が出てきたという印象をかもし出している。

こうした社会変容を「表面」だとすれば、「裏面」は「戦前」には存在しなかった歓楽街の形成とそれに不可避的に付随する「闇社会」の勃興である。

戦前の沖縄県には、那覇にある琉球王朝時代以来の遊郭を除けば歓楽街はなく、また「日本」の博徒やテキヤのようなヤクザ的裏稼業も存在しなかった。米軍の出現はこのような状況を一変させた。女を求める米兵の出現は、一方でレイプ事件を頻発させ、他方で米兵相手の売春を生起させた。[48]それは早い段階から管理売春の形をとったようで、一九四七年三月米軍政府は一九四七年三月に特別布告第一六号「琉球の婦女子の性的どれい制の禁止」を出している。

こうした売春業の集積地ともいうべき社交街形成の動きが出始めるのは、加藤政洋（二〇一一）によれば、一九四九年後半のことで、一九五〇年代初頭までに沖縄本島の主要社交街が六ヵ所に設置された。こうした歓楽街の勃興は、自ずと「縄張り」とする闇社会勢力の勃興を促した。組織的に米軍物資を強奪する「稼業としての戦果」を生業とするようになっていた男たちのグループが、「ヤクザ」的形態にシフトした。

こうして那覇市や「基地城下町」のコザ市に代表されるような表通りには映画館や各種商店が立ち並ぶ一方、裏通りではネオン街が立ち並ぶ「戦後沖縄」的な「都市」の光景が出現した。[49]

以上のような「復興」過程の中で、最後に「取り残された」形となったのが個人の住宅と学校校舎であった。「復旧」期に大量に建築された仮設住宅的なキカクヤーは、雨漏りがひどい上に耐風性能が弱いため、大型台風が来るたびに多くが倒壊した。避難民キャンプのテント小屋（カバヤー）から移ってきた当初は喜ばれたものの、「復興」期に入って、衣食住のうち、衣食がこれまで述べてきたような経済展開によって急速に改善すると、台風が来ても安心して眠れるような恒久住宅の建設を望む人々が増えてきた。

キカクヤーの仕様で建てられた学校校舎も、恒久校舎に建て替える必要があった。だが一九五〇年から五二年にかけて恒久住宅や恒久校舎の建設は困難に直面していた。第一に東京の総司令部の経済部の方針で、当時の沖縄群島で主要な建材として使われていた日本産杉材の輸入ができなかった。第二に、校舎の場合は、それに加えて予算の問題があった。米軍政は、学校は、沖縄民政府やその後継の群島政府が自主財源で建設すべきものとしていたのだが、沖縄民政府や群島政府がその予算を捻出することはとうてい無理であった。こうした事情から建材の輸入や校舎建築問題は一九五〇年代初頭の沖縄群島で社会・政治問題化していたのだが、後述するように一九五三年になるとそれは「復帰運動」にリンクしてゆく。

他方、一九五〇年代初頭の米軍基地拡張恒久化工事の力点の一つは米軍人の住環境の整備にあった。それまでは米軍人宿舎といえどもコルセットと呼ばれる簡易宿舎が多く、台風で大きな被害を受けていたのである。一九五〇年代を通した一連の米軍住宅整備工事によって、小さく粗末な家々が立ち並ぶ沖縄側の住宅地のフェンスの向う側に青々とした芝生の庭を備えた鉄筋コンクリート製の軍人住宅が立ち並ぶという「基地沖縄」の象徴的な風景が出現した(50)。

以上のような展開と並行して進展したのが「多文化」化であった。その第一の動因は米軍そのものである。

米統治時代、沖縄側が米兵を仕分けるために用いた主な人種・エスニックカテゴリーとしては、「白人」「黒人」と「フィリピン人」「中国人」があった。このうち「白人」と「黒人」については、ベトナム戦争期の「基地城下町」コザ市のいわゆる「白人街」「黒人街」を舞台とした「人種抗争」がよく知られている。しかし一九五〇年代初頭の段階では、まだ「白人街」「黒人街」の分化は見られていない。他方後年に比べて、フィリピン人軍人軍属のプレゼンスの大きさが目立つのがこの時期の特徴である。例えば一九五一年一月一一日付けの『沖縄タイムス』は、昨年の占領軍関係者の結婚総数一七七件のうち、米人と琉球人三一組、比島人と琉球人九四組、米人同士四〇組、米人と比島人七組、比島人同志が五組であったとする米軍準機関紙Stars and Stripesの記事を転載している。

「フィリピン人」の登場は、一九四七年一月に「フィリピン人部隊」として知られる歩兵第四四連隊が沖縄に配備されたことに始まる。しかしこの部隊は集団で集落を襲って女性をレイプする事件を多発させたため、一九四九年五月に転出した[51]。以後、沖縄住民の目線から見た「フィリピン人」は戦闘部隊員ではなく、主としてガードやPXのマネージャーといった施設管理やサービスに関わる要員として現れる。「軍作業」という表現が象徴するように、「復旧」期には、基地における琉球・沖縄人の職種はブルーワーカー的な仕事が多かった。これに対し「フィリピン人」はこれら作業員の監督者ないし上司の立場にあった。給与も「フィリピン人」のほうが上に設定されていた[52]。

しかし、「復興期」になると、米軍政府は、適切な技能がつき次第ホワイトカラー的な職種や中間管理職に琉球・沖縄人を登用する政策を進め、それは「フィリピン人」が占めていたポジションを琉球・沖縄人が代替することを意味した（Yu-Jose 2002: Ch.6）。つまり、基地内で働く琉球・沖縄人にとって、「フィリピン人」は「我々」が乗り越えるべきエスニックな競争者として意識される存在であった。

一方、この一九五〇年代初頭は、戦前とは次元の異なるレベルで他の三群島から沖縄島への人口流入が生じた時代でもある。「復旧」期、他の三群島は、「引揚げ」によって労働適齢人口が急増したにもかかわらず、それを吸収する雇用の場がなく、かといって日本への「出稼ぎ」も米軍によって通行遮断されているため行き場のない潜在労働人口が滞留していた。しかし一九四八年一〇月に琉球列島内での経済活動が自由化されると、沖縄島への出稼ぎが可能となった。そして基地建設工事の開始に伴う労働力需要の高まりとそれに伴う消費生活の殷賑は、他の三群島の若者を沖縄群島に誘引する強力なプル要因として機能した。

特に多かったのは四群島中、沖縄群島に次ぐ人口規模を持つ奄美群島からの流入である[53]。その人数について「奄美」の地元紙『南海日日新聞』の記事は一九四九年一―六月間の沖縄渡航者一一一一人、一九五〇年七月時点での在留者を一万数千人、一九五二年六月での在留者を二万から三万、一九五三年九月一九日の正式移住者二万四五五六人としている[54]。その多くは「軍工事」ブームで沸く建設現場に流入した。

再度確認しておけばこの頃の「琉球」は、公的な場では教育を通して学んだ「日本語」を話し、私的な領域では母語を話すダイグロシアの状態にある。そして四群島の母語は互いに通話不可能であり、「群島エスニシティ」が異なる人々の会話は、私的であっても日本語である[55]。つまり奄美群島からの出稼ぎ者は沖縄群島の人々にとってもともとエスニックな他者性を帯びた存在である。その上、大島から大量に流入した若年労働人口の中には生業に就けず「転落」した事例もあった。沖縄側と奄美側双方の各種文献は沖縄人サイドが当時「大島どっこい（ヤクザ）」「大島パンパン」というスティグマタイゼーションの表現を用いていたことを示している[56]。

後述するように復帰運動の文脈では、奄美側に沖縄側との間に境界を引く強い誘引があったが、生活世界レベルでは、逆に沖縄側による奄美側に対するエスニックスティグマタイゼーションの形で境界が顕著になるという、複雑な状況があったのである。

さらに一九五〇年から始まった基地の拡張恒久化工事は、沖縄群島に日本人（ヤマト人）を再流入させた。終戦直後の沖縄群島には、捕虜となった日本軍将兵以外に四〇〇〇人ほどの日本人民間人がいたが、一九四六年に送還され、戦前の沖縄県の政治経済の上層を占めた日本人（ヤマト人）のプレゼンスは一次的にゼロになる。しかし、一九五〇年から始まった基地拡張恒久化工事によって一九五一年正月時点では元請だけで一二社、一九五二年正月時点では二一社の日本の建設業者が「沖縄」に進出し事務所を構える状況となった[57]。

これらゼネコンと下請業者は技術者だけでなく熟練労働者をも沖縄群島の現場に派遣したが、彼らは米軍によって「軍属」待遇を受け、沖縄人が受けられない基地内サービスを受けたり、沖縄人行政機関の徴税から免除される特権を持っていた。当時の新聞や議会議事録からは、早い段階からこれら土建業者による「見下し」に憤慨する言論があったことが確認できる[58]。そして一九五二年になるとこれらゼネコン・サブコンの現場で、「奄美」出身労働者を中心に、待遇改善を求める戦後最初の労働争議事件が頻発するようになる[59]。

第二節　「我々観」の揺らぎ

以上提示した政治・社会変動状況を背景に、今度は、これら政治・社会変動を駆動因に展開した「アイデンティティ政治」の鳥瞰図を提示しよう。

よく知られているように終戦から一九五〇年代初頭にかけての沖縄群島では、沖縄独立論をはじめ、「日本・日本人」を「他者」とする政治言論が盛んだった。他方、日琉同祖論は独立論者も含めて所与の前提となっており、戦後も揺らいでいない。また最初の沖縄側政治機関である「沖縄諮詢会」の会議録には、「日本に未練がある」観点から教員が帰属問題を論じているとして、米軍連絡将校から注意されたことなど、草の根レベルでは「日本」への強い帰属感が継続していることを窺わせる記述も散見される（『沖縄諮詢会記録』四一九）。

これらの点を総合すると、どの国の民か、という一般に政治の所与の前提となる根本部分まで談論風発状態で、「日本人」や「琉球民族」といったナショナルなレベルの「我々観」は揺らぎ、動揺していたと見ることができる。本節では、こうした「揺らぎ」や「動揺」の駆動因となったファクターを二つ抽出し、それぞれのファクターから照射しうる「アイデンティティ政治」の様相を並列的に提示することで全体状況を浮かび上がらせることを試みたい。

第一のファクターは米国が「奄美」込みの Ryukyu ＝「琉球」を、琉球列島とその住民を括る公的カテゴリーとして採用したことに伴う「公的カテゴライゼーション」（Brubaker 2004a: 68）のインパクトである。「奄美」込みの「琉球」「琉球人」が公的言論空間で住民が「我々」を指し示す際に用いるカテゴリーとして「上」から強要されたことが、「奄美」と「沖縄」で異なるアイデンティフィケーション過程を生じさせた状況をスケッチする。

第二のファクターは、統治体制が根本から変わったことに伴い、戦前には公的な場で表明することが不可能だったタイプの言論が可能になり、逆に戦前は慣用的に用いられていた表現がはばかられる状況が生まれたことである。そうした状況の中で展開された諸政治アクターの言論活動における、「日本・日本人」を「他者」とする「離日」的言論と「我々」とする「帰日」的言論の展開状況をスケッチする。

以上の二つのファクターに起因する状況を順番にスケッチしてゆくが、その前に統治者である米国の「琉球人」観の「揺らぎ」について提示しておこう。

米側による「日本・日本人」―「琉球・琉球人」関係の理解(60)

先に「親米・離日・防共」の統治原理を説明した際に述べたように、既存研究は「琉球」の直接の統治者である在沖米軍政の関係者の多くが「琉球人」は「日本人」とは別の民族であったという「別民族論」を好んで語っていたことを明らかにしている。ただ「琉球人」と「日本人」の「境界」について、米側に共通認識があったわけではないようだ。「別民族論」を好んだ最も著名な人物は、米極東軍司令官として「琉球統治」の最高責任者の立場にあったD・マッカーサーである。マッカーサーが、「琉球」を日本領土から切り離して米軍の排他的統治下に置くべきとする「戦後構想」を主張し、その議論の文脈でそもそも「琉球」は「日本」ではなく、「琉球人」は「日本人」ではない、という民族観を公言していたことはよく知られている。「日本」や「沖縄」の「占領史研究」の文脈では、次のような言辞がよく引用されている。

〔琉球諸島の〕住民は日本人ではなく、本土の日本人と同化したことがない。それに日本人は彼らを軽蔑している。〔マッカーサーは〕占領政策の最初の施策の一つとして、彼らのうち五〇万人を帰還させせなければならなかった。彼らは単純でお人好しであり、琉球諸島におけるアメリカの基地開発により、かなりの金額を得て比較的幸せな生活を送ることになろう。(Eldridge 2001＝二〇〇三：一五〇)(61)

他方、現場の軍政官として戦後初期の沖縄群島に赴任した政治学者J・ワトキンスは、復員後、後述するように戦時中、ハワイの沖縄人コミュニティから得た「日系人内差別」の情報に基づいて、沖縄人の日本からの離反を促す工作を提言した人類学者A・トザーに送った報告的私信の中で次のような見解を伝えている。

沖縄人と日本人との間の亀裂についてお送りできる情報が何もないことを残念に思います。そのような亀裂が沖縄において重要であったという証拠は、我々にはあまり発見できませんでした。沖縄人の間では日本人に対する反感はあまりなかったようです。日本人は（軍隊を除いては）観察に足る十分な人数はいませんでしたが、私の印象では、日本人の沖縄人に対する見方は、ニューヨークの人間が「田舎者」を見るときのそれと似たようなものでした。（『沖縄県史：資料編2：琉球列島の沖縄人・他：沖縄戦2（和訳編）』一八五）[62]

米軍内でも最高司令官と現場の軍政官で見解が異なり、ともにフィールドでの知見を踏まえた学者の検討でも、人類学者と政治学者で正反対の結論を導き出していることがわかる。

重要なのは、この「琉球人」観の差異が、琉球統治をめぐる米政府内の軍対国務省の対立に結び付いていたことである。

日米開戦後、米国では、アジア・太平洋地域に関わる様々なディシプリンの専門家が参画した様々な学術・政策調査プロジェクトが進められた。このうち国務省で進められた戦後の国際秩序構想を練るプロジェクトの中では、一九四二年八月頃から琉球・沖縄の帰属問題が取り上げられるようになった[63]。日本専門家を中心に進められた作業の結果、米軍の沖縄侵攻作戦を控えた一九四四年末の段階では、「琉球」はカイロ宣言（一九四三年一二月）で示された日本から剥奪される領土の基準である「暴力や欲望によって奪取した領土」にはあたらないので、「日本は琉球を保持する正当な権利（strong claim）を有」する（一九四四年一二月「ボルトン報告[64]」）という見解が国務省側関係者のスタンスの基調となっていた。

そして、このプロジェクトに関わった日本専門家が示した「民族観」は「島民は日本人に近い（closely related to Japanese）」（一九四三年七月「マスランド報告[65]」）、「（日本と琉球住民の関係は国連憲章でいうところの）従属関係にはない（were not dependent people）」（一九四五年一二月二〇日の会議録におけるライシャワーハーバード大学助教授発言[66]）、「日本人とは異なる人々（separate people）」であるとは考えないが「一七世紀にはそうであったかもしれない」（同上会議におけるボルトンコロンビア大学助教授発言[67]）というものであった。国際関係史的な検討による主権の正当性の確認と琉球・沖縄の文脈で関係する“national self”は、「日本人」だという「民族観」の二つのファクターが先述した国務省サイドの「日本返還論」

のベースにあったわけである。

一方、軍関係の学術・政策調査プロジェクトが琉球・沖縄を取り上げたのは一九四四年のことである。最初に見解を示したのは、対日戦略を構想する上で必要な情報の収集・分析を任務とするＯＳＳ（Office of Strategic Service）のホノルル支局であった。一九四四年三月に中間報告的な文書を二つまとめた上で、六月に最終版である「Okinawan Studies No.3 The Okinawas of the Loo Choo Islands: A Japanese Minority Group」（以下“Okinawan Studies”と表記する）を出した。[68]

この報告書は、ヤマト人と琉球・沖縄人との間の「亀裂」を拡大する心理作戦の可能性を探るという目的から執筆され、内容的にはハワイの沖縄人コミュニティでのフィールドワークの成果が盛り込まれている点に特徴がある。責任者だったＯＳＳホノルル支局長Ａ・トザーの本職はハーバード大学の人類学教授で、地域専門はマヤである。[69]

その後、九月初旬に沖縄侵攻作戦が決まり、作戦を担当する米陸軍第一〇軍司令部（ホノルル）で作成された「CIVIL AFFAIRS HANDBOOK: Ryukyu（Loochoo）Islands: OPNAV 13-31」（以下“Handbook”と表記する）が一一月に出された。[70]こちらは、侵攻部隊の指揮官や軍政関係将校の手引書として執筆されたもので、日本語文献資料から得た軍政実務の役に立つような情報を網羅的に提示している点に内容的な特徴がある。執筆を主導したのは一九四三年に海軍少佐として軍籍に入ったイエール大学人類学部教授のＧ・マードックらのグループであった。[71]

マードックは、特定地域の研究というよりは、「家族」「親族」といった社会組織に関する一般理論的研究とその理論の論証手法として「文化」の諸項目に関するデータをグローバルに収集し、量・質両面から比較研究する研究視座を提示したことで人類学史に名を残した人物である。一九四九年に出版された彼の主著 *Social Structure* で提起された Nuclear Family という分析概念は、日本の文脈では「高度経済成長」に伴う「家族」の変化を捉える用語「核家族」としてポピュラーに流用され、現代用語として定着している。

マードックとその同僚たちは、一九三七年から始まったグローバルな文化比較研究プロジェクト Cross Cultural Survey の一環として、日本の委任統治領＝南洋群島に関する文献を収集していた。このことが海軍の関心を引いて海軍入りしたもので、管見の限りでは琉球・沖縄でフィールド調査を行った経験はないようだ。[72]

以上の叙述で明らかなように、"Okinawan Studies"と"Handbook"の執筆を主導した人たちはいずれも文化人類学者であったが、琉球・沖縄の専門家ではない点が共通の特徴をなしている[73]。

"Okinawan Studies"と"Handbook"は、執筆の目的、視座、手法そして叙述内容で相違点が多々あり、そこで提示された「民族観」も"Okinawan Studies"は、その、"A Japanese Minority Group"というサブタイトルが示唆するようにストレートな「沖縄人少数民族論」を提示したのに対し、"Handbook"はそこまで踏み込んでいない点で相違がある。しかし、文化人類学者らしく「文化」や「社会階層」上のヤマト人と琉球・沖縄人間の「差異」がクローズアップされる叙述となっている点は通底しており、この点国務省側のプロジェクトが主に国際関係史的観点から琉球における日本の主権の正当性を導き出したのとは対照的な琉球・沖縄観を組み立てている。

その詳細を検討する紙幅はないが、例えば、二つのテキストのうち、琉球・沖縄に関わった将校クラスの要員に配布されて、その琉球・沖縄観がより広範囲の人々に「消費」された"Handbook"について、既存研究でよく引用されているのが次の箇所である。

民族的立場　日本人と琉球島民との密着した民族関係や近似している言語にもかかわらず（一四二章参照）、島民は日本人から民族的に平等だとは見なされていない。琉球人は、その粗野な振る舞いから、いわば「田舎から出てきた貧乏な親戚」として扱われ、いろいろな方法で差別されている。一方、島民は劣等感など全く感じておらず、むしろ島の伝統と中国との積年にわたる文化的つながりに誇りを持っている。よって、琉球人と日本人との関係に固有の性質は潜在的な不和の種であり、この中から政治的に利用できる要素をつくることが出来るかも知れない。島民の間で軍国主義や熱狂的な愛国主義はたとえあったとしても、わずかしか育っていない。（『沖縄県史：資料編1：民事ハンドブック：沖縄戦1（和訳編）』七五）[74]

「民族的に平等だと見なされていない」「琉球人と日本人との関係に固有の性質は潜在的な不和の種」と差異を強調す

る一方、その差異の「質」は都会人と「田舎から出てきた貧乏な親戚」[75]というレベルに抑えられており、執筆者における「琉球人」観の「複合性」が看取できる。

こうして見ると、国務省サイドの研究プロジェクトに集った専門家たちが提示した「琉球人」観と米軍サイドの"Okinawan Studies"や"Handbook"の執筆者たちが提示した「琉球人」観の差異は、質的なものというよりは程度の差でしかない。そのいずれもが何らかの「複合性」を含意し、それでいてそのネーションの「複合性」を適切に表現できる概念がないがゆえに、どこに力点を置くかで差異が生じ、「琉球人」観の「揺らぎ」として現前したといえよう。

そして実際、戦後においても琉球・沖縄側の米統治に対するリアクションは「アイデンティティ」の「揺らぎ」や「複合性」を表出させたので、その情勢を踏まえて組み立てられる米軍政による教育文化政策もまた揺らぎ、一面では「琉球固有文化」の奨励などの「離日政策」を模索しつつも、教育政策では、沖縄側教育者の企図に沿って日本との再統合の方向へ進むという、「アイデンティティ政策」としての首尾一貫性や徹底性が欠けたものになったといえる。

いずれにせよ、「復帰」の興隆が明確になった一九五〇年代以降は、米側の「別民族論」は、個人的な見立てはともかく、具体的な政策立案・執行を経路づける「転轍手」としての「世界観」としての機能を喪失してゆくことになる。

しかし、米側の政策がアイデンティフィケーション過程に影響を与えなかったわけではない。次に「琉球」という範疇を確定するという、おそらく米軍当局自身がその「アイデンティティ操作性」に自覚的でなかった、いわば「非自覚的アイデンティティ政策」が琉球・沖縄のアイデンティフィケーション過程に及ぼした影響について見てみよう。

「公的カテゴライゼーション」として「琉球」のインパクト

米国は、戦後、自らが統治する「琉球」の版図を薩摩侵攻以前の琉球国の版図と同じ台湾北東の与那国島からトカラ列島口之島を北限とする北緯三〇度線以南の地域に設定し、それに伴って「沖縄」は「琉球」内にある四つの群島の一つの名称にいわば「格下げ」された。これは一六〇九年の薩摩侵攻以前のカテゴリー関係の整理の仕方である。この「琉球」―「沖縄」関係の設定により、「名づけの権力」機関としての米軍政府の「公的カテゴライゼーション」は、いわば薩摩侵攻以前への「復古」を志向するものとなった。

米国の関係者がどの程度「復古」を意識したのかは定かではないが、このような用法が国務省内で確定した時期については エルドリッヂの研究で明示されている(Eldridge 2001＝二〇〇三:第三章)。

米軍が沖縄侵攻作戦を決定した一九四四年一〇月、先述した戦時中に国務省で進められた戦後の国際秩序構想を練るプロジェクトの中で、そもそも「琉球」や「沖縄」というカテゴリーがどの版図の領土(と住民)を示すのかが問題になった。というのは、明治以降今日まで、九州と台湾の間に連なる島々を指し示す呼称は錯綜したものだからである。一般に、この島々全体は南西諸島(Nansei Shoto)と呼ばれ、鹿児島県側を「薩南諸島」(Satsunan Islands)、沖縄県側を「琉球諸島」(Ryukyu Islands)と区分けするのが日本語の地図におけるスタンダードな表記なのだが、鹿児島県側を含めて「琉球列島」と呼称する読み方もあり、これもまた英語では Ryukyu Islands と訳されるので、どこからどこまでが Ryukyu なのかという基本的な疑問に明確な答えを出すのは日本専門家であっても、難しかったと思われる。

この解決策を提示したのは座長を務めたボルトンであった。彼は、日本の著名な二人の地理学者の文献に Liuchiu Islands に Amami が含まれていることを指摘し、「琉球は沖縄県と見なすことが多いが、厳密にいえばそうではない」との見解を示した。しかし異論もあったため最終的に採決に付され八対五で「奄美」を含むことを決定した。以後国務省では「奄美」込みの「琉球」が基礎的な「領土単位」として扱われることとなった(Eldrige 2001＝二〇〇三:四七、注七一、Eldridge 2004＝二〇〇三:三四—三五)。[76]

この作業の直接的な意図は、あくまで研究作業の文脈で、検討対象となる「領土単位」とその名称を確定することに過ぎなかったわけだが、公的に設定された範疇は、その後国務省関係者の思考の前提を拘束することとなった。

一方、琉球・沖縄を実際に統治する米軍がこの「奄美」込みの「琉球」カテゴリーに符合する北緯三〇度以南を軍政領域の単位として設定したのは、沖縄戦を間近に控えた一九四五年三月のことである。そして一九四六年一月末に、この北緯三〇度線以南を「琉球」とするカテゴリーが現実の行政単位として駆動した。[77]

マッカーサー司令部は、一九四六年一月二九日に、北緯三〇度線から与那国島までの地理的領域で日本政府の施政権を停止し、沖縄の米軍政府の直轄統治下に置く指令を発して、「琉球」を「日本」から行政制度的に分離する措置を断行。その上で一部の例外を除いて北緯三〇度線以北と「琉球」間の通行を遮断した。

この指令により、鹿児島と「奄美」を結ぶ定期便は運行停止となり、「奄美」からの出稼ぎ移民が多く居住する京阪神地区はもとより、やはり奄美移民が多い県庁所在地の鹿児島市への通行も遮断された。指令が「奄美」で発表されたのは二月二日のことであったが、住民たちは大きなショックを受け、「二・二」は「奄美」の復帰運動の文脈で「民族分断」の日付として象徴化されてゆく。

「琉球」と「沖縄」という二種の「主体」カテゴリー関係の問題に関していえば、奄美側の反応は「琉球」カテゴリーの強要に対する「抵抗」という形で表出した。象徴的なのは鹿児島県の奄美支庁の行政機構を引き継いだ後継機関の名称である。一九四六年一〇月から一九五〇年一〇月まで、米側は米統治下「琉球」を三つの行政区域に分け、奄美にはUnited States Military Government of the Northern Ryukyu Islandsという軍政の出先機関を置き、その下に鹿児島県奄美支庁の後継機関としてProvisional Government Northern Ryukyuを置いたのだが、このNorthern Ryukyuについて、奄美側は「北部南西諸島」という和訳を付して、公文書等における日本語の公式名称として採用している。その動機について、一九四七年から一九五二年まで知事を務めた中江實孝は次のように説明している。

私たちは、この琉球ということばが、どうも気にくわなかった。琉球の一部という見方をされると、復帰という問題を考えた場合、沖縄と一緒にしか考えられない恐れがある。それでは困るので、このアメリカ語を訳す場合「琉球」という言葉以外のものを使いたいと考えた。沖縄は逐次基地の拡張が行われつつあり、大島にはほとんどそれらしきものはない。それだけに沖縄より一歩早く復帰する可能性もある。いろいろ考慮した揚げ句、政府の名称は『北部南西諸島政庁』と訳して、これを使用した。(78)

こうした奄美側の「抵抗」は、新聞の用語法からも窺える。一九五〇年代初めまで名瀬市で発行された『奄美タイムス』を見ると、一九四〇年代には「我々」を指し示す用語として「琉球」を用いた事例は、米軍の公式文書の翻訳でしか見当たらない。

第二章で述べたように、明治以降の奄美住民にとって「琉球」は文脈依存的に「我々」を指したり「他者」を指したりする可変的なカテゴリーであったが、米軍政が「奄美」の「琉球」編入を断行して日本本土との通行を遮断したことは、「琉球」カテゴリーの「他者性」を増強する結果となったわけである。

そして「琉球」が全体として「復帰」するよりも、「旧沖縄県」側を米統治下に残して「奄美」だけが単独で「復帰」する可能性が高いという当時の復帰運動の情勢は、奄美群島および在日奄美人の復帰運動をして「奄美」「奄美人」が「琉球」「琉球人」ではないことを証明することに対するこだわりを生起させた。

例えば一九五一年四月七日の『奄美タイムス』は、奄美大島日本復帰協議会が次のような声明を出したことを伝えている。

……現在奄美群島全住民の間でもつとも釈然としない不満は「琉球諸島」と云う地名用語の持つきわめてあいまいな概念の乱用についてである……信託統治地域の中の「琉球諸島」と云う概念の中に「奄美大島」も包含させているとすれば　これはきわめて許しがたい地名用語の無視であつてわれ〳〵奄美群島二十余万の全人民は民族の生死にかけても断々乎としてこれに反対しなければならない　何となれば　奄美群島は日本地理学上でも古くから琉球諸島とは別個の地名用語として通用しているし民族　文化　歴史その他如何なる観点から見ても明らかに琉球諸とうと同一視されるべき理由を□たないからである……わが奄美群島はもともと鹿児島県の一部としての日本領土であつて決して沖縄県（琉球諸島）の奄美群島ではなかつたと云う歴史的　行政的事じつを把握してほしい……。

この声明から四ヵ月後の八月三〇日付けの紙面では、業務で東京に出張した水産業会長による日本での奄美復帰運動の状況報告談があるが、その中で会長は運動の成果の一つとして「最近になって琉球と云うことと奄美大島と云うことが別個の立場にあることを国民が認識したことは確かだと思います」と挙げている。

こうした「復帰運動」の文脈における「琉球」への忌避感は、他の政治文脈や文化面にまで波及していた。一九五一年は、「復帰運動」が興隆する一方、「統一琉球政府」の樹立に向けた政治過程が展開していった年でもある。「沖縄」では、統一政府の樹立による自治の拡大は全政治勢力共通のいわば「島ぐるみ」の悲願であり、大きな関心を集めていたが、「奄美」の反応は違った。

琉球政府樹立に向けた動きについて、『奄美タイムス』の社説は、「日本帰属を希望している大島の人民としては日本離脱を前提にしていると思われる全琉統一政府に対しては講和会議決定までは反対するのが当然であろう」（一九五一年七月四日）、「中江知事や泉有平立法院議長は講和会議を理由にして恒久的中央政府あんに反対しているが、これは政治家の常識として当然のことである」（一九五一年八月一二日）としている。九月一一日の紙面には、講和条約締結を受けて各界指導者談話が掲載されたが、このうち奄美大島連合教職員組合長の談話は「待ぐう改善の為に中央政府に自発的に参加すると云うことなどは全然考えていない。われわれは薄給に甘んじても奄美大島の自主性を護り祖国にほん復帰の運動に邁進する」というものであった。「沖縄」「奄美」間の「温度差」は明らかであろう。

一方、奄美群島南部の沖永良部島の和泊町では、短い期間ではあったが、「脱琉球」の文化運動も起きたようだ。沖永良部島は、その南方の与論島とともに、沖縄群島の北端に近接しており、自意識の上でも人類学・言語学的な見地からも、「奄美」の中でも特に「沖縄」に「近い」地域と、戦前から認識されていた。そして、「沖縄」同様、戦前展開された「生活改善運動」の文脈で、「方言」「着衣」や「頭上運搬慣習」や「改善」対象とされていた。

この島出身の人類学者、高橋孝代の研究（二〇〇七）によれば、米統治時代末期の一九五二年九月二七日付け『毎日新聞』朝刊記事で奄美群島の北部だけが分離されて日本に復帰すると報じられたことをきっかけに、この島の復帰運動の種々の会合の中で、「沖縄と同一と見られては復帰ができない。沖縄風の帯の前結びや物を頭に乗せて運ぶ風習、沖縄の踊りなどをやめよう、言葉も標準語を話そう」という意見が出されるようになったという（同書：四〇〇）。[79]

このうち高橋が照準したのは和泊町の連合婦人会による「着衣」をめぐる運動である。それによると、連合婦人会では、町内にあるホテルの本土出身女将から、本土風の帯結びを学んで、広めることを決定。各集落の婦人会長がこの女将のもとで講習を受け、それをそれぞれの集落の会員たちに伝え広めたという。この講習に参加した婦人会長の一人は「その当時の島の女性たちは黒の『スゴキ帯』を前結びにしていたので、それでは琉球民族と同様にされて念願の復帰が出来なくなるかも知れないからということで、自分達は『大和民族』であるという証のために、『帯は後結び』にすることを、町連合婦人会、幹部会で決議し、度々行われていた復帰運動にも、その軽便帯を結んで和泊町域をデモ行進した」と回顧している。(80)

既存研究を見る限り、このような「文化」領域での明示的な「脱琉球」運動は、明治以降の「奄美」の歴史の中でも例外的な事象であったようだが、それが逆にこの時代の「琉球」の「公的カテゴライゼーション」のインパクトの強さを浮かび上がらせている。(81)そして、先述した「基地社会」への出稼ぎ労働移民の文脈での「境界」の生起を踏まえれば、この時期の「沖縄」「奄美」の「境界」は「政治世界」のレベルと「生活世界」のレベルで、それぞれが全く異なる要因で顕著になっていたともいえる。

以上が「琉球」カテゴリーの設定に対する奄美側の反応であるが、これに対し旧沖縄県側は、「奄美」込みの「琉球」カテゴリーの「公的カテゴライゼーション」の作業にどのように反応したのであろうか。

この時代の新聞記事や政治演説等における「我々カテゴリー」の用法を俯瞰すると、他の三群島とは異なり沖縄群島では一九四〇年代までは「沖縄」という用語が好んで用いられていたようだ。(82)なおかつ、これはこの時代においては、他の三群島には見られない用法なのだが、「沖縄」という単語を米統治下「琉球」全体を指し示す用語としても使っていたようだ。このような用法には王国時代以来、「琉球」の「中心」であったことに伴う「沖縄中心主義」の作用も想定できるが、同時に、戦前の社会文脈で「琉球」という単語にオリエンタルな含意が付随するようになったため、「日琉同祖論」のような文化論の文脈以外では忌避されるようになったということも関係していると推察される。

そして、「奄美」が「我々」の一部かどうかという点も、戦前の政治文化資源の解釈図式に照らせば微妙だった。この点は、沖縄諮詢会委員と米軍政官の以下のようなやり取りから窺える。

軍政府：県民性としては元は沖縄人であったが、而し今日まで日本人である。其故に現在大島住民は日本人であると考へて居る。
仲宗根委員：大島は寧ろ鹿児島よりも沖縄に親しんで居る。鹿児島からは却而継子扱ひにされて居る。
軍政府：軍政府の見方とは開きがある。軍政府の調査によると、大島は日本人である、日本に関係したいとの事である。
又吉委員：以前は沖縄に親しんで居たが現今は却而沖縄を目下（メシタ）に見て一緒にすると行政し難い。沖縄、大島、及先島を別々にしてやった方が行政し易い。
軍政府：大島と沖縄が親しんで居た時はよいが年代も経って居るから然くは行かない。
又吉委員：勿論昇氏（大島出身）等の様な人は「吾々琉球人は」と講演した人もあるが而し一般は然うではない。
（『沖縄諮詢会記録』三五一：一九四六年三月八日）

沖縄側の観点から見た、この時期の「我々」と奄美側の境界の微妙さが窺える。

だが「琉球」銀行や「琉球」貿易庁といった「琉球」全体を管轄する専門機関の設立や活動は、自ずと「公的カテゴライゼーション」の作用の深化を伴う上に、「復興期」に入って四群島間や日本との間にヒトの大規模な移動＝交流が生起したことは、米国や日本に対峙する「我々」カテゴリーとして「琉球」や「琉球人」の使用を促す作用を伴う。このため一九五〇年代初頭になると、沖縄群島の政治界では、米統治下の（「奄美」込みの）「琉球」の枠組を前提に「主体」を表現する作法が徐々に定着していったようだ。

例えば、戦後初期の政治家、桃原亀郎の日記を検討したところ、「琉球」ベースの主体カテゴリーの初出は一九四九年二月の「琉球民族」「琉球建国」で、それ以前は「沖縄」「沖縄人」「沖縄民族」「沖縄住民」等すべて「沖縄」ベースの主体カテゴリーであった（宜野湾市教育委員会編一九九七）。

無論、新聞では「琉球」はより早くから登場しているが、政治指導者層の「我々」認識の枠組の変遷過程について一つの示唆を提示している。

また一九五〇年五月になると「全琉」という表現が新聞で使われていることが確認できる[83]。琉球全土を意味する「全琉」は米統治時代に頻繁に使われた単語だが、終戦直後の新聞には登場しない。「琉球」という地理的領域が「全土」という一つのユニットとして「想像」されるに至る社会過程の存在が推定できる。いうまでもなく、この時期の「琉球」「全琉」はすべて「奄美」込みの概念で、したがって戦前の「沖縄県」とイコールではない。

以上の点を見ると、「戦時占領期」においては奄美側が「琉球」カテゴリーの設定に一貫して拒否的・抵抗的だったのに対し、「沖縄」側では、「奄美」込みの「琉球」カテゴリーが徐々に受け入れられてゆく過程が生じていたことが窺える。しかし、一九五三年末に「奄美」が「琉球」から「再分離」されて「日本」に「復帰」したことに伴い、「琉球」の地理的範囲は旧「沖縄県」の地理的範囲と再合致し、それに伴って「琉球」「琉球人」を「沖縄県」「沖縄県民」と相互互換的に用いる用法が再び支配的となってゆき、「沖縄県民」という単語を持って「琉球人」「沖縄人（ウチナーンチュ）」と「日本人」を同時に含意することが再び可能になるのである。

複合ヴィジョンの機能停止と「離日」「帰日」言論の始まり

さて、次に「帰属問題」について見てみよう。

戦前には公表不可能だった政治的立場として直ぐに浮かぶのは「沖縄独立論」というタームであろう。ただ、戦後初期の政治言論を検討すると、独立国家の樹立を明示的に唱えたのは仲宗根源和《げんわ》など極めて限られた人数の政治活動家で「独立論」というタームでは「日本」が「他者」であることを暗黙裡・明示的な前提とした政治言論の全体趨勢を括るのは無理がある。そこで「離日」という用語でその趨勢を括りたい。その反対語は「帰日」で、これは当然のことながら「復帰」の潮流と同義の用語として用いる。

以上の用語法を踏まえた上で、ここでは、本書がこれから展開する議論との関係で次の二つの事柄を前提／背景として押さえておきたい。一つは、政治言語の用語法における「日本・日本人」のいわば「我々カテゴリー」としての機能停止で、もう一つは諸政治アクターの政治的主張としての「離日」の活発化と「帰日」の停滞である。

まず、「日本人」の機能停止のほうから見てみよう。最初に新聞の用語法を見ると、一九四五年八月に最初の新聞『ウルマ新報』が創刊されてから、一九五一年二月に『沖縄タイムス』が復帰論を掲げるまでの五年六ヵ月間の沖縄群島の新聞の用語法を俯瞰すると、初期には時折「県民」の表記が見受けられるものの、「日本」や「日本人」は、ヤマトやヤマトンチュと同義で使われている。さらに、その派生系的用法として、例えば「沖縄」の会社が名古屋の会社と合弁事業をすることを「外資提携」と表現するような用法も見受けられる。[84] 現代沖縄の新聞にはない用法であり、そしておそらく、「日本復帰」の語を「本土復帰」という表現に切り替えるほど、「米統治下にあっても我々は日本の一部である」ことにこだわった一九六〇年代においても見られない新聞用法だと思われる。

この「日本人」の「我々カテゴリー」としての機能停止は、『沖縄諮詢会記録』、『沖縄民政府記録』、そして沖縄民政府に批判的な政治指導者層が集まった戦後最初の非官製政治集会、沖縄建設懇談会の記録[85]でも同様である。つまり政治的に対立する勢力のいずれもが「日本・日本人」を「我々」を指し示すカテゴリーではなく、「他者」を指し示すカテゴリーとして扱っている。本書の分析枠組に引き寄せて表現すれば、複合ヴィジョン的フレーミングは消滅した形となっている。

無論、先に紹介した、「日本に未練がある」観点から教員が帰属問題を論じているとして、米軍連絡将校から注意されたとの「沖縄諮詢会」の会議録の記述が示唆するように、仲間内の政談のレベルでは、「日本人」が引き続き「我々」を指し示すカテゴリーとして機能した文脈もあったと思われるが、政治界に照準する本書の理論視座においては、「我々カテゴリー」としての「日本・日本人」が政治言論表現のレパートリーから消えたことがより重要な把握事項となる。

次に、政治言論活動における「帰日」と「離日」の趨勢について俯瞰してみよう。[86]

既存研究を見ると、最も早い時期に提示された「離日」的構想は、一九四五年七月下旬にかけて米軍軍政官の依頼で後に初代人民党委員長となった浦崎康華《こうか》が書き上げた「新沖縄建設大綱私案」とされる。この私案の中には外交防衛を米国に委ねた上で内政について全権と分離独立の権利を留保する沖縄自治国の構想が含まれている。

他方、一九四五年八月の終戦の前後には、戦前の首里市長の仲吉良光《りょうこう》が、米軍政に対して戦争終結後は、「日本復帰」を実現するよう求める嘆願書を提出した。これが復帰運動の嚆矢とされている。つまり沖縄群島で「帰日」と「離日」の言論が表出したタイミングはいずれも終戦前後とみられる。

ただその後の展開は大きく異なった。「日本復帰」の嘆願書を出した仲吉は米軍政に危険視され、最初の沖縄人政治機関である「沖縄諮詢会」を立ち上げるにあたって、米軍側が作成した「幹部候補リスト」からはずされ、さらに沖縄民政府が発足した一九四六年四月に戦前の市町村制度が再興されたとき、ほとんどの市長村で戦前最後の首長が再任されたにもかかわらず、仲吉は再任されず、無役となった[87]。沖縄群島内に居場所がなくなった仲吉は、一九四六年八月に密航船で日本に渡航し、以後一九五一年二月まで政治活動としての復帰運動は沖縄群島から姿を消す[88]。

これと入れ替わるように、この時期沖縄民政府に批判的な勢力と連絡を取りながら政治言論活動を本格化させたのが後に最も著名な沖縄独立論者となる仲宗根源和であった。戦前、日本共産党の活動家から「転向」して県議になった仲宗根は、沖縄諮詢会では社会事業部長の職責にあったが、諮詢会内での路線対立によって一九四六年四月に沖縄民政府の発足とともに下野し、戦前の県議が任命された沖縄議会議員として活動し始めた。

しかし、非官製の政治活動が本格的に活性化したのは、沖縄群島より一足先に、政治・社会運動を活発に展開し、「離日」性を帯びた政治言論を発していた在日沖縄人同郷団体の活動家たちが沖縄群島に引き揚げてきてからであった。

そこでいったん場面を変えて、在日沖縄人同郷団体の活動とその「離日」的言論内容を素描し、その上で彼らの帰還が沖縄群島の政治言論に与えたインパクトを見てみよう。

日本から「沖縄」への「政治」の伝播

終戦直後の日本では、東京や京阪神、それに五万人ともいわれる疎開者を抱えた九州の沖縄人コミュニティを中心に、沖縄県庁と深く結び付いた従来の沖縄県人会の枠を越えた政治・社会活動を希求する機運が高まった。そして、一九四五年一一月、戦前の沖縄人共産党活動家などの音頭で「沖縄人連盟」というエスニックな連帯性を前面に打ち出した同郷人援護団体の全国組織が結成され、この沖縄人連盟とその各地区の構成団体、共産党の沖縄人活動家の活動文脈で、エスニックなマイノリティ性を強調した言論や「日本」や「日本人」が「他者」であることを含意する言論が数多く生み出された[89]。

最も著名なのは、日本共産党が一九四六年二月の第五回党大会で沖縄人連盟全国大会宛に出した「沖縄民族の独立を祝うメッセージ」である[90]。当時、共産党書記長だった沖縄出身の徳田球一は連盟の正式メンバーではないが、その多くが共産党員だった青年活動家たちの助言者のような形で連盟の立ち上げ当初から関わっていた。このメッセージにはこの徳田の沖縄認識が強く反映していると考えられている[91]。

地域レベルの活動が特に活発だったのが阪神地区と九州地区である。この二つの地区の沖縄人連盟傘下の団体は、当時「三国人」というタームで括られた朝鮮人や台湾人の団体と同様に、「都市エスニシティ」的な連帯枠組を基盤に同胞の救援活動・経済活動と労働現場などでの差別撤廃闘争活動を展開していた。実際「沖縄人」と名乗りを上げた側も「沖縄人」と誹謗した側も、沖縄人連盟を朝鮮人・台湾人団体と同列に捉える認識は通底していたようだ。こうした朝鮮人・台湾人団体との文脈的近似性が、「日本」や「日本人」が「他者」とする含意を帯びた言論に連動していたと見ることもできよう。

こうした各地の活動・運動に関わった人たちの多くはそのまま日本に残留したが、一部は「沖縄」に引き揚げ、そこでの「政治」の立ち上げに参画してゆくことになる。その引揚げ組の代表的な事例として、先述の沖縄建設懇談会の開催の主導者の一人だった宮里栄輝《えいき》の足跡を見てみよう[92]。

宮里は、戦前、伊波普猷が初代館長を務めた県立図書館に勤務しながら、沖縄の歴史・文化研究に尽力した人物である。そのライフヒストリーは「沖縄学」の学脈に連なる若手文化人というもので、評伝や回顧談を読む限り政治的にアクティブだったわけではないようだ。その宮里は、沖縄戦直前に家族四人で熊本に疎開し、終戦前後は、県人会会長として熊本県内の同郷人支援にあたっていた。

しかし、終戦後は、戦中からの流れで福岡にあった沖縄県庁の出先機関との関わりが深い県人会から、戦後新たに沖縄人主導で結成された「沖縄人連盟」に活動の軸足を移し、九州本部の会長に就任。以後、戦後の彼のライフヒストリーは「運動家」「政治家」に軸足を置くものとなった。

九州における沖縄人連盟の主たる活動目的は、五万人ともいわれる疎開者の郷里への帰還促進とそれまでの生活支援である。だが、宮里らは「行政からの資金・物資の獲得」というロビー団体の範疇を越えたアクティブな社会運動を展開する。

最も著名なのは、九州本部が発足した一九四六年五月に宮崎市大島町で起きた「大島事件」と呼ばれる事件をめぐる警察糾弾活動である。大島町には終戦後自然発生的に生起した沖縄人・奄美人が集住する地区があったが、この町内に住む沖縄人宅に車の盗難容疑で警察が家宅捜査に入った際に差別的な取扱いをしたため、憤激した沖縄人男性たちが警察署を包囲する事態となった。宮里らの支援によって、沖縄側は人権蹂躙で警察を告訴した上で、連盟九州大会で抗議決議を採択し、これをもって宮里ら幹部が上京して東京の警察庁警備局長に抗議するなどの運動を展開し、最終的に和解となった。[93]

こうした状況下にあって、宮里の政治言論活動もまた、連盟発足当初から民族的な「我々」を前面に打ち出したものとなっていた。五月の九州本部結成大会での宮里の挨拶文には「三百数十年間の長い政治的経済的社会的圧迫から解放される時期が来ました。沖縄人は今立ち上がらなければ遂に立ち上がる時機はないのであります」という一文が見えるほか、この大会で採択された郷里向けのメッセージは特に沖縄語（ウチナーグチ）で書かれている。管見の限り、このような言語ナショナリズム的な政治文化行為が行われたのは、本書の対象時代においてはこの事例だけである。

この宮里が引き揚げたのが一九四六年一一月のことであった。ほぼ同時期に東京と埼玉で沖縄人連盟の活動をしていた山城善光《ぜんこう》、桑江朝幸《ちょうこう》らも帰還している。しかし、帰郷前、素朴な「米軍＝解放軍」認識に基づいて日本より米国直轄の「沖縄」のほうがさらに民主化が進んでいることを想定していた宮里らにとって、「沖縄」の状況は想定外のものであったようだ。

先述したように沖縄民政府知事の諮問機関として設置された沖縄議会を舞台に、仲宗根源和らがすでに沖縄民政府批判や「自治」の実現を訴えていた。反面、この時点では自由移動も許されていないため同志との連絡も容易でないという事情もあり、仲宗根らの活動は議会の外へ波及して不満を糾合できるような状況ではなく、逆に沖縄民政府側の締付けを受けて、在野の政治言論活動は萎縮する形となっていた。

九州時代「沖縄人連盟」の肩書きをもってフリーパスで国鉄に乗車したり、その列車内で朝鮮人が寝場所を確保するために網棚にある乗客の荷物を投げ捨てたりしても誰も文句を言わない情景を見て、解放感に浸っていた宮里をはじめとする沖縄人連盟出身者が閉塞感を感じたのは容易に想像できる。

かくしてこうした状況に義憤を感じた上記三人の沖縄人連盟出身者が奔走して開催されたのが、一九四七年五月五日に開かれた沖縄建設懇談会である[94]。この会合は、軍政統治やそれに唯々諾々と従う沖縄民政府に不満を持っているものの、まだ政治勢力をなしえていない在野の政治指導者層を超党派的に糾合することを目的に開かれたもので、沖縄群島各地から三〇〇人が集まった戦後最初の大規模な非官製政治集会である。

懇談会では、様々なテーマが話し合われたが「離日」と「帰日」に整理する観点から見れば、「我々は今は日本に属してはないし、独自の立場にあるのであるから、思い切って二、三百億乃至は五百億円を賠償要求し、米国に代行して貰って復興資金資材を獲得せねばならぬ」という戦前の代議士、桃原茂太の「対日賠償請求論」や仲宗根源和の公の場では初めての独立論の提起など、この会合を奇貨として「離日」的な意見表明が次々になされたのに対し、当時すでに「復帰派」として知られていた後の沖縄群島政府知事、平良辰雄が「帰属問題」に一切言及していないのが当時の政治言論の状況を示しているといえる。

実際、この沖縄建設懇談会を契機に沖縄人連盟出身の山城善光、桑江朝幸は、仲宗根源和に合流する形で翌六月に最初の政党、沖縄民主同盟の結党に参画し、「帰属問題」では一九四〇年代を通して独立論の立場に立った政治言論を展開して、「独立論」はいわば最盛期を迎えるのである。

また、戦前、北米・ハワイ・フィリピンから南洋群島までを廻って沖縄移民の調査提言を行ったことで知られる啓蒙家で、一九四六年二月に引き揚げてきた大宜味朝徳は、別途、社会党という政党を立ち上げ、「帰属問題」ではアメリカ合衆国加盟による沖縄州の樹立や国連信託統治論を主張した。大宜味以外の社会党幹部も「引揚者」で、社会党も「引揚者」主導で結成された政党であった。(95)

このように「引揚者」の帰還をきっかけに政治が活性化した一九四〇年代後半の「沖縄」では、様々な種類の「離日」的言論が表出し、後年、「独立論が支配的だった時代」とも評されるようになるのである。

しかし、水面下では、沖縄建設懇談会が開催された当初から沖縄群島の政治潮流を「復帰」へと経路づける動きは始まっていた。その流れを象徴するのも宮里栄輝である。当時の認識について、後年、次のように回顧している。

沖縄人連盟の考え方というものは、沖縄に帰ってきたらすっかり変わり、おくびにも出せない感じでしたね。情勢はまるでまったく反対で、とんでもない所にとびこんできたような感じがしました。民主化の反対の方向にすすんでいる。とても、沖縄独立論(96)というようなことではないという感じでした。だから、「民主化」ということにしぼって活動しました。(「宮里栄輝回顧譚(三)――疎開・敗戦・帰沖」『沖縄思潮』第四号、一九七四年七月：七七)

この段階では、それは日本の民主化の方向に一致するようなことを沖縄でやろうということで「復帰」には至っていない。しかし、一九五〇年代初頭に真和志村長・市長を務めたときは、「復帰」の立場に立っていた。その立ち位置の変遷については次のように説明している。

私は戦後二代目の真和志村長になったのですが、そのときに本土の国会議員の代表がはじめてきました。五三年ですか。そのときは、屋良朝苗さんが教職員会長で、生徒に旗をもたせて歓迎したんです。私は飛行場に迎えに行った。私のほかには又吉という浦添の村長だけでした。みんな「日本」を敬遠する素振りをする。私たちは、これはいい機会だから、沖縄をよく見てもらおうと考えた。日本ぎらいになっていたのに、また日本びいきにならんといかんようになってね（笑）。アメリカの沖縄施政を批判できるのは「日本」しかないと考えるようになっていたのです。結局、民主化という考え方を、沖縄に、あるいは小さくは真和志村において実践しようということで考えてきています。今から考えてみても、その点は一貫していると思います。そのことが具体的な現実とのふれあいのなかで、「独立」となったり、「復帰」となったりしたのであって、私たちの考えがふらふらだったのではないということです。（同誌：七八）

文中の「民主化」という単語を本書のキーワードの一つである「自治」に置き換えてもよいであろう。それを実現するために、沖縄人連盟時代の「思い」は「飲み込んでおく」必要があったわけである。

このエピソードがあった時点では、仲宗根源和とともに沖縄独立論を唱えた沖縄人連盟の元同志、桑江朝幸と山城善光も「復帰」の立場に転換している。沖縄人連盟自体も、一九四八年に内紛と不祥事が重なって執行部の総入れ替えが行われた際、元大蔵官僚で、復帰派の中心人物の一人である神山政良《せいりょう》が会長に就任すると社会・政治闘争体としての側面や「離日」的言論は沈静化の方向に向かった。

ナショナル・アイデンティティの状態

以上、一九四〇年代を中心に、沖縄群島をめぐる「アイデンティティ政治」の状況をスケッチしたが、第一章で設定した分析枠組の視座に立ったとき、ここで説明したような状況は、どのように把握しうるのであろうか。一九五一年二月に復帰運動が興隆する以前、沖縄群島の政治界においてナショナル・アイデンティティはどのような状態にあると説明しうるのであろうか。

まず観察しうる政治言論において、「日本人」が「我々カテゴリー」としての機能を停止し、「我々」が「沖縄人」や「琉球民族」等とのみ表記されている状況は、諸政治アクターのフレーミング（frame）のレベルでは複合ヴィジョンは消滅し、単一ネーションのヴィジョンが強く表出している状況にあることを含意する。

他方、「日本に未練がある」観点から教員が帰属問題を論じているとして、米軍連絡将校から注意されたことなど、草の根レベルでは日本への強い帰属感が継続していることを窺わせる記述は、「日本・日本人」の「我々カテゴリー」機能は、完全に消滅したわけではなく、「政治文化資源ベース」に格納された政治言論のレパートリー（schema）としては存在していることが含意される。

つまり、ナショナル・アイデンティティのレベル（schema）では複合ヴィジョンは存在しているものの、政治言論の「資源」としては活用されていないためフレーム（frame）としては表出しておらず、いわば「水面下に潜った」状態にある、と理解できる。言い方を換えれば、沖縄群島の諸政治アクターがその複合ヴィジョン的諸解釈図式を「格納庫」から引っ張り出して、自らのフレーミング（frame）に用いることができるような政治局面の到来を「待っている」わけである。そして、そのような局面が実際に到来した一九五一年の政治文脈で、どのようなフレーミングダイナミクスが生起したのかが、第七章の分析の焦点となる。

（1）法的に戦争が終結していなかった当該期の米軍統治の国際法上の位置づけは、「軍事占領中の交戦相手国の領土」というものであった。単に「占領期」としないのは、沖縄戦後史の文脈では、「占領」という言葉は、一九七二年五月まで継続した米軍統治期間すべてを指したり、主要米軍基地がそのまま存在し続けている現代までを含めた戦後全体の沖縄の状況を指す意味でも使われるなど、非常に多義的な言葉だからである。「戦時占領期」の表記であれば、時期を限定した含意を込めることができる。

（2）「沖縄戦の住民犠牲者」という場合、鹿児島県である「奄美」の被害者はカウントされないのが一般である。したがって「奄美」の戦没者は「県境」の向こう側で慰霊される。しかし「奄美」が米統治下「琉球」の一部だった時代、もし公的機関に「住民犠牲者」数を算出する企図があれば、それは「奄美込み」の「全琉」の単位で算出され、そして公的慰霊の対象になった可能性が高い。本書の理論視座から見たとき、「沖縄戦の犠牲者」の範疇は、公的カテゴリーの認識規定力の強さを改めて示す事例となっている。なお『名瀬市誌』（一九八三：下巻七九）によれば「奄美」では砲爆撃等で四六一人の人々が亡くなっている。

（3）このうち一二万四〇〇〇人余が激しい地上戦が戦われた沖縄群島での戦没者である。なお、この一九七六年沖縄県援護課推計の積算法には古くから疑問が寄せられてきたが、県という公的機関が出したがゆえにスタンダードとなっている。ほかには、例えば、浅野豊美（二〇〇七）が独自の推計値を提示している。

（4）糸満市の平和祈念公園内に設置されている戦没者名の刻銘碑「平和の礎」の中核的な理念は、住民、日米英軍将兵・朝鮮・台湾人軍属を含むすべての「沖縄戦の死者」を国籍の別なく追悼するというものであるが、「沖縄戦」という括りではサイパン、フィリピン等「外地」「海外」で亡くなった県出身民間人や各地の前線で戦った県出身兵士が追悼の対象にならないため、これらの人たちも刻銘の対象になっている。「沖縄人の戦争体験」という場合、「沖縄戦」以外の体験も視野に入れる必要性を提起する形となっている。なお、二〇一六年六月現在の「平和の礎」の刻銘者数は二四万一四一四人でうち沖縄県出身者は一四万九四二五人となっている。

（5）その後、一九五二年に成立した戦争の傷病者・遺族に給付金を給付する援護法が沖縄に適用されたことを主導因に、一九五〇年代には、それまでの原初的な慰霊の意味が「殉国」という国家的見地から付された「死」の意味と結び付く過程が生起した。戦後初期の文脈での沖縄戦をめぐる記憶のポリティクスの様相については北村（二〇〇八、二〇〇九）、福間（二〇一一：第一章）を参照。

（6）『沖縄タイムス』一九五〇年五月九日。

（7）『沖縄タイムス』一九五〇年六月二四日。

（8）『沖縄タイムス』一九五〇年九月二六、二七日。

（9）『沖縄タイムス』一九五〇年四月二三日。管見の限り沖縄群島の新聞で「九条」に言及した初めての記事である。宮古島の週刊新聞『宮古新報』では新憲法施行直後の一九四七年五月から六月にかけてその内容を紹介する記事を連載しており、その中で九条についても言及されている。

（10）例えば筆者が一九五〇年の時点で沖縄群島にあった五つの新聞の現存する全紙面一年分を点検したところ、九条に言及した記事は前述の『沖縄タイムス』の社説を含めて二点しか確認できなかった。もう一点は『沖縄ヘラルド』一九五〇年七月二五日である。

（11）伊藤修（二〇〇七：五四）は「日本」における「戦前・戦時の生産能力の最高値に対する敗戦時点での比率」として一九四九年の経済安定本部の報告書の数値を挙げているが、それは「水力発電一〇三％、銑鉄九九％、普通鋼鋼材一〇一％、電気銅八二％、工作機械六三％、硫酸八六％、セメント五五％」というものであった。

（12）『ワトキンス文書』第四〇巻：一〇二、第四七巻：一三。

（13）「戦時占領期」の基地建設・統治政策の内実とその住民生活へのインパクト、および住民側の政治的リアクションに関する包括的な研究としては平良（二〇一二：第一章、第二章）、鳥山（二〇一三a：第一章―第五章）、若林（二〇一五）を参照。社会変動に照準した研究としては与那国（二〇〇一：第一章、第二章）、川平（二〇一一）、米軍サイドから見た研究としてはFisch（1988＝二〇〇二）がある。

（14）米国の琉球統治が軍政の形態をとり、それが国際法上の根拠を失う講和条約締結後も継続されるようになった経過の詳細については吉本（二〇一五：第二章―第四章）を参照。

（15）初期の米軍基地建設計画に詳細ついては林（二〇一五：第Ⅱ部）を参照。

（16）例えば、『うるま新報』一九四九年六月二七日を参照。浦添市小湾を事例とした研究として加藤（二〇一五）がある。

（17）米軍の軍政実務一般について説明した一九四三年一二月十二日付のマニュアルでは、軍政府の基本的な経済政策の目的の一つに「米国や連合国の援助の必要性を最小限に抑え」ることを挙げている（Fisch 1988＝二〇〇二：一七七）。

（18）米側の経済専門家による琉球・沖縄経済の全体的評価については後述のEconomic plan for the Ryukyu Islands（1951・沖縄県立公文書館所蔵）を参照せよ。製糖産業のポテンシャリティの評価については、二〇〇六年に発刊された『沖縄県史研究叢書16・琉球列島の占領に関する報告書』に掲載されている一九四九年一一月付け「琉球列島における農業および経済復興について」（原文と和文）の「さとうきび」の項目も参照。また「経済負担」を問題視する意識が幅広い米側関係者に通底したものであることは『ワトキンス文書』（第一七巻：一三八—一四二、第二五巻：四九—五〇、第四二巻：六四—九三、第四六巻：一九—二二）に掲載された文書から窺える。

(19) 一九四〇年代から五〇年代初頭にかけての「琉球」の「帰属問題」をめぐる米軍サイドと国務省の対立過程を分析した（Eldridge 2001＝二〇〇三）では、「統治コスト負担」の重さが国務省側の「返還論」の論拠の一つとなったことが示されている。

(20) この経済政策原則の叙述は琉球銀行調査部編（一九八四）と池宮城（二〇〇九）に依拠した。

(21) 宮城（一九八二、一九九二、一九九三）、大内（一九九五）、小川（二〇一二）を参照。

(22) 吉本秀子（二〇一五：第2部）によればこうした教育文化政策は対外広報戦略の一環として位置づけられていた。琉球大学については山里（二〇一〇）、小川（二〇一二）、琉米文化センターなどの文化教育政策については宮城（一九九二）と『那覇市史　資料篇　第3巻2』を参照。

(23) 比嘉（一九六五、一九七五）、島袋（一九七五）を参照した。

(24) 米国民政府設立の動機や政策意図については吉本（二〇一五：第四章）を参照。

(25) 一九五〇年三月、宮古民政府知事が沖縄民政府知事に対して、「宮古」産の泡盛の「沖縄」への「移出」許可を求めたのを受けて、沖縄群島の酒造業者が大同団結して「移入阻止方」を陳情する騒ぎがあった。この時、沖縄群島の酒造業者たちは、反対理由として、「宮古」の酒造税が「沖縄」よりはるかに安いため、販売価格的に太刀打ちできないことを挙げている（『うるま新報』一九五〇年三月二一日、二二日、二四日、『沖縄タイムス』一九五〇年三月二一日、二二日、二三日）。税制の違いから、「琉球」内で「貿易障壁」が存在していた状況が窺える。

(26) 第四章で言及する米軍補助金分の予算編成に関する知事の裁量権の獲得以外では、例えば、映画や演劇の検閲権が米軍政から群島政府に移管された（『群島議会Ⅰ』一九六八）。

(27) 出典：波平（二〇〇六：二二二）より転載。

(28) 『うるま新報』は、創刊直後はカタカナ表記の『ウルマ新報』。一九五一年九月に『琉球新報』に改題した。

(29) 沖縄群島政府統計課編『沖縄群島要覧　一九五〇年版』（三六—三七）の表に依拠。一九四〇年からの増加率は二二・四五％、一九四五年末からの増加率は七八・三七％ということになる。なお、マッカーサー司令部から派遣されたD・グッドウィンを団長とする調査団の一九四九年九月二〇日付報告書“Land Tenure Practice and Problem”には戦前から二一％の増加率としている（『ワトキンス文書』四七巻：七六）。

(30) 引揚者数については、一九四六年八月から一二月まで一〇万四〇〇〇余人という数値が一般によく引用されている（例えば、鳥山二〇一三a：四四）。ただ他の数値を示す研究もある（例えば、Fisch 1988: 94、浅野二〇〇七：三一七）。

(31) 前出“Land Tenure Practice and Problem”では二四％減少としている（『ワトキンス文書』四七巻：七六）。一方、鳥山（二〇一三a：一一五—一一六）は『沖縄群島要覧　一九五〇年版』の統計から三五％減少という数字を示している。

(32) B円とは貨幣経済が復活した一九四六年四月から米ドルが公定通貨となった一九五八年九月まで米統治下「琉球」で使用された軍票通貨である。「戦時占領期」においては米陸軍省予算から供出されたガリオア・エロア援助物資などを「琉球」内で販売した際の代金が米軍政のB円予算となった。

(33) ソ連時代、「役得」がある食糧を扱う職種が人気だったことはよく知られているが、この時期の沖縄群島でも、軍作業のうち、物資や食料への

「アクセス」が容易なドライバーや炊事係が人気の「職種」だった（波平二〇〇六：二三〇）。

（34）「住民間で、働き場所である米軍部隊の豊富な諸物資をかすめ盗ることは当然のことと化し、そのときの盗品を戦果と称した」（『沖縄大百科事典』中巻：五八一）。その「戦果」物資が「密貿易」の元手となった。与那国島とトカラ列島内の口之島を中継地に北は大阪から南は香港にまで及んだ非正規交易活動（「密貿易」）の研究としては石原（一九八二）、三上（二〇一三）、小池（二〇一五）、その後の米軍権力による「国境」の再設定に伴う「遮断」の局面に照準した論文として屋嘉比（二〇〇三）がある。

（35）米政府内の琉球統治政策決定過程に関する叙述については河野（一九九四）、宮里（二〇〇〇）、Eldridge（2001＝二〇〇三）、明田川（二〇〇八）、平良（二〇一二）、若林（二〇一五）を参照。

（36）それ以前は基本的に日本新円とB円軍票が併用されていた。しかし密貿易取引の活性化や日本円を所持する「引揚者」の流入によって、日本円の通貨供給量はその額を把握する術もないまま増大する一方で、インフレの原因になったと見られている。

（37）この「復興」期の最中、一九五〇年六月に朝鮮戦争が勃発した。平良好利（二〇一二：五一―五二）によると、その結果、戦争勃発以前の計画では、基地の恒久化と同時に軍用地を可能な限り解放して農業生産の促進と経済依存度の低下を計るために基地面積を四万五〇〇〇エーカーから二万七五〇〇エーカーにまで四〇％弱縮小することが意図されていたものが、勃発後は、一九五〇年一〇月の史料では三万三八〇〇エーカー、一九五二年四月の史料では三万九〇〇〇エーカーと縮小幅が大幅に圧縮された。そして一九五〇年代中頃に日本駐留の第三海兵師団を「沖縄」に移駐する計画が持ち上がると、新規に三万九〇〇〇エーカーの軍用地取得計画が立ち上がり、基地面積は一九四〇年代よりもむしろ大きくなった（平良二〇一二：一〇二―一〇四）。

（38）一九四九年一一月二三日付け "Okinawa: Report on Construction Program" を参照した平良（二〇一二：三九―四〇）で提示された金額。一九五〇年一月・二月の米軍公文書を参照した鳥山（二〇一三a：一〇六―一〇七）では、この時点で二億五九〇〇万ドル相当の建設計画が具体化し、そのうち五〇年度予算分五八〇〇万ドルが議会の承認を受けたとしている。そして、一九五〇年三月の米軍公文書に記載された四八プロジェクト中半分の二四プロジェクトが住宅、兵舎、宿舎、店舗、劇場、学校、図書館、教会等の基地内居住環境整備にあてられたことを示している。居住環境以外では、道路、水道、送電施設、石油パイプライン整備等のプロジェクトがあったとしている。

（39）給与引上げ直後の一九五〇年五月七日付け『沖縄タイムス』には、新規で出された基地関係の求職に人々が殺到する様子を伝える記事がある。それによると一九五〇年五月一日から三日までの求人に対して七～八倍の求職者があったという。

（40）一九五〇年一二月三一日付け『うるま新報』は軍直轄の専門機関の一つ、琉球農林省が一九五〇年六月から一二月にかけて実施した調査が伝える離農状況を伝えている。その記事によれば、四三ヵ村において一万四〇〇〇人以上の者が離農し、そのうち三二〇〇人あまりが基地労働へと転職している。また離農者の耕作していた土地の約二六％について耕作希望者が現れず放置されているとしている。鳥山（二〇一三a：一一五）は沖縄朝日新聞社の「沖縄大観」一七九頁に記載された一九五〇年一二月時点での一覧表をもとに各市町村の可働者数に占める軍作業従事者の割合を独自に計算しているが、それによれば嘉手納基地近くの北谷村の六八・〇％、那覇基地（現那覇国際空港）近くの小禄村の五一・四％が突出して高く、後は基地に近い那覇市や越来村（後のコザ市）など沖縄本島中南部の米軍基地密集地帯の市町村が三〇％前後の数値を示している。

（41）基地で働く人々の人数の変遷を見ると、鳥山（二〇一三a：四五）は、一九四九年九月時点での人数を三万八千人余と推定している。それが一九五二年のピーク時の統計では六万人台半ばとなっている（鳥山二〇一三a：一二五―一二六注六九、琉球銀行調査部編一九八四：二〇〇）。以後一九五五年まで五万人台で推移している。この間、基地従業員のドル給与額は米国国庫負担化初年度（一九五一米会計年度）の一二二〇万ドルを皮切りに漸次上昇し一九五五米会計年度では一八二六万五〇〇〇ドルとなった（琉球銀行調査部編一九八四：二〇〇）。

(42) この「復旧期」の居住地再建と生活状況については北谷村、読谷村を事例とした鳥山（二〇一三a：第二章）、浦添市小湾を事例とした加藤（二〇一五）を参照。

(43) 「戦果」体験をめぐる語りは、並平（二〇〇六）、琉球銀行調査部編（一九八四：八三）、沖縄タイムス社編（一九七一）、琉球新報社編（一九九二）、沖縄タイムス社編（一九九八）に掲載されている。

(44) 『沖縄タイムス』一九四九年九月一日。

(45) 例えば一九五〇年三月九日付けの『沖縄タイムス』の「今年の長者番付―沖縄一は糸満に―南部に片寄《ママ》る大金持」と題する記事を参照。

(46) 『琉球日報』一九五〇年三月二四日。

(47) 『沖縄タイムス』一九五一年八月一二日。

(48) 周知の通り、米軍将兵の性犯罪は、その他の米軍がらみの事件事故と並んで「戦後沖縄」の日米両政府に対する怒りの大きな源となっている。その怒りが大規模に表出したのは一九五五年のことである。第八章を参照。

(49) 歓楽街形成をめぐる複雑な思惑の交錯の詳細については加藤（二〇一一）と、より簡潔な鳥山（二〇一三a：一五三―一六〇）を参照。

(50) 一九五一年から五二年にかけての居住空間整備工事の進捗状況については鳥山（二〇一三a：一二三注四三）にまとめがある。この後一九五三年四月に強制収用された真和志村銘苅などの地区も米軍住宅地となった。

(51) **Fisch** (1988: 87)。なおこの文献の和訳（二〇〇二）では一九四九年三月となっていたが、原本ではMay 1949と表記されていたので、こちらを採用した。

(52) 一九五六年五月に「沖縄」で調査を行った国際自由労連沖縄調査団の報告書によれば、一時間当たりの最低賃金は米国人一ドル二〇セント、比島（フィリピン）人五二セント、日本人八三セント、沖縄人一〇セント、同最高賃金は米国人六ドル五二セント、比島（フィリピン）人三ドル七七セント、日本人一ドル三セント、沖縄人三六セントとしている（琉球政府労働局一九六七：一二二）。

(53) 「奄美」から沖縄への移動・定住過程に関する定点観測的な研究として三上（二〇一三）がある。ほかには、間（二〇〇〇、二〇〇三：一三九―一五〇）、佐竹（二〇〇三）、森（二〇一〇：二六四―二七一）、鳥山（二〇一三a：一一七―一二一）を参照。

(54) 間（二〇〇〇）より重引用。

(55) そのような状況を示すエピソードが一九五〇年六月一五日付け『沖縄毎日新聞』に出ている。「大島へ帰して―幼童通行人に訴う」と題するこの記事は、母親会いたさに内緒で沖縄に来た奄美大島の七歳の男の子を救出する話なのだが、文中に「……忠広君は七才とは思はれない程日本語が上手で……」という一文がある。「琉球」において「日本語」は学校で会得する言語なので就学前の児童は話せない。だから沖縄人の大人と奄美人の子どもの意思疎通には「通訳」がいるはずだ、という前提が書き手・読み手の「常識」となっていて初めて成立する表現である。

(56) 沖縄群島の警察において、「奄美」など他群島からの労働移民によって「犯罪」が増えたという、エスニックカテゴリーを「治安リスク」と結びつけた認識があったことが、『群島議会Ⅰ』（一九四）記載の警察部長答弁から窺える。土井（二〇一五：三五）も参照。

(57) 一九五一年一月一日付けの『うるま新報』と一九五二年一月一日付けの『琉球新報』に掲載された日本建設業者連名の元旦広告に依拠。

(58) 例えば、一九五一年二月二三日『うるま新報』の記事「日本人とび職の暴力―沖縄人労務者なぐる」と一九五一年二月一五日群島議会本会議における仲里誠吉議員の発言を参照（『群島議会I』一九五）。

(59) 新聞紙面に現れる労働争議の初出は一九五二年一月二六日（『琉球新報』・『沖縄タイムス』）である。その後、六月頃からこの頃結成された地下共産党の指導により大規模化してゆく（新崎一九七六：一一五―一二〇、森二〇一〇：第三章）。

(60) このテーマについては大田（一九九六［一九八四］）、宮城（一九八二、一九九二、一九九三、一九九四a・b、一九九六）、崎原（一九八六、一九八九）、大内（一九九五）、Eldridge（2001＝二〇〇三）、小川（二〇一二）らによる研究がある。

(61) 英文原著での引用箇所はEldridge（2001: 207）を参照。

(62) 同じ手紙の英語原文は『沖縄県史：資料編2』の「原文編」一九三頁に掲載。「田舎者」の原語は"the sticks"。

(63) この国務省の作業に関する記述はEldridge（2001＝二〇〇三第3章）に依拠した。

(64) Eldridge（2001＝二〇〇三：四八）。

(65) Eldridge（2001＝二〇〇三：三九）。

(66) Eldridge（2001＝二〇〇三：五四）。英文は原著よりの引用。

(67) 同書同頁。

(68) 『沖縄県史　資料編2』の「原文編」「翻訳編」に掲載。

(69) ハワイの日系人社会における米「ナイチ人／オキナワ人」関係の変遷や、それがこの"okinawan studies"を含めた米国の対「琉球人」認識・政策に与えた影響については岡野（二〇〇三、二〇〇七、二〇〇八a・b、二〇一〇、二〇一一）を参照。ほかに"okinawan studies"を検討したものとしては。前出『沖縄県史　資料編2』の解説である宮城（一九九六）のほか、大田（一九九六［一九八四］：八二―九〇）、崎原（一九八九）がある。

(70) 『沖縄県史　資料編1』の「原文編」「和訳編」に全文掲載。

(71) マードックらの活動を米国人類学の知的系譜の中に批判的に位置づけた研究がある（Price 2008、小川二〇一二：第一章）。

(72) その後沖縄戦の開始とともに沖縄入りし、軍政官として活動した。第四章を参照。

(73) 興味深いことに、同じハーバード大学の人類教授でもアジア専門家で国務省極東局の顧問だったD・オリバーは一九四九年五月に沖縄群島を視察した際の報告書で「琉球人は完全に日本人であり」「独立した琉球文化という設定は、誤った歴史的、人種的前提に基づいており、問題にならない」と正反対の方向で結論している（Eldridge 2001＝二〇〇三：一七二）。

(74) 「原文編」では六一―六二に掲載。

(75) この表現は先に提示したワトキンスの手紙の中の「田舎者"the sticks"」と近似しているが、ワトキンスは沖縄上陸前、ハワイでこの"Handbook"の作成作業陣の一人だったので、そのワトキンスと"Handbook"の「琉球人」観の近似は単なる偶然ではない。そして、それは「沖縄人の間では日本人に対する反感はあまりなかった」と断言したワトキンスの「琉球人」観は、実は"Handbook"が提示した「琉球人」観と二律背反的なものではないことも示している。この点"Handbook"が「『沖縄人は日本人ではない』というテーゼ」を示したとする通説（例えば、小川二〇一二：二七）は、踏み込み過ぎていると思われる。
(76) エルドリッヂは、国務省では「琉球」の中国語読みである Liuchiu の表記が採用されていたが、一九四五年一二月に Ryukyu 表記に変更されたことを指摘し、日本専門家が琉球が日本の正当な領土であることを象徴的な意味で示そうとしたのではないかと推察している（Eldrige 2001＝二〇〇三：五四）。ちなみに第二章で取り上げた一八八〇年代における「琉球」の「帰属問題」をめぐる日清交渉に関する英字紙の記事では、Liuchiu や Luchu の語が多く用いられており、新聞英語では、中国語読みのほうが早くに定着していたことが窺える（與那覇二〇〇九：第一章）。
(77) 北緯三〇度以南を分離した経緯、理由、意図については、外交史研究上の論点となっており、様々な議論があるようだ（例えば、我部二〇〇〇：四七、宮里二〇〇〇：二一―二三、杉原二〇〇五）。ただ政策的意図はどうであれ、後述するように「奄美」統治の開始時点で、米軍政が奄美を Northern Ryukyu と呼称していることから、「奄美」込みの「琉球」を一まとまりの領土単位と扱っていることは間違いない。いうまでもなくこれは上述の国務省側の結論と符合しており、この頃までにこのような「琉球」理解が米軍サイドでも確立されていたことが窺える。
(78) 中村（一九八四：四九―五〇）より重引用。
(79) 誤報であった。
(80) 高橋（二〇〇七：四〇二）で引用されていた『国頭字誌』（一九九五）より重引。
(81) 高橋の主著（二〇〇六）は、この時期の「奄美」「沖縄」間の境界の顕著さが例外的なものであったことを示唆している。現代の沖永良部島を舞台に、アンケート調査と参与観察を併用したこの研究では、インタビュー調査で家系などの理由で沖縄とのつながりに思い入れを持つ人たちの語りが提示・検討され、アンケート調査では「鹿児島」よりも「沖縄」に対する文化的アタッチメントが強い人が数的に多いこと等が示されている。
(82) 例えば、一九四五年一二月二一日に諮詢委員の一人で米国の大学を卒業した松岡政保工務部長が前出ワトキンス少佐に「沖縄と琉球と孰れがよいか」と尋ねられて「オキナワン（人）、オキナワ（島）と云った方がよい」と答えている（『沖縄諮詢会記録』二三〇）。さらに一九四八年二月二七日の沖縄民政府部長会議の議事録に、部長の一人が「琉球の名称を沖縄に改称したい。」と発言したことが記録されている（『沖縄民政府記録1』六二一）。また一九五〇年に沖縄の三政党の代表が軍政長官と面談した際の要望書には、主語が「沖縄」とされていた。このため、Ryukyu ＞ Okinawa の解釈図式が公定化されていた米軍政側と意思疎通に齟齬をきたしたためか、面談に先立って代表の一人だった仲宗根源和が米側にこの「沖縄」は「琉球」全体を意味するものだとの定義づけを提示している。
(83) 『沖縄タイムス』一九五〇年五月二五日「社説・自治政府を要望」。
(84) 『沖縄タイムス』一九五〇年一〇月二五日。
(85) 一九四七年五月五日開催。『那覇市史：資料篇　第3巻5』四一―五二に採録。
(86) 仲宗根（一九七三［一九五五］）、仲吉（一九六四）、新崎（一九七六）、鳥山（一九九七、一九九八）、比嘉（二〇〇四）、池田（二〇〇六、二〇〇七）、浅野（二〇〇七）、櫻澤（二〇〇八）を参照した。
(87) 諮詢会に採用されなかった理由については『ワトキンス文書』（解題・総目次：一七）のマサジ・マルモト証言を参照。
(88) 日本渡航前の仲良の活動については昭和二一（一九四六）年二月一五日、同四月五日、同八月五日付けの『沖縄新民報』を参照。
(89) 沖縄人連盟に関しては沖縄タイムス社編（一九七一：二五―四三）、新崎（一九八二a）、そして連盟の機関紙『自由沖縄』と初期には連盟と対立関係にあった在日沖縄人新聞『沖縄新民報』の記事を参照した。

(90)　全文が中野好夫編『戦後資料沖縄』(一九六九：七)に掲載されている。「(日本の天皇主義者は)同一民族であることを諸君に押し付けました」「すなわち沖縄人は少数民族として抑圧されてきた民族であります」といった表現を文中に含むこのメッセージは、長く戦後初期日本共産党が「沖縄独立論」の立場に立っていたことの証拠として盛んに引用されてきた。しかし最近になって森宣雄(二〇一〇：第一章)が、当時の国際共産主義運動における民族理解を踏まえて読めば、単純な独立論ではなく「一旦分離した上での再結合論」を前提にしていて、その他の沖縄出身共産党員も同様の前提を持っていたと論じている。

(91)　徳田自身の沖縄論として、関連研究書で多く引用されているのが雑誌『青年沖縄』第三号(一九四七年七月)に掲載された「沖縄問題座談会」における徳田発言である。「独立を祝うメッセージ」とシンクロする議論が展開されている。森・国場編(二〇〇五)に再掲されている。

(92)　以下宮里栄輝の叙述は、宮里栄輝八五歳トゥシビーを祝う実行委員会(一九八二)、宮里(一九九四)と一九七四年に雑誌『沖縄思潮』1号～4号に連載された「宮里栄輝回顧譚」、新崎(一九八二c)に掲載された「明治・大正・昭和の社会相(宮里栄輝氏に聞く)」を参照した。

(93)　同月には、熊本県内で起きた別件の暴行事件で、警察署長が朝鮮人・沖縄人に対して責任を持って保護する旨を声明した覚書を朝鮮人連盟・沖縄人連盟に出したり、七月には熊本駅前のヤミ市場で沖縄人出店者と地元側の縄張り争いに端を発して朝鮮人出店者を巻き込んだ乱闘事件が起き、地元側と沖縄人連盟で和解するといった事案があったようだ。

(94)　沖縄建設懇談会開催の経緯についてはこれまでに挙げたもの以外に平良(一九六三)、仲宗根(一九七三[一九五五])、当山(一九八二)、桑江(一九九一)も参照。また『那覇市史：資料篇　第3巻5』に議事録と解説が掲載されている。

(95)　沖縄群島以外では、宮古群島にも独立論を掲げた政党があった。他方、後述するように復帰論が圧倒的だった奄美群島では独立論者は極めて例外的な存在で、政治勢力としては存在しなかった。

(96)　宮里の回顧談ではしばしば「独立論」という表現が見られるが、一次史料で確認できる宮里の政治言論には、例えば徳田球一のようなシステマティックな世界観に根ざした政治構想の語りは確認できない。子息が書いた評伝(宮里一九九四)が示唆しているように、この時期の宮里の「離日」的言論は、「独立論」というよりは「ヤマトによる抑圧」という歴史観に根ざした素朴な解放感の表出として把握するのが適当であろう。

第Ⅱ部

第四章　「自治」「経済自立」理念の表出（一九四五―一九五〇）

第一節　一九四〇年代における「自治」「経済自立」理念の登場

「自治」理念をめぐる「戦前」と「戦後」の政治環境の相違

本章では一九五一年に複合ヴィジョンが再生する以前に、琉球・沖縄人を主体とする「自治」「経済自立」の理念が興隆してゆく過程を照射することを目指す。第一節では一九四〇年代、第二節では一九五〇年に起きた「自治」「経済自立」をめぐるフレーミングダイナミクスを検討する。

本節では、まず一九四〇年代における「自治」の興隆過程について検討するが、具体的な検討に入る前にまず、「自治」理念をめぐる「戦前」と「戦後」の政治環境の相違を確認しておこう。

この理念の生成・変容を統制する政治環境は、戦前と戦後では次の二つの点で大きく異なっている。

第一に、戦後沖縄では、「自らが選出した『我々の代表』を通して琉球・沖縄を統治する」という本来の意味での自治（self-government）の理念を公的政治言論のレベルで表明し、なおかつそれを現実政治の目標として追求することが可能な政治環境が出現した。

第二章で述べたように、戦前沖縄において、この概念には自らの故郷で主人から食客の地位に墜ちた政治状況を打破して、再び「我々」が主人公となるための「理念」という「支配からの離脱」の含意が込められていたが、当然のことながら、それは知事や部長が転勤族の内務省官僚で占められる戦前の府県制の枠組を所与の前提にせざるをえないという状況に制約されていた。これでは自らを「我々の代表」によって統治するという「理念」の実現はおぼつかない。しかし、戦争によって日本帝国の権力が消滅したことでこのような制約は消滅し、この理念をおおっぴらに追求することができるようになった。

第二に、戦後沖縄の支配者である米軍政は、平等な個々人から構成される「我々」が自らを統治するという「自治」の理念に、戦前の日本帝国よりも強く規範的に拘束されていたので、第二章で触れた公同会事件のように門前払いにすることはできなかった。

米国にとってself-governmentは建国理念のキーワードの一つである。[1]そして第二次世界大戦後の段階では、それは米国主導で制定された国連憲章をはじめとする国際規範の一部として定着している。[2]だから米軍政には、「琉球」で自治（self-government）を実現することが「不必要」だとして退けるという選択肢はない。米軍政がいかなる琉球統治の構想を組み立てるにしても、「self-governmentは実現されるべきである」という規範的前提に依拠した上でレトリックを組み立てる必要がある。その意味では、米統治下「琉球」に「自治政府を樹立しなければならない」という基本的な解釈図式において、沖・米双方に対立点はないともいえる。

しかしこれまで述べてきたように、「自治」という単語の意味は固定されているわけではない。それは様々な解釈のレパートリーを内包したレポジトリーの性質を帯びており、個々の政治アクターが組み立てる具体論のフレーミングのレベルでは、いく通りもの解釈を紡ぎ出せる多義的（multivocal）な特質を帯びている。だから、いかなる具体的な統治体制をもって「自治の実現」といえるのか、いつ、どのような自治政府を、どのような手続によって樹立するのか、といったより具体的な「自治」の意味内容は思惑が異なる沖・米で違ってくる。こうした第一章で「縦の相互作用」と呼称した支配者と、「我々」の間における政治認識闘争のダイナミクスによって、「自治」がどのように表出・変容したのかを見ることが本節の作業の軸の一つとなる。

他方、第三章で提示したように一九四〇年代の段階では、「我々」の側でも、具体的な将来構想は独立論から日本復帰を前提にした「自治論」まで談論風発状態であった。こうした状況にあって、独立論者と復帰論者という対極に位置する政治アクターが曖昧に一致できる理念である「自治」が、「我々」内の対立を棚上げして「オール沖縄」的に団結を育むマスターフレームとして興隆する「横の相互作用」のダイナミクスを検討することが、本節の作業のもう一つの軸となる。

一九四〇年代の「沖縄」において、「縦の相互作用」と「横の相互作用」のフレーミング過程が具体的にどのように「自治」理念の興隆につながったか、以下検討してゆきたい。

「自治」の表出

第二章で述べたように琉球・沖縄の文脈における「自治」という単語の初出は、日清日露戦間期の公同会事件にまで遡ることができ、その意味ではその端緒は「戦後」ではなく「戦前」にある。ただ、この概念が米軍政に対する「対抗理念」として興隆した端緒は、終戦直後の「沖縄」の政治状況に由来する。

戦後最初期の「沖縄」の政治状況を窺い知ることができる数少ない一次史料である「沖縄諮詢会記録」を見ると、「自治」が米軍政に対する対抗理念としての性質を帯びるようになった時期は、終戦直後に米軍軍政官の指示によって沖縄諮詢会が進めた自治政府構想が、米軍政内の路線対立の結果白紙となり、代わって軍政実務の請負機関に過ぎない沖縄民政府の設立が上意下達式に進められた一九四五年末から一九四六年三月にかけてのことと思われる(3)。

沖縄民政府の設立作業は、一九四五年一二月、政治学者を本職とする二人の軍政官、カルドウェル中佐とその補佐官的な存在だったワトキンス少佐によって開始された。しかし、実はこれに先立つ九月から一〇月にかけて、カルドウェルの前任のマードック中佐(4)の指示により、沖縄諮詢会は独自の自治政体案をまとめていた。しかし、沖縄側との連絡を担当したワトキンス少佐は、「聞いた事もない。どうなって居るか分からない(5)」と沖縄側の構想を「なかったこと」にしてしまい、代わって自分たちが制度設計した沖縄民政府の設立作業を進めた。

しかし、沖縄民政府の機構は政策を立案・決定・執行するという統治の権限や「我々」の代表を選出して「民意」を政治に反映する仕組みを兼ね備えたものではなかった。それは終戦で進む動員解除によって米軍政の要員が急減するという状況において、その実務をアウトソーシングする必要があるという発想から進められたもので、沖縄側がまとめた政府案のような「自治」の理念に立脚したものではない(6)。つまり、沖縄側からしてみれば自分たち自身が議論を積み重ねてまとめた構想が葬り去られたという手続の観点からも、権限の内容的な観点からも、不本意な展開だったわけである。

こうした状況下にあって、一九四六年三月、沖縄諮詢会内で「自治」をめぐる政治路線闘争が起きた。一九四六年三月八日の諮詢会の協議会で、一五人の諮詢委員の一人、又吉康和《こうわ》は、翌月発足する沖縄民政府の知事は公選ではなく任命制にすべきとの自案をペーパーとして配布し、その理由として以下の引用文などの点をあげた。

今日の情勢下に於ては「自治制」とは無規律の民衆に対ひ「自分自身」を「自分自身」で政治する事だと「無責任な政治家」をして放言せしめ民衆を煽動する結果、社会をして益々混乱に陥入らす事になる。(『沖縄諮詢会記録』三四七―三四八)

又吉の主張は、戦前の沖縄県庁の制度から議会制民主主義の要素を取り除いた行政機構部分のみを短期間で再構築する方針に基づいて、知事を任命制、議会を権限のない諮問機関とするカルドウェルとワトキンスの意向に即した趣旨となっている。又吉はワトキンス少佐と密接に連絡を取る関係だったので、自治制尚早論はワトキンスによる軍政府方針の説明を踏まえていたと推察される(7)。

しかし、又吉の提案は、諮詢会の中のみならず、諮詢会委員以外の指導者層の強い反発を招いて、「センセーションを起こしている」「怪文書が出回っている」という状況になった。結局、二週間後の三月二五日の諮詢会協議会では自治制度の早期施行を軍政府側に申し出ることを又吉自身を含む全会一致で決議している(8)。

又吉の「自治制尚早論」の提案から事実上の撤回に至る過程は、この時点で「自治」が規範的拘束力を持った「理念」として機能していたことを示唆している。又吉の提案がかくも圧倒的に糾弾されたことは、その提案を「逸脱」として認識させる規範の存在を含意しているからである。

同時に、支配者・米軍政が取り組んでいる沖縄民政府の整備が、沖縄側が希求する「自治」の理念と合致していないことを前提としているこの決議は、米軍政に対する対抗理念としての「自治」の最初の表出としても捉えることができる。その表出過程を駆動させたのは「支配者」―「我々」間の相互作用（縦の相互作用）であったと見ることができる。

もっとも、翌一九四七年に開かれた最初の非官製政治集会「沖縄建設懇談会」の記録には「自治」という単語は一カ所しか見当たらない（『那覇市史：資料篇　第3巻5』四一―五二）。後述するように一九五〇年代初頭の段階、例えば一九五二年二月の琉球政府立法院の議員選挙では、「自治」は党派を問わずどの政治家も用いる常套句となっていたが、一九四七年頃の段階では、「民主化」「民主政治」「民主主義」「デモクラシー」という単語が目立ち、「自治」は後年ほどの中心的単語ではなかった可能性がある。

「自治」のマスターフレーム化

以上、一九四五年末から一九四六年三月に生じた「支配者」―「我々」間の政治認識闘争という「縦の相互作用」を動因とする「自治」の表出過程を照射した。これに対し、「自治」が、「我々」内の対立を棚上げして「オール沖縄」的に団結を育むマスターフレームとして興隆する「横の相互作用」を看取できるのは一九四九年の政治文脈である。

この一九四〇年代の時代文脈における「自治」理念の特徴を浮かび上がらせるため、まず、一九五一年以降人民党書記長として復帰の論陣を張ることになる瀬長亀次郎の一九四九年時点での「自治」をめぐる論考の抜粋を例示し、第三章で提示した「帰日」対「離日」の対立文脈の中に位置づけることから始めよう。

……努力の結集点は……琉球民《たまたみ(ママ)》族の基本法《ほう》たる憲法の制定であり憲法議会《くわい》の速《そく(ママ)》かなる直接選挙である……（中略）……自治《じち》権の範《はん》囲の拡大せる歴史《れきし》的事実《じつ》の示さを私達《わたしたち》はすなおにうけ入れたいのである　従つて「主権《けん》の

確立とその限界拡大に全精《せい》力を結集せよ」これが琉球の民族《みんぞく（ママ）》解放運動《はこどう（ママ）》の現時の主要目標であらねばならない。

（『うるま新報』一九四九年二月二日「知事選挙について（2）」）

この新聞論考全体の論旨は、知事公選そのものよりも、憲法議会による「琉球民族の基本法たる憲法」を制定して理念的土台を築き、その理念に依拠して知事選挙を実施する手続が大事だというものである。そして現に我々が、終戦以来自治権の拡大を獲得してきた歴史を踏まえれば、それは決して不可能ではなく、これまでの自治権拡大の延長線上で、「主権の確立とその限界拡大に全精力を結集」することで、憲法議会と憲法の制定を勝ち取っていこう、という文脈で「自治権」が登場している。フレーム分析の類型では「何をすべきか」を提示する「予後的フレーミング（prognostic framing）」（Benford & Snow 2000: 616-617）に該当する。

この例文中にある「主権の確立」「琉球の民族解放運動」「琉球民族の基本法たる憲法の制定」という表現からは「独立論」的含意を容易に読み込むことができるし、実際、多くの沖縄戦後史研究者はこの例文をはじめとする一九四〇年代の瀬長の言論に「独立論」を読み取ってきた。しかも、この論考から二年後に瀬長は「復帰支持」の立場を表明したことから、その言説の変異は「独立論」から「復帰論」への「転向」と読まれてきた。

もっとも瀬長自身は戦後初期に独立論を主張していたことを認めず、実際に独立そのものを主張したことを示す史料もないのだが、「琉球民族の基本法たる憲法」といった表現のインパクトの強さに引きずられる形で、どちらかといえば「独立論から復帰論に転向」という理解が優勢な形で今日に至っている。

しかしこの論考で瀬長が提示した「予後的フレーミング」の解釈図式を独立論としても読め、独立論未満の理念とも読める幅広い解釈のレパートリーを内包したフレーミングとして理解すればどうだろうか。言葉をかえれば、「独立論」対「復帰論」の対立的な二項のどちらかに引き寄せて理解する「色眼鏡」のカラーを脱色し、多様なアクターがそれぞれの立場に即して解釈することができる曖昧さを特徴とする理念として理解するのである。そうであれば、第三章の最後に記した宮里栄輝の回顧談での発言とのアナロジーで表現すれば、「離日」であれ「帰日」であれ「自治」の理念は一貫している、ということになる。

そして、フレーミングの動員力、あるいは連帯機能の観点から見ると、その曖昧さはむしろ強みになる。この引用文を当時の瀬長が位置していた政治文脈に置けば、この点は明瞭である。

一九四八年から一九四九年秋にかけて、米軍政は、「援助依存からの脱却」を旗印に、徴税強化によって行政費の住民側負担を拡大する一方、懲罰的な配給停止（一九四八年八月）や、米などの主食の配給価格を一気に六倍に引き上げるという大幅値上げ（一九四九年二月、三月）を一方的に実施。その結果、沖縄側に大きな反発が巻き起こった。特に、一九四九年の反発は、ダイレクトな米軍政批判が公然化したという点で政治史的な転換点をなしている。(9)

まず一九四九年三月に、戦前の県会議員らによる諮問機関、沖縄議会が総辞職を試みて、審議をボイコット。一九四九年四月には、当時沖縄群島にあった三つの政党、すなわち独立論者の仲宗根源和が率いる沖縄民主同盟、合衆国への加盟による「沖縄州」発足の夢を語る大宜味朝徳の社会党、そして瀬長亀次郎の人民党が大同団結して「人民戦線」ないし「民族戦線」といった呼称の共同行動の枠組を結成した。「琉球知事並に議会を公選し速かに憲法を制定せよ」「一九四八年度所得税を全額免除せよ」「自治体制の確立するまで軍補給物資を増配せよ」という三点要求の声明文が沖縄群島各地に貼られたという。一九四九年五月には各地で三党合同の演説会が開かれた。五月一日に那覇で開かれた最初の集会では、登壇者の一人が「日本復帰を唱える人も、米国帰属を唱える人も、また完全独立を唱える人もいるが、ここが私たちの郷土であることを否定する者はいない」とした上で前記三点の要求貫徹を改めて強調した。(10)

一連の人民戦線ないし民族戦線のフレーミングでは米軍政を「抑圧的な他者」と設定する関係性の中で「復帰論」や「独立論」といった党派性を超えたオール沖縄的な「我々」という政治の「主体」が提起されている。(11)そして「知事並びに議会の公選と憲法の制定」や「自治体制の確立」までと期限を切った上での援助要求、といった「自治」理念に由来するフレームは、「復帰論」や「独立論」という立場を放棄することなく、それでいてそれぞれの立場性を超えて結集できる「理念」として提示されている。つまり、「自治」理念に由来するフレームは「独立論」と「復帰論」の立場の相違をオブラートに包んだ上で、すべての諸党派が相乗りできるマスターフレーム的な機能を帯びているのである。

一九四〇年代の沖縄群島の政治文脈では、「自治」という用語の意味内容の曖昧さが、幅広い政治アクターにアピールするという強みに結び付いているわけである。

そしてこのような使われ方をしたことが、「自治」理念の中心性を強めた可能性がある。先述したように「沖縄諮詢会記録」にある「自治制尚早論」の顛末は、「自治」がすでに規範的拘束力を帯びた支配的理念だったことを示しているものの、反面、「自治」という単語は「沖縄建設懇談会」という重要な政治イベントの記録に登場しない。つまり重要ではあっても場面を問わず必ず演説に入れられる必須の政治単語として用いられていたわけではない。しかし、一九五〇年の段階では、政治演説などで必ずといっていいほど登場する非常にポピュラーな単語になっている。したがって、両者の中間にあたる一九四九年の「人民戦線」ないし「民族戦線」でキーワードとして採用されたことが、この単語を政治言論上の必須の単語へと昇格させた動因として機能した可能性がある。

「自給」から「経済自立」へ

以上の「自治」理念の架橋機能をめぐる議論は検討可能な史料の絶対数が少ないため仮説提示のレベルにとどまるが、一九四〇年代の「沖縄」で、「自治」が諸政治アクターを規範的に拘束する支配的理念で、なおかつ米軍政に対する対抗理念の性質を帯びていたことは社会的事実として取り扱ってよいだろう。

これに対し、本章と次章が照準を合わせるもう一つの理念である「経済自立」が重要な「理念」としての影響力を高める過程が始動するのは若干遅れ、一九五〇年代に入ってからである。一九四〇年代の段階ではそれは米軍政に対する対抗理念ではなく、用いられる頻度も多くない。

一九四〇年代の経済政策をめぐる言説で目立つのは、むしろ「自給」の単語を用いた表現である。例えば一九四九年一月一三日に沖縄民政府が発した論告第一号では、「経済自立」や「自立経済」の語が登場しない代わりに、「米国の援助を受けてゐる間は、物心共に自粛自戒し一日も早く自給自治の態勢を招来すべく、緊縮奮励すべきであると思います」(12)という表現が出てくる。また沖縄民政府の志喜屋孝信《しきやこうしん》知事は、来訪した米人視察団に「沖縄人は米人に何を期待しているか」と聞かれて「現在米国の世話になって居るが将来は自給自足を希望して居る[13]」と答えている。新聞史料でも「自給自足体勢[14]」、「自給態勢[15]」、「自給経済[16]」といった標語的な表現が散見される。

こうした「自給」系の諸理念は、先述した「復旧」期の米軍の経済政策を反映した理念であろう。例えば、一九四六年一〇月に米軍政府は沖縄民政府側にその政策を次にように説明している。

> 農産物の増産に努力されたい。向ふ五年計画で食糧自給の出来る設備をなす為め資材の申請や、十年後からは自給したい考である。田地の拡張が必要である。（中略）欧州、支那は餓死しつゝある。米国は其食糧計画しつゝある。故に沖縄は自給体制[17]をとらなければならない。（一九四六年一〇月二三日軍民連絡会議〔五ヶ年計画他〕、『沖縄民政府記録1』二二八）

第三章で述べたように、「復旧」期に展開された経済政策の主眼は食糧問題、より正確にいえば当面の食糧・生活物資需要を可能な限り島内産品の供給によって賄い、これを配給制度に基づいて分配することを主眼とし、「経済成長」や「輸出産業の育成」といった「経済自立」概念の前提となる政策的観点は構想レベルにとどまっている。したがって「復旧」政策の文脈では、「経済自立」という概念は政策的関連性を持ち得ず、むしろ「自給」のほうが当時の政策意図を適切に反映している。そして、米側の観点から見て、「自給体制」等の標語は、このような政策目的を沖縄側に単に強制するのではなく、その自発的な参画を促す一種の「理念道具」として機能している。

しかし、一九四七年後半になると「自給体制」スローガンに象徴される「復旧」期の経済政策と「戦果と密貿易」に象徴される経済実態との乖離は覆い難いものになっていた。一九四七年一二月の沖縄民政府の臨時部長会議の議事録に、比嘉永元《えいげん》農務部長が以下のような異例の軍政批判を繰り広げたことが記録されている。

> 物の価格について一遍も軍にきかれた事はない。ジョルダン農務隊長と、商務の将校二人が私を呼んで一人に一

ポンド一日に一一八、〇〇〇ポンドの芋の供出をせよと言はれた。出来ないと答へたら、クレーグの命だが出来ねば農民は皆金網に入らねばならぬと言はれた。土地を取り上げる。農民はそれを苦痛としない。軍作業に行く。農民が闇をするなら肥料を上げると言はれた。然しそれでは闇は抑へない。（一九四七年一二月三日臨時部長会議、『沖縄民政府記録1』五三七）

「自給体制」の前提は、農民が市町村の直営売店や農業組合・漁業組合に公定価格で出荷することを意味する。それを配給物資の中に組み込んで廉価に販売するというのが当時の「計画経済」色の濃い経済システムである。しかし、公定価格は、「ヤミ」に出荷した際の買取価格の実勢の数分の一に過ぎない。さらにいえばその「ヤミ」への農作物への出荷よりも、さらに高報酬が期待できるのが軍作業に行って「戦果」を挙げることである。したがって農民が農作物を作って公定価格で販売するというインセンティブはない。これが農務部長の発言の含意である。

その二週間後の部長会議では比嘉部長は、戦前四万町歩あった耕地が軍用地に取られて農耕可能地は三万町歩に減ったが、実のところその三万町歩のうち一万六千町歩が未開拓となっているという現状を報告している[18]。「自給体制」が完全に機能不全に陥っており、沖縄民政府側はそのことを理解しているが政策変更する権限がない、という状況である。米軍政側の担当官に「物の価格について一遍も軍にきかれた事はない」という農務部長の一言からは、こうした状況に対する憤懣のニュアンスを読み取れよう。

無論、軍政府側でも政策転換の必要性は認識していたが、その政策転換を実現にもってゆくには、ワシントンDCの統合参謀本部・陸軍省と東京のマッカーサー司令部からなる米軍事機構の複雑な政策決定過程を通さねばならず、結果からいえば、現場主導で機動的な政策変更を行うことはできなかったようだ。まして、軍政実務の請負機関に過ぎない沖縄民政府にはいささかの権限もないわけだが、しかし権限が一切なくてもできることがあった。それはヴィジョンを練ることである。

一九四七年九月の部長会議で、糸数《いとかず》昌保《しょうほ》商務部長が「軍が引揚げたら沖縄の経済は如何なるか。平和会議後の政治経済を如何にするか。各部で研究して総合的に計画されたい。」と提案し、他の部長が相次いで賛意を表明している。[19] 提案者の糸数部長はこれを「沖縄復興総合計画案」と呼称している。[20] 配給計画的な「自給」ではなく、本格的な「経済復興」が沖縄側の指導者層の視野に入ってきたことが窺える。

こうした文脈で登場したのが「自立経済」という単語である。管見の限り、「自立経済」や「経済自立」という単語は戦前の沖縄県の新聞・書籍・行政史料には登場しない。一次史料で確認しうる範囲では、沖縄での最古の使用例は、一九四七年一一月に米軍政府に提出された人民党の綱領にある「……中小私企業の振興と海外貿易の発展に依り沖縄経済の自立を期す」という一文である（鳥山・国場編二〇〇五：二九）。政策文書としては、米軍政府のリクエストによって琉球貿易庁の宮里辰彦委員長が執筆した琉球経済振興の長期ヴィジョンを論じた論文（一九四八年一月三日付け）の中の、「……沖縄経済を出来るだけ早く自立せしめるように……」という一文が確認できる最古の事例と思われる。[21] いずれも貿易とからむ文脈で出ているという共通項があるが、実のところこれは沖縄群島に限らず、当時の日本語圏全体に共通する「経済自立」の含意であった。

現代の「日本」では、「経済自立」は、地方の経済振興の文脈でも使用されることが多い用語で、それゆえに「沖縄の経済自立」もその延長線上で理解されることも多い。しかし、昭和二〇年代の日本で主要な経済政策上のアジェンダとなっていたのは「地方」ではなく「日本」の「経済自立」であった。それは狭義には、産業振興による生産力→輸出の増強を通して、経常収支の赤字を解消することを意味し、広義には米軍基地関連収入や朝鮮戦争「特需」を含む広義の援助依存からの脱却と経済政策の自立／自律性の確立を意味した。[22]

つまり、当時の「経済自立」は、基本的には国際経済上の「単位」について語る用語なのである。そして、「沖縄」の文脈で「経済自立」の用語が用いられ始めたということは、「沖縄」の指導者層が必要とする「経済政策」の内容が、「衣食住の確保」という次元から、国際経済に参入することで資本を蓄積し、その資本によって生産力を増強して生産物を域外経済に輸出することでさらに資本を蓄積するという経済のダイナミクスを前提にした次元に移行したことを意味する。

その後一九四八年三月に提出された政策文書ＰＰＳ28を転換点に、実際の米国の琉球統治政策が「復旧」から「復興」へと移行してゆくことは第三章で述べた。この転換に対応する形で、「経済自立」や「自立経済」等の表現は少しずつ登場頻度を上げてゆく。管見の限り、一九四八年一〇月二九日付け『沖縄タイムス』の記事「解説・貿易庁の改組新構想」における「……経済的自立の道を開拓する構想である」という表現がこの概念の新聞における初出で、その後新聞表現としても少しずつ使用頻度を上げてゆく。雑誌「人民文化」の一九四九年六月号に掲載された琉球貿易庁の宮里委員長よる「琉球経済の自立」という論考の「近頃琉球経済の自立と言ふことが言はれている。……」という書き出しは、この頃までにこの概念の定着が進んでいたことを窺わせる（鳥山・国場編二〇〇五：一四二）[23]。

ただ、一九四九年の段階では「経済自立」系の表現が新聞・雑誌等に登場する頻度は決して多くなく、前出「自給」系表現や「自活沖縄」「経済独立」といった類似の表現よりも多く用いられていたわけではない。つまり現代の沖縄県におけるように慣用化して用いられるには至っていない。こうした状況が変化して、「経済自立」が支配的理念化する最初のモーメントが生じるのは一九五〇年秋のことである。

第二節　一九五〇年における「自治」「経済自立」理念の展開

生活苦の緩和による米軍政評価の一時的好転

朝鮮戦争が勃発した年である一九五〇年は、米国の琉球統治政策の展開文脈では、一九四八年三月のＰＰＳ28を起点に動き始めた「復興」政策が、沖縄群島において目に見える形で現前化し始めた年として位置づけることができる。

まずＰＰＳ28で示された在沖米軍基地の拡大恒久化と政治経済改革の実施の方向性は、一九四九年二月に大統領承認を得た対日政策文書ＮＳＣ13／3の第五項に盛り込まれて最終的な政策決定を見た[24]。この政策決定に先立つ一九四八年九月、東京のマッカーサー司令部内に琉球軍政部が設けられて琉球統治の具体的な改革計画策定が開始されていた。そしてＮＳＣ13／3が最終決定されると、ワシントンから様々な分野の調査団が来沖して具体的な政治・経済改革の計画策定が進められ、一九四九年末頃から次々に策定・執行されていった。

具体的な「改革」の中身は、配給食糧の増量と価格の大幅引下げ（米が三二％、小麦粉が二〇％、大豆が五〇％のダウン）、徴税計画の見直しと激しい反発を受けていた所得税徴収の保留、米援助資金を原資とする日本製品の大量輸入＝物不足の解消、不要軍用地の開放促進表明、軍施設隣接一マイルの建築制限の緩和とそれに伴う那覇市の戦前の中心街の開放や都市計画の推進、民間地域で発電機による点灯の許可、そして後述する公選知事・議員による「自治政府」の樹立など多岐にわたる（鳥山二〇一三a：一〇三―一〇七）。

以上の内容は、一九四九年春の人民戦線ないし民族戦線が掲げた「琉球知事並に議会を公選し速かに憲法を制定せよ」「一九四八年度所得税を全額免除せよ」「自治体制の確立するまで軍補給物資を増配せよ」という三項目すべてについて、一定レベルの政策対応がなされたことを意味する。

「改革」のうち経済政策の変化が特に大きな社会的インパクトをもたらしたことは第三章で述べた通りである。再掲すれば、NSC13／3の確定を受けて、恒久基地建設のための巨額予算（五八〇〇万ドル）が計上され、なおかつ経済援助も一九四九米会計年度は約二五〇〇万ドルと前年度の倍近く増加され、一九五〇米会計年度ではさらにその倍の約五〇〇〇万ドルにまで増やされた[25]。

さらに従来、法的には日本政府が負担することになっていた米軍が沖縄で調達する労働力、資材、その他サービス等の財源を連邦政府（陸軍省）予算の中に確保したことも大きい。この措置で、物資輸入に必要な外貨準備の積立て（商業ドル資金勘定と呼ばれる）が可能になるとともに、B円軍票の為替レートの切り下げ（一ドル＝五〇B円→＝一二〇B円）との相乗効果で一九五〇年四月、軍作業員のB円建給料が三倍、職種によっては五倍に大幅増額されたからである[26]。

第三章で提示した未曾有の好景気（軍工事ブーム）と繁華街・歓楽街形成、「奄美」からの大量の出稼ぎ労働者の沖縄島への流入といった経済・社会現象は、こうした新しい経済政策によって引き起こされたわけである。一連の政治経済政策は、そのほとんどがシーツ陸軍少将が軍政長官だった時期（一九四九年一〇月―一九五〇年七月）に打ち出されたことから「シーツ善政」とも俗称された。

一九四八年から一九四九年にかけて、米軍政に対する沖縄側の反発が高まり、戦後初めて軍政批判の言論が公然化したことはすでに説明した。ところが一九四九年一〇月にシーツが長官に就任して、一連の政治経済政策が実行に移されると、ほどなく配給食糧の値下げ、大量のドル資金の投入による未曾有の好景気の到来、米軍資金による日本製生活物資の輸入によるモノ不足の解消等が実現し、住民側の米軍政に対する評価は一時的に好転した。就任三ヵ月目の一月には沖縄側の音頭で「シーツ長官に贈る」と題された芸能大会が催され、二月には議会が感謝状を贈呈するような状況に変異した[27]。シーツに対する当時の沖縄側の評価ぶりは、「屈辱」とも形容される二七年間の米統治時代の中で異彩を放っている。

「自治」の対抗理念としての性格の一時的弱体化

こうした住民サイドによる米軍政評価の好転は、政治面でも現れた。「改革」の一環として「沖縄」に「自治政府」を樹立することが発表されたからである。具体的な展開を時系列的に見ると、まず一九四九年二月にNSC13／3が承認されると、米軍官僚機構では「self-government in the islands」[28]を樹立する作業が本格化した。その結果、一九五〇年に入ると、一月に将来の統一琉球政府の母体となることを見込んだ臨時琉球諮詢委員会が設立された。六月には初の公選知事を頂く群島政府と立法権や予算承認権を持った群島議会の設置が発表され、九月に知事・議員選挙を実施。そして一一月に、群島政府・議会が発足した[29]。

このような政治展開において、米軍サイドがこの群島政府の設立を「沖縄側の希望してきたself-governmentの実現である」と解釈する図式を喧伝するフレーミング活動を展開し、沖縄側もこれを「前進」と受け止めるという「縦の連関」の作用が生じ、その結果「自治」が一時的に対抗理念としての性質を弱めたようだ。

それは例えば、この時期、新聞で突如「自治能力」という概念が盛んに使われるようになったことから窺える。その嚆矢は初の公選知事・議員選挙の実施を報じた一九五〇年七月四日の『うるま新報』の「自治能力を確信」という見出しである。紙面では、「琉球人がそれぞれの地に政府を持つ力があることを確信しそれに貢献し得ることを信ず」というシーツの談話が掲載されており、これを受けての見出しなのだが、以後群島知事・議会選挙の意義を次のようにフレームする言辞が盛んに現れるようになった。「沖縄人の政治、自治能力をテストする絶好のチャンスと云えよう[30]」、「選挙を通じて住民の自治能力が判定されるであろうが……[31]」、「この選挙が立派に営まれたらいいが、万一、軍当局の期待を裏切ったら、結局われわれの自治能力が疑われて、逆転の恐れがないでもない。折角の自治政治を再び失うことになったら元も子もなくして了う。[32]」

第二章で詳述した日清日露戦間期に大田朝敷ら琉球・沖縄の指導者層が内面化した「自治能力」論同様に、社会進化論的な発展段階論的世界観を前提に、「文明人」サイドの「テスト判定」を意識するという構図を前提にしていることは明らかであろう。違っているのは、「目指すべき文明人」として意識されているのが「日本人」か「アメリカ人」かという点に過ぎない。そして一九四九年の民族戦線／人民戦線の政治言論における「自治」は、米軍支配から可能な限り「離脱」するという含意を帯びていたが、この自治能力論では、一転して、「自治」は、そのような能力／資格があるかを米軍政に判定してもらうものになってしまっている。

無論、従来通り「離脱」のベクトルの「自治」も使われたであろうが、自治能力論のような議論が出てくること自体「空気の変化」が生じていたことを窺わせる。そして一九五〇年の政治文脈を踏まえれば、米軍の政治制度改革が駆動因となって「我々」の側の「自治」の含意が変化してゆくという「支配者」―「我々」間の「縦の相互作用」の社会過程が生じていたことも窺える。しかし、第五章で論じるように、このような米軍政に対する肯定的評価は、翌年になると消滅し、「自治」を用いた解釈図式は再び抵抗理念としての性格を強め、しかも先鋭化してゆくことになる。

米軍の琉球統治指針の確立と「経済自立」の「理念道具」的活用

「経済自立」の理念にもこの年変化が生じた。その変化とは、「経済自立」の慣用化＝「我々の理念」としての共有化・主流化の始動である。それは、米軍政が「経済自立」を「沖縄が目指すべき理念」として上意下達式に提示し、沖縄側がそれを受け入れるという「縦の相互作用」の社会過程と、群島知事選挙で「経済自立」をキーワードに掲げた候補が知事に当選したことで、幅広いアクターにこの用語が広まるという「横の相互作用」の社会過程の連鎖によって生じた変化のようだ。以下、詳細を提示しよう。

シーツ時代が終わりを迎えた一九五〇年夏、米軍政は、「復興」政策の総仕上げとして、恒久的な統治体制を確立することを前提とした新しい統治政策を沖縄側に伝達する言論活動を開始した。その新しい統治政策とは、第三章で述べた「統治コストの最小化＝援助依存の払拭」の原則に則り、従来、米軍の財政補助に大きく依存してきた琉球側の行政機関の歳出を自主財源だけで賄う「財政自立」を実現すること。そして必要な財源額に見合う税収が確保できる規模を持ち、なおかつ経済援助なしでも持続可能に経済成長して必要な物資の輸入を賄えるだけの外貨を蓄積できる「自立経済（economic self-support）」を短期間で樹立することである。

この新しい統治政策は一九四九年二月のＮＳＣ13／3の決定を受けて策定作業が進み、一九五〇年六月に朝鮮戦争が勃発しても中止・中断されることなく最終的には一九五〇年一二月にマッカーサー司令部（極東軍総司令部）が発した指令（本書ではＦＥＣ指令と呼称）で公式設定されるのだが、それに先立って米軍政は、ほぼ固まっていた新政策の大要を沖縄側に非公式に伝達する言論活動を展開していた。具体的には、まず一九五〇年六月二八日米軍政府のハインズ副長官が次のように語ったことが新聞に報じられている。

> ……米政府は今年度一千万ドルの金を琉球につぎこむことになった、これは多分軍用費と琉球経済復興費に二分されよう、その使途の目的は一九五二年七月頃ま□に琉球経済の基礎をかため、琉球の自立に軍は民政から漸次手をひくためである……（『沖縄タイムス』一九五〇年六月三〇日「五十二年七月までに琉球経済の基礎確立」）

八月になるとこの副長官が「経済人との懇談会席上琉球援助資金は一九五二年度で打切られる旨語った」[33]。また、軍政長官が、その諮問機関である臨時琉球諮詢委員会に対して琉球中央政府を樹立する意思を明らかにした上で、その組織デザインについての案を提示することを求めた諮問第四号を発し、その中で「琉球列島における自立経済が、一九五二年七月迄に達成されるものとする」、琉球中央政府は「琉球独立経済に依って維持し得る」ものでなければならない、という原則を提示している[34]。

以上の一九五〇年夏における米側のメッセージは、内容的には、この年の暮れに出されたＦＥＣ指令と合致しているのだが、本書の分析文脈で重要なのはそのフレーミングの仕方である。

東京のマッカーサー司令部から在沖米軍政への指令文であるＦＥＣ指令では、「戦前同様の琉球列島の生活水準の確立」までは経済援助するが、それ以降は、「米国予算の援助なしに琉球住民自体の努力によって達成されるべき」ことや、「一九五二会計年度までに自立財政」を確立する（placing of the government on a self-supporting basis by the end of fiscal year 1952）といった内容の方針が箇条書きの条文で提示され、米軍政の意図がそのままストレートに出ている[35]。

これに対し、上述した一九五〇年夏の米軍政の沖縄側に対する情報伝達では、①一九五二年七月（＝一九五二年米会計年度末）を最後に米側の琉球に対する経済援助を打ち切ること。②そのため打ち切られるまでに「琉球経済の基礎」を固めて、「琉球経済自立」を実現する必要があり、その実現を受けて「軍が民政から漸次手をひく」あるいは「琉球中央政府が樹立される」という図式にフレームされて提示されている。つまり沖縄側の「悲願」ともいうべき「自治政府」の前提条件として「経済自立」が提示される形となっている。

このようにある政治言論に対するオーディエンス側の支持を取り付けるために、フレームの発信者側の中心的目的ではないが、しかしオーディエンス側の関心が高いイシューにまで言論内容を拡大する作法を、フレーム分析では「フレーム拡張（frame extension）」（Benford & Snow 2000: 625）と概念化している。この米側の「フレーム拡張」の操作には、「自治」という「にんじん」をぶら下げることで本来沖縄側の利害に反している経済援助・財政補助削減への協力を引き出す、という狙いが窺える。

さらに、このフレーミングにおいて経済援助・財政補助削減は「琉球経済の基礎固め」「琉球自立経済」「琉球独立経済」といった用語に置き換えられることで、沖縄側が自発的に目指すべき崇高な理念としてポジティブに捉え直されて提示されている。先述した「自給体制」同様、米側は、「経済自立」を、沖縄側の期待と利害に反している援助打切り政策を沖縄側に単に強制するのではなく、その自発的な参画を促す「理念道具」として用いているわけである。いわば自らの利益追求と沖縄側の期待が交差する地点で、可能な限り共鳴的（resonant）[36]な政策提示のフレームを組み立てているといえる。

実際「自己決定」の思潮に沖縄側政治指導者層がコミットしているのであれば、「経済自立」を目指すことそのものを沖縄側が規範的に拒絶することは難しく、米側が新統治方針を沖縄側に伝達し始めた一九五〇年夏の時点ですでに、米側が提示した解釈図式を沖縄側が受容して、用いる状況が生じていたことが次のような言論事例から窺える。

……幸、米軍当局の復興援助のお陰で、沖縄の姿は戦前に復しつゝあるが、既に沖縄の経済的自立が再来年度の七月と云う目標が予告されている。今次の知事公選も、中央政府樹立の懸案も、経済自立が眼目だと思われる。いつ迄も米軍当局に縋りつくことは許されないことだし、自治的政治を望む以上、経済自立は之に伴うに当然の義務である。……（『沖縄タイムス』一九五〇年八月二六日「社説・振興計画の樹立」）

だが、「二年後をめどに援助停止」という米軍政の具体的な政策が、「我々」の「利害」と衝突することは明らかである。そして「経済自立」という理念用語が、経済援助・財政補助の削減という政策の厳しさをオブラートに包む意図で用いられている以上、それは不可避的に「押し付けられ感」を帯びた概念とならざるをえない。

実際、この戦後初期の「経済自立」の用例では、「後二ヶ年を以て自立経済に入らねばならない」[37]「経済自立という冷厳なる目標が与えられて居る」[38]「吾々は自立経済のかけ声で尻を叩かれて居る」[39]といった現在の沖縄県にはない被強制感を帯びた表現が散見される。したがって、「復旧期」の「自給経済」同様、支配者である米軍側の期待に沿う表現をする必要がある場面（例えば米軍政幹部が列席する場面でのスピーチ）では積極的に用いることはあっても、この用語を「我々の目指すべき理念」として内面化してゆくインセンティブは本来ない。ところが実際には、この米軍による「経済自立」理念の「下達」の後、「経済自立」概念を沖縄側が積極的に用いる状況が生まれたことが看取できる。

平良辰雄の知事当選と「経済自立ブーム」

図3は『沖縄タイムス』創刊号（一九四八年七月）から一九五一年までの紙面で「経済自立」概念が登場した回数の変化を示したものである。(40)

一九五〇年七月までは、月に一回出るか出ないかの頻度だったが、米軍政が新統治方針を沖縄側に伝達し始めた八月には九回を数え、以下九月一八回、一〇月二八回と、それまでの趨勢とは明らかに異なる数値が計上されている。このことから、一九五〇年秋に大きな変化が生じたことがわかる。さらに言えば、その変化は量的なものにとどまらない。一九五〇年秋以降になると「自立経済確立への第一歩」(41)のようにこの用語を標語的に用いた事例が登場したほか、貿易や輸入代替製造業の新聞広告にも多くこの用語が登場するようになった。ここでは三点を例示しておこう（史料1、2、3）。

以上の点を踏まえると、沖縄群島の政治界において「経済自立」という理念が一九五〇年秋を境に急速に拡散し、政治アクターのみならず企業家たちにも慣用的な理念表現として共有する「横の連関」の過程が生じていたことがわかる。先述したように「経済自立」という用語自体は、遅くとも一九四七年一一月までには登場していたが、「経済独立」や「自主経済」といった意味内容的に類似した諸理念表現の一つに過ぎなかった。それがにわかに、現在の沖縄県で見られるような慣用的表現に変質する契機が生じたことが窺える。

このような変化を生じさせる駆動因は何だったのであろうか。

米側が「経済自立」理念を沖縄側にいわば「下達」するようなフレーミングを展開していた一九五〇年夏は、実は沖縄群島の政治の事件史的展開過程における重要イベントとタイミングが合致していた。一九五〇年七月三日に公示された沖縄群島知事選挙である。沖縄側にとっての悲願ともいうべき、初の公選知事を選ぶこの選挙には三人が立候補していた。人民党の瀬長亀次郎、沖縄民政府の工務部長で、知事の裁量外で膨大な公共工事を独自に裁量していたことから権勢を誇った松岡政保、そしてその松岡に反対する、後に沖縄社会大衆党を結党する勢力に擁立された農林省総裁の平良辰雄である。

図３　『沖縄タイムス』における「経済自立」概念の登場回数（1948年７月—51年12月）

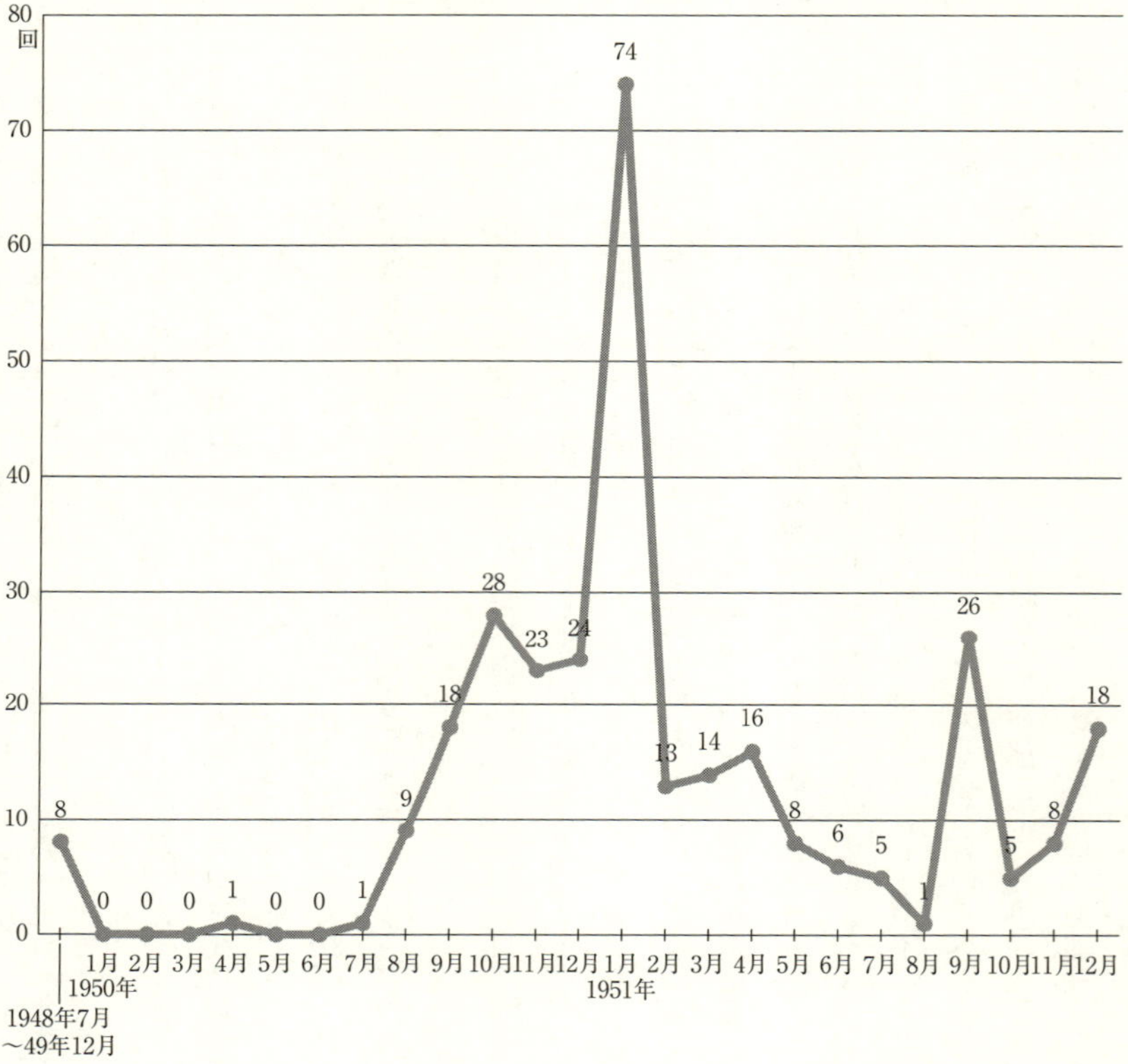

投開票では、平良が一五万八〇〇〇票余を得票し、七万票弱の松岡、一万四〇〇〇票余の瀬長を破って当選したのだが、本書の分析文脈にとって重要なのは、当選した平良が、選挙戦キャンペーンの中で、米軍政が提示していた「経済自立」概念を選挙演説に取り込んで自らの公約を特徴づけるキーワードとして用い、当選後は沖縄群島政府の経済政策の鍵概念として用いたことである。

「経済自立」概念を盛り込んだ平良の選挙演説のフレーミングは次のような史料から窺える。

……総括的にいえばこの民政府は自立経済をたてるための政府だと思う一本立になるまでは米国からガリオア、エロア資金を注いでもらう事は当然だがこの資金のある間に道路、公共建築、港湾、耕地復旧　灌がい耕水施設、開墾等金目のかゝる事業をやらねばならぬ、経済自立を目ざし自由貿易の促進と輸出産業の育

史料1　『琉球新報』1950年11月18日

御挨拶

我々沖繩諸島民の宿望たる沖繩との民間貿易が今回實現の運びになりました事は誠に御同慶に堪えざる處であります。此の機會を得て貿易を通じ諸先輩のキ尾に附し郷土沖繩經濟の自立に協力致度野村貿易株式會社と連繋の下に左記の如く大球貿易株式會社を設立する事になりました。就いては淺學非才無経驗の私等に充分なる働きが出來ます様御利用の上御声援賜度偏に懇願申上げます

右取敢えず紙上を以て御挨拶旁々皆様の御發展と御健康を御祈り申上げます

取締役會長　六車武信
同　社長　高里景行
專務取締役　濱村平藏
常務取締役　宮城挑幸
取締役　大田政作
同　宮城文直
監査役　下地玄信
同　住留吉
顧問
野村貿易株式會社常務取締役　岩崎元一
同　取締役　木村賢成

輸出入貿易業
大球貿易株式會社
大阪市大正區大正通五丁目五番地
（大阪港灣運送別館内）
電話泉尾65八二八、九五八、九五九番

沖繩假連絡所
那覇市四區一四組
國頭林産合資會社内
宮城文吉

史料3　『沖縄タイムス』1951年11月4日

自立經濟ハ
島內產愛用カラ
佐久本酒造所
首里電話1番

史料2　『琉球新報』1951年5月14日

「自立經濟は島内生産品で」

優良品
KOMATSU

「頭髪の美は全身の美」

用法
初め水又は湯で適當に解かし頭髪に充分ぬりつけもみ
後でお流し下さい

卸値は極めて安價で差上げます

製造販賣元　東風平村農業組合

成に重点を置きたい……（『沖縄タイムス』一九五〇年九月一一日「知事になれば私はこうやる」）

此の度の総選挙は吾々に明るい希望を与えてくれましたが、それと同時に吾々は大きな義務と責任を負はされました。……義務とは何であるか、それは経済的自立であります。責任とは何であるか、それは自治の責任であります。……（中略）……戦前は沖縄からも沢山の農産物を輸出して居ました。然し現在では殆ど出して居ません。戦前は砂糖が輸出原の大宗で蔬菜、生牛等農業生産物が輸出総額の7割以上を占め外に水産物としては節類、工業品としては泡盛、帽子等が目ぼしいもので此等輸出品が米や肥料や燃料その他雑貨、生活必需品等に替わって輸入されて沖縄の経済は保たれて居たのであります。島内物産の輸出が盛にならない限り経済の自立は望まれないのであります。（『那覇市史・資料篇　第3巻5：戦後の社会・文化2』八五―八六）[42]

いずれも「何をすべきか」を提示する「予後的フレーミング」であるが、「道路、公共建築、港湾、耕地復舊　灌がい耕水施設、開墾」「島内物産の輸出」といった諸々の「具体的にやらなければならない」ことを「経済自立」という概念で括って「我々は経済自立を実現しなければならない」という解釈図式の政策アジェンダとして提起することで、「経済自立」という概念が中核的な「理念」として浮かび上がる形となっている。

戦前、県庁の課長だった平良は、国策として昭和八（一九三三）年度からスタートした「沖縄県振興計画」に関わりが深い人物として知られていた。この計画は、砂糖価格の暴落などに起因して大正から昭和の初期にかけて沖縄県が陥った「ソテツ地獄」と呼ばれる経済困窮を救済することを目的に、沖縄県の指導者層が日本政府に運動した結果実現したもので、一五ヵ年で約七千万円の政府予算を投じて産業・社会インフラを整備することで、砂糖などの農産物を中心とする生産額を三倍に引き上げ、他府県との経済格差の是正を目指した。

平良の息子らによって編纂された評伝（平良一九七二）によれば、平良は、戦前、沖縄県庁が沖縄県振興計画の実現に向けて霞ヶ関でロビー活動を続けていた頃に奔走して大きな成果を上げ、後に新設の振興計画課長となって計画を取り仕切った人物として知られていたようだ。[43]

前出引用文の中で平良が提示した産業振興ヴィジョンの社会・産業インフラの整備や農業輸出振興といった事業メニューは平良自身のイメージを規定する沖縄県振興計画を髣髴させる。ただし有権者へアピールする上で、もはや日本統治下にない「戦後沖縄」では理念として有効でない「格差是正」ではなく、米側から目標とするよう示唆された「経済自立」の理念を前面に出している点が異なっている。

一九五〇年一一月四日に知事に就任した平良は、早速「自立経済計画」の作成を指示した[44]。前月には琉球諮詢委員会に対して米軍政が経済計画の樹立に関して検討することを求める諮詢七号を発したこともあって、計画策定の気運が高まっていたようだ。

この「自立経済計画」の内容の詳細は、今日不明である。というのは管見の限り、計画案は現存しておらず、実のところ計画の正式名称が何であったのかすらも判然としない[45]。本書の趣旨に沿ってここでは「自立経済計画」というタームをカギ括弧付きで用いたい。ただ当時の新聞・雑誌記事や議会議事録に断片的な情報が残されている。まず計画策定の目的について、就任直後に平良は次のように語っている。

経済の自立と云うことが今大きな課題とされているが、これを達成するにはどれだけの期間と金と物が要るかを主として計画を樹てさせている。それがあと二ヵ年で達成出来なければ援助の延長を願わねばなるまい。（『沖縄タイムス』一九五〇年一一月一三日「社大党首と知事―平良さん抱負語る」）

……戦前とほゞ同量の米を輸入によらねばならぬがその代金の支払には、戦前は砂糖、鰹節、帽子、燐鉱、野菜、牛、泡盛等の輸出で埋め合わせていたし、今後も大体これを基準に輸出産業を興し……そのためには総合的な経済復興計画を樹てねばならぬが、今、沖縄にとって最大の問題は米国の援助のあるうちに、経済の自立を図ることであろう。（『沖縄タイムス』一九五〇年一一月一六日「援助資金打ち切り後の『食糧問題』―マ司令部資源局長平良知事と懇談」）

また具体的な事業メニューとして平良は、「生産関係の基本的施設特に米作を主とする灌漑防風、防潮林或は漁港等の施設を重点に……」[47]、「ダムの設置増加、船留、漁港、防風防潮林等の施設を充分にやり遂げ米作の自給態勢を整えるのが私の持論であってこれが根本問題だと考へる」[48]と述べている。平良の主たる関心が、公共事業によって農漁業インフラを整備することで自給・輸出農漁業の生産性を向上させることにあったことが窺える。そしてそれは、まさに沖縄県振興計画が企図したことで、平良が戦前に彼が関わった沖縄県振興計画の枠組の延長線上で「自立経済計画」の構想を描いていたことを示唆している。

前出の『沖縄タイムス』における「経済自立」概念の登場頻度のカウントでは、九月に一八回をカウントした後、一〇月二八回、一一月二三回、一二月二四回と続いているが、これらの月でカウントされている「経済自立」「自立経済」の用語の多くが、平良政府の「自立経済計画」がらみの記事で登場する。

平良辰雄の知事当選・就任が「経済自立」概念の使用頻度を押し上げ、そしてその新政府に対する高い期待感があった沖縄群島政府発足直後の雰囲気の中で、慣用的に定着した文脈があったことが読み取れる。つまり、それまでは経済的理念を表現する様々な用語の一つに過ぎなかった経済自立が、中心的な概念となる最初の契機が群島知事選挙における平良辰雄の当選であったわけである。その意味では、平良辰雄を琉球・沖縄における「経済自立」理念の元祖と位置づけることも可能である。

ただ、「二年後をめどに援助停止」という具体的な政策をオブラートに包む米側にとっての「理念道具」として機能している以上、「経済自立」には「米側が押し付けてくる疎ましい存在」という側面もある。

こうしたアンビバレントな理念が、現代のようにあらゆる党派が無条件で目指すべき理想に転じるには、ある時点でこの用語に「我々の理念」により適合的な意味を付して読み替える作業がなければならない。結論から言えば、そのような転換過程が始動したのが第五章で取り上げる一九五一年のことであり、その新しい含意が「脱基地経済」であった。

まとめ

以上、一九四〇年代における「自治」と「経済自立」の二つの理念の表出過程を検討した。「自治」の場合、その過程は、米軍政―「我々」間の政治認識闘争（縦の相互作用）を駆動因に終戦直後の早い段階で対抗理念として興隆したこと。そして、一九四〇年代の文脈では「我々」内の異なる政治スタンスをとる政治アクターを糾合するマスターフレーム的な性格（横の相互作用）を帯びていることを、一九四九年の時点での瀬長亀次郎の言論や民族戦線ないし人民戦線の言論から論じた。一九五〇年の段階では、米側の復興政策の始動により米軍政評価が好転したことで、対抗理念としての性格が一時的に弱まったが、次章で論じるように、翌一九五一年になるとより先鋭的な対抗理念に変容してゆくことになる。

一方「経済自立」は、米側の経済政策が「復旧」から「復興」に移行して初めて意味を持つ概念だったため登場時期が「自治」より遅い。それは、米軍政が自らの援助打切り政策に対する自発的な参画を促すため上意下達式に「沖縄が目指すべき理念」として提示し、沖縄側がそれを受け入れるという「縦の相互作用」と、群島知事選挙で「経済自立」をキーワードに掲げた候補が知事に当選したことで、幅広いアクターにこの用語が広まるという「横の相互作用」によって一九五〇年秋頃に興隆した。

「自治」と違い「経済自立」は、本章対象時期には米軍政を仮想敵とする対抗理念としての性格を帯びていなかった。経済が自立してこそ「自治」の資格があるという米側のフレーミングを否定する論理を沖縄側は持たなかった。それゆえ米軍政の求めに応じて、沖縄側は「経済自立」の理念を掲げた。しかし、翌一九五一年になると、どのように「経済自立」＝国際収支の黒字を実現するのかという how の部分に関する米側の経済政策の意図が明らかになったことを起点に、「経済自立」もまたその対抗理念化の過程を始動させることになる。

（1）例えばT・ジェファーソンは一八〇九年三月四日の演説で、王制諸国からなる欧州との比較における米国の存在意義を高らかに謳い上げる一節の中で、米国を "…the only monument of human rights, and the sole depository of the sacred fire of freedom and self-government…" と表現している。self-government は freedom と等価の中核理念として位置づけられている（Kohn 1944: 317）。

（2）例えば大西洋憲章の第三項、国連憲章七六条ｂに、self-government の語が含まれている。大西洋憲章（英文）http://www.ssa.gov/history/acharter2.html　国連憲章（英文）https://www.un.org/en/documents/charter/chapter12.shtml

（3）その詳細は当事者であるワトキンス少佐が後年政治学者としてその政治過程を分析した文書やその解説（宮城悦二郎一九九四ａ・ｂ）から窺える。これらはワトキンスが遺した膨大な史料を採録した『沖縄戦後初期占領資料 Paper of James T. Watkins Ⅳ』全一〇〇巻（本書では『ワトキンス文書』と簡略表記）に納められている。

（4）第三章で取り上げたイェール大学人類学部教授で、"handbook" の執筆責任者だった人物である。前出『ワトキンス文書』に遺された彼の政策文書には self-government 樹立までの工程表のような史料も含まれており、鹿野政直（一九八七：七〇）は「もっとも急進的な『民主化』論者」と評している。しかしマードックの構想は一九四五年一〇月に最終的に却下され、マードックは帰国した。

（5）一九四六年三月一五日（『沖縄諮詢会記録』三六九）。

（6）沖縄民政府のそうした性格は米軍政が採用したその英語名称において Government/Governor の語を忌避して、機関名を Okinawa Central Administration、首長名を Chiji としたことからも窺える。前出『ワトキンス文書』の史料からは、当時の軍政実務のトップだったムレー大佐の「Government は必要ではない」というスタンスを起点に沖縄民政府の制度設計がなされていたことがわかる。

（7）実際、この自治制尚早論をめぐる路線闘争の翌月、ワトキンス少佐自身が「鼠である沖縄側の自主的行動は猫である米軍政の許容範囲内に限られる」という主旨の、後に「猫と鼠」論という表現で記憶されるスピーチを沖縄諮詢会で行って、平和条約締結以前の「自治」の可能性を否定し、沖縄側を失望させている。

（8）一連の顛末は様々な人物の回顧談で説明されているが、一次史料としては『沖縄諮詢会記録』（三四七―四〇三）を参照。なおこの決議通り、自治制実現を諮詢会が申し出たという記録は確認できなかった。ただ沖縄民政府発足直後に、諮問機関である沖縄議会が米軍政に自治制実現の申し入れを行ったことは記録に残っている（『琉球史料　第二集：政治編２』九一）。

（9）この時期の社会・政治状況に関しては鳥山（二〇一三ａ：八三―九六）、若林（二〇〇五：第五章―第七章）を参照。

（10）以上の「人民戦線」ないし「民族戦線」に関する叙述は若林（二〇〇二）に依拠した。

（11）このように「我々（protagonists）」と「敵（antagonists）」「傍観者（bystanders）」を仕分けするフレーミングのアイデンティフィケーション過程の理論的詳細については Hunt et al.（1994）、Snow & McAdams（2000）を参照。

（12）一九四九年一月一三日沖縄民政府論告第一号（『沖縄民政府記録2』四二九）。

（13）一九四八年七月二二日軍民連絡会議。東京のマッカーサー司令部から来たＲ・ハゼウェイとのやりとり（『沖縄民政府記録2』一二三）。

（14）『ウルマ新報』一九四六年四月三日。

（15）『うるま新報』一九四六年一一月一日。

（16）『うるま新報』一九四七年五月一六日。

（17）米側の発言を英文で参照できていないので文中に「自給体制」等として訳出された元の英単語が何であったのかは不明であるが、史料へのアクセスが容易な海軍政府時代の政策文書で確認すると、「自給」の語におおまかに対応しうる単語として self-sufficiency, economic independence self-reliance, self-support がある。このうち self-sufficiency はF・リストに代表される「経済ナショナリズム」＝ Autarky の理念として用いられることが多い単語で「自給」の漢字を付した日本語訳が当てられることがとりわけ多い。

(18) 一九四七年一二月一七日部長会議［荒廃地開拓］（『沖縄民政府記録1』五五七）。

(19) 一九四七年九月一二日部長会議（『沖縄民政府記録1』四五四―四五五）。

(20) 一九四七年一〇月二四日定例部長会議（『沖縄民政府記録1』四九三）。

(21) 『琉球史料第六集：経済編1』（一六）。

(22) この時期の日本における「経済自立」概念の含意は総合研究開発機構（NIRA）の戦後経済政策資料研究会編『経済安定本部戦後経済政策資料』（全三〇巻一九九四―一九九五）、同『経済安定本部戦後経済政策資料：戦後経済計画資料』（全五巻一九九七）記載の史料から読み取れる。

(23) この一連の政策展開の中で米側が用いた Economic Self-Support や Self-Supporting Economy といった表現を日本語に訳す際に「経済自立」や「自立経済」の語が当てられたようだ。なお確認できていないが、「経済自立」の訳語自体は日本から「輸入」された可能性もあるだろう。前出『経済安定本部戦後経済政策資料』、『経済安定本部戦後経済政策資料：戦後経済計画資料』記載の史料を俯瞰すると、一九四八年一月のロイヤル陸軍長官演説、同年一二月のマッカーサー司令部による経済九原則の提示などで米側が日本の self-support を督促した後のタイミングで、日本政府の経済政策文書における「経済自立」概念の使用が盛んになっており、一九五〇年八月には政府審議会の名称も「経済復興計画審議会」から「自立経済審議会」と改称されるなど、経済政策における「流行語」として興隆してゆく過程が窺える。

(24) NSC13／3第5項の琉球統治方針に関するその条文のエッセンスは次のようなものである。「米国は……統合参謀本部が必要とみなす諸施設を、長期的に保持する意図を持つ。それゆえ、沖縄および沖縄周辺での軍事基地を拡充すべきである。これらの諸島に行政責任をもつ米国の機関は、当該諸島の経済的、社会的福祉に関する長期計画、および現地住民の経済に生ずる欠損を将来的には実行可能な範囲内で最小限に抑えるための長期計画を早急に策定し、実施すべきである」（Eldridge 2001＝二〇〇三：一七〇）。なお草案では、「最終的には住民の自立（self-support）をはかるべきである」という一文があったが成案には残らなかった（河野一九九四：二七、Eldridge 2001＝二〇〇三：一六九）。

(25) この頃の米国政府の経済援助の主要な制度枠組みであったガリオア（GARIOA）基金（Government Appropriation for Relief in Occupied Area Fund）とエロア（EROA）基金（Economic Rehabilitation in Occupied Area Fund）の総額のことを指す。ガリオア・エロアの援助額の変遷は琉球銀行調査部編（一九八四：八六）の表を参照。

(26) 琉球銀行調査部編（一九八四：一八九―二〇〇）。また一九九頁に職種別の賃上げ表が掲載されている。

(27) 芸能大会については『沖縄タイムス』一九五〇年一月二一日、同二二日を参照。民政議会の感謝状については一九五〇年二月一〇日付けの『うるま新報』、『沖縄タイムス』を参照。

(28) Eldridge（2001＝二〇〇三）の英語原著一七一頁。

(29) 群島政府の設立決定に至るまでの政策決定過程の詳細については宮里（二〇〇〇：三二―四〇、二〇〇三：一三三―一三七）を参照。

(30) 『うるま新報』一九五〇年七月一四日。

(31) 『沖縄タイムス』一九五〇年七月二八日。

(32) 『沖縄タイムス』一九五〇年八月一三日。

(33)『うるま新報』一九五〇年八月一八日。
(34)『沖縄タイムス』一九五〇年八月二四、二五日、『うるま新報』一九五〇年八月二五日。諮詢第四号の和文原文は『琉球史料第一集：政治編1』の三〇九—三一〇頁に掲載。
(35)和文は、南方同胞援護会（一九六八：二〇四）、英文は月刊沖縄社（一九八三c：五三）に依拠。
(36)共鳴性（resonance）概念の詳細についてはSnow & Benford（1988）を参照。
(37)『うるま新報』一九五〇年九月一日。
(38)『沖縄タイムス』一九五〇年一〇月二六日。
(39)『沖縄タイムス』一九五〇年一二月八日。
(40)広告は対象からはずした。カウントの対象は「経済自立」と「自立経済」の二種の単語で、文脈から琉球ないし沖縄を主体として想定しているものに限定した。対象範囲が曖昧になるため「経済的自立」や「経済の自立」といった接続詞が入る表現は対象外とした。ただし「経済自立計画」や「琉球自立経済」のように単語が内包されている表現はカウントしてある。カウントはこれまでのところ一回のみ行って再チェックはしていないため数値はあくまで暫定値であるが、傾向が非常にクリアに出ているため、誤差があっても趨勢把握に影響はないと考えている。
(41)『沖縄タイムス』一九五〇年一〇月二五日。
(42)この『那覇市史』に採録された「平良辰雄知事選立候補演説」と題する原稿には日付がないが、九月一三日の『沖縄タイムス』にほぼ同じ内容で掲載されているため九月一二日夜の演説会の原稿と思われる。
(43)このような沖縄県振興計画との関わりが戦後も平良のイメージを大きく規定していたことを窺わせる記事が一九五一年四月二八日の『うるま新報』に掲載されている。なお琉球・沖縄における「経済自立」理念の形成過程は、「沖縄県振興計画」やその計画を実現するために奔走した沖縄県人政治指導者層たちの経済政策論議やヴィジョン（沖縄救済論議と呼ばれる）、さらには近代経済学の知識を身につけた最初の沖縄人の一人である大田朝敷の明治時代まで含めて検討する必要があるが、本書では、その作業はなしえず、積み残された課題となっている。
(44)沖縄以外の三群島の政府もそれぞれが経済自立計画案を作成している。
(45)現時点で計画案の原本を発見できていないため正式名称は不明である。新聞や議会では「自立経済計画」「総合復興計画」等の呼称が混在する形で用いられている。
(46)なお平良が「経済の自立」というタームを用いる際の意味は若干曖昧である。すでに述べたように当時の日本語圏で最もオーソドックスな経済自立の定義は「経常収支の黒字化」なのだが、発言の文脈によっては「経常収支」より狭い「貿易収支」のバランスを意味すると受け取れる場合もある。例、『群島議会I』（三五一）。
(47)『沖縄タイムス』一九五〇年一一月二三日。
(48)『琉球日報』一九五〇年一一月二三日。

第五章　「脱基地経済」理念の生成と「自治」の「高揚」（一九五一―一九五二）

第一節　始動する「経済自立」の「脱基地経済」化

「自立経済計画」の顛末に見る沖・米「経済自立」理解の齟齬

前章で提示した『沖縄タイムス』紙上における「経済自立」と「自立経済」の二つのタームの登場頻度の時系列的趨勢は、一九五一年一月の七四という数値がピークをなしている。この月に何があったのか。「経済自立」や「自立経済」の単語が登場するこの月の新聞記事は、沖縄群島政府の「自立経済計画」と一九五二年度予算要求に関するものが多い。

再度確認すれば、前年夏の段階で、これまで大幅に増加されてきた経済援助資金および群島政府予算に対する財政補助金が、一九五二米会計年度を最後に一転して大幅削減されることが沖縄側に伝えられている。裏を返せば、一九五二米会計年度は経済・財政援助がピークアウトする年度だということである。そして、それは前年の群島知事就任後すぐに平良が着手した大規模な経済インフラ整備事業を核とする「自立経済計画」の資金的裏づけを確保できる、唯一最大のチャンスということでもある。

かくして「経済自立」をめぐる政治過程は、一九五〇年末から翌月にかけて次のように展開した。まず一九五〇年一二月中旬、米軍政は沖縄群島政府に対して、翌一九五一年一月中旬までに予算案を提出するよう指示。この指示を受けて、平良知事は財政部に予算案作成を指示すると同時に、新設の経済部に対して三ヵ年の「自立経済計画」の立案を急ぐことを指示した。

単年度の予算請求に向けて短期間で作業しなければならないときに、三ヵ年計画の策定を急がせたのは一見ちぐはぐな指示に見える。しかし平良は、一九五二年度で最大限の資金援助を獲得するためには、「経済自立を実現するためにはどれだけの費用をかけたどのような事業が必要で、そのためには初年度でどれだけの財政補助が必要になる」という算定値を出し、それを根拠に予算請求額を正当化しようとしたようだ。(1)「経済自立の実現」は前年夏に支配者である米側が沖縄側にいわば下達した理念である。これを逆手にとって「あなた方が求める経済自立の実現には、これだけの事業が必用なのでその事業費を出してほしい」、というロジックをもって予算請求にあたろうとしたわけである。

その結果一九五一年一月、沖縄群島政府は一九五一年度予算約三億円のおよそ一〇倍にあたる三〇億円弱（うち米側補助金二五億円）の予算額の一九五二年度予算案を米側担当官に提示した。だが、この最初の要求は「あまりにも金額が桁外れ」だとして予算案を最初に提示したその場であっさり否定され、金額規模を下げるよう命じられた。群島政府側は最大限の予算の確保を目指して粘り、群島議会でも復興費増額陳情書を米軍政に提出することを決定し、関心の高さを示した。(2)

この一連の細かな動きが逐一新聞に掲載され、社説でも取り上げられたため、「経済自立」と「自立経済」の登場頻度が突出して多くなったのである。

しかし、一月末までに群島政府は米側から得た情報をもとに、実現可能性がある補助金額を約四億五〇〇〇万円と算定し、それに基づいた予算案作成に仕切り直した。同時に平良知事は「自立経済」の語が適切でないとして、「沖縄総合復興計画」の名称に切り替える方針を示した。(3)このため以後「経済自立」に言及する記事や社説は減り、いわば沈静化した形となっている。これが「経済自立」概念の登場頻度が一月の七四回でピークアウトした主な経緯である。

もっともピークアウトしたとはいえ、この年の春頃までは、政治指導者層の「自立経済計画」（総合復興計画）に対する関心は引き続き高かったようだ。計画の策定作業は引き続き群島政府経済部によって進められ、議会の特別委員会での審議を経て三月になると「成案」「最終案」と表現されるレベルの計画案ができ上がった。(4) この時、『沖縄タイムス』は一面トップで報じている。(5) 当時の沖縄群島の新聞は、一面は外信記事で埋め、内政は二面というレイアウトが一般的なので、破格の扱いだといえる。

同時に、先に四億五〇〇〇万円とした米側財政補助の想定金額に合わせて総額約八億二〇〇〇万円の一九五二年度当初予算案を作成し、米側補助金約四五〇〇万円を見込んだ「自立経済計画」関連事業を盛り込んだ。それは具体的には保安林造林、家畜疾病予防、船溜建設、農業指導所設置等の事業であったようだ。(6) 予算案は、一九五一年三月二七日に議会で可決された。(7)

しかし、五月末、米側の予算案審査において、「自立経済計画」関連事業に対する米側補助はゼロ査定となったことが明らかになり沖縄側に衝撃を与えた。直接的には単年度予算内の事業の否決であるが、減額ですらなく完全なゼロ査定となったことは当然「自立経済計画」そのものに対する米側のスタンスを含意している。自らの重要政策の一つを否定された形となった平良知事は、当然復活折衝を行ったが復活できず、結局、予算を組み替えて、自主財源分から約一〇〇〇万円を供出して事業の一部を復活させた。しかし、米側の予算査定における冷遇ぶりが明らかになった時点で「自立経済計画」の現実政策への影響力に大きな疑義がもたれたのは想像に難くない。補助金申請を軍が再度却下したことを報じた一九五一年八月一二日の『沖縄タイムス』の記事を最後に、「自立経済計画」をめぐる政治過程を伝える新聞記事は消え、一九五一年一〇月頃には群島政府自体が解消されることが決まったので、秋以降は計画は完全に過去の事柄となった。(8)

一九五〇年八月の諮詢四号や一〇月の諮詢七号で米側は沖縄側が自ら経済計画を策定することを奨励したはずである。それがなぜ予算編成上の優先順位を低くされたのか。

史料を検討すると、米軍政側の予算編成上のテクニカルな問題(9)や「自立経済計画」の計画としての「質」の問題等のファクターが原因の一端をなしていたことが窺える。だがより本質的には、経済構想の土台をなす理念レベルでの沖米の相克が原因と考えられる。

第三章で述べたように、米側にとっての琉球経済振興の目的は住民の所得向上による不満解消で沖縄を安定統治し、戦略拠点としての沖縄基地運用の安定性を確保することにあり、そのような状況を最小の統治コストで達成することにあった。そして、この基本目的の延長線上で歳入の過半を米国の援助に頼っている状態から歳入の範囲内で歳出予算を組む均衡予算主義への移行を進めていた。つまり沖縄群島政府などの琉球・沖縄人側の行政機関に対する財政援助や経済援助を最小化しつつ経済成長を実現すること。これが一九五〇年代前半までの米側の経済政策の軸である。

「沖縄県振興計画」の経験を踏まえて、平良知事が思い描いていた大規模な財政出動によるインフラ整備を通した産業振興というオーソドックスな「経済自立」のシナリオは、「統治コストの最小化」という観点を欠いているので米側の政策目的には合わない。

米国自身の結論は、米軍基地の拡大・恒久化工事と基地の維持に関わる産業群を沖縄経済の核＝主たる外貨の稼ぎ手とする「基地経済」を構築するというものであった。この手法ならば、軍事的要請からどのみち投入しなければならない基地建設・維持費の投入の波及効果で経済成長を実現できるので、住民の生活向上そのものを目的とした支出を抑制できる。

そして、この「基地経済」政策が目指した「経済自立」とは、大量の生活必需品を輸入に頼るがゆえに必然的に大幅赤字とならざるをえない貿易赤字を、経済援助ではなく基地関連収入によって埋め合わせることで国際収支レベルの黒字＝経済自立を達成するというものであった。そのためには「労働者を訓練して恒久的に軍事施設内で雇用できるようにすること」[10]が効果的とされ、社会・産業インフラの整備には副次的な意義しか付されなかった[11]。

これに対し沖縄側が「経済自立」という用語をもって思い描いていたのが、「沖縄県振興計画」の眼目でもあった農漁業生産力の増強であったことは、「自立経済計画」に関する一連の新聞記事・議会議事からも明らかである。米側と沖縄側は「経済自立」という用語はたしかに共有し、それによって政治コミュニケーションが成り立っていたのだが、「経済自立」という用語の意味内容は異なっていたわけである。

第一章で提示したウィマーの「文化的妥協」の議論は、米軍政が提示する「経済自立」理念のシニフィアンを沖縄側が共有し、なおかつシニフィエの相違が顕在化あるいは政治化しない範囲においては、理念をめぐる紛争が起きないことを示している。逆に言えば、シニフィエの相違が顕在化・政治化したとき、それが理念転換の契機となることを意味する。そして帰納的にはそのような理念転換が一九五一年末頃から始まったことが窺える。以下検討しよう。

戦後沖縄型「経済自立」理念の兆し

一九五一年一一月二二日の沖縄群島の新聞各紙は、米国議会の予算審議の中で決定された対琉球援助額が総額約一三二〇万余ドルに決まったことを報じた。これは対前年度比六六％減の金額である。一九五〇年夏から米軍政が予告していた援助費削減がいよいよ現実化したわけである[12]。

当然のことながら沖縄側の反応は肯定的ではないのだが、この時、この援助削減の正当性を否定したロジックに、沖米の「経済自立」理解の齟齬が顕在化する契機を読み取ることができる。まずこのニュースを受けた『沖縄タイムス』社の社説から見てみよう。

……米国の琉球援助資金は殆ど三分の一近くに削減されて居る。削減の理由は琉球経済が復興してきたからであると言われて居る。これは対外決済に於ける弗の収支勘定からみた結論であると思うが、その限りに於てはそういう理由も成り立つに違いない。が、蓄積された弗資金が主として労働力の輸出とサービスによつて獲たものであつて生産と直結するものは微々たる事実から観て琉球経済が復興したとは義理にも言えるものではない。（『沖縄タイムス』一九五一年一二月二日「社説・遅くれて居る『経済復興』」）

文中にある「対外決済に於ける収支勘定からみた結論」とは、国際収支が大幅黒字となって経済が活性化したので、経済援助の必要性が減少したという米側の判断を指している[13]。

このニュース以前、国際収支が黒字になったことは基本的に肯定的に捉えられていた。しかし国際収支の黒字が経済援助削減の根拠にされたとの理解を前提にしたこの社説では、評価は否定的なものに反転している。生産力ではなく「労働力の輸出とサービス」＝（基地従業員と基地内サービス業）で米国から得た外貨を反映している国際収支の黒字は、いわば「真の経済復興状況」を隠蔽する「偽の復興指標」として位置づけられている。

この社説では「経済自立」や「自立経済」の語は使われていないが、この時代に主流的な「経済自立＝国際収支の均衡を得る（赤字を黒字化する）」という解釈図式を揺るがすインプリケーションが窺える。「労働力の輸出とサービス」で達成した「経済自立」は、「真の経済自立」ではないという理解につながる解釈図式が内包されているからである。

そしてこの社説の直後、「国際収支の黒字」によって目くらましされている問題の核心は米軍政が構築しようとしている経済構造にあることを指摘する論考が『沖縄タイムス』に三回にわたって連載された[14]。筆者は、当時、琉球貿易庁の企画貿易局長だった瀬長浩である。

瀬長はまず、「ガリオアは幾らか減らされても弗商業資金の収入は増加の一路を辿っている……ので今のところ切り抜ける見込は立つ」として国際収支の黒字を評価する。

その上で「しかし弗商業資金収入の構成を見るに輸出代金は一五・二％にすぎず残りの八四・八％は米軍その他外国人に労務やサーヴィスや物品を買ってえたもので」あることを指摘し、このような「商業資金の八五％弱が外人依存」の「依存経済が段々固定化しコザやペリー等の新都市を築き経済社会構造の背骨と化して抜くべからざるものになるのを憂えねばなるまい。」と転じる。一見よいことのように見える国際収支の黒字という指標も、内訳を見ると実は「依存経済」が「経済社会構造の背骨と化してゆく」という大きな問題を指し示す指標だということがわかる、というわけである。前記社説では、国際収支の黒字が「復興の本当の進捗状況」を反映していない「偽の復興指標」であることが問題視されていたのに対し、瀬長の論考では「依存経済」が問題化されている点に大きな質的相違点がある。

そしてこの「依存経済」が引き起こす問題を瀬長は、「ハワイでは駐屯兵員が減らされる時はそれを阻止すべく一大陳情運動がまき起される。この悲しみを吾々は数ヵ月前オフリミッツになった時のコザに見た」と描写する（『沖縄タイムス』一九五一年一二月一九日）。

オフリミッツとは、米軍が軍人・軍属・家族に対して特定の民間地域への出入りを禁止する「立ち入り禁止令」のことである。治安や衛生上の理由で発令されるが、実のところ軍政の施策や米軍人・軍属による犯罪などへの「怒り」の機運が高まっている時に発令されると、住民側の米軍に対する批判的な動きを封じ込める効果があった。というのはオフリミッツが出されると、最大の消費都市となっていた那覇や「基地城下町」のコザでは、景気が米軍人の出費と連動しているため一気に不景気となってしまうからである。特に米兵相手の商売をしている人たちには商売の存亡に関わる一大事となる[15]。このため発令後は、住民側がオフリミッツの解除を米軍に「陳情」することがある。その際、当初の「怒り」というものは「飲み込まざる」を「数ヵ月前オフリミッツになった時のコザに見た」という表現は、こうした状況を指していると思われる。

文中にある「悲しみ」を「数ヵ月前オフリミッツになった時のコザに見た」という表現は、こうした状況を指していると思われる。

こうした「依存経済」由来の社会状況を読者に改めて喚起した上で、瀬長は戦前と比較する手法で、「背骨と化した」経済構造とそれに起因する「異常な迄の消費活動[16]」のメカニズムを浮かび上がらせようとする。瀬長によれば、「輸出」が主要な資金流入源だった「戦前」では、農村で作られた生産物の「輸出」によって得られた資金は、これら生産物の製造過程に関わった人々の間で「二重にも三重にも生産過程を廻り廻つて最後に純消費として輸入の決済に向けられた」。そして主要産物が農村部で生産されたがゆえに、「その金は都市にも田舎にも離島にも落ちたのだ[17]」とする。

これに対して「現在」では、「年間現金収入四十億円近くの中輸出代金は三億に足らず軍作業その他外人相手の活動を通して落ちるのが二十億余、見返資金の放出が十数億[18]」となっているが、このうち「二十余億円の対外人活動を通して放出される資金の大部分はじかに集中的に那覇やコザに落ちると見てよい、軍作業員も土建業者もその金の大部分は那覇で消費する。輸出代金のように田舎や離島には廻らない[19]。」

また見返り資金も「集中的に那覇に落ちる」ので、「結局四十億近い資金の中三十数億は沖縄のしかも那覇市を中心にして放出され、田舎に還流することなく、滲み渡ることとさえ少く生産部門も通らずに那覇だけで廻[20]る。その結果、

「消費一辺倒、那覇集中、市場の人手、映画館の繁盛、田舎や各群島の金詰り、等々の諸現象」に帰結してゆく。[21]これがこの論考で瀬長が提示した、当時の沖縄群島の経済構造の見取り図である。

管見の限り、この連載は「基地経済」を問題化した最初の公論である。

黒糖・砂糖の生産設備の回復が遅々として進まず、戦前よりはるかに低い量しか生産できないにもかかわらず、政策的に引き起こされた「軍工事ブーム」や「貿易庁ブーム」で、市場・商店街には戦前よりもむしろ豊かにモノがあふれている光景。そして雨になったら使えないあばら屋のような校舎で小中学生たちが授業を受けている脇で、立派な建材を使った映画館が立ち並ぶ歪《いびつ》な都市景観。

こうした一九五〇年代初頭の沖縄群島の状況が、「真の復興」ではないとして生産力の回復の重要性を訴える言論自体は一九五〇年頃から見られる。しかし、なぜこうした状況が問題かという点について、瀬長の連載以前の指摘は「基地工事という一時的な米軍の出費による好況で、終わればうたかたのごとく消えてしまうもの」「米軍が沖縄からいなくなったら終わる性質のもの」というものであった。この好況が例外的で一時的なものだから、問題だというわけである。そしてこの例外的で一時的な経済現象が終わった後でも困らないように生産力を増強して経済の足腰を鍛えておくべきだというのが結論であった。

これに対し瀬長の論考は、こうした消費過多の経済現象が一時的なものでも過渡的なものでもなく、持続的・構造的なものであり、そうであるがゆえに大きな問題なのだ、と論じている点で大きく転換しているのである。戦後沖縄の経済ヴィジョンの系譜の中で、一つの転換点をなすものとして位置づけることができる。

さて、この瀬長の連載にも「経済自立」や「自立経済」というタームは出てこない。しかし、一見よいことのように見える国際収支の黒字が、問題を隠蔽する「偽の経済指標」であるという理解に加えて、米軍政が進めている「基地経済」構築政策が沖縄側が目指す理想の経済ヴィジョンとは大きくかけ離れているという瀬長の指摘は、「経済自立＝国際収支の均衡を得る（赤字を黒字化する）」というこの当時に支配的な「経済自立」理解や米軍政が意図する「基地経済」構築による「経済自立」と相容れないことは明らかであろう。

そもそも国際収支の黒字が「経済自立」ならば、それが実現した一九五〇年代初頭の段階で琉球・沖縄はすでに「経済自立」を確立していることになるので、これから「我々が目指す理念」として機能しない。この観点から見ても沖縄側の「我々の理念」としての「経済自立」はそれら古い意味内容から転換されるべき政治局面に来ていたといえる[22]。

瀬長のこの連載を「経済自立」理念の転換点と見る理解の正当性は、彼のその後の仕事を見ても明らかである。瀬長浩は琉球政府発足後、商工局長・経済局長に就任し、一九五五年に「基地経済化に対して軌道の修正をはかる目的で策定[23]」された「経済振興第一次五ヵ年計画」(琉球政府一九五五)の作成を主導した。

計画書では、まず前文で当時の琉球政府行政主席比嘉秀平が「生産業は、膨大な駐留軍および基地建設工事等の特殊な条件に大きく作用されて、その復興がいちじるしくおくれ、不振をきわめているのであります。……琉球経済に課された今日の問題は、生産の増強をはかり、経済の健全化につとめることであるといえましょう」との状況認識を示している。「駐留軍および基地建設工事等の特殊な条件」によって生産業が不振を極めている状況から「経済の健全化」を図る、つまり現状の経済は不健全であるという比嘉の認識から、一九五一年末においてまだ新しかった「基地経済」理解が、この時点では主流化していることがわかる。

また経済振興計画委員長による「序にかえて」では、計画が果たす役割として挙げた三項目の冒頭に「(1)経済自立を達成するための国民的努力結集の目標をあきらかにする……」と掲げている。遅くとも一九五五年時点で、「経済の健全化」＝「脱基地経済」＝「経済自立」という解釈図式が成立していることが窺える[24]。沖縄群島政府時代の平良辰雄知事の「自立経済計画」そのものは挫折したが、政治言語における「経済自立」という用語の中心性は失われず、「基地経済からの脱却」という目標を掲げた新しい経済計画において、それに対応した意味内容を帯びた理念として生き続けたわけである。

短期間で所期の成果を挙げた米国の「基地経済」構築政策は、その意味では「成功」であった。一九五〇年一二月のＦＥＣ指令で設定された「戦前の生活水準の回復」という目標は早々と達成されたからである。住民の生活世界の目線で見ても、「復旧期」の慢性的な物不足が一転して商店街・市場に行けば何でも買えるようになり、映画館や外食産業が戦前では想像できないほど興隆した状況は第三章で叙述した通りである。命からがら生き延びた終戦直後から見ると桃源郷のような消費生活空間の出現である。なおかつ、国際収支が黒字で、外貨準備に豊富なドル資金が計上されているという、当時外貨不足にあえいでいた日本政府と対照的な経済環境も整備された。

「基地経済」政策の「成功」は、それにもかかわらず、沖縄側をしてその経済構想への共鳴を促進するのではなく、基地依存からの脱却という新しい含意を沖縄側の「経済自立」ヴィジョンに付与した上で、その理念へのコミットメントを促す方向で作用したことになったわけである。

第二節　米軍主導の政治制度改革に対する幻滅と「自治」の高揚

群島政府の「自治」に対する評価の反転過程

次に「自治」をめぐる政治展開を見てみよう。二七年間の米統治時代の展開を事後的に俯瞰できる現代の研究者にとって、一九五〇年から一九五二年にかけて約一年半しか存在しなかった沖縄群島政府は、琉球政府という最終形態に至る過渡期的行政機関の一つに過ぎない。

しかし、一九五〇年一一月四日の沖縄群島政府の発足を報じた新聞記事を見ると、それは期待と興奮を伴う一大事件であったようだ。式典を控えた当日朝の『沖縄タイムス』の記事には「沖縄の夜明け」「喜びの声・全島にみなぎる」といった見出しが掲げられ、下段には知事の就任式と琉球国王の即位式を比較するコラムも掲載されている。(25) 現代の視点からは過大とも思えるこのような群島政府の意義づけがなされたのは、一九五〇年の時点で支配的な軍政評価だった「善政」の印象から、群島政府が「自治」の用語に相応しい裁量権を持つことへの期待感が醸成しやすい状況があったためであろう。

しかし具体的には、どのような行政機関と認識されたことが期待感につながったのだろうか。

この日の『沖縄タイムス』の社説では、「群島組織法によって群島政府及び議会には自治の権限が与えられて居り」

とした上で、この「自治の権限」については、「従来の民政府が軍政府の代行機関に過ぎなかつたのと異なり、軍政府の方針施策の許す範囲に於ては知事の方針によつて行政の運用が出来るのである」と解説している。

また平良新知事自身も職員への初訓示において、「これまでの民政府は所謂軍の代行機関であったが群島政府は自治政府でありその性格は根本的に異なっている」と述べている。[26] それまでの沖縄民政府よりも相当大きな裁量権を持った機関と認識され、それが期待感のベースとなっていることがわかる。

そうした期待感を裏づけるかのように、平良政府は発足早々、知事の裁量権の具体的な拡大に成功していた。群島政府発足翌月の一九五〇年一二月一四日の議会で、平良知事は志喜屋前知事時代には、ガリオア援助を原資とする米軍政の財政援助が知事の予算編成権の枠外で個別の部課に対して供与されて特別会計のようになっていたのを、米側と交渉して一般会計予算編成の枠内に取り込むことになったと報告している。[27]

法制度的には、群島政府の組織法（一九五〇年八月四日付け布令第二二号）[28]の条文を見ると、群島政府と議会の権限が、米軍政の布告（Proclamation）・布令[29]（Ordinance）・指令（Directive）に由来することが示す条文があり、したがって群島政府の立法権限や予算の編成・執行権がそれに制約されていることは示唆される一方、それまでは諮問機関に過ぎなかった議会の権限に関しては、第三七条において、冒頭に「立法権がある」と明記した上で、予算や条例制定や予算議決の権限について列記し、しかも米側がこれら議決を無効化できる「拒否権」に関する規定がない。

したがって布告、布令、指令の規定に枠づけられた範囲内では、群島議会は自由に立法し、予算を編成・執行する権限が与えられていると読める。[30] 実際、一九五〇年一二月一八日の群島議会における予算案審議の中で、「この予算は議会の議決によって直ちに施行に移るものか、或は又議会で一応議決したものを更に軍の認可又は了解を要するものであるか」との議員質問に対し、平良知事は「議決された予算が軍の承認を新たに受けるかどうかの問題でありますが、これは群島組織法によって何らそういう規定はないのでありまして、正面から申しますと何ら軍の承認を受ける必要はないのでございます」と答弁している。まだ運用実態が明らかではなかった発足間もない時期には、組織法が群島政府の予算の編成・執行に関して沖縄側に大きな裁量権を認めていると解釈していたことが窺える。[31]

無論、「軍事占領」下の現実の政策決定過程においては、条例制定・予算編成についていずれかの段階で米軍政側の了承は不可欠であり、議会の質疑もそれが所与の前提になっているのだが、米側自身が「自治」の機関として制度設計した政治機構の決定事項に米側がどの程度まで介入してくるか、という制度運用の実態は一九五一年春頃までは不透明な部分が多かったようだ。(32) 米軍政を「善政」と評価するような政治文脈にあって、予算編成における知事権限が強化されるなどの「裁量権の拡大」と受け取れるような具体的事例があったのであれば、「自治」に対する期待感が高まったのは自然であろう。

しかし、結論から言えば一九五一年の政治展開は、群島政府・議会の実質的な裁量権が組織法の条文から受ける印象よりもはるかに小さいことを露呈させることとなった。その結果沖縄側は、発足時には琉球・沖縄近代史上の一大快事とさえ評価していた群島政府が、実のところ政策決定権を掌握した米軍政の政策執行の代行機関に過ぎなかった志喜屋知事時代の沖縄民政府と実質的に大差ない存在であるという認識を深め、「善政」は急速に色あせてゆくことになった。以下米軍政に対する反感が高まってゆく政治の事件史的展開のディテールを、「自治」理念との関わりに注意を払いながら追ってみよう。

まず一九五一年一月から七月にかけて展開した群島政府の「自立経済計画」が否定されるプロセスは、沖縄側の「経済自立」理念の否定を含意すると同時に、「自治」否定の側面も有している。琉球・沖縄側自身が「自立経済計画」を策定することを求めた諮問四号や七号は、経済政策の立案権を一部、琉球・沖縄側に認めるというメッセージを含んでいる。少なくとも沖縄側がそう理解したと仮定すれば、一九五〇年秋・冬に経済援助の打ち切りという本来沖縄側にとって歓迎されざる含意を帯びた「自立経済」が小ブームになるという現象を整合的に説明できる。

しかし、一九五〇年一二月のFEC指令に基づいて米軍政自らが作成したEconomic Plan for the Ryukyu Islandsが公表される一方、群島政府が策定した「自立経済計画」の関連事業がゼロ査定され、復活折衝の動きも報じられなくなった一九五一年八月の時点ではそのような解釈が誤りで、沖縄群島政府（あるいは臨時琉球中央政府）が経済政策を立案・執行する権限は極めて限られていることが明瞭となった。

この点について、一九五一年一二月一六日の『沖縄タイムス』に掲載された年末回顧の記者座談会で、「自立経済計画」について取り上げた参加者たちが「もともとその計画というのが金の見透しがあつてつくられたものではなく、米国の援助がもし打ち切られたとする場合、自立するためには斯様しかじかの金が要りますという答案にすぎなかったのだ」「この試験問題に対し、いろいろな資料を勉強し、知慧をしぼつて答案を書いて出した次第である」と若干自嘲気味の意義づけを行っている[33]。

さらにこの後、自主財源分の歳入についても沖縄側には実質的な決定権がないことが明らかになった。一九五一年二月、群島政府は政府の歳入制度の土台となる税制改革の諸条例案を議会に諮問した[34]。戦後沖縄の税制は一九四七年四月に施行された指令七号によって始まったのだが、ほどなく、実情を反映しない制度設計・運営と申告納税者の所得を捕捉する体制の不備のため、常識はずれの重税である上に超逆進的な不公平税制だとする不満が噴出[35]。米軍政と沖縄民政府は特例で税を免除するなどのアドホックな対応で切り抜けてきたが、群島政府発足の機会に抜本改革を行うことになり、議会審議を求めたものであった。

税制改革自体は米軍政側の了解を得ており、焦点となったのはその条例案の具体的な内容について群島政府・議会が決定した事項を米軍政がどこまで尊重するかどうかであった。というのは、この時平良知事は米側と事前に条例案の内容をつめることはあえてせず、最初に素案を群島議会と協議していわば「オール沖縄的民意を反映した案」を作り、その採用を米軍政側に求めるという手順にこだわったからである。

無論、米軍政と事前に内容をつめていない条例案では審議・議決しても、その内容を事前に関知していない米軍政側に否定される危険性がある。実際、そのような懸念から、野党の共和党の議員たちは事前に条例案の細部まで軍の了承をとった上で議案として議会に提出すべきだと主張した。米軍政が了解するかわからない不確かな案を審議する意味があるのかというわけである[36]。

しかし政策立案・執行について逐一米軍政側の係官の承認を得る手法は、米軍政の行政施行の下請機関に過ぎなかった従来の沖縄民政府の行政手続であり、民意を代表する自治政府としての性格を帯びた群島政府に相応しい手順ではない、というのが平良知事の考えだったようだ。

群島政府が作成した原案を議会で審議して与野党間でコンセンサスを得た案を作って議決し、それをいわば「沖縄側の総意」として米軍政側に迫る。平良知事が採用したこの手順では、沖縄側が自分たち自身でいったん政策決定する形となり、この沖縄側の決定事項を米側がどのように取り扱うかで、米軍政が群島政府に認めた「自治」の範囲が、実際にはどこまでの裁量を意味しているのかが明確になる。

軍政秩序に影響を与えるような変更でなければ、沖縄側の決定を「自治」の範囲として承認するのか、それとも沖縄民政府時代同様に「箸の上げ下げ」のレベルまで細かく指示してくるのか。結果は後者であった。

群島政府の担当者たちは、従来の税制が引き起こした問題を踏まえ、より実態を反映した税負担と課税の公平性の確保を軸とした素案を作成した。具体的には、①低所得者層を主な対象とした所得減税と、②高所得者層の脱税取締りの強化が二本柱となっている。議会では、この素案を土台に税率や控除についての政府・議員間の政治折衝が行われ、最終的に原案より税率を下げ、控除を拡大した修正案として三月議会で可決、答申された。現行税制が低所得者層に過重な一方、税務署の態勢不備で、高額所得者の申告漏れが野放し状態になっていることは与野党を超えた共通見解であり、論争は具体的な税率や控除額の数値といったテクニカルな領域に集中したようだ。

しかし一九五一年六月、米側は一連の改革案のうち減税を一切認めないことを群島政府・議会側に通知した。[37] つまり群島政府・議会内の政治過程によってまとめ上げられた「オール沖縄」的な結論の核心部分は、全否定されたわけである。[38] 議事録からは税率や控除額をめぐる政治折衝に多大な労力がつぎ込まれたことが窺えるが、減税そのものが拒否されたので、その成果は米側の一存ですべて水泡に帰したわけである。

議会政治の文脈ではこの沖縄側がイニシアティブをとって取り組んだ税制改革の否定が、沖縄群島政府の「自治」、そして米軍政評価の転換点となったことが窺える。[39]

まず、群島議会の議事録を一九五〇年から五二年まで俯瞰すると、米軍政に対する失望を窺わせる最初の言辞は、一九五一年七月末、税制改革条例案の核心部分たる所得減税の否定に対する沖縄側の反応として現れていることが確認できる。具体的には、税制改正の諸条例案が米軍政によって否定されたことを受けて更正予算を審議した第九回沖縄群島議会の議事録（七月三一日）に、「議会が慎重審議の上決定したものが不承認になった箇所が相当あり、何だか議決が無意味な気がする」という議員の発言や「当初の計画通り引下げて貰いたい」と食い下がる議員に対して群島政府の担当者が「軍にたてついてむし返す結果となり……」と返す答弁が記録されている（『群島議会Ⅱ』一四七―一四八）。

八月になると、税制改革否定のインパクトは、議会審議の枠を越えて米軍政・群島政府批判の政治ダイナミクスを駆動させたことが確認できる。まず米軍政に最も批判的な政治勢力であった人民党が、この問題を運動展開の駆動力にしたことが、八月一五日付けの『沖縄タイムス』に掲載された次の意見広告から窺える。

一九五二年度（自今四月一日至来年三月末日）申告所得税一億四千七百六十万円というベラボーな額が通告されてきた。この額は去年の申告所得税三千五百六万九千円の実に四倍強である。それが増税であり、重税であり、悪税であることは説明を要しない。……しかもこれは軍布令の税法によつて課されたものでわれ〴〵人民が選んだ群島知事も同議会もそれに対しては一指も触れ得ないときている。……（中略）……今回の税で群島政府も我々の議会もその無力ぶりを遺憾なく発揮した。我々は我々を救うものが実にこの悪税によつて生活の脅威にさらされている我々自身以外にないことを今こそハッキリ知つたのだ。……悪税反対に全人民蹶起せよ・団体交渉で再審査を要求せよ！信託統治反対！即時日本復帰！（『沖縄タイムス』一九五一年八月一五日（広告）「全党員並全人民に訴う」[40]）

共和党も八月三一日に「悪税批判」と題した政府批判の大会を開いている[41]。

この人民党の広告文が示しているように、この時野党側が見せた政治的な動きは、一面では、平良政府の「不手際」を奇貨として税制改革問題を群島政府批判に結び付けるフレーミングとして表れた。しかし、批判のターゲットにされた群島政府側自身が「現行の税率が高いことは論ずるまでもない。政府としても三月に議会の同意を得た上、軍に認可方を申請したが却下され、結局現行通り実施せざるを得なくなった。[42]」としているのであるから、一見華々しい与野党対立の表層性は同時代的にも明白である。人民党の究極のターゲットは、上記人民党広告の「軍布令の税法によつて課されたものでわれわれ人民が選んだ群島知事も同議会もそれに対しては一指も触れ得ないときている。」という一文によって示されていることは明らかであろう。

このように議会政治の文脈では、一九五一年夏までに米軍政に対するそれまでの「善政」という評価が崩れる過程が展開していたことが推察できる。しかも、サンフランシスコ講和条約が調印された九月初旬以降は、米軍政に対する反感を強める政治イベントが次々に起こり、反発（Grievance）を増大させる展開となった。

九月初旬、米軍政は予算不足が生じているとして、いったん予算計上を承認していた救済費一八〇〇万余円や、戦災孤児施設や盲唖学校の建設について、突然補助を取りやめることを通告し、沖縄側の復活陳情も退けた。救済費とは生活保護費のことで、財政学上の区分では人件費と並んで行政当局が自由に廃止できない義務的経費とされている。戦後間もないこの時期の沖縄群島で対象となっているのは戦争で寡婦になったり障害を負ったことで生活が困窮している人々およそ一万一〇〇〇名余りである。[43] 当然、補助金が取り消されたからといって戦争被害者に対する給付を停止するわけにはいかず、自主財源、具体的には政府職員の給与引上げ用に組まれていた予算を救済費に流用することになったが、それでもカバーしきれず給付レベルを下げざるをえなくなった。

義務的経費に区分される予算を、予算執行の途中でいきなり削減したことは戦前の日本の行政慣行を常識とする群島政府幹部の想定を超えた事態だったようだ。

一〇月四日の議会で平良知事は「急に年度半ばから打切られたので参ったのであります。そういうことでは我々は予算の計画はできない。然かも大きい金であり、税負担もできないので……（中略）……この点について知事が力が足りなかったというお叱りは受けても止むを得ないと思っています」と珍しく弱気な答弁をしている。[44]

しかもこの問題には余波があった。九月初旬、この件で事務折衝が行われた際、米軍側担当者は沖縄群島政府側の担当部署に対して、救済費に転用された政府職員の給与引上げの財源は、二ヵ月後に補填するので、その時に給与を引き上げればよいとの情勢見通しを述べたようで、議会審議の中で群島政府側は、二ヵ月遅れで増俸ができるとの見通しを述べている。

ところが一〇月初旬、米軍政側は一転この増俸も許可しないと群島政府に通知した。一〇月五日付けの『沖縄タイムス』に掲載された議会雑感のコラムでは、この時の議会全員協議会の雰囲気を次のように伝えている。

……三日の全員協議会で人事課長より〝予想に反し増俸は不認可になりました〟との報に接し　議会はこれまでにない悲壮な空気に包まれ「身命をとしてやろう」との声まであつたが、四日もこの憂鬱感は去らなかつた。「軍はあまりにも拒否権を行使し過ぎる」「これでは自治権も形ばかりではないか」「住宅公社もあゝなつたしお互い辞めようか」とさえ囁きがあつた。（『沖縄タイムス』一九五一年一〇月五日「記者席から」）

議員たちからストレートな米軍政批判が語れる状況になっていることがわかる。(45)

実はこの一〇月、米軍政から、発足からまだ一一ヵ月しか経っていない四つの群島政府を解消して琉球人側の行政機構を新設の琉球政府に一本化する方針が平良知事など沖縄側政治指導者層に伝えられた。このため一〇月から一一月にかけての新聞社説には、群島政府を総括するような内容が複数掲載されている。そこで提示された群島政府の「自治」に対する評価は次のようなものであった。

……思えば群府がこの一年歩んできた苦難の道は、占領統治下における自治政府としてのおう悩の道であつたといえよう。知事の公選、議会議員の公選という事実のみで、民衆は単純に群府に自治の権能が与えられたような錯覚に陥つた。（『琉球新聞』一九五一年一一月六日「社説・政治の盲点」）

……昨年九月吾々は群島政府知事と群島議会議員を選挙したが　その結果はどうであるか。知事に与えられた権限、議会に許された権限がどの程度のものであつたか。自治の名はあつて、その実の伴はないというのが現実の事実であつた。軍政下に於てはそれが許される限界であるということを理解して居るものは別として、多くの住民は公選によつて選んだ知事や議員である以上思う存分住民のためにやつてくれるに違いないと思い込んで居たのが期待を裏ぎられて失望感を与えられることが如何に多かつたことであろう。……（『沖縄タイムス』一九五一年一一月一五日「社説・主席公選と自治政府」）

群島政府発足を告知した一九五〇年一一月四日付け『沖縄タイムス』の紙面が、「沖縄の夜明け」「喜びの声・全島にみなぎる」といった見出しで飾られ、社説では、群島政府を「従来の民政府が軍政府の代行機関に過ぎなかった」のとは異なる次元の「自治の権限」を有する行政機関と評価していたことはすでに述べた。その評価はそれからわずか一二ヵ月で一八〇度反転したわけである。

この間、群島政府の権能に関する米軍政側の政策が変化したわけではない。群島政府の権能は当初の制度設計通りである。ただ「経済自立」同様「自治」という用語の具体的な意味内容が沖米の解釈で異なっていた。そして一九五〇年の時点では顕在化していなかった両者の解釈の齟齬が、群島政府発足後の政治過程の中で露呈していったわけである。そして第一章で設定した本書の分析枠組は、「自治」という用語はそのままに、しかしその意味内容が変化する理念転換のプロセスが展開することを想定させる。その理念転換を促進するための用語道具として用いられたのが「拒否権」や「完全自治」である。以下、その詳細を見てみよう。

「自治」理念の「フレーム補足」による「高揚」過程

「拒否権」という用語のアンビヴァレンスは、それが一定程度の「自治」理念を反映した制度的前提の上でないと意味を持たないことであろう。一から一〇まで米軍政の指示によって動く行政機関では、「拒否」される対象となる「自主的な決定」がそもそも存在しないので、「拒否権」の概念は意味を持たない。だから沖縄民政府の段階ではなく、沖縄群島政府の段階でこのタームが政治言論におけるキーワードとなったのはある意味必然だったといえる。

先に注三二で触れたように、群島議会の議事録を見ると、一九五一年二月の段階ですでに拒否権が一般用語として定着していたことがわかる。しかし、これを政治アクターのフレーミングの用語道具として用いることを始めたのは一九五一年秋頃の人民党が最初と思われる。

管見の範囲では「拒否権」という単語がキーワードとして人民党の公論に現れた最初の確認事例は一〇月一日の『琉球新報』に掲載された意見広告である。群島議会議員の補欠選挙に参加しない理由を告知することを主旨とするこの広告文は、冒頭、「群島政府と同議会は三オク七千七百万円というボー大な税金を、強引に人民から搾り上げようとする点ではすばらしい活躍ぶりを見せているが、軍使用土地代金の問題、立退問題等人民の利益に関する重大問題では完全に無力ぶりを発揮した」という一文から始まっている。つまり前出の減税を柱とする税制改革の頓挫と「軍用地問題」(第八章で詳述)を二大争点として設定した上で、いったんは、これら争点を群島政府批判に結び付けるフレーミングを行っている。しかし、後段で次のように転じて、米軍政批判を正面から打ち出した点が、前出の八月の広告との大きな違いである。

……しかしながら過去一年群島政府ならびに同議会を無力にしていた根本的な原因は一体何であるのか。もち論、政府や議会自体のダラシナさもある、しかしその上にゲン然と控えている軍の拒否権も又決して見逃すことのできないものである。沖縄人民の頭上においかぶさつているこの拒否権こそは信託統治制度の具体的な裏付けであり、これは窮迫化してゆく人民の生活の中に大きく姿をあらはしてきている。税金、軍使用土地代金、立退等の諸問題を通じてハッキリあらわれた群島政府ならびに議会の反人民的行動はすべて植民地的性格のあらはれにすぎない。今や全人民の力をあらゆる拒否権排除、信託統治制度反対に結集しない限り単なる選きょ騒ぎは〝自治〟のげん想を与えるマヤカシにすぎないことが群島政府ならびに同議会に於て試験済みとなつた。……(『琉球新報』一九五一年一〇月一日(広告)「全党員並に第七選挙区有権者諸氏に告ぐ」)

以上のような本文の後、最後に党が掲げる九つのスローガンが列記され、この中に「琉球人民に完全自治を与えよ」

「あらゆる拒否権絶対反対」という文言が含まれている。

この広告文の第一の特徴は、すでに述べたように米軍政批判をはっきりと軸に据えて前面に出した点にある。つまり「自治」の理念が実現しない根本原因が米軍政の存在そのものにあることを明示し、「我々」の真の「敵」であることを明示した「診断的フレーミング（diagnostic framing）」（Benford & Snow 2000: 615-616）となっている。いわば「米軍政全面批判フレーム」の初出である。

前出の八月の広告文においては、群島政府による税制改革の頓挫は、米軍ではなく群島政府批判に結び付けることが全体論旨となっており、その中に「これは軍布令の税法によって課されたものでわれわれ人民が選んだ群島知事も同議会もそれに対しては一指も触れ得ないときている」という一文をいわば「紛れ込ませる」ような体裁になっている。そして「拒否権」も「完全自治」も文中に一切登場していない。つまり米軍政批判を論述の軸として前面に出す内容にはまだなっていない。それ以前の人民党の政治言論の史料としては一九五〇年一二月二五日付けの『沖縄タイムス』に掲載された人民党議会報告演説会の記事がある。この記事は三面記事の簡単なものなので、その演説内容の詳細はわからないが、演題は「△公安委員会をどう見るか△社大党は勤労者の味方か△人民党は何故五一年度追加更正予算に賛成しなかったか△平良知事施政報告批判」となっており、少なくとも演説の柱として米軍政批判が前面に出されていないことと「拒否権」「完全自治」の用語が演題にないことは確認できる。

さらに遡れば、第四章で述べた通り、米軍政に対する「善政」評価が支配的となる以前の一九四九年前半の段階で、人民党は他の二党と「人民戦線」ないし「民族戦線」を結成し、その中で米軍政批判に踏み込んだことがあったが、「拒否権」「完全自治」はその言論活動のキーワードになっていない。

わずかな史料での比較なため、断定はできないが、以上の検討から、一九五一年秋頃に人民党が米軍政批判を前面に打ち出す政治言論戦略を固め、その戦略の一環として「拒否権」「完全自治」の二つの用語をキーワードとして採用したことが推察される。

一九五一年一〇月時点での群島政府に対する沖縄側の支配的評価はすでに述べた。それに加え、第七章で詳述するように、この一〇月頃には講和条約発効後の琉球統治が、それまで予期されていた「米国を受託国とする国連の信託統治」ではなく、「戦時占領期」の軍政の単純な延長になることが次第に明らかになり始めていた。これはつまり、先の税制改革案の顛末で見たような、沖縄側の諸政治アクター間の政治折衝によって最終的に政策決定されたものが、米軍側の一存で無効化される状態が、講和条約発効後も、無期限に続くことを意味しており、沖縄側の全政治アクターが大きく失望する展開であった。

こうした政治的雰囲気を踏まえて、瀬長亀次郎と人民党はそれまでの一線を越える形で、米軍政批判を明示化して、政治運動の中心軸に据える方向に舵を切ったと思われる。[46]

それでは、この「米軍政全面批判フレーム」の中で、「完全自治」と「拒否権」という用語は、「自治」理念との関連で、どのようなインパクトを生む機能を有していたのであろうか。

沖縄経済の問題を「基地経済」として把握し直したことが、「経済自立」の意味内容の変容に結び付いたように、これらの用語の登場は理念的な転換点を含意しているのであろうか。

「自治」という用語の意味内容は、「完全自治」や「拒否権反対」といった用語の登場前後で、一見大きな変化を見せていないようにみえる。「拒否権」や「完全自治」といった用語は、琉球・沖縄側の行政機関に可能な限り最大限の権限を確保することを求める含意があるが、これは終戦直後から沖縄群島のすべての政治アクターの共通目標であり、「拒否権」や「完全自治」という新しい用語を導入したところでその意味内容は変わらない。

実際、「拒否権」や「完全自治」といった用語を用い始めた一九五一年秋から一九五二年春にかけての人民党と瀬長亀次郎が具体的な「自治政府」の政策構想として掲げていたのは、琉球政府設立に先立って制憲議会を選挙し、その選挙された制憲議員が制定した基本法に基づいて、議会・知事選挙を行って琉球政府を発足させるというものであった。これは第四章で引用した一九四九年二月の瀬長の新聞論考と同じ内容であり、変化はない。[47] 瀬長たち自身もこの政策構想を「結党以来五年間に亘り主張し、皆さんに訴えて参りましたところの政策[48]」と位置づけている。

しかし、次の例文を見ると、「拒否権」のような新しい政治言論用語を用いたフレーミングが理念転換を促進する機能を帯びていることがわかる。

……琉球人民の代表三十一名が琉球人民のためになるようにと心血を注いでつくり上げた基本法がアメリカ民政府から拒否されたのでは、かゝる議会は一文の価値もありません　従つてわが党はあらかじめアメリカの保留する一切の拒否権に反対することを宣言したのであります。自治と拒否権とは同立しないからです。拒否権をともなう自治はいつの世でもどこの国でもあり得なかつたし又あり得ないからであります。（一九五二年二月一五日『沖縄タイムス』（広告）「立法院議員選挙を控え全有権者に訴う」）

この例文では、米軍政によって琉球・沖縄側行政機関の権能が制限されている状況を「拒否権」というタームで把握した上で、「自治と拒否権とは同立しない」「拒否権をともなう自治はいつの世でもどこでもあり得な」い、といったリズミカルで標語的な表現として活用している。そうすることで、この文章では「自治」という用語の意味内容が主に「拒否権」によって指示され、その結果、「米軍政とは根本的に相容れないもの」として「自治」が立ち現れる形となっている。同時に、「拒否権」という用語を短いセンテンスの間に反復して出すことで、この新しい「自治」理解が際立たつ結果となっている。このようにある要素を強調する言説手法は、フレーム分析においては「フレーム補足（frame amplification）」と概念化されている（Benford & Snow 2000: 623-625）(49)。

これまで述べてきたように、戦後初期の沖縄群島の諸政治アクターが目指してきたのは、人民党や瀬長亀次郎も含めて、最高のオーソリティーが米軍政にあることを所与の前提にした上での「自治」の実現であった。「拒否権」や「完全自治」といった新しい政治言論用語は、そのような古い「自治」理念を人民党が浸透させたい「沖縄の自治は米軍政と根本的に相容れない」という政治状況理解をより先鋭的なものに再定義する「フレーム補足」の道具として用いられていることが窺える。

帰納的観点から見ると、このような人民党のフレーミング戦略が、沖縄群島の政治界全体の「自治」理念に影響を与えることに成功したことは明らかである。

一九五二年三月二日投票の琉球政府立法院議員の第一回選挙で、人民党は「拒否権」や「完全自治」を組み込んだフレーミングを演説会などで大々的に展開した。様々な人々の回顧談は、書記長の瀬長亀次郎の演説は特に人気があったことを示している。これに対し、より穏健な社会大衆党の候補は「最大限度の自治権獲得」といったスローガンを掲げていた。(50)

選挙戦最中の一九五二年二月一二日の『沖縄タイムス』の社説は、その状況を次のように描写している。

……琉球住民にとつて完全自治の要望が如何に切実であるかは、立法院議員選挙に臨む各政党のスローガンに反映されている。殆ど出揃つた各立候補者の政見発表にも、最大限の自治獲得が一様にうたわれ、そのための基本法制定を意図して、立法院のもつ大きな使命が切実に待望されていることは周知の通りである。……（『沖縄タイムス』一九五二年二月一二日「社説・相互の理解協力を望む」）

人民党のような先鋭的な抗米政党ではなくても、有権者にアピールするような「我々の理想」を表現するには単なる「自治」ではもはや不十分な状況になっていたことが窺える。

社会大衆党の候補の中には沖縄群島政府知事を辞職した党首・平良辰雄もいた。選挙戦が熱を帯びる終盤、平良は「完全自治」という表現を用いたり、米軍の拒否権批判にまで踏み込む局面があったようだ。(51)前記一九五二年二月一二日付け『沖縄タイムス』の社説でも「完全自治」というタームが多用されており、人民党の言論活動が牽引する形で「拒否権」や「完全自治」といったタームを用いたフレームが、他の政治アクターにも受容され、広まってゆくフレーム拡散（frame diffusion）の過程がこの段階で早くも生じていることが窺える。

実際一九五一年秋から一九五二年春までの沖縄群島内の政治展開は、人民党が提起した「米軍政とは根本的に相容れない理念」という新しい「自治」理解の正しさを裏づけるような方向で展開していた。

一九五一年一二月六日、米側は平良知事との会談の中で、翌一九五二年から支払開始が予定されている軍用地代として六〇万ドルの予算が計上されていることを公表し、沖縄側に大きな衝撃を与えた。[52] 六〇万ドルの予算を軍用地総面積で割ると、常識はずれの低価格であることが推定されたからである。

第八章で詳述するが、米側は地価の算定にあたって沖縄側の意見聴取を一切行わず、借地料の算定過程や根拠についても詳細をディスクローズしなかった。地代算定過程がわからなかったため、沖縄側ではかねてから不安感が高まっていたが、この六〇万ドルという賃借料予算額によってこの不安が現実化した形となった。そして翌一九五二年になると、軍用地料をめぐっては地主のほとんどが契約を拒否する一方、収用対象として指定された土地の住民が移転拒否の姿勢を見せ始めるなど、一種の不服従運動に発展してゆく。

おりしもすでに進行中の基地の恒久・拡大化事業の一環として、新たに整備されることになっていた米軍人・家族の住宅地区の建設用地が既存の軍占有地では足りないため、いったん民間に返還されて住民が帰還していた地区から再収用する事案が多発していた。そしてその過程があまりにも一方的で、かつ補償が不十分だとして住民から十分な補償を求める動きが起き、「立退き問題」として社会問題化していた。特に米軍サイドに「立退き対象」として目を付けられていた村落を多く抱えていたのが真和志村であったが、この時期、その村長は、第三章で取り上げた元沖縄人連盟九州本部長の宮里栄輝が務めていた。一九五一年九月八日のサンフランシスコ講和条約調印を受けた新聞の特集記事で、宮里はこれからの琉球統治に対する希望事項として「軍命による住民立退き等という恐怖から解放される」ことを挙げている。[53]「銃剣とブルドーザー」という標語で表現されることが多い米軍による強制収用が始まるのは一九五三年からであるが、それ以前からこの問題がすでに、重要な人権侵害事案として意識されていることがわかる。

一方、第一回立法院議員選挙の当選者確定直後の三月四日、米軍政は突如、琉球政府の組織法たる布告一三号と布令六八号を発表し、沖縄側に衝撃を与えた。それまで所与の前提とされていた琉球政府発足過程を、何の前触れもなく突然覆される形となったからである。それまでは米軍政幹部が沖縄側に伝えていた情報などから、まず立法院議員選挙を行い、選出された議員たちによる制憲作業によって基本法を制定。その基本法に基づいて行政主席を選出する選挙を行い、次いで選出された行政主席を首班とする統一琉球政府の発足という段取りが規定路線となっていた。そのような前提で立法院議員選挙が行われた直後に、突然、米側が一方的に組織法を制定したので、それまでの政治過程の前提が根本から覆された形であった。しかも一九五二年四月の発足時点での行政主席は選挙による選出ではなく、軍の任命制にすること、なおかつその主席の任免権は米側が掌握した上で、沖縄側が主席をリコールする手続を定めず、任期もないことから、米側が好む人物を好む期間だけ主席にできる仕組みとなっていた。つまり「自治の名はあっても中身はない」と評された沖縄群島政府よりもさらに自治権が後退した側面があったのである。

こうした一連の政治展開の中で、「自治と米軍政が根本的に相容れない」という人民党のフレーミングの経験的信頼性（empirical credibility）[54]が高まり、それによって「拒否権」や「完全自治」といったタームの訴求力を高める過程があったことが窺える。別な言葉で表現すれば、「自治」が「高揚」する過程が生じたと見ることができる。

そして、一九五二年四月にサンフランシスコ講和条約が発効した後、「完全自治」と「拒否権反対」という用語は、「植民地」という用語と並んで人民党の政治言論のフレーミング活動におけるキーワードとして用いられ、社会大衆党など他の政党に広まり、一九五〇年代、六〇年代の琉球・沖縄の政治シーンにおいて慣用的に定着してゆくのである。[55]

まとめ

前章同様、本章で検討した一九五一年の「経済自立」と「自治」の理念の変容・高揚過程もまた、「縦の相互作用」を主要な動因に展開していた。

「経済自立」は、前年の段階では、支配者である米軍政が沖縄側の期待と利益に反している援助打切り政策を沖縄側に単に強制するのではなく、その自発的な参画を促す目的のために、「沖縄が目指す理念」として上意下達され、当時の「善政」的評価もあって沖縄側に受容されたが、一九五一年になって「基地経済」構築という具体的な政策内容が明らかになると、それを否定する対抗理念として「脱基地経済」＝「経済自立」という解釈図式に読み替える（リフレームする）過程が始動した。

第一章で提示したスタインバーグの表現を用いれば、米軍政側のtalkで提示された「経済自立」を、沖縄側が読み替えてback talkするという過程の中で、「経済自立」という単語や「我々は経済自立を実現しなければならない」という解釈図式の意味内容が変化し、「経済自立」は支配者に抵抗できない状況下で「押し付けられた理念」から「米軍政の政策に抗して我々が目指す対抗理念」に転換したわけである。

論理的には米軍政側が「経済自立」を強要したのであれば、これに対抗するために沖縄側は全く新しい別の概念を導入して「我々の理念」としてもよいはずである。しかし、スタインバーグの議論が示唆するのは、ある討議文脈で「強者」と「弱者」が言論闘争を繰り広げる場合、討議界（discursive field）の規定力のため、「弱者」は「強者」側が設定した諸概念の土俵に乗った上で、それらの「読み替え」によって対抗するという形で「理念」形成が経路づけられていくということである。まさにこうした「強者」―「弱者」間の「縦の相互作用」における「読み替え」のダイナミクスによって、「戦後沖縄」で支配的な理念である「脱基地経済」としての「経済自立」理念が興隆したものと見ることができる。

ただ本章の対象時期では、「基地経済」を問題化する議論の登場までしか照射できず、それが「経済自立」という概念と結び付きながら、様々なアクターに受容されていくマスターフレーム化のダイナミクス（横の相互作用）を通して、ナショナル・アイデンティティの一部となってゆく過程は、一九五二年以降に生じたことを推測するにとどまった。

これに対し、「自治」の場合は、本章対象時期の範囲内でマスターフレーム化（横の相互作用）の過程まで照射することができた。

米軍政は群島政府の樹立をもって「自治の実現」と解釈した図式を沖縄側に提示し、沖縄側も当初はそのような期待をもってその解釈を受容したのだが、一九五一年夏頃から沖縄側の重要施策が「拒否」されて葬り去られる事案が相次ぐと、沖縄側においては群島政府＝自治政府という解釈の図式は正当性を持ちえなくなった。こうした状況にあって人民党が「拒否権」や「完全自治」というタームを導入して「自治権侵害」の状況を強調する「フレーム補足」の言説操作を行った結果、従来は米軍権力の枠内での自己統治体制の「理念」という含意を帯びていた「自治」は、「米軍政」

の存在そのものと相容れない「理念」としてその意味内容を変容させた。そして、一九五二年春の第一回立法院議員選挙の文脈で、この新しい、読み直された（リフレームされた）「自治」解釈が、社会大衆党など他の政治アクターにフレーム伝播（frame diffusion）してゆく過程があったことも照射した。

群島政府＝自治の実現という米側の talk に対する沖縄側の信頼性が急速に弱まる状況下で、人民党が米軍政≠自治という解釈を提起して back talk する「縦の相互作用」の過程と、それが他のアクターに拡散にマスターフレーム化してゆく「横の相互作用」が連動したことによって、終戦直後の時点ですでに対抗理念の性質を帯びていた「自治」の理念がますます先鋭化＝高揚してゆく過程を捉えることができた。

ただこうした琉球・沖縄人を主体とする「経済自立」「自治」の変容・高揚過程の照射だけでは、「沖縄」における民族・ナショナリズム現象の把握には至らない。それを把握するには、こうした過程と同時並行的に「復帰」の理念が興隆し、琉球・沖縄人の「自己決定」のベクトルと交差したことで生じた複合的なネーションのヴィジョンの様相を捉える必要がある。第六章と第七章において、その作業に取り組みたい。

（1）『沖縄タイムス』一九五〇年一二月二三日、『琉球日報』同日、『沖縄タイムス』一九五一年一月一九日、『うるま新報』同日。

（2）『群島議会Ⅰ』一七二、三八三―三八四、『沖縄タイムス』一九五一年一月二七日、『うるま新報』同日、『琉球日報』一月二八日。

（3）『琉球日報』一九五一年一月二六日、二七日、『沖縄タイムス』一月二七日を参照。しかし、結局使用単語は一本化されることなく、平良自身も含めてその後も「自立経済計画」が併用された。よって引き続き「自立経済計画」と表記する。

（4）『群島議会Ⅰ』二六三、『沖縄タイムス』一九五一年三月一〇日、一五日、『うるま新報』同一五日。

（5）『沖縄タイムス』一九五一年三月一〇日。また当時沖縄タイムス社が発行していた月刊誌『月刊タイムス』の一九五一年三月号でも「プラン拝見自立経済―自信ある計画書―平良知事と一問一答」と題する特集記事を組んでいることが新聞広告からわかる。ただしこれまでのところ、この一九五一年三月号の原本・コピーは発見できていない。

（6）『うるま新報』一九五一年五月二九日。

（7）実は、この予算案可決時点で沖縄群島政府は米側と補助金交渉の最中にあり、四億五〇〇〇余万円は確定金額ではなく米側に対する要求金額でしかない。実際の補助金額は、一九五一年六月の最初の追加更正予算に組み込まれた金額が二億一〇〇〇余万円で、以下漸次追加され最終的に三億三〇〇〇余万円となった。この減額分に「自立経済計画」関連事業が含まれていた。

(8) 興味深いことに一九五一年一一月四日付けの『沖縄タイムス』の記事で野党・共和党が群島政府の失敗の一つとして、「自立経済計画書が行方不明になった」ことを挙げている。事実かどうかはともかく、この時点でのこの計画の位置づけを象徴している。なおこの「自立経済計画」の現本・複写等は本書執筆中も確認できず、情報は新聞と議会議事録に依拠した。

(9) 具体的には、一九五〇年末のFEC指令によって一九五一、一九五二会計年度の米軍政B円予算では、軍用地使用料の支払財源の確保と臨時琉球中央政府への補助金という他の年度にはない特殊な出費があり、なおかつ群島政府への資金援助より、これらの出費を優先する方針だったため、群島政府への財政補助はその分抑制された可能性がある。

(10) Economic Plan for the Ryukyu Islands, p49. 具体的な施策としては、PXのマネジメントなど「フィリピン人」や「中国人」が占めている中間管理的・ホワイトカラー的な、したがってより高給な職種を琉球・沖縄人に代替するためのスキル向上政策、理髪業などのサービス業者の基地内への進出支援、軍のドルによる購入の対象となりうるようなしかるべき基準をクリアした野菜栽培業の振興、基地施設の維持や増設によってドルを獲得する建設業の保護育成等が企図され、実行に移された。

(11) 全くなかったわけではなく、一九五一年においては、例えば一〇〇万ドルのガリオア資金を供出して、砂糖を精錬する分蜜工場の建設プロジェクトが進められ、沖縄群島で大きな関心を集めていた。

(12) この後、対琉球ガリオア経済援助は一九五三年度には九二〇万余ドル、一九五四年度には一七〇万ドル余と大幅に減らされる。一方、財政援助は琉球政府発足以前の一九五一、五二年度は、四群島政府と臨時琉球中央政府合わせて一〇億円前後だったものが一九五三―五六年度には四億円台まで減らされた(琉球銀行調査部編一九八四:二七八、三一三―三一五)。

(13) ちなみに援助削減のニュースの前後に掲載された記事からは、一九五一年一月から七月までの七ヵ月間の「琉球」の国際収支が約四百四十万ドルの黒字で、外貨準備高にあたるドル商業資金勘定には七月末日現在で二二三〇余万ドルが計上されていたことがわかる。『沖縄タイムス』一九五一年一一月一八日、同二一日、同二三日を参照。ドル不足に悩まされていた同時代の「日本」では、外貨が払底するたびに輸入制限措置がとられるなど、綱渡りの外貨運営だったが、国際収支が黒字で外貨準備口座にドルが潤沢に積みあがった「琉球」ではこのような心配は一切ない。わずか二年前の「復旧期」には輸入自体ができず慢性的なモノ不足に悩まされていたことを考えると変化の大きさがわかる。

(14) 『沖縄タイムス』一九五一年一二月十九日、二三日、三〇日。このうち本書で引用した文章は、最初の二回の論考から抽出し、独自に整理して提示したものである。

(15) 第三章で説明したように周辺に基地をかかえるコザや那覇などでは、一九四九年頃から半ば政策的に歓楽街の形成が進められた(加藤二〇一一)。

(16) 『沖縄タイムス』一九五一年一二月一九日。

(17) 『沖縄タイムス』一九五一年一二月一九日。

(18) 『沖縄タイムス』一九五一年一二月一九日。

(19) 『沖縄タイムス』一九五一年一二月二三日。

(20) 『沖縄タイムス』一九五一年一二月二三日。

(21) 『沖縄タイムス』一九五一年一二月一九日。

（22）無論、論理的には「自立経済」や「経済自立」という用語に代わる全く別の用語に依拠した理念を立ち上げてもよいわけであるが、第一章で導入したスタインバーグの議論が示唆するのは、ある討議文脈で「強者」と「弱者」が言論闘争を繰り広げる場合、討議界の規定力のため、「弱者」は「強者」側が設定した諸概念の土俵に乗った上で、それらの「読み替え」によって対抗することが多いということである。

（23）琉球銀行調査部編（一九八四：三四六）。

（24）「序にかえて」では、一九五三年末に第一回の経済審議会が召集されて、計画策定が公式にスタートしていると記されていることから、「脱基地経済」＝「経済自立」の解釈図式の成立はもっと早かった可能性が高いと思われる。

（25）選挙戦最中の九月一二日に開かれた三候補合同演説会の様子を伝える一九五〇年九月一三日『沖縄ヘラルド』の会場雑感の記事には「聴衆の一人いわく『沖縄のウスガナシー前を選ぶのだから是非最後迄聞くんだ』」という一文がある。ウスガナシー前とは沖縄語における琉球国王の呼称である。この時点での群島政府知事に対する一般有権者の期待の高さを物語っている。

（26）『沖縄タイムス』一九五〇年一一月七日。

（27）『群島議会Ⅰ』（二三）。

（28）月刊沖縄社（一九八三b：一三〇―一四四）に採録。

（29）参照した月刊沖縄社（一九八三b）採録の訳文では「命令」となっているが、『うるま新報』一九五〇年九月八日掲載の条文では現在の定訳である「布令」と記されているのでこちらを採用した。

（30）さらにいえば第三二条には議会による知事の不信任権、第一〇〇～一〇三条には住民請求による知事のリコール手続が明記されている。後継機関である琉球政府の行政主席の任免権は米側が完全に掌握し、議会・住民にリコールする手段がなかったことを照らし合わせると、その面では二七年間の米統治時代を通じて最強の権限を住民側に付与した行政制度であったともいいうる。

（31）『群島議会Ⅰ』六九、七一。

（32）一九五一年二月議会の議事を見ると「向うに最後の拒否権がある」（平良知事）「軍は拒否権或は修正権を持っていっている《ママ》」（仲里議員）ことは制度上、所与の前提ではあっても、しかしどのレベルの施策について拒否権を発動するのかという運用面についてはまだ判然としていない状況が窺える（『群島議会Ⅰ』二四五）。この段階で沖縄側が期待していたのは、拒否権の発動は軍事政策に触れる部分に限定され、純粋な民政領域では沖縄側の決定を米軍政側が尊重するという制度運営だったと思われる。

（33）この座談会の議論の裏返しで、経済計画立案の裁量を獲得すべき「自治権」の一つとして位置づけたのが人民党の瀬長亀次郎書記長である。具体的には一九五二年二月に行われた立法院議員選挙候補の合同演説会で瀬長は政治活動の目標として「完全自治を与えて復興計画を住民に立てさせる」ことを挙げている（『沖縄タイムス』一九五二年二月二四日）。

（34）「諮問第三号：現行税法改正案について」（『群島議会Ⅰ』一三六―一四三）。改革案の具体的な中身は、沖縄民政府時代に米軍が布令で定めた所得税、酒税、娯楽税、サービス税の制度を、群島政府が改正して群島議会の採用によって条例として制定し直すと同時に贅沢品に課す新税の特別商品税と市町村の財源となる分の税制を条例として制定する、というものである。

（35）この不満が直接的な動因となって一九四九年に当時沖縄群島にあった三党による「民族戦線」が結成され、「一九四八年度所得税を全額免除せよ」などのスローガンを掲げた戦後最初の大規模な軍政批判の政治運動として展開したという経緯がある。

(36) 他方、軍の了承を得るための素案の審議という形式をとったため「議案」の審議ではなく「諮問」の形式をとったこと、そしてなく「法案」ではなく「条例案」との呼称が用いられたことについても論争が起きた。

(37) 『群島議会Ⅱ』(一三四—一三七)に米側通知文が掲載されている。

(38) 具体的には、減税するということはそれだけ財政的余裕があるということなのだろうから、その金額相当の補助金を削減すると群島政府側に通告したようだ。先述したFEC指令に基づき、この頃の米軍政にとってのプライオリティは琉球人行政機関が予算の過半を米軍援助に頼る状態から、自主財源の範囲内で支出する均衡予算状態への移行にあったので、そこから派生して税収減を一切認めないというスタンスが出てきたものと思われる。

(39) 付言すれば、この勧告に先立つ一九五一年二月から三月にかけて米軍政側は米民政府副長官に議会の議決事項を無効化できる拒否権があることを沖縄側に公式に通知し、五月には、米軍政は群島組織法に副長官の拒否権の条項を追加して、法令上も明文化していた。『群島議会Ⅰ』(二六一)および月刊沖縄社(一九八三b:一四四)を参照。

(40) 一九五一年末の第五回人民党大会の「一般報告」との題名が付された文書には、この税制改正問題捉える人民党の解釈図式がよりわかりやすく提示されている。「群島議会は、文学面では『立法権を有する』となっているが、この立法権とは条例をつくることである。従って事実は例の請願権しかない。その権利を利用して税法(徴税に関する軍の指令)を改正し、軍に申告したら、大事な箇所は承認されず拒否された事は衆知の事実である。……(中略)……人民の一番大事な税金、苦しい生活費からけずりにけずって納税する文字通りの血税を、審議決定する権利すらないのである。」(鳥山・国場編二〇〇五:五一—五二)。

(41) 『沖縄タイムス』一九五一年八月三〇日掲載の共和党の告知広告を参照。共和党の場合は「群島政府が軍に対して十分に説明し得なかったために所得税法は昨年通りという事になったのである」「これは軍布令によるものではなく、知事と議会の責任である事を明確に知っておかなければならぬのである」と、批判の矛先を米軍政に向けないフレーミングになっている点で人民党と対象的なフレーミングとなっている。

(42) 『沖縄タイムス』一九五一年八月二六日に掲載された沖縄群島政府財政部の久場政彦副部長の説明。なお上記人民党の広告では、所得減税の取りやめに留まらず大幅増税が実施されたというメッセージになっているのが、ここで言及されている事象は、厳密には、税務署の調査能力の拡充によって申告所得者の所得捕捉が進んだことに伴う税収増のことを指す。久場によれば、申告所得税は「過去の実績から推して納税者の申告九十パーセントまで虚偽」だったが「所得の算定が完備するに従い今年度は虚偽の申告が通らず所得が捕捉された」結果税収が伸びたものだという。

(43) 『うるま新報』一九五一年九月七日。

(44) 『群島議会Ⅱ』三四七。

(45) ただ全員協議会での発言は群島議会の議事録に掲載されておらず、議事録に記録されている本会議と委員会の質疑応答ではより抑えた表現になっている。記録に残らない非公式発言でしかストレートな批判が出てこない状況であったことも同時に窺える。

(46) 当時人民党は、党内の路線対立から党所属の群島議員が離党・議員辞職して、所属議員がいなくなっており、議会内に議席を持つことに伴う制約から自由な立場にあったことが一線を踏み越えやすくした可能性がある。

(47) ただし、一九五一年秋—一九五二年春段階での人民党は「憲法」という用語は使わなくなっている。その相違は一九四九年の時点では曖昧だった「帰属問題」についての人民党のスタンスが「復帰」に定まったことに関係する。この点は第七章で改めて検討する。

(48)『沖縄タイムス』一九五二年二月一五日（広告）「立法議員選擧を控え全有權者に訴う」の一文。

(49) 付け加えればフレーム補足は、"Liberte, Fraternite, Egalite," とか "Power to the People" とか "We shall overcome" といった標語的な表現の反復によって、それぞれの文脈の政治理念に対する人々のコミットメントが強まる効果を伴うものとして概念設定されている。

(50) 例えば、『沖縄タイムス』一九五二年二月一〇日付け掲載の平良辰雄の選挙広告を参照。

(51)『沖縄タイムス』一九五二年三月一日付け掲載の人民党の選挙広告「公開状」、また『琉球新報』一九五二年二月二六日付け掲載の平良に対する紙上応援演説にも「完全な自治」などの語が見える。

(52)『沖縄タイムス』一九五一年一二月七日付け。

(53)『琉球新報』一九五一年九月一〇日。

(54) Benford & Snow (2000: 620).

(55) サンフランシスコ講和条約の調印（一九五一年九月）から発効（一九五二年四月）までの期間の人民党の政治言論活動に関する一次史料としては一九五一年一二月に開かれた人民党の第五回党大会の「一般報告」との題名が付された史料（鳥山・国場編二〇〇五：五一—六二）、『沖縄タイムス』一九五二年二月一五日付けに掲載された人民党広告、同年二月二四日に開かれた立法院議員候補者の合同演説会における瀬長書記長の演説要旨を確認したが、その何れの史料でも「完全自治」と「拒否権反対」の両方のタームが含まれている。

第六章　「復帰」理念の表出と高揚（一九五一―一九五二）

はじめに

第五章では、一九五一年の沖縄群島における「政治」の「事件史的」展開が、「自己決定」の派生「理念」である「経済自立」「自治」理念の意味内容を変容させていく過程を照射した。

米軍政の統治政策に対する沖縄側の反発は、経済理念面では、米軍政側が「下達」した「経済自立」の意味内容を自らの利害に即して読み替えたいわば「真の経済自立」の理念の提示という形で現れた。一方、政治理念面では、沖縄側の自主的な裁量権を認めないことに対する反発の高まりは、「自治」の意味内容が先鋭化＝高揚する過程を生じさせることになった。

だが、このような琉球・沖縄人という「我々カテゴリー」を主体とする広い意味での「自己決定」理念の高揚は、一九五一年という年の「沖縄」における民族・ナショナリズム現象の半面に過ぎない。

「米軍政に対する被抑圧感」が「日本への帰属の希求」にいわばスライドしてゆく連関過程が生じ、「復帰」の表出・高揚として現前化したのもまた一九五一年のことであった。つまり、「自治」「経済自立」理念に代表される「自己決定」理念の興隆と「日本・日本人」への「復帰」理念の興隆が、同じ時空間で同時並行的に展開したこと。これが一九五一年という年の「沖縄」の民族・ナショナリズム現象の特徴である。

したがって「自治」「経済自立」をめぐる過程に照準を合わせた第五章に引き続き、本章では一九五一年に「復帰」

が「なぜ」、「どのようにして」興隆したのかという問いについて、第一章で設定した理論的観点から答えを提示する作業に取り組む必要がある。

ただ、「米軍統治に対する幻滅・被抑圧感」が「日本・日本人への帰属の希求」にスライドしてゆく連動関係を照射するには、複雑にからみ合う要素を紐解いて提示する必要がある。本書では、以下のように交通整理している。

まず、戦後初期の沖縄政治に関わった多くの当事者たちは、その「スライド」が「人権や民主主義に対する抑圧」という領域で生じたと証言してきた。第三章の最後で提示した「アメリカの沖縄施政を批判できるのは『日本』しかないと考えるようになっていたのです。」という元沖縄人連盟九州本部長・宮里栄輝の語りもその一つである。「復帰」の興隆のこの側面がもっともシャープに現れるのは、本書が「土地闘争期」と呼ぶ一九五三年から一九五六年にかけての政治文脈においてであった。よって、第八章で検討することになる。

その前段階たる一九五一年から一九五二年春までの時期については、まず第六章で、政治界「沖縄」で「復帰」理念が表出・高揚する動因と過程を照射する。第一節では、「復帰」理念が興隆する「構造要因」的動因を提示し、第二節では、二つの「事件」を「引き金」として、「復帰」理念が公的な政治言論のレベルで表出、高揚してゆく事件史的展開過程を照射する。

しかし他方では、すでに述べたように「経済自立」「自治」に代表される「自己決定」の理念もまた高揚していた。その結果、「日本・日本人」への「復帰」と、「自治」「経済自立」に代表される琉球・沖縄人の「自己決定」という根源的には緊張関係を帯びた二種の理念的利益追求のベクトルを、レトリカルに同居させた「我々」ヴィジョンが諸政治アクターの政治言論の中で表出してくる。一九四五年から五〇年までの間 schema のレベルで揺らぎながらも潜在化していた、複合的なネーションのヴィジョンが frame のレベルで再表出してきたのである。この点については第七章で扱う。具体的には、まず複合ヴィジョンに否定的な「離日」の言論が消滅する過程を検討し、次いでそれと入れ替わるように再生した複合ヴィジョンの諸相を照射する。

第一節　「復帰」の「構造要因」

沖日政治指導者間の交流増大と「日本情報」の流入

本節では、「帰属問題」をめぐる政治コミュニケーション的ダイナミクスの底流で「構造要因」的に作用した、「復帰」の「プッシュ要因」と「プル要因」を浮かび上がらせてゆく。

具体的には、「対日貿易問題」と「教育・社会政策の財源問題」という二つの政策問題領域を事例として、米軍統治政策がどのようにして「沖縄」の政治指導者層を「復帰」へ「プッシュ」し、これら政治指導者層の日本（ヤマト）との政治・行政接触がどのようにして「日本」への「再帰属の希求」に「プル」していったのかを照射してゆく。

その前に、政治・行政接触の前提となる沖日間の社会的相互作用の変動状況と、一九五一～一九五二年時点での沖日間の政治構図を押さえておこう。最初は社会変動状況である。

一九四九年秋に、それまでマッカーサー司令部の指令によって遮断されていた日本と「琉球」との間の「ヒト、モノ、カネ、情報」の移動が復活し、「復旧」から「復興」への転換が進んだことは第三章で説明した。

再度確認すれば、日本との小包・郵便のやりとりの許可と公用での日本渡航の許可（『うるま新報』一九四九年九月二〇日）、沖日間の民間無線電信開通（『沖縄タイムス』一九五〇年一月六日）、日琉定期船第一船（『沖縄タイムス』一九五〇年二月五日）、公用以外の初の日本旅行（『沖縄タイムス』一九五〇年三月一日）といった展開によって沖日間の人と物の流通は再確立された。同時に、新聞・雑誌・書籍が正規ルートで輸入できなかった「復旧期」に見られた日本語の活字に飢える「情報飢餓」も解消が進んだ。

本章の文脈で重要なのは「復旧期」の「情報飢餓」は、読書一般に限った話ではなく、実は、政治指導者層が政務のため必要とする政治・行政情報についても同様の「情報飢餓」が生じていたことである。

一九四七年八月二〇日付けの沖縄民政府と米軍政側との連絡会議の議事録には、志喜屋知事が米軍政側に対して、

「日本の新聞雑誌等も此頃来ないので世界の事情に疎いから時々ニュースを御聞かせ戴きたい」と要請したことが記録されている（『沖縄民政府記録1』四二八）。その直前の一九四七年七月一一日付けの沖縄民政府部長会議の会議録には、日本の新聞三種類をそれぞれ一五〇〇部ずつ送るように、在沖米軍政府が東京の総司令部に打電したとの記述がある（『沖縄民政府記録1』三九〇）。沖縄側の行政機関の指導者層をして、新聞記事レベルの情報に対してですら「飢餓感」があったことが窺える。まして、マッカーサー司令部の指導下に進展している日本の政治行政の「戦後改革」に関する法・行政実務的な情報を十分にそして素早く入手できたか疑わしい。

しかし、一九四九年九月に公用での日本渡航が許可されたことを受け、一九五〇年代に入ると商用での日本渡航や行政関係者による行政視察が相次ぎ、「戦後日本」の政治・経済状況に関する実務レベルの情報が大量に流入し始めた。沖縄側の政治指導者層は、日本の戦災復興状況や「戦後改革」によって改編された新しい日本行政制度・施策について把握し、これを「沖縄」の現実と比較することで、日本と「沖縄」の現状が対照的にイメージされるようになった。

一九五一―一九五二年における「沖縄」・日本・米国の三項関係

次に一九五一―一九五二年における沖日間の政治構図について押さえておこう。まず、第一章で提示した三項連関図式を流用して「沖縄」・日本・米国の政治的相互作用関係を押さえておこう。図4は一九五一年の日本と「沖縄」における民族・ナショナリズム現象の展開を、沖日米の三項間の連関の中に落としこんで捉えたものである。

後述するように、一九五一年において「沖縄」の「復帰運動」と日本の「返還運動」を興隆させた「引き金」となったのは、一九五一年一月二六日のダレス米特使の来日である。彼の来日によって「日本の戦後領土の画定」を含む日米交渉がスタートしたことが、「沖縄」と日本双方の政治アクターの「帰属問題」に関する動きを活性化させた。

このうち日本では、「日本」本来の正統的な、したがって不可分の領土＝「固有領土」の一部が、不当に「切り離されている」状態の是正を求める「理念」を促進した。これが「イレデンティズムとしての返還論」である。その対象となったのは、この時点では「北方領土」「小笠原」「琉球」の三ヵ所である。

一方、この時点での米統治下「琉球」では、琉球政府が成立していないこともあり、復帰運動は基本的に四群島ごとに生起した。これら四群島では、日本帰属を求める署名運動が行われ、有権者の圧倒的大多数が日本帰属を支持していることを示す署名が集まった。これは当然、日本の「返還（イレデンティズム）」を正当化するインプリケーションを持つが、しかし一九五一年時点での相互作用関係はこの点にとどまる。

第一に、この時点での「返還（イレデンティズム）」は日本政府や諸政党・団体の「政治スタンス」としては存在しても、「運動」としての「返還運動」は、「奄美」の「母県」たる鹿児島県や在日奄美人・沖縄人の「復帰運動」を除けばまだ極めて萌芽的で、「運動団体」やその集合たる「社会運動」の体をなしていない[1]。図4で「返還運動」を表す円を点線にしたのはそのためである。

第二に、そもそもこの時点では、沖日の政党や運動は組織的な接触・交流がない。日本側の政治アクターの「沖縄」の「復帰運動」に対するアクションは、激励電報など象徴的なものにとどまっており、第八章で取り上げる土地闘争期のように沖縄側で起きた事件について、日本側の諸アクター（例えば労働組合・社会団体等）が連帯表明をして支援行動を起こすというようなインターアクティブな相互作用関係が成立していない。図4中における「返還運動」―「復帰運動」間の「正当性付与」や「支援・連帯」といった相互作用を点線で表示しているのはこのためである。

このように沖日間の通行こそ再開されたものの、政治的相互作用関係はまだ生起していないいわば「移行期」にあって、日本で沖縄群島の復帰運動に影響を与えたのは琉球・沖縄出身者の二系統の政治集団であった。日本共産党内の奄美・沖縄政策関係者と在京沖縄人指導者層である。以下簡単に押さえておこう。

在日沖縄人政治アクター

一九五〇年代初頭の人民党には「引揚者」として「沖縄」に帰還した日本共産党の沖縄人活動家が入党し、活躍していた。また「奄美」ではすでに一九四七年に地下共産党組織が立ち上げられていたが、この「奄美人」共産党員が、一連の「沖縄」への労働力移動の流れに混じって、「沖縄」で日本の土建業者の基地建設工事現場に入り、沖縄側の「細

図4　1951年における沖日のナショナリズム現象と米国の関係

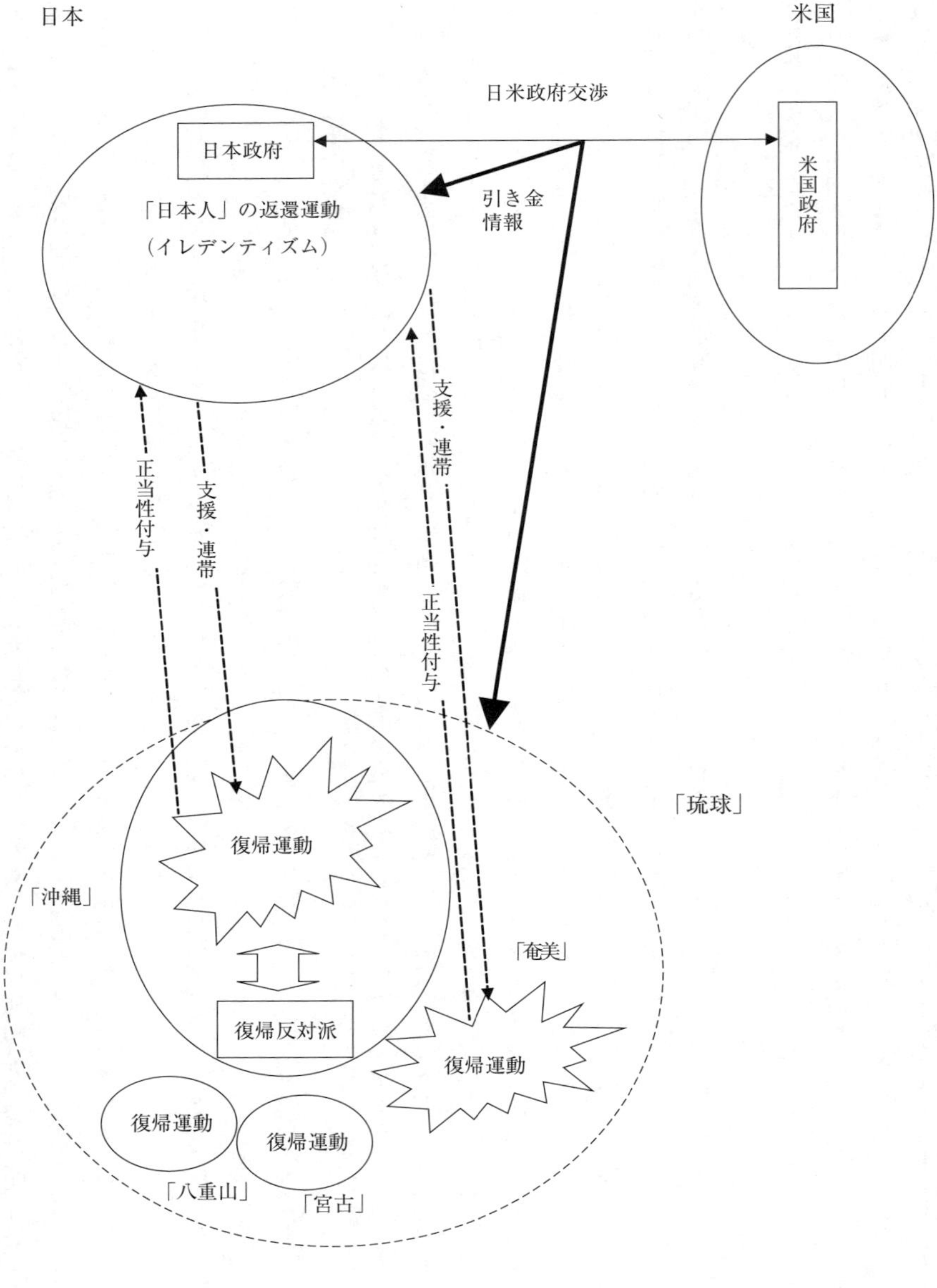

胞」と連絡を確立した。両者の連携が発展して、一九五二年初頭段階では、この地でも地下共産党組織が立ち上がっていたようだ（森二〇一〇：第一章、第二章）。

一般に共産党といえば頭脳たる党中央の強い統制下に行われる組織活動が大きな特徴としてイメージされるが、この時期の「沖縄」での活動に対する「党中央」の統制は確認できない。というのは、一九五〇年一月のコミンフォルム批判を受けて、日本共産党は主流派（所感派）と反主流派（国際派）に分裂した上に、一九五〇年六月のマッカーサーによる党中央委員の公職追放指令の中で、逮捕状が出た徳田球一ら主流派幹部が地下潜行する事態となっていたからである。主流派と反主流派の再統一は一九五一年秋のことであるから、一九五一年二月に人民党が示した「復帰」のスタンスは、党中央の指令に基づくものではなかったと思われる。

次章で詳述するが、初期の人民党の復帰をめぐる政治言論では、一方で日琉同祖論と親和性が強いスターリンの「民族」定義に依拠して、「沖縄人」の「日本人民」との民族的一体性を強調しつつ、もう一方ではソ連の連邦制度の根拠となった民族問題に対するレーニン／スターリン的な「多民族結合」の処方箋を参照して、琉球・沖縄人が日本と対等に「結合」するというロジックを提示していた。一方で「同一民族」であるとしながら、もう一方で「異なる民族の結合」という「復帰」の「型」を目指すべき「理念」として提示するというこの相反する二つのベクトルを混在させたレトリックは、日本共産党との連絡が難しい情勢にあって、瀬長ら人民党指導部が独自に組み立てたとみられる。(2)

そして米軍政に対する被抑圧感が高まり始める一九五一年秋以降、人民党は、急速に変化するこの時期の「沖縄」の政治情勢に適合的なように「復帰」のフレーミングを漸次変化させてゆく。第八章で取り扱う土地闘争期には、一義的には人権闘争である土地闘争を「日本の国土を守るたたかい」とナショナルに意義づけるフレームを提起し、この時期の「祖国復帰」の高揚を先導することになる。

ただ、瀬長亀次郎書記長をはじめ人民党の政治的メッセージは、特に学生をはじめとする青年層に大きくアピールするものであったものの、政治勢力としての人民党は選挙の得票数や議会での議席数という観点から見て、明らかに少数政党であった。特に労働組合や学生運動がまだ存在しない一九五一年段階での人民党の政治的影響力は、後年よりも限定的であったと見るべきであろう。

これに対し、沖縄政治のメインストリームに影響を与える立場にあったのが在京沖縄人指導者層である。当時の新聞報道や当事者の回顧談によれば、一九五一年の日本復帰署名運動は、沖縄群島政府と平良知事が党首の与党・社会大衆党によって主導されていたが、在京沖縄人指導者層はこの群島政府・社会大衆党と人的つながりが深かった。

在京沖縄人指導者層のうち、一九五一年の最初の「復帰運動」の文脈で、群島政府をはじめとする「沖縄」の政治アクターと密接に連絡をとっていた人物としては、第三章で取り上げた「最初の復帰運動家」で元首里市長の仲吉良光《こう》、元キャリア大蔵官僚の神山政良《せいりょう》、当時早稲田大学法学部長だった石垣島出身の大濱信泉《のぶもと》、終戦直後の商工省総務局長で、この年産業復興公団総裁に就任した高嶺明達《めいたつ》、そして戦前の沖縄県の官吏で内務省廃止とともに外務省に転籍し、この年総務課沖縄班長の職責にあった吉田嗣延《しえん》がいる。

一九四六年夏、「沖縄」から仲吉良光が「密航」して上京すると、ほどなく仲吉の音頭でこれらの人たちが連携して旧沖縄県の日本帰属をマッカーサー司令部や日本政府に請願する活動が始まった。しかし、これらの請願書の署名者数は最も多い一九四七年六月の「沖縄の日本復帰方陳情」で六四人と運動規模が小さく、(3) また一九四〇年代の沖日間のコミュニケーション事情においては、「沖縄」現地とインターアクティブに連携しながら活動を行える状況にもなかった。

しかし、沖日間の「ヒト、モノ、カネ、情報の移動」が活性化した一九五〇年の段階では、「沖縄」現地との政治的連携が活発になったことが回顧談などで語られている。例えば、外務省沖縄班長の吉田嗣延の回想録（一九七六）によれば、吉田は戦前の沖縄県庁で同僚だった沖縄群島知事平良辰雄と、ともに復帰論者という政治スタンスの共通点もあって戦後も近しい関係を維持していたが、一九五〇年頃から同志的立場から「復帰運動」を含む諸テーマについて頻繁に連絡を取り合いながら、動くようになったと回想している。(4)

一方、日本政府の経済官庁に太いパイプを持つ元商工省総務局長の高嶺明達は、一九五〇年以降、頻繁に上京するようになった琉球貿易庁の幹部職員との接触頻度が増えたほか、一九五一年二月と五二年一月の二度にわたって「沖縄」を訪問し、指導者層と意見交換したり、一般人向けの講演会を開いたりしている。また一九五〇年四月に『沖縄タイムス』に論考を掲載したのを皮切りに、本章対象時期に数度にわたって「沖縄」の新聞に論考や座談が掲載されている。

後述するように高嶺や早稲田大学法学部長の大濱は、一九五一―五二年の時期に独自にイニシアティブをとって、「教育権の一部返還」をダレス特使に働きかけたり、日本で沖縄戦災校舎再建を支援する募金運動を立ち上げたりして、「沖縄」の政治にインパクトを与えている。

他方、「南西諸島」の「返還」を対米交渉の主要アジェンダの一つとしていたものの、実は、「奄美」や「沖縄」の具体的な政治・経済課題や情勢を把握していない日本政府に対し、政策課題や情勢を熟知する在京沖縄人指導者層は、日本政府に対する提言活動を通して、その「沖縄政策」に対して影響力を行使するポジションにもあった(5)。

すでに述べたように、沖日政治関係の発展文脈において、この一九五一年―五二年の時期は、沖日のヒト、モノ、カネ、情報の移動は活性化していても、「沖縄」と日本の政府間・政党間・団体間の直接的な連携はまだない過渡的な「移行期」と位置づけうる。この「移行期」に特殊な政治環境が、在京沖縄人指導者層をして、沖日折衝の「仲介役」であると同時に、「沖縄」と日本双方に独自の影響力を及ぼす固有のエージェーンシーを発揮することを可能にしていたといえる。

「復帰」のプル要因としての対日貿易の始動

さて、以上の前提条件を踏まえた上で、まず「対日貿易問題」の領域における「構造要因」を照射してみよう。この文脈での動因は、主として「プル要因」である。

一九五〇年代初頭という時代は、日本と「沖縄」の経済関係が本格的に復活した時期である。そして平良辰雄が群島知事選挙で語ったような農産物の生産力・生産性の拡大による食糧自給度の向上（＝輸入食糧の削減）と換金作物の輸出を軸とする経済自立構想は、この時期、これを追求することが「復帰」の希求にリンクしてゆく構造性を内包していた。

砂糖や野菜、泡盛など、戦前からの主要輸出産品の販路は当時日本市場しかなく、そうであれば、これら産品の産業としての存否は日本政府がこれら産業を「日本の国内産業」として政策的保護・育成の対象とするかどうかにかかってくるからである。当時の琉球・沖縄の最大の輸出産業である製糖業も例外ではない。

もっとも、こうした認識は当初から「自明」であったわけではない。議会議事録や新聞・雑誌の記事の内容を時系列的に検討してゆくと、対日輸出が自由化され、業者間の直接取引が可能になった直後の一九五〇年の段階では、「外国貿易」の枠内でも十分に競争力のある商品を出荷できるとする楽観論が目立つ。一九五〇年五月六日付けの『うるま新報』では、日本出張から帰沖した関係者が、黒糖について、関税のハンディを入れても中間業者の購入価格はコストの二倍なので十分日本市場で勝負できるという見通しを語っている。

このような目算を反映してか、沖縄糖業の長期見通しについても強気の見方が存在した。例えば、一九五〇年一〇月二〇日の『うるま新報』では沖米の行政官と沖縄群島内の糖業専門家を集めて懇談会が開かれたことを報じているが、この会合では「沖縄糖は将来世界市場に進出、ジャバ糖、キューバ糖、台湾糖と競争できるか」との行政側の質問に対し、専門家側からは「日本での分みつの公定相場は一ポンド当たり、五、一五セントとなっているが専門家の研究の結果は沖縄糖は十分それだけで引き合う」（澤岻技官）、「台湾糖と沖縄糖と比較した場合、灌漑施設のない反面、反当り収獲《ママ》量が多い点から沖縄は糖業地として非常に有利である、従って世界市場に出ても大丈夫である」（宮城仁四郎氏）、「ジャバ糖は沖縄糖のきよう敵であったが殖民地で生産コストが低かったからで、戦後独立国となって、生産費が高くなるから沖縄には有利となる」（石橋農業指導所所長）といった返事が相次いでいる。

「外国貿易」となったことのインプリケーションは、もっぱら「関税」の対象になったというわかりやすい次元で理解され、その分をコスト計算に組み込んで採算がとれれば「外国貿易」の負の側面はクリアできると理解されていたことが窺える。渡日した貿易庁関係者に対し日本の関係者からの引き合いが多かったことも楽観論に拍車をかけ、そのためか貿易障壁の撤廃に向けた運動も、当初は「沖縄」よりも大島紬の輸出問題を抱えた「奄美」の関係者の動きの方が早かったようだ[6]。

しかし、実のところ関税の有無は「外国貿易」となったことの負のインプリケーションのほんの一部に過ぎず、中心的な障害は当時の「外国貿易」システムそのものにあることが一九五一年春頃から明らかになってくる。
まず、当初一九五一年二月に予定されていた野菜の輸入公表が五月にまで遅れて時期を逸し、戦後初輸出に向けてすでに収穫を終えていた農家の沖縄市場での投売りを誘発し、市価が暴落する事態が起きた。外貨不足に悩む当時の日本の輸入制度は、四半期ごとに輸入できる品目とその品目に使える外貨額、輸入先を指定した上で必要な外貨を割り当てる仕組みである。その外貨を割り当てる物資を指定して公示することを輸入公表と呼んだのだが、この「琉球」からの野菜輸入については、マッカーサー司令部とのやりとりが煩雑になったなどの事務的な要因から輸入公表が遅れてしまったのである。[7]

つまり市場競争力のあるなし以前に、日本政府による外貨割当てがなければ一切の輸出ができないのである。

そしてまさにこの「野菜輸出問題」が浮上したタイミングで開かれた琉日間の貿易会議で、砂糖や泡盛、野菜といった、戦前の実績から琉球側が主力商品として期待していた産品に貴重なドルを使いたくないという日本政府の経済官僚の「本音」が出て、琉球側にショックを与えた。会議に出席した琉球貿易庁の関係者は次のように説明している。

> ……泡盛はぜい沢品と見なされオミツトされようとしている　又黒糖も輸入額二百万ドル以上は難色を示している　これらの理由は日本が外貨手持ちの減少から非重要物資の輸入を極力制限しようとしている為めで結果は鉄スクラツプ以外は興味がないようである……。（『うるま新報』一九五一年四月一五日、琉球貿易庁塚山業務局長兼対日通商官の貿易庁宛連絡）

> ……現在我々が生産している商品が世界的に需要のある、重要物資でないと云う事から来る色々な障害もある、黒砂糖にしろ、大島紬、泡盛、海人草にしろ、それ等は殆んど日本以外には売れない商品であり、しかも決して生活必需品とか重要原料と云うわけでもない。更に黒糖の場合には他の大きな世界市場との競争と云う問題が出て来る、現在之等の商品の殆んど唯一の買手である日本も、未だ自立経済達成の為悪戦苦闘しておる段階であり、その外国為替事情は極めて窮屈なのであるから、日本政府□としては、之等の余り重要でない商品の輸入に対す

る外国為替の割当に付いては当然に極めて消極的である、……（『うるま新報』一九五一年六月一三日、琉球貿易庁宮里辰彦総裁寄稿文「経済復興と貿易問題（6）」）

ちょうどこの頃、沖縄製糖業の中軸商品である黒糖の市場競争力にも悲観的な情報が入り始めた。

日本では香港から輸入される板糖におされているという事は前にも知らせた通りで価格はポンド当り板糖はCIF（日本渡し）で僅か十一仙半　これに対して琉球黒糖は十四―十三仙で高い……香港板糖が琉球黒糖を圧迫している理由としな（ママ）は品質が一定しており、名の通り五十ポンドの板状になつて重量にも一定の規格が定められている事等でこれに対し琉球からのものは品質が一定しておらず同じ一級品でも樽によつて品質が変り悪いのになると樽の上部は良質であつても下部の表面から見えないものがあり……（『うるま新報』一九五一年七月二四日、琉球貿易庁塚山業務局長兼対日通商官の帰任談）

……結局琉球の黒糖としては価格（現在は砂糖類の中で琉球黒糖が世界一高価の由）を引下げることが先決問題ではある……（中略）……戦前並の保護された国内産業の気持でいたら大問題で国際間の競争にさらされていることを意識しなければならない　日本では最近キユーバ台湾方面から精製糖、粗糖の輸入が順調に行われているためこのままで行けば砂糖の全面的統制撤廃も可能だとの話も出ている程である、琉球の黒糖業は必ずしも安心出来ずその将来性は再検討の必要あると思われる。（『うるま新報』一九五一年六月一四日、琉球貿易庁塚山業務局長兼対日通商官の貿易庁宛書簡）

こうした状況にある一九五一年夏時点では、当然のことながら「将来世界市場に進出」することを視野に入れた糖業構想の議論は見られなくなっている。糖業をはじめとする現場の農業生産者・輸出業者の関心は、そのような遠大な構想よりも、「一便でも二便でも日本向け出荷が円滑化するよう戦前の状態に復したい[8]」というものであり、必然的に日本政府をして琉球・沖縄の産業・産品を「日本の産業・産品」の一部として取り扱わせ、国内産業保護・育成政策の対象とさせることが輸出産業振興政策の目標となっていた。

そして琉球・沖縄糖業に対する日本政府の保護政策の実現・強化という政策目標を実現するためには、「我々」は「日本人」であり、したがって「琉球の産業・産品」は「外国扱いされるいわれがない」ことを強調することが必要になる。別の言い方をすれば、「琉球」を「日本の不可分の一部」としてフレームすることは、「琉球」の輸出産業が生き残ってゆくための生存戦略として必須だったのである。

こうした琉球側の交渉目標は、一九五二年七月一〇日に日本政府と琉球政府の間で交わされた「本土と南西諸島との間の貿易及び支払いに関する覚書」に結実した。この覚書は端的に言えば、「琉球」との交易関係を「準内国化」するもので、日本円を決済通貨にすることこそ実現しなかったものの、多くの琉球産品について輸入にあたっての外貨割当てを別枠で用意して外貨統制の枠外とするなどの特恵措置を恒久制度化した。(9) これにより四半期ごとの日本側の輸入公表に琉球側が翻弄されるという状態は終わった。

そして、この後日本が高度経済成長期に突入すると、琉球政府の対日経済交渉は、琉球産業振興・保護のための日本政府の施策をいかに引き出してゆくのか、という観点を軸に展開されてゆくようになる。

「社会・教育政策財源問題」における「復帰」の「プッシュ要因」

次に「社会・教育政策の財源問題」の領域における「構造要因」を浮かび上がらせよう。

この領域では「プッシュ」と「プル」双方の要因が相互に作用しながら、「沖縄」の政治指導者層の志向を「復帰」へと経路づけている。まずこの政策領域における米軍の政策が、「沖縄」の政治指導者層を、「復帰」へと「プッシュ」してゆく様相を照射しよう。

「社会・教育政策の財源問題」は、米軍政が司る様々な民政施策のうち、米統治政策に対する沖縄側の反発がストレートに「日本への帰属の希求」にスライドしてゆく様相がクリアに出た政策問題領域である。

米軍政は、「救済期」から「復旧期」にかけての時期には、学校などの公共施設から個人の住宅・食糧に至るまで、すべての費用を米軍政のB円予算によって賄ったが、「復興期」に入ると沖縄側の自主負担領域を漸次拡大していった。第三章で述べたように、それは統治コスト削減を目的とする一種の「出口戦略」として、琉球側の諸行政機関が自身の歳入の範囲内で歳出を賄う「財政自立」を実現することを狙ったものであった。

この財政補助の削減は、特に「社会・教育政策」の領域で目立った。例えば、「復興期」に入ると、米軍政は学校などの教育インフラや道路などの社会インフラの復旧・復興・維持費については補助金の拠出を絞り込んだ。第五章で言及した戦争で困窮した人々の生活保護費たる「救済費」に対する補助取りやめもこの流れの中に位置づけることができる。

こうした「社会・教育政策」に対する補助金の停止が、具体的にどのように「日本への帰属の希求」と連動するのか。一九五一年秋の台風災害の災害復旧費問題を事例として見てみよう。

一九五一年の沖縄群島は、八月と一〇月に二度、大型台風の襲来を招き、まだ脆弱だった住宅や学校校舎のほか、道路、橋梁、護岸、港湾突堤、堤防等のインフラに大きな被害が出た。度重なる台風に農作物も大きな被害を受けている。特に一〇月一三日から一四日にかけて沖縄群島を通過した「ルース台風」では、八月の台風に続く二度目の被害であることから、一つの台風被害に対する応急的復旧作業が終わらないうちに、別の台風で再度被害を受けて再び応急的復旧作業を行うという負の連鎖に対する苛立ちが生じたようだ。

「ルース台風」通過直後の一九五一年一〇月一七日の『沖縄タイムス』には、社会・経済インフラの不備が台風被害を拡大していることに焦点を当てた記事が掲載されている。この記事は、沖縄戦で焼き払われた防風林、防潮林の復興の遅れによる風害や予算不足で仮設的なものにとどまっている護岸と排水工事の不良による浸水被害で台風のたびに農作物に甚大な被害が出ること、適切な避難港がない上に中心的な漁港である糸満漁港ですら防波堤がないため台風のたびに漁船の座礁・沈没が相次ぐこと、学校校舎も予算不足のため多くは父兄のボランティアによって建設されるものの、仮設レベルの建物ゆえに台風のたびに大きな被害を受けて再度立て直すようなことが繰り返されている、といった状況を伝えている。

特に緊急性の高い事案として浮上したのは、沖縄島南部の豊見城村与根・瀬長地区の護岸壁の修復である。ルース台風通過中、豊見城村与根と瀬長の二集落（人口合わせて一二〇〇人）に面した護岸壁が決壊して海水が集落になだれ込み甚大な被害を生じた。一〇月一六日の『沖縄タイムス』には現場報告の記事が掲載されたが、それによると原稿締め切り時点での死者は幼児を含む一三人で、集落全域の家屋、農作物、家畜が壊滅的な被害を受けたとしている。またこの記事には、「護岸壁さえあつたら‼　潮に呑まれ全滅の与根部落」という見出しが付けられ、「戦前は護岸があつて防げた」ものが、沖縄戦で破壊され、その復旧を再三群島政府に陳情したにもかかわらず実現せず、「申し訳け的に海岸の砂をブルトーザーでおし上げて堤防風に装」う程度の仮工事にとどまっていたことが惨事の原因であったことを示唆する内容となっている。

この与根・瀬長の復興においては、被災者の生活支援や住宅・田畑の再建と同時に、当然のことながら、次の台風の襲来までに護岸壁を修復することが大きな焦点となった。

「現代日本」の行政感覚から言えば、このような甚大災害の被災地には、中央政府から資金面を含めた支援がなされるのが普通であろう。しかし、この時米軍政は災害復旧費の補助金供出を拒否。沖縄群島政府に対して既存予算の組み替えによって復旧費を捻出するよう命じ、自身の支援は余剰木材の無償提供等にとどまった。当然のことながら沖縄側は、災害復旧費の供出を求めて折衝を行ったのだが、問題はその時のロジックである。沖縄群島政府の土木課長が米軍がなぜ災害復旧費を供出すべきかを論じた一文を例に見てみよう。

……先ず戦前の災害復旧の在り方に就いて調べてみよう　昭和六年沖縄振興土木事業と相前後して災害復旧工事が本格的に国庫補助によつて施行されてきていることは周知の通りであり（それ以前にもこういう制度はあつたが沖縄には殆んど見るべきものはない）其の補助率において他県の六割に対し疲弊した沖縄の窮状のため特に八割の補助率を以てしている、実にこの補助金によつて沖縄の土木工事、特に護岸のい持保全は保たれ、国土を自然の暴威から保護してきたのである。……沖縄がまだ健康体であつた当時においてそうだとすれば、戦争によつて傷つき、山林が荒廃した結果、降雨の度に土砂を押し流し構造物を破壊し主動脈である幹線道路を硬化させ先人の偉業をしのぶ防風防潮林によつて固められた堤防は戦禍に焼き払われその上海岸に浮ゆうしている浮さん橋の残骸バージは艦砲によつて傷められた護岸を狙つて海の荒れるのを待つている状態では年々の災害復旧費に巨おくの費用を要するのは論をまたない処である　しかしこういう厖大な復旧費を沖縄民経済のみをもつて負担可能であるかどうか、是又自明の理にして五〇年は米国に依り一定の計画に基く災害復旧費の補助をき待するものである。（『琉球新報』一九五一年一一月一二日「沖縄の土木事業—特に護岸について—伊佐眞人」）

戦前、日本政府が災害復旧に多額の補助金を供出したことを例示して、米軍政がなぜ補助金を拠出しないのかを問う論旨となっている。当時、平良知事と群島議会は米軍政に対して災害復旧費供出を要請する際必ずこの論法を用いた。例えば、一九五一年一二月二十一日に沖縄群島議会で可決された「災害復旧支援陳情決議」では戦前・戦後の日本政府による公共事業補助の明細書を添付し、災害復旧費の供出が「為政者として当然果たすべき義務」であることを暗示する形で、米軍政に拠出を迫っている[10]。

しかし、米軍政は沖縄側の要求を認めなかった。次の例文は、米側が災害復旧費を拠出しないことが明らかになりつつあった一九五一年末に書かれた『沖縄タイムス』の社説である。

……軍当局に援助を仰ぐ外はないであろう。不幸にしてそれも不可能となれば　群府及び村の負担し□る範囲の工事でがまんする外はあるまい。そのため再び災害を蒙つたらどうするか、に至つては吾々の考えの及ばないことになる。……戦前は災害復旧費として年々中央政府から五、六十万円程度の補助金が交付されて居たのである。あの当時の五、六十万円は今のB円に換算して一億円位に匹敵する。しかも災害復旧費の八〇%を補助してくれたので土木関係の災害は復旧というよりも寧ろ災害前よりもよくなるという奇現像《ママ》さえ呈したものである。

それが今日では台風による災害は自力で復旧に当らなければならないのであるから思うように行かないのは当然であろう。……（『沖縄タイムス』一九五一年一二月一五日「社説・負担増加の傾向」）

「そのため再び災害を蒙つたらどうするのか、に至つては吾々の考えの及ばないことになる。」という皮肉めいた、しかし米軍政に対する明示的に批判的なトーンと「災害復旧費の八〇％を補助してくれたので土木関係の災害は復旧というよりも寧ろ災害前よりもよくなるという奇現〔象〕さえ呈した」という「日本時代」に対する郷愁を感じさせるトーンによって、米軍政＝悪政、戦前の日本行政＝善政というコントラストが鮮明に出る形となっている。(11)

確認しておけば、「廃琉置県（琉球処分）」から終戦に至る七〇年間にわたる日本政府による経済・財政政策について、戦前の沖縄県の知識人が手放しで「善政」と評価した事例は多くない。むしろ大正時代の「沖縄救済論議」の一連の論考のように沖縄県に対するわずかな補助金よりもはるかに巨額の国税を収奪する搾取政策、「ソテツ地獄」と評された農村の困窮に何ら有効な対策を打たない棄民政策、そして例えば教育面で見れば他の県には（旧制の）高等専門学校を設置したのに沖縄県には設置しないという差別政策を批判する論調が少なくない。後述するように、戦後一貫して日本復帰実現のため邁進してきた在京沖縄人指導者層ですら、戦前の沖縄糖業が東京や大阪の糖業資本に支配されていたという状況認識とこれが「植民地搾取」であったという評価を共有し、このような日本の糖業資本による産業支配が戦後の沖縄に復活しないよう奔走していたのである。

しかし、台風で甚大な被害を受けた被災地に対する復旧費支援という、沖縄側からすれば「為政者として果たすべき当然の義務」を米軍政が果たさないという現実は「沖縄」の指導者層に衝撃を与えた。その衝撃が戦前の日本行政で教育や災害復興、経済振興に潤沢な財政援助があったという点を突出してクローズアップし、その結果戦前の日本統治の負の側面から目が逸らされる作用が生じたといえる。

このような「教育・社会政策資金を供出しない米軍政」の裏返しで「日本時代」が再評価される状況は、一九五〇年代初頭の重要政治イシューの一つで、後述するように教育界における「復帰運動」の興隆の動因となった「戦災校舎復興問題」でも顕著に現れた。

第三章で述べたように、米軍政は終戦直後こそ公共インフラの復旧を一〇〇％無償で供与した。だが、「琉球」の諸行政機関の財政自立確立を目指す「出口」戦略が始動した一九五〇年春の一九五一年度予算編成の段階では、沖縄側が概算要求した戦災復興の補助金七億円に対して、二億円の補助しか認めなかった。[12]

この補助金の絞込みの影響を大きく受けたのが、耐用限度を超え始めた仮設校舎を恒久校舎に建て替える戦災校舎復興事業である。この事業計画は、米軍政の補助金を見込んで立案されていたが、米軍政側の査定で優先順位を低くされたために計画の見通しが立たなくなった。

新聞におけるこの問題の初出は一九五〇年五月二七日の『沖縄タイムス』で、交通の便がよい那覇近郊の二六〇棟は前年度予算で施行されたが、今年度に予定されていた六七八棟の建設の見通しがつかなくなったことを報じている。無論、沖縄側の諸政治アクターは予算復活を求めたが、一九五〇年末までに獲得できたのは資材の無償提供と、全校舎が仮設の一一二校に各一棟の建物を建設するだけの予算にとどまった。

一九五一年四月二六日に沖縄群島議会で可決された学校校舎建築促進陳情文によれば、恒久校舎の必要教室数三〇四六教室中、すでに完成したのが七五八教室、米軍政が補助金供与して建設中のものが二六八教室となっている。[13] 残りの二〇二〇教室について「一九五二年度中におきまして全部完成せしめて頂きます様特別なる御取計をお願い致します」というのが陳情の趣旨であるが、実際にはこの二〇〇〇教室余りの建設に米軍政が予算をつける見通しは全く立っていなかった。

後述するように日本では、戦災被害が「沖縄」より軽微だったことに加えて、校舎再建に対して日本政府が高率補助を行ったことから、この時点で戦災校舎の復興は終わり、「外地」「海外」からの引揚げやベビーブームに伴う児童増加に対応するための学校の新設が課題となっていた。つまり、戦災校舎復興は日本の都道府県ではすでに終わりつつあったのに対し、「県」ではなくなった「沖縄」では、「後二十年も掛らなければ完成しないというような計算になる」[14]という見通しのつかない状況だったのである。

そして、前述の「ルース」台風による校舎被害が、一〇月一七日付け『琉球新報』朝刊締め切り時点までで一七六棟三〇六教室に上ったことが示唆するように、台風銀座の沖縄で耐用年数が切れた仮校舎を修理して使い続けることは非現実的である。しかも、このような校舎の復興状況の一方、軍工事ブームや貿易庁ブームによる好景気で映画館や商店などで立派な建物が次々に建設されているのが、一九五〇年代初頭の沖縄群島都市部の状況であったことは第三章で指摘した通りである。

当時の対照的な状況は、那覇地区中等学校生徒代表として一一人の中学生が連名した沖縄群島議会宛の一九五一年六月一四日付け陳情書で次のように描写されている。

……映画館や大会社等、大廈高楼は続々建つけれども何故学校々舎は建たないのでありませう。……現在の仮校舎はテントの腐朽甚だしく雨の日には教科書、机はおろか室内隈なく雨水に濡れ夏の炎熱には太陽光線の直射を受け殆んど勉強が不可能であります。教室内は土間で雨天の際はじめじめして湿気が多く、夏季は黄塵粉々として眼も開けられぬ状態、それに採光が悪く、為に近視眼になる生徒もできる事だろうと懸念しております。又颱風には一たまりもなく吹き飛ぶような弱体で、大体二、三年を経た仮校舎ですから支柱も殆んど腐朽し、土台の土質のもろい関係で、一雨毎に土も流され全く土台の用をなしていません。万一、台風で倒壊した場合は二、三週間は激しい仮校舎作業の労務に当るのは勿論、授業は全然できません。……（『群島議会Ⅱ』二一六）

一方、こうした教育費の不足は、「現代日本」では考えられないレベルの保護者負担を強いる恐れを抱かせたことが次の記事から窺える。

……各学校がそれぞれ諸施設を備えることは勿論望ましいことではあるが、教育財政が未だ確立せぬ今日、その負担が父兄側にまわされることは必定である。机、腰掛を始めてとして便所にしろ、学校図書館にしろ、その他一切合財の経費が父兄から徴収され、加うるに実験機具、職業教育施設などの如き多額を要する教育何ヵ年計画というようなものが樹てられ、その費用までも父兄が負担する、となれば父兄側の負担苦境が察せられてならない。これは明らかに法制化されぬ教育税で、何とかならぬものかと悲鳴を挙げるのも無理からぬことだと思われる。(『沖縄タイムス』一九五一年一〇月一日「社説・総合的教育計画を望む」)

校舎建設の予算ですらままならない状況では、「机、腰掛、学校図書館、実験機具」といった備品購入が校区内の父兄の分割負担になるのではないか、という懸念が示されている。実際、当時進められていた校舎建設作業自体が、多くの場合保護者のボランティアで行われていた。こうした実状に対し、戦前の教育行政に対する評価は次のようなものであった。

……今更戦前を回顧するのもどうかとは思うが、戦前は義務教育費は全額国庫負担であり、中学教育費に対しても国庫補助があり　住民の負担は軽るかつたのである。が、戦後は教育費—校舎は別として—の殆ど全額を負担するの余儀なきに至つて居り、この外に警察費、衛生費、土木費等の負担も重なって経済的に未だ復興をみて居ない住民にとつて負担過重であることは否定し得ないものがある。……(『沖縄タイムス』一九五一年九月二三日「社説・増大する教育費」)

戦前の日本行政を基準に評価すれば、「現在」の米軍政の教育行政は「戦前より悪化」としか評価しえないこと、そしてその米軍政下教育行政の比較対象として持ち出される戦前の日本の教育施策が「善政」として浮び上がる構図となっている。のみならず「戦前日本政府が補助してくれたのに現在の米軍政は補助しない」分野としては、ほかに「警察費、衛生費、土木費等」もあることが確認され、「今」の米軍政全体と「昔」の日本統治が総体として「悪化」—「善政」の二項図式に仕分けされる形となっている。

「教育・社会政策財源問題」における「復帰」の「プル要因」

以上、米軍の統治政策のうち「教育・社会政策の財源問題」が、「日本復帰志向」を生み出すプッシュ要因として作用している側面を取り上げた。今度は、このプッシュ要因と対関係にあるプル要因について検討してみよう。最初に戦後日本の行政情報の流入について、一九五一年九月から一〇月にかけて日本に派遣された戦後初めての大規模行政視察団の報告記事を事例に見てみよう。

この行政視察団は、那覇市長・首里市長ら一〇人の首長が派遣されたもので、滞在中から帰郷後にかけて、新聞における寄稿文や座談会記事の掲載、そして報告会を開くなどして同時期に派遣された教育視察団とともに多くの「戦後日本」情報を「沖縄」に流している。その内容は当然のことながら、一貫して「沖縄の現状」との比較の視点に規定されている。

具体的には、まず彼らの主要な比較対象である日本の地方自治体の状況について、「生産基盤の復旧、国民生活の処理、戦災工事等で地方の負担は相当苦しいようであるが沖縄の住民が負担している苦しさとはレベルが違[15]」うとする。なぜなら「地方財政の七、八十％」を占める平衡交付金のおかげで、「一万五千人位の村が那覇位の予算を持っている[16]」「地方農村は沖縄の数倍の豫算を運営なお若干の余裕があると思われる[17]」ことが判明したからである。

しかも税外収入についても「我々が、沖縄では官営は認めていない、といったらびっくりしていましたよ。県営とか市営の電気、水道、交通または競輪なども盛んでした。それが税外収入として相当財政をうるほしている。[18]」との認識が示されているほか、この行政使節団が帰還した直前のルース台風襲来によって火急の懸案となった災害復興費問題についても「どの市町村も起債をして災害復興をすすめている[19]」といった情報をもたらしている。

当然のことながらこうした財政力の相違は、インフラ・社会制度面での格差として現前化してくる。首長らが見た日本では、「新制中学に至るまで校舎は百％建設されている[20]」ので、「バスや汽車の沿線からみると、立派な建物は殆んど学校だ。……三分の二は国庫、三分の一は県と市町村で負担しているといっていました。……小学校に更衣室、家事室、図画教室などというのがあるし……宮の城高校は一町二反歩の実習地をもって、温室、加工室、畜産等の施設が整えられ、竹細工かお茶かが全国の品評会で一等になったといっていた[21]」といった情報がもたらされた。

こうした沖日の「格差」認識はハードインフラ面にとどまらない。「社会保障制度が徹底しているのにも驚いた。税をとるだけでなく、民衆に恩恵を与えるような施設制度がある。……福岡県には中小企業を保護育成する企業診断所というのがあった。……自分の会社工場が不振だと思うと、診断を求めるのです、これらの委員が秘密に調査して、技術が悪ければ改善を指導する。経営が悪ければ販路もみつけてやるといった具合で非常に行き届いたものです[22]」といったソフト事業面での「格差」に関する情報もある。

さらに「予算総額の七・八割も交付金があるときいていますが。そのために地方自治が侵される懸念はないだろうか。」という疑問に対しては、「この点は地方自治庁でも、交付金制度が地方に政治的圧迫を与えないように用心して地方自治法で触れているようです。地方の実情はそのために東京へ出張するのが多いということでしたが……従来の補助金制度は指示された事業のみを行うが、交付金制度はどこまでも地方自治を尊重している。それが地方財政の主力を占める場合は、政治的手腕の大半がより多くの交付金獲得するため、中央にへばりつくから出張費に喰われてしまうだろうが、それにしても、ちゃんとした算定の基礎があるから無茶なことは出来ない[23]。」といった視察先で受けたであろう説明をもって応じている。

つまり中央政府（内務省）の統制が強かった戦前の日本時代の「自治」体験の負のイメージを、戦後の「民主改革」の制度情報によって打ち消す形となっている。

そして「民主的自治行政が端にまで及び、どの官庁にいっても親切丁寧、全く民衆の役所だね。……親切さが実に自然で、まず我々はこれから実行したい。……どの官庁でも新聞を読んでいるのは見当たらず、仕事に一生懸命だ。我々がそこで新聞を読もうと思ってもなかなか見つからない。雑談もできないくらいだ[24]。」「どの局、課に行っても昔の官僚の匂いは完全に洗い去られている[25]」といった観察談によって、この変革が単なる制度変更にとどまらない実質を伴ったものであることが裏づけられる形となっている。

この最後の観察談の「どの官庁にいっても親切丁寧、全く民衆の役所だね」といった、いささか現実離れしたユートピア的内容を含めた「戦後日本」像は、「沖縄県」として本来受けてしかるべき恩恵を阻む「北緯三〇度線」のような境界の不当性を際立たせて「切り離され感」を生み出し、「復帰」への誘引として機能している。

ちなみに『沖縄タイムス』と『琉球新報』の二大新聞以外でも、例えば一〇月一五日付けの『琉球新聞』には、「義務教育費を国庫で―全教員の給与を保証―将来学用品の無償配布」という見出しの共同電が掲載されているほか、沖縄群島政府の廃止に伴う職員の再就職問題を取り上げた一〇月二四日付けの『沖縄朝日新聞』の社説には、「……日本とは違って公務員法によって、身分が保証されている訳でもなく、福利施設も持たない、沖縄の官吏ほどみじめなものはない。」という言辞が見受けられる。日本行政情報の流入が「沖縄」の政治指導者層の間に「戦後日本」への憧憬を生み出していることが窺える。

戦災校舎復興問題の復帰運動への連関

以上提示したプル要因は、「行政視察」という「ヒトの移動」によってもたらされた「戦後日本」の美化作用を伴った「イメージ」の吸引力に過ぎない。首長らからなる大規模行政視察団が訪日した一九五一年九月～一〇月の段階では、「教育・社会政策」の領域で日本政府が具体的にこれらの問題について「沖縄」に対し、財政的に「救済」支援を行える段階にはない。

高度成長期に比べてまだ日本側に経済的な余力がないこともさることながら、「琉球」の排他的統治を志向する米軍側が、日本政府の関与を嫌ったという事情もある。「日政援助」と呼称された日本政府の対琉援助が実施されるのは一九六〇年代のことである。

しかし、沖日の政治指導者層の交流の活性化という構造要因は、一部の政策領域ではすでに一九五二年の段階で、財源問題の「解決策」を「復帰」に求める沖縄側の希望と、イレデンティズムの動機にも支えられた日本側の「沖縄救済」志向を、在京沖縄人指導者層が橋渡しする形で、越境的な運動過程を生起させていた。

それが沖縄戦災校舎復興募金運動である。この運動の「沖縄」側の中心人物は沖縄教職員会の会長を長く務め、最後には琉球政府行政主席・沖縄県知事になった屋良朝苗《ちょうびょう》であった。屋良がこの戦災校舎復興問題に力を注いだ個人的な動機は、一九五二年四月に発足した沖縄教職員会会長に就任する前、沖縄群島政府の文教部長として戦災校舎復興問題に携わったことが大きい。この問題の担当部長の一人でありながら、問題解決に無力だった責任を感じたことが、屋良をしてこの問題に傾注させた。

後年の回想では、屋良の中で「復帰」の信念が固まったのは一九五〇年三月から六月にかけて教育研修で日本に渡航し、日本と「沖縄」の教育インフラと教育内容、教員待遇の格差を目の当たりにした時だったとされている。(26)(27)つまり屋良個人の「復帰」理念自体が、先述した指導者交流のインパクトによって形成されたものだったわけである。

しかし教育の「日本」への再統合という大きな方向性は見えても、それを交渉や運動を具体的に展開してゆくためのアジェンダとして設定するのは時間を要した。一九五一年二月、琉球大学の開学式に出席するため沖縄を訪れた文部省の政務次官に対して、群島政府文教部長だった屋良は教育支援を陳情し、日本への教員の研修派遣の再開については日本政府の政策対応を引き出したものの、戦災校舎問題では一九五一年中に日本から支援の動きがあったことを示す史料はない。

新聞史料は一九五一年九月のサンフランシスコ講和会議の後、沖縄教職員会の前身である沖縄教育連合会が一九五二年度以降の戦災校舎復興を促進するための運動を模索していたことや、年末に群島議会や市町村協議会と合同で沖縄群島校舎復興促進期成会を結成したことを伝えているが、この時点での運動対象は沖縄群島内に限られていたようだ。(28)日本に働きかけようにも、この時期、琉球貿易庁を除く「琉球」の行政機関と日本政府との間に制度化された交渉チャンネルはなく、沖縄教育連合会も、日教組などの教育関係民間団体と提携関係にはない。この段階では「沖縄」側の教育関係者自身が日本での交渉・運動展開の絵図を描くのは難しかったと思われる。

こうした状況にあって具体的な運動戦略を提起したのが在京沖縄人指導者層の一人で、元商工省総務局長の高嶺明達《めいたつ》である。高嶺は、沖縄県学徒援護会会長として、一九五一年二月と一九五二年一月の二度、「沖縄」を訪問し、学校校舎問題を含む現場状況を把握していた。そして帰京後、沖縄問題の啓発本『太平洋の孤児』（高嶺一九五二）を執筆しながら、具体的な沖縄支援策を関係者と協議していたが、一九五二年一〇月になって、「沖縄の戦災校舎復興のため全国児童生徒に一円カンパを呼びかける」という運動構想[29]を立ち上げ、この年の四月に屋良朝苗を会長に発足したばかりの沖縄教職員会に伝えてきた。これにより、突破口が開けた形となり、屋良らは同年一二月一一日沖縄戦災校舎復興促進期成会を結成[30]。翌月東京に渡航した。そして高嶺と協力して東京でも運動体を立ち上げ、六月まで四六都道府県を行脚して、運動を展開した[31]。

実は屋良らは沖縄戦災校舎復興促進期成会と同じ構成団体で、東京への出発直前に沖縄諸島祖国復帰期成会も結成していた。その意図は「この校舎復興問題と祖国復帰の問題を祖国同胞の理解と関心ならびにその責任に訴え、国論、世論を喚起して全国民の問題として解決させる[32]」というものである。つまり、校舎復興運動は復帰運動と表裏一体の形で展開された[33]。あるいは「声涙下るのはお手のものだ。なにしろ校舎復興運動以来、そればかりやってきたのだから[34]」という後年の屋良の表現を踏まえれば「祖国復帰」の語りは「校舎復興運動」を成功させるための「資源」の機能を帯びていたといってもよいだろう。

こうして行われた募金運動は日本で六三〇〇万余円、「沖縄」で一二〇〇万余円を集め成功裏に終わった[35]。屋良と教職員会はこの運動によって「復帰」の理念と日本と「連帯」する運動戦略の正しさについて確信を深め、以後「復帰運動」の中核的団体として活動する一方、日の丸掲揚運動や国民教育運動などに邁進してゆくことになるのである。

第二節　「復帰」の表出・高揚の事件史的展開過程

一九五一─五二年にかけての「帰属問題」の通史的把握

本節では一九五一─五二年にかけて政治界「沖縄」を舞台に、「復帰」の理念が表出・高揚してゆく過程を照射する。前節で論じた「構造要因」の土壌の上に、「外部」で起きた「事件（event）」を「引き金」として「我々」にインパクトを与えるという「我々」─「外部」間の相互作用によって「我々」の中で「復帰」の理念が表出・変容してゆく様相を浮かび上がらせることを狙う。

まず一九五一年から五二年にかけての「帰属問題」の展開について通史的に把握することから始めよう。沖縄群島において、「帰属問題」をめぐる一連の政治過程の「引き金」となったのは、一九五一年一月二六日、対日講和条約に関する特使として全権を委任されたダレスが来日し、条約の内容をめぐる日米交渉がスタートしたことである。

それ以前、一九四〇年代から、在京沖縄人指導者は沖縄民政府・群島政府首脳に対して「復帰」の意思表示をするよう働きかけていたが、沖縄群島の政治指導者層は一貫して慎重姿勢をとっていた。それは早くから「復帰論者」として知られていた平良辰雄知事も同様で、一九五〇年末までは記者会見などで時期尚早論を述べていた。しかし日米交渉の始動によって琉球・沖縄の最終的な帰属がいよいよ決まるという認識が強まる中、「帰属問題」に関して意見表明する動きがにわかに表面化した。ブルーベイカー流の表現をすれば、ダレス訪日という「事件」を受けて、政治界「沖縄」の諸政治アクターが「スタンス」を変化させたわけである。

最初に反応を見せたのは新聞である。「沖縄」の二大新聞のうち、『沖縄タイムス』は一月末から二月初旬にかけて「〝国籍が決って居ない〟」[36]「住民感情の大勢が日本復帰要望にある」[37]「日本に帰りたい願望となってくる」[38]と「復帰」が住民の意思であること明示する社説を掲げ、以後、復帰支持の社論を鮮明にする。[39]

一方、ライバル紙の『うるま新報』はダレスの羽田到着を報じる一月二七日付け紙面で「……沖縄人が民族的に日本人であることは概念的に何人も否定は出来ない歴史的事実である。だがそれだけで沖縄が日本に帰属せねばならぬということは余りにも小児的考え方といわねばならぬ」と復帰に批判的な内容の社説を掲載。二月二日付け紙面では「沖縄は国連信託たるべし」というタイトルの社説を掲載し、以後復帰に批判的な社論を鮮明にした。

これに対し政党・政治家がスタンスを明確にするのは、最初の日米交渉が終了してダレスが帰国した後の二月中旬で、平良政府の与党で群島議会（定数二〇議席）で過半数の議席（一五議席）を持つ社会大衆党、そして日本共産党と人脈・イデオロギー的につながっている人民党（一議席）が日本復帰を支持するスタンスを固め、それぞれ二月一五日と二月一四日に正式表明した。

実はその直前、一九五一年二月一二日琉球大学の開学式典が開かれ、神山政良、高嶺明達（式典には沖縄学徒援護会長の資格で招待）と戦前の沖縄県庁の資産継承・管理団体である沖縄財団理事長の比嘉良篤の三人の在京沖縄人指導者たちが、戦後初めて帰郷していた。当時の新聞記事には、神山らのインタビュー記事や講演会告知が掲載されており、在京沖縄人指導者層が、戦後初めて沖縄側の政治指導者層と直接的かつ密接な意見交換を行ったことが推察される。そうした交流活動が社会大衆党の態度表明に何らかの影響を与えた可能性も否定できない。

一方、幹部党員中に仲宗根源和ら独立論者が多い共和党（三議席）は二月一八日に独立論を正式表明し、大宜味朝徳の社会党（〇議席）も信託統治論を表明した。これにより三つの論が並立する形で新聞紙上や政治集会などを舞台に論争がスタートした。もっとも共和党の独立論と社会党の信託統治論は、いずれも「米国による信託統治期間終了後の独立」というシナリオを漠然と共有しており、実際の論争軸は、情勢論的にはすでに避け難いと見られていた信託統治を是認するかそれも情勢にあえて逆行する形で信託統治に異を唱えて日本復帰を主張するかにあった。言い換えれば「復帰」に賛成か反対かが主たる論争軸である[40]。

論争の具体的中身については次章でより詳しく検討するが、ここではその結論を先取りする形で三つの特徴だけ押さえておきたい。第一にこの論争は「もし日本に復帰したらどうなるか」という仮定論的・全体論的論点を軸に総花式に展開されたため政策論としての中身が薄く、第五章で詳述したような現実政治の過程ともリンクしていない。しかし、後述するようにこうした状況は、一九五一年九月の対日講和条約調印をきっかけに変化する。第二に、復帰賛成派と反対派のいずれの陣営の論考も、初期の段階から復帰賛成派の支持者が反対派の支持者よりも多いことを前提に立論されており、初期の段階ですでに復帰賛成派が優勢だったことが窺える。したがって、復帰賛成派の優勢をその運動戦略やフレーミングの力で説明することはできない[41]。勝敗は論争開始時点ですでに決していたと見られるからである。第三に、これから説明するように、こうした「復帰賛成派」の優勢は、この五年後の「島ぐるみ闘争」や同時代の「奄美」の復帰運動のような「熱気」を伴っていない。

さて、三月一八日には、社会大衆党と人民党はそれぞれ臨時党大会を開き「帰属問題」に関する沖縄住民の意志が

「復帰」にあることを示す声明文・決議文をそれぞれ可決。翌一九日には開会中の群島議会に緊急動議を出して「日本帰属希望」の意思表示をする決議案を提出し、即日一五（社会大衆党・人民党）対三（共和党）の賛成多数で可決した。この議決は「沖縄」の大勢が「復帰」にあることを日本と米国を含む外部世界に明示する最初の情報となった。

三月一九日の議会議決後、「復帰賛成派」の社会大衆党・人民党と「独立論」を掲げた共和党がそれぞれに遊説活動を展開した後、四月二八日に四党合同の演説会が開かれた。主催者の那覇市の青年団体がこの時会場で行った聞取り調査では、総数七五四人中、日本帰属支持が七六％、独立支持が一二％、信託三％、不明九％との数値が出されている。(42)これより先、四月一四日に発表された沖縄青年連合会の会員対象調査では全島五六市町村中二三市町村の青年会から得た一万一九〇六人の回答中八六％が日本帰属支持、同月、沖縄タイムス社発行の雑誌、『月刊タイムス』五月号に掲載された琉球大学生約二〇〇人対象の調査でも八二％が日本帰属支持という数字が出された。(43)

四月二九日に署名運動の推進団体である日本復帰促進期成会が結成され、日本復帰署名運動がスタートした。この署名運動が一般に沖縄群島で最初の復帰運動と見なされている。運動期間は当初五月二〇日から六月二〇日までの一ヵ月間と設定されていたが、想定に反して署名の集約は低調で、結局期間は漸次延長され、最終的には七月末まで行われた。

署名が低調だった理由について、上地聡子（二〇〇六）は、実質的な運動の主導者である平良知事と彼の与党社会大衆党（市町村長の大多数と群島政府の管理職の多くが党員だった）が社会大衆党→市町村役場→市町村内の各地域の班長（自治会長）のルートで署名簿を下ろして回収する官製色の強い運動形態や一般住民の関心の低さを挙げている。当時の新聞記事にもこの上地の議論を裏づける内容の記事が複数掲載されている。(44)

しかしこのような事態に危機感を抱いた沖縄青年連合会の関係者（指導者の多くは社大党員で、群島政府の副部長だった）が中心になって六月中旬に日本復帰促進青年同志会が結成されると、運動は活性化した。沖縄青年連合会は各地区の青年会の連合体で、基礎的な構成単位は各字の青年会である。つまり最小構成単位である字までを網羅しており、なおかつ二万から三万人と見られる会員を有していたことから、署名数が伸び悩んでいた都市部で街頭署名活動を行うのに必要な運動員を動員することができた。[45]

かくして日本復帰促進青年同志会は七月五日から街頭署名、一五日以降は職場での署名活動を開始して、七月一杯まで活動を続け、最終的には二七万六千余人の有権者の七二・一％にあたる一九万九〇〇〇余人の署名を集めて、八月末、サンフランシスコに向けて出発直前の全権代表団長、吉田茂首相宛に送り届けた。[46]

これに先立って奄美群島では四月末までに有権者の九九・八％にあたる十三万九三〇〇余人分、[47]八重山群島では七月に有権者の八一・八五％にあたる一万四三〇〇余人分、[48]宮古群島でも八月に有権者の八八・五％にあたる三万三四〇〇余人分[49]の署名がそれぞれ集められている。

八月末に署名簿を首相官邸に発送した後、日本復帰促進期成会は自然消滅した形となった。以後、一九五三年一月に沖縄諸島祖国復帰期成会が結成されるまで、「沖縄」において「復帰運動」は一時的に不在となる。

さて、一九五一年九月四日から八日にかけて、サンフランシスコのオペラハウスで対日講和会議が開かれた。「沖縄」には、日本の通信社・新聞社の特派記事を『琉球新報』、『沖縄タイムス』など各新聞が転載する形で、米国政府の主席全権代表であるダレスらによる条約案の趣旨説明、吉田首相の受諾演説、そして最終日の調印まで経過が伝えられた。

本節の文脈で重要なのは、会議初日の九月四日に条約草案を作成しダレスら米側代表による条約趣旨の説明の中で、北緯二九度以南の「南西諸島」と小笠原諸島や硫黄島からなる「南方諸島」について日本は residual sovereignty を有することになる、と説明したことである。

この residual sovereignty は、当初、「形式的主権」など多様な訳を付されて、日本と「沖縄」に受容された。そして、これら地域の国際法上の地位を定めた条約第三条の条文中に日本国が南西諸島や小笠原諸島等を「合衆国を唯一の施政権者とする信託統治制度の下におくこととする国際連合に対する合衆国のいかなる提案にも同意する。」[50]という文言があったことから、「琉球」は「信託統治」になるが、「形式的主権」を有する日本は、「関係国」として統治に関与できるという解釈を「沖縄」で流布させた。[51]

実は「信託統治が確定した」という理解は誤りなのだが、後述するように条文が意図的に曖昧に書かれていることもあり、条約調印から二ヵ月間は、このような解釈が「沖縄」で主流になったのであった。そしてこの解釈の流布に伴い、条約調印直後の一九五一年九月から一〇月にかけて、「信託統治」制度が適用される前に、統治内容に関する「沖縄」側の意見を、米国政府と日本政府に伝えようと、沖縄群島政府や議会、政党・各種団体が、「信託統治」への要望事項を取りまとめる動きが出た[52]。

こうした要望事項が各筋で取りまとめられている最中の一九五一年一〇月九日、日本政府が米国との交渉経過を説明するため、「沖縄」と「奄美」に使節を派遣することが報じられた。使節はサンフランシスコ講和会議に日本側代表団の一人として出席した自由党総務会長で元商工大臣の星島二郎、鹿児島県選出の岩川與助の二名の代議士と随行の二名の外務省職員らから構成され、そのうち一人は在京沖縄人指導者層の一人で外務省在職中の吉田嗣延である。

この情報は、取りまとめ中の要望事項に対する期待を高めた。使節団派遣の一報を受けて平良知事は「この際派遣団に官民一体となって沖縄の実情を訴え、住民の希望がかなえられるよう米国政府にも折しようしてもらうことを要望したい」と語っている[53]。具体的には、沖縄群島議会の特別委員会が各分野の社会団体から意見聴取を行った上で、日本政府に対する要望事項を早急にまとめる一方、群島政府も臨時琉球中央政府や議会、政党、社会団体と連携して懇談会等の準備に取りかかった[54]。一〇月一三日には、群島政府臨時部長会議で、以下の一五項目の要望事項を決定した[55]。

一　国籍は日本人とし、日本国旗の掲揚を許す
二　琉球に自治政府を置き、首長及び議員は共に公選する
三　日本の法規を最大限に採用する。
四　琉球人に対する米国民政府裁判所の刑事裁判権を琉球の裁判所に移管する。
五　教育及び文化に関しては、全面的に日本政府が他府県同様に監督、指導及び援助をする。
六　日琉間の移住、旅行、進学、就学及就職の自由を認める。

七　戦災施設の復旧と戦争罹災者の救済は日本及び米国が責任をもつて援助する。
八　米国の経済援助を今後も継続し、日本も積極的に援助する。
九　琉球人の労務賃銀を適当に引上げる。
十　外貨及見返り資金を琉球自治政府に管理させる。
一一　日本との交易はすべて内国として扱い、何等の制限を設けない。
一二　日本の対外条約又は協定には琉球を日本の一部として取扱う。
一三　海外移植民を速かに実施し、実施にあたつては日本及び米国は特別の援助をする。
一四　恩給、年金、預貯金、保険金、国債等の債権に対し早期に支払いをなす。
一五　軍使用地の借地料を早急に支払い、又軍施設による潰廃地の補償をする。

（『琉球史料　第一集：政治編1』二九七―二九八）

しかしこの星島衆議員らの使節派遣は突如中止になった。随行予定だった吉田嗣延は派遣を日本側にアドバイスした国務省と国防省の対立が原因ではないかと推測している[56]。実際、派遣中止が報じられる前日の一〇月一九日付けの「沖縄」の新聞各紙は、在沖米軍政トップであるビートラー米民政府副長官が平良知事に書簡を送り、この中で「復帰運動を継続し、米国民政府に対し不快の念を抱き、それに伴って琉球人と占領軍員間に益々悪感情を醸すことは何ら得る所なく、ただ両者の立場を困難ならしめるのみである」と復帰運動批判を公にしたことを報じている。「琉球」の排他的統治の確立を理想とする米軍にとって、日本政府が「琉球統治」に介入してくることは忌避の対象であった。

さらに講和条約によって信託統治が決定したという理解が、間違いであることも次第に明らかになり、一一月以降には信託統治の実施に向けた要望のとりまとめという動きは鎮静化した[57]。

その後、一九五一年末には、講和条約で「返還」が決まったトカラ列島の移管事務手続のため日本政府は吉田嗣延を団長とする調査団を「琉球」に派遣し、戦後初めて日本政府の使節団が「沖縄」の土を踏むという「事件」があった。

しかし、この調査団は行政移管に関する実務的なミッションに過ぎず、那覇と「奄美」の名瀬に設置される日本政府の連絡事務所の権能も外交特権を持たない渡航の手続機関にとどめられた。「琉球」統治への関与を目指す日本政府の動きは、これを警戒する米軍政に阻まれた形で一九五二年四月二八日の対日講和条約発効の日を迎えるのである。

「第二の引き金」としての residual sovereignty

以上、一九五一年一月から一九五二年四月までの「帰属問題」の展開過程を通史的に把握したが、沖縄戦後史研究の文脈における多くの既存研究では、「最初の復帰運動」が興隆し、なおかつ「復帰賛成派」と「復帰反対派」の間の「帰属論争」が活発に行われた一九五一年二月から八月までの期間に関心が集中し、この一九五一年九月の条約調印から一九五二年四月の条約発効までの期間には大きな関心が払われていない。

しかし「運動」ではなく、ネーションのヴィジョンの生成・変容に照準を合わせる本章の分析観点から見ると、一九五一年九月の講和条約調印を境に、政治界「沖縄」における「復帰」をめぐる政治言論のフレーミングに質的に大きな変化が生じ、それが「高揚」と表現しうるような民族・ナショナリズム現象を生起させたことが看取できる。言葉を替えれば、「復帰」の理念が政治言論として表出するきっかけとなった一九五一年一月二六日のダレス訪日を「第一の引き金」とすれば、一九五一年九月の講和条約調印は、「第二の引き金」として機能したと見ることができる。

以下、この「第二の引き金」に起因するその変化の内容と政治コミュニケーション的動因の詳細について検討してゆくが、その前に対日講和条約で決定された「琉球」の国際法上の地位と residual sovereignty の意味内容について確認しておこう。

まず対日講和条約のうち、戦後日本の領土を画定した対日講和条約第二条と第三条の条文を見てみよう。

第二条

(a) 日本国は、朝鮮の独立を承認して、済州島、巨文島及び鬱陵島を含む朝鮮に対するすべての権利、権原及び請求権を放棄する。

(b)日本国は、台湾及び澎湖諸島に対するすべての権利、権原及び請求権を放棄する。

(c)日本国は、千島列島並びに日本国が千九百五年九月五日のポーツマス条約の結果として主権を獲得した樺太の一部及びこれに近接する諸島に対するすべての権利、権原及び請求権を放棄する。

(d)日本国は、国際連盟の委任統治制度に関連するすべての権利、権原及び請求権を放棄し、且つ、以前に日本国の委任統治の下にあつた太平洋の諸島に信託統治制度を及ぼす千九百四十七年四月二日の国際連合安全保障理事会の行動を受諾する。

(e)日本国は、日本国民の活動に由来するか又は他に由来するかを問わず、南極地域のいずれの部分に対する権利若しくは権原又はいずれの部分に関する利益についても、すべての請求権を放棄する。

(f)日本国は、新南群島及び西沙群島に対するすべての権利、権原及び請求権を放棄する。

第三条

日本国は、北緯二十九度以南の南西諸島（琉球諸島及び大東諸島を含む。）孀婦岩の南の南方諸島（小笠原群島、西之島及び火山列島を含む。）並びに沖の鳥島及び南鳥島を合衆国を唯一の施政権者とする信託統治制度の下におくこととする国際連合に対する合衆国のいかなる提案にも同意する。このような提案が行われ且つ可決されるまで、合衆国は、領水を含むこれらの諸島の領域及び住民に対して、行政、立法及び司法上の権力の全部及び一部を行使する権利を有するものとする。[58]

この条文を理解する上でのポイントは二つである。

第一のポイントは、第三条が一見、南西諸島と小笠原・硫黄島などの南方諸島を「信託統治」に置くことを規定しているように見えて、実はそうではないことである。この条文は、米国が国連に信託統治を提案する場合、日本がこれに同意すると書いてあるだけで、米国がそのような提案を行うとは書かれていない。つまり「琉球」に信託統治制度を適用するかどうかは米国の勝手次第であり、結論から言えば、米国は信託統治制度を適用しなかった[59]。

それでは信託統治制度を適用しない場合の「琉球」の統治形態はどうなるのか。それを規定しているのが第三条の最後に挿入された「このような提案が行われ且つ可決されるまで、合衆国は、領水を含むこれらの諸島の領域及び住民に対して、行政、立法及び司法上の権力の全部及び一部を行使する権利を有するものとする」という一文である。「そのような提案が行われ且つ可決されるまで」とあるが、そのような提案は行わなくてもよく、実際に提案されなかったのだから、実質的には無期限ということになる。

第二のポイントは、第二条で列記された地域について日本は、「権利、権原及び請求権を放棄する」ことが明記されているのに対して、第三条ではそのような表記はないことである。つまり第三条で言及された地域では「権利、権原及び請求権」は放棄されていない。しかし、「行政、立法及び司法上の権力の全部及び一部を行使する権利」は合衆国にあることは明記されている。ということは国際法上の「権利、権原」は日本が維持しているものの、それを「行使する権利」は日本ではなく合衆国にあるということになる。このような「行使」できない「主権」の状態を一言で言い表すために米側が提起したのが residual sovereignty という概念だったのである。

つまり residual sovereignty は条文の文章中ではなく「行間」に存在するのである。それは第二条と第三条の「行間」の読み方を概念化したものなのである。

以上のような規定は、どのような法的インプリケーションを持つのだろうか。

日本政府の公式見解は、一方で、講和条約によって residual sovereignty が認められたことによって、国際法上「琉球」は日本国の領土内にあり、住民も「日本国籍」を有するとしつつ、もう一方では、日本国憲法は「観念的には施行されている」が、米国に「施政権がある限度においてはもちろん日本の憲法があらわれることはな」く、したがって「住民は日本国民としての権利義務を有しておる」ものの、residual sovereignty ゆえに「そうした権利義務が表れない」としていた[60]。かといって米国が信託統治を提案しない限り、国連憲章の信託統治条項に基づく権利保障の法制度的枠組も適用されず、またプエルトリコやグアムのような米国の海外領土でもないので、米国の権利保障の法制度的枠組も適用されない[61]。

唯一の権利保障の法制度枠組は米軍政の布令・布告で、法源は戦時国際法から講和条約第三条に代わったものの、執政者側が一方的に発布し住民側がこれをチェックできないという特性は、講和条約発効前と変わらない。

以上の点を見れば、講和条約の法的インプリケーションは講和条約の発効によって国際法上できなくなるはずの軍事占領を実質的に無期限延長することだといえよう。

このような条約内容について、「沖縄戦後史」の叙述における評価は当然のことながら最悪で、詭弁的に編み出された「国際法上の怪物」とも評され、このような内容を持った講和条約の発効によって「日本の独立」と引き換えに「我々」を「無権利状態」に置いた一九五二年四月二八日は「屈辱の日」として意義づけられている。

ただ、これから展開する議論で大事なのは、このような最終的に確定した評価よりも、条文の書き方やその解釈用語として提示された residual sovereignty の意味内容の曖昧さゆえに、講和会議からしばらくの間、そのインプリケーションが判然としなかったことにある。

結論から言えば、講和会議直後は、このような条文や residual sovereignty の意味内容の不透明さが、「我々」が「日本・日本人」の「境界線上」にあって境界の外に落ちるか、内に落ちるかの瀬戸際に位置づけられたという観念を生み、復帰賛成派の間で、少しでも「日本人の境界」の「内側」に入り込むことを目指す動きを活性化させた。それは「復帰」理念の語り口＝解釈図式を条約調印前のそれから変化させると同時に、「日本人」としての成員資格を確実にするための文化ナショナリズム運動の駆動因として機能した。

復帰賛成派の新聞、『沖縄タイムス』の講和会議直後の記事を事例に、その変化を確認してみよう。

「復帰」理念のリフレーム

以下の四点の記事は講和会議終了後一週間に『沖縄タイムス』に掲載されたものである（傍線は筆者による強調線）。

①　日本復帰を叫んだ住民多数の願望は遂に容れられなかつたが日本の琉球に対する形式的主権が認められ、再び「日本人」の名を取り戻すことができることは、たとえ時日の猶予はあるにせよ、将来完全に日本へ帰えれる日があるという希望をつなぐものとして、雲間に青空をのぞく思いを一般の人々に与えているが、この「形式的主権」というダレス氏の言葉が早くも巷間の話となり、一部の人々の間では琉球の主権をめぐる形式と実質の問題でいろ〳〵論議を賑わしているようだ「日本人と呼ぶことが形式なら、日の丸の国旗を掲げることも形式になるだろうが、国歌は？」こんな疑問がつぎ〳〵わき、形式と実質の境界線、これから生れようとする国際的き型児といつていろ〳〵と気をもんでいる。（『沖縄タイムス』一九五一年九月一〇日「形式的主権『日本人』？」）

②……形式的にせよ日本の主権は認められ、琉球住民は日本国民として戦前同様の国籍を保有することになり、更に交通取引との他の点に就ても現在のような外国的取扱は受けないような寛大なる処遇が与えられるのではないかという希望をもつことが出来るし……。（『沖縄タイムス』一九五一年九月一一日「社説・信託協定に期待」）

③……琉球は対日講和会議で信託統治と決まつたが、主権は形式的に日本に置くというので、又、住民にとつては別の感懐も湧いてくる　琉球は後で日本に返えすヨという暗示にもとれるからである▼終戦以来総ゆる政策が日本と規を一つにした琉球人であれば、歴史に正さなくとも、信託協定によつて沖縄人は形式的に日本人だよと云う法規上の誓約でも生れれば沖縄人は中身も殻も共に日本人ということになる。……（『沖縄タイムス』一九五一年九月一二日「大絃小絃」）

④……殊に国籍が日本におかれるとせば、日本教育との一貫性が当然保たれ、祖国の歴史、地理は勿論その他日本の政治、経済、文化の全般に亘る認識を堅持せぬと、将来日本復帰が許された場合困つてしまう。さ迷う琉球人呼わりはもう絶対に頂けないのである。……（『沖縄タイムス』一九五一年九月一五日「社説・信託下の教育」）

以上四つの例文に共通するのは、講和条約が、「信託統治」を決定するものであるのと同時に日本の「形式的主権」をも認めるものであった、という理解である。その上で、この「形式的主権」が「再び『日本人』の名を取り戻すことができる」（例文①）、あるいはより法的な表現では「琉球住民は日本国民として戦前同様の国籍を保有する」（例文②）ことを意味するものとして解釈されている。

つまり四つの例文は、「形式的」な日本の「主権」が認められた＝「我々」の日本国籍が認められた＝「我々」は「再び『日本人』の名を取り戻すことができた」という意味連関を内包した解釈図式を共有している。

国籍（citizinship）を、世界の人間集団を「日本人」「Japanese nationals」といったカテゴリーで分類するいわば「カテゴリーとしての国籍」と、T・H・マーシャル（Marshall & Bottomore 1992＝一九九三）の「市民的権利」「政治的権利」「社会的権利」の類型に代表される様々な権利・義務を指す「実質的シティズンシップ」に分節化して把握すれば、例文①の「日本人」の「名」を取り戻したという表現は、この「カテゴリーとしての国籍」のレベルで「日本人」であることが認められたとの理解を示しているといえる。

さらに、その上で例文②の「外国的取扱は受けないような寛大なる処遇が与えられるのではないか」という一文は、「カテゴリーとしての国籍」を手がかりに「実質的シティズンシップ」を回復する期待を語っている。

他方、「カテゴリー」のレベルで「日本人」に認定されたという認識は、別の系統のメンバーシップの問題に連動していることも窺える。その問題とは文化共同体としての「日本人」の構成員資格の維持である。「祖国の歴史、地理は勿論その他日本の政治、経済、文化の全般に亘る認識を堅持せぬと、将来日本復帰が許された場合困ってしまう」（例文④）という一文や、「沖縄人は中身も殻も共に日本人ということになる」（例文③）という一文には、「国籍（citizenship）」としての「日本人」資格が、文化共同体としての「日本人」の成員資格と連動する関係にあるという認識を窺わせる。例文①で、「日の丸の国旗を掲げる」というイシューが登場していることは象徴的であろう。そして、一連の成員資格の獲得に失敗すれば nations から構成される国際社会にあって、どの nation にも属さない「国際的き型児」（例文①「さ迷う琉球人」（例文④）になってしまうという危機感も露になっている。

つまり、この四つの例文で展開されているレトリックのフレームの中には、「国籍（citizenship）」というネーションの政治的成員資格問題がネーションの文化的成員資格の問題にスライドすることにより、文化共同体としての「日本人」

の「想像」強化につながる連動関係が強く現れている。

第一章で、当該政治界に支配的な政治文化資源であるナショナル・アイデンティティ（schema）の解釈図式と「グローバル・新思潮」からもたらされた観念要素を編み合わせて創出されるフレームが、「理念」転換の駆動因となるメカニズムを提示したが、この事例は「形式的主権」という未知の要素がもたらされたことで、政治界「沖縄」における「復帰」をめぐる解釈図式（frame）が質的に変化したことを示している。

その証拠に一九五一年二月から八月にかけて展開された「帰属論争」や「日本復帰署名運動」において「復帰賛成派」が展開した政治言論においては、管見の限り、このような意味連関はもとより、「国籍」や「日の丸」というターム自体がほとんど登場しない。

「帰属論争」ではたしかに日琉同祖論的レトリックが盛んに繰り出されていたものの、議論の文脈は「もし復帰したら」という仮定に依拠した総論的なものだったので、具体的な現実政策のアジェンダとして「国籍」や「日の丸の掲揚」が争点となっていたわけではない。「復帰」したら「国籍」を回復し、「日の丸」が掲揚できるようになるのは「あたりまえの話」であり、仮定論・総論的な帰属論争の文脈では論点として機能しえなかった。

しかし、対日講和条約で「形式的主権」という概念が浮上したことにより、「北緯三〇度線」という地理的領域間の政治境界は消滅しなくても、人間集団の境界＝「日本人」の成員資格の側面では、「内部者（insiders）」[62]に「復帰」できるのではないか、という観測がにわかに浮上し、新しいアジェンダが設定された形となっている。言葉をかえれば、「成員資格」という新しいファクターが登場したことによって「復帰」に関する政治言論の語り口＝解釈図式がいわばリフレームされた形となっている。

そして、政治共同体としての「日本国民」の構成員資格と文化共同体としての「日本人」の構成員資格が一体化した「戦後日本」の「単一民族国家」[63]の解釈図式[64]ゆえに、「成員資格」のレベルで、「日本・日本人」への「復帰」を志向することが、半ば自動的に「中身も殻も日本人」とか「日の丸の掲揚」といった、「帰属論争」や「日本復帰署名運動」の時点では登場しなかった文化ナショナリズム的問題関心の表出に連鎖していっている。

対日講和条約が「復帰」を認めるものであったなら、「日本人意識の堅持」やその一環としての「日の丸掲揚」の権利は、その「あたりまえさ」ゆえにアジェンダとして機能しえなかったであろう。しかし、地理的政治境界としての「国境」の設定という側面では「日本」から「切り離される」ことが確定しつつも、人間の境界である「国籍（citizenship）」の面では、「日本人の境界」の中に残れるかもしれないという微妙な状況になったことで、『国境』の外に置かれながらも、『国籍（citizenship）』のレベルでいかに『日本人の境界』の内側に残ってゆくのか」という新しいアジェンダを登場させ、それが先述した様々な「権利」の要望にとどまらず、「日の丸掲揚」や「国民教育」といった文化ナショナリズム的アジェンダの登場に連動する形となっている。

ブルーベイカーの国籍（citizenship）論は、地理的領域の内側と境界の統制に大きな関心を持つ近代的領域国家の国家間システムの形成に伴って、「各個人それぞれをただ一つの国家へと配分していく社会的技術」（Brubaker 1992=二〇〇五：五二）たる近代的な国籍（citizenship）が発明されたとする（同書：第一章）。この制度の原理では「琉球」住民は、本来日本と米国のいずれかの国家の権利・義務へのアクセス権たる国籍（citizenship）を付与されるはずである。

しかし対日講和条約は、人々を「相互に排他的で境界づけられた国民へと区別」（同書：四五）する厳格性を特徴とするはずの「国籍」を、「琉球」という地理的範囲の住民について曖昧化してしまった[65]。そのことが、「沖縄」では「日本人の境界」の「内側」へ入り込むことを目指すベクトルを活性化させる結果になったと理解できる。

以上は、あくまで『沖縄タイムス』という特定メディアの言論の事例に依拠して看取された変化であるが、先に提示した一九五一年九月から一〇月にかけて取りまとめられた沖縄群島政府の要望事項の項目を見ても、「カテゴリーとしての国籍」が確認されたことを手がかりに、「日本国民」としての「実質的シティズンシップ」の獲得を希求するというベクトルや、文化共同体としての「日本人」の成員資格を維持することへの関心のベクトルが、現実政治のレベルでも生起していたことが看取できる。

すでに述べたように「信託統治」に関する日米両政府への要望事項の取りまとめという政治的動き自体は、短期間で終息するが、次の二つの点で不可逆的な質的変化をもたらし、その後の民族・ナショナリズム現象の展開を経路づける形となった。

質的変化１　「救済者日本」の登場と「域内問題」と「対日問題」の境界消滅

第一に、これ以降は米軍の統治政策から生じた「琉球」のすべての域内問題の「救済者」を日本、「解決策」を「復帰」とする「予後的フレーミング（prognostic framing）」が定着した。言葉を替えれば、一九五一年九月を境に「我々」と米側との利害が対立する「域内問題」が生じたとき、処方箋を日本からの「支援」や「連帯」、あるいは「復帰」に求める思考枠組が「沖縄」の指導者層の政治展開構想の基軸となった。

確認しておけば、本章第一節で詳述したような「構造要因」レベルでの「復帰」＝「救済」という認識の興隆にもかかわらず、サンフランシスコ講和会議以前の段階では、対日貿易問題や恩給や貯金の支払い・送金問題など「対日関係」上のイシューを除く「域内問題」の解決を「日本による救済」に求める政治言論は表出していない。

第五章で論じたように、一九五一年は、沖縄群島政府の「経済自立」計画関連事業がゼロ査定を受けて米軍政が事実上この計画を支持していないことが明らかになったり、税法改正問題で米軍政が「拒否権」を発動する、といった事案が生じていた。また前節で論じたように、台風等の災害で被害を受けた公共インフラの再建問題や校舎復興問題で、米軍政が補助金を支出しない点も政治問題化していた。

しかし、沖縄群島議会の議事録や新聞・雑誌の記事を見ても、これらのイシューをめぐる議論はそれぞれのイシューの文脈に自己完結しており、これらイシューに関する戦前の対応が例示されることはあっても、問題解決の処方箋として日本による「救済」や「復帰」を提示する「予後的フレーミング」は確認できない。サンフランシスコ講和会議以前の段階で、「沖縄」側が日本に政策対応を求めたのは、総て貿易や恩給など「対日関係」上のイシューだけであった。

例えば、前節で述べた通りに一九五〇年から一九五一年にかけての新聞では、「校舎復興問題」が大きく取り上げられていたが、それは徹頭徹尾「沖縄」の「域内問題」として扱われていた。つまり「校舎復興問題」は為政者たる米軍政と「我々」の二者間の問題としてフレームされており、したがって「校舎再建費用を米軍政が出すのは絶望的なので、祖国日本に助けを求めよう」といった「予後的フレーミング」は一九五一年九月の条約調印以前には確認できない。屋良朝苗らの心中では、「救済」を日本に求める志向ははっきりしていたのかもしれないが、公論としては表出していないのである。

具体的な政治イシューとは結び付かない総論的・理念的な「帰属問題」や「日本復帰署名運動」の総花的な論争文脈の中で、民主化の一つであった地方自治法施行後の都道府県の「自治」の内容や、その財源としての地方交付税制度が幾多の論点の一部として取り上げられ、復帰すれば日本政府から交付金を受けられるという議論はあった。しかし、沖縄群島政府・議会が現実に直面した「財政問題」や「拒否権」といった「域内政治」の具体的なイシューを、「復帰」や「日本」と結び付けたフレームは見当たらない。

しかし、前掲した群島政府の要望事項の「教育及び文化」における日本政府の監督、指導、援助や「戦災施設の復旧と戦争罹災者の救済」といった項目からは、第五章で取り上げた救済費の打切り問題や前節で取り上げた戦災校舎の復興問題等、米軍政とのそれまでの交渉で埒が明かなかった案件について日本政府に「救済」を求める意向が窺える。(66) この一五項目には含まれなかった災害復旧支援についても、各部から挙げられた素案の段階では候補に挙がっているほか、一〇月二日の沖縄群島議会の審議においても、救済費打切り問題に関して、所管の社会事業課長が行った答弁の中で日本政府の支援に言及しており、政治指導者層の思考において「域内問題」と「対日問題」の境界が崩れ始めていることが窺える。

もっとも社会事業課長の答弁中の言辞は個人的な思いの吐露に過ぎず、具体的な交渉の意図があったわけではない。さらにいえば、沖縄群島政府などがまとめた要望事項における日本の支援に対する期待も、具体的な折衝事項というよりは、この時期の「沖縄」の政治アクターの関心事項の羅列に過ぎず、具体的な政策構想に裏打ちされていた形跡は窺えない。だから、「要望事項」にあげられた項目のほとんどがすぐには実現の見込みがないことがわかると「沖縄」での関心も急速に薄れ、忘れ去られた。

だが「要望事項」という政治イシューそのものは意味を失っても、域内問題の「救済者」を日本、「解決策」を「復帰」とする政治指導者層の政治言論の「型」は消えることなく付加逆的に定着した。別の観点から表現すれば、residual sovereignty から派生する「日本領土」としての法的位置づけや「日本国民」としての成員資格を根拠に、米軍政によって脅かされているシティズンシップの擁護・保護を日本に求める政治言論の「型」が定着したのである。その典型的な事例が第八章で詳述する土地闘争の文脈における「人権ナショナル化フレーム」である。こうした意味で一九五一年九月は「沖縄」の政治言論の質的転換点を成している。

質的変化2　「『日本人』の成員資格の維持」というアジェンダの登場

第二の質的変化は、前述した戦後日本の「単一民族国家」観に特有の、政治共同体としての成員資格＝「国籍（citizenship）」と文化共同体としての成員資格（日本人意識）の連動関係に基づき、「日本国民」としてのシティズンシップの希求と表裏一体の形で、文化共同体としての「日本人」の成員資格の維持が重要な政治アジェンダとなったことである。

それは明示的には、「日の丸掲揚」といういわばシンボリックな行為を通した「成員資格」の確認と、教育を通した「成員資格」の確保という二つの政策課題として立ち上がった(67)。

以下、事実関係を時系列的に提示すれば、まず、「日の丸掲揚」については先に提示したように、一九五一年一〇月に沖縄群島政府が取りまとめた日米政府に対する要望事項の中に、「国籍は日本人とし、日本国旗の掲揚を許す」という案が含まれている。管見の限り、これが「日の丸掲揚」がアジェンダセッティングされた最初の事例である。

その後、講和条約発効直後の一九五二年の四月末から五月初頭に、講和条約発効を受けて米軍政は沖縄上陸作戦直後に発した布告第一号を改正し、政治的意味を含まない限り「日の丸」の掲揚ができるとした。その際、発足したばかりの琉球政府の担当部局が「屋外では掲揚できない」という誤解に基づいた通達を出したため、復帰派から批判されるという展開があった。

この時期の新聞記事には、沖縄の指導者層の間で「日の丸」に対する郷愁が高まっていたことを示唆する描写も多く、日の丸掲揚というアジェンダがすでに述べたような米軍政に対する幻滅が日本回帰にスライドしてゆく過程の延長線上で浮上したことが推察される[68]。

一方、教育を通した「成員資格」の確保については、条約調印の翌週にあたる九月一二日と一四日の『沖縄タイムス』が、沖縄教育連合会が「全島の教員が日本人としての民族意識を空白にせずに、信託協定までに具体的な計画をたて、住民の意志を生かす道を講ずるよう積極的に運動[69]」する方向で協議を始めたことを伝えている。

これより先、九月一三日の『琉球新報』に教育連合会のアンケート調査を紹介する記事が掲載されたが、アンケートに記載された現場の教員の声の中には「日本人と同様な教育をしてほしい」「国籍問題をはっきりしてもらいたい」「信託後も日本民族として世界人としておくれをとらない大計を立てる事」「信託期間の民族意識を空白にせざる事」といった文言が見られる。

九月一九日付けの『沖縄タイムス』は、知事の諮問機関である教育審議会が沖縄の教育について日本政府に具体的な支援を要望する方針を決定し、要望事項をまとめたことを報じたが、その中には「戦災教育施設の復興や職業教育施設の充実を日本でも援助して貰うこと」という戦災校舎復興に対する日本政府の財政援助を公論レベルで初めて求めた項目に加えて、「制度行政内容共に日本に準じ、教育法規を日本に準じて作る」「教員養成機関、免許法等も日本に準じ、自由に教員の交流が出来るようにする」「文部省の教育文化の諸事業については琉球も一府県として参加できるようにするとともに、文部省の教育研究資料も各県同様配布して貰うこと」といった「教育権の先行復帰論」が初めて提起された。この点は、一〇月に入ってまとめられた沖縄群島政府の要望事項中の「教育及び文化に関しては全面的に日本政府が他府県同様に監督、指導及び援助する」という項目でも再確認されている。

その後、早稲田大学法学部長だった石垣島出身の大濱信泉ら在京沖縄人指導者中の教育関係者が、一九五一年一二月に、再来日中のダレス特使に対して教育の先行復帰を求める要望書を提出し、これに「必ずしも困難ではない」との回答が寄せられたことが「沖縄」に伝わると、教育権先行復帰論的な議論は活発化する。この要望書には、教員免許状の日本本土のそれとの統一や日本の教育基本法および学校教育法を沖縄に適用し、教科書、教材も共通にすることなど、先に「沖縄」の教育審議会がまとめた要望事項と重なる内容に加えて、「日本政府直轄の学芸大学ないし教育学部」の創設というより踏み込んだ提案も含まれていた。この情報が伝わった直後の一九五二年一月に開かれた第三回全島校長会では、早速、戦前にあった教員の日本での研修制度の復活や学芸大設置要望を決議するとともに、教育関係の会議では初めて「復帰」を決議している。[70] その翌月、沖縄教育連合会を労働組合的な要素を強めた沖縄教職員会に改組し、沖縄群島政府の文教部長だった屋良朝苗が会長に転進。本章第一節で詳述した「復帰運動」を兼ねた「戦災校舎復興運動」の日本での展開がなされてゆく。

このように「日本帰属署名運動」の段階では存在感が薄かった教職員は、この段階で初めて「復帰運動」の主要な政治アクターとして登場し、その後の学校における日の丸掲揚運動や国民教育運動といった文化ナショナリズムの主要な担い手となってゆくのである。

ところで、こうした教職員の動向は、「日本人としての民族意識を空白にせずに」といった言辞ゆえに、従来の研究では、戦前のイデオロギー作用を重視して、これに還元して説明する傾向が強かった。[71] しかし本章第一節で検討したように、教職員たちが「復帰」の信念を抱いたきっかけは、米軍政の「教育環境の整備」に対する関心が低く「沖縄」の教員たちが最低限必要なレベルと考える戦災校舎の復興すら見通しが立たないという状況にあって、研修・視察等で日本派遣された教員たちが、派遣先で目を見張るような「教育環境の整備」がすでに実現されているのを目の当たりにしたことであった。

つまり、教職員における「復帰」理念興隆の主導因は、教職員が腰を据えて質の高い教育を子どもたちに提供することを可能にする「教育環境整備」の希求にあったわけであり、「日本人意識」を堅持するために「教育環境の整備」の必要性が叫ばれていたわけではない。両者の関係は逆のベクトル、つまり「教育環境整備」を受けることができる「共同体」の成員資格が「日本人」であるがゆえに、「日本」から「切り離された」状況にあっても、「日本人」の成員資格の堅持＝日本人意識の堅持が重要なアジェンダとして意識されたという点をより重視すべきであろう。

つまり「教育権」のような「実質的シティズンシップ」を勝ち取ってゆく前提条件が「日本人」の成員資格であった

ことから、その確保が政治問題化したと見るべきである。

この点は「戦災校舎復興運動」の一環として行われた全国行脚の中で、「我々」の「復帰」への思いを語りながら、「異民族統治下」に「取り残された」がゆえに立ち後れた戦災校舎復興への「同胞」の「支援」を訴えた屋良朝苗らの運動戦略に、「校舎復興運動」の「道具」として「祖国への思い」の「語り」を利用するという側面があることから窺える。理論的にはウィマーの「文化的妥協」の議論が、「理念」が利害関心の方向性を経路づけるだけでなく逆のベクトル、すなわち校舎復興のような利害関心が「理念」形成を経路づける作用もあることを指摘していることは第一章で述べた通りである。

なお、確認しておけば、「復帰」を教育問題の究極の解決策とする考えそのものはサンフランシスコ講和会議以前からあった。屋良自身の契機が一九五〇年春の日本研修であったことはすでに述べた。しかし、その考えを、公的言論として政治界に表出させる「引き金」となったのがサンフランシスコ講和会議だったといえる。

residual sovereigntyの政治コミュニケーション的ダイナミクス

それにしても、「軍事占領の無期限延長」と「日本国民」としての権利を享受できない「無権利状態」を含意するresidual sovereigntyが、日本による「救済」への突破口となるような理解が生じたのはなぜであろうか。

結論から言えば、対日講和条約やresidual sovereigntyを実質のない形式的なものとして読む理解は、後年確定した「結果」であり、residual sovereigntyの概念が考案された一九五一年六月末頃や、九月の講和条約調印時点では、日本側のみならず米側も交渉次第で前述の沖縄群島政府の一五項目の要望事項で示されたような「施政権の一部譲渡」の可能性も視野に入れていた。そして、こうした理解が「我々」—「外部」間の相互作用（三項連関図式）に起因するコミュニケーション過程によって「沖縄」に伝達されたことが、政治界「沖縄」における「復帰」理念をめぐるフレーミングに影響を与える結果となった。日米の講和条約交渉の中で創出されたresidual sovereigntyをめぐるやり取りについては、外交史の分野で、河野（一九九四：第二章、第三章）とEldridge（2001＝二〇〇三：第七章、終章）にて詳細に検討されている。その研究成果を本書の理論枠組に取り込むことで、そのコミュニケーションダイナミクスを提示しておこう。図5は residual sovereignty の政治界「沖縄」へのインパクトを「沖縄」・日本・米国の三項間の連関関係に即して図式化したものである。

本書で説明してゆく順番に即して最初に①の「residual sovereignty の創造と日本側への伝達」の説明から始める。すでに述べたように、最終的に「潜在主権」の定訳が確立した段階での residual sovereignty の意味は、形式的ないし名目的という意味で、つまり residual sovereignty を有することは日本政府に何ら具体的な行政権限を付与するものではない。しかし、河野とエルドリッヂの研究によれば、講和条約調印時点では、サブスタンスのない形式的なものにすることが最初から確定していたわけではない。

エルドリッヂは、residual sovereignty の概念を提起したのは、対日講和条約の全権特使ダレス本人であったと推定している。[72] 弁護士が本職のダレスは、第一次世界大戦終結時のベルサイユ講和条約締交渉に専門家として米政府の代表団に加わった国際法のエキスパートであった。この概念を提起した時点でダレスらが模索していたのは、一九四九年二月のNSC13／3で確定していた米軍による「琉球」の排他的統治という米国の基本方針に明示的に抵触しない範囲で、日本のイレデンティズムに配慮する、というものであった。

第三章で説明したように、国務省内の日本専門家たちは日本返還論に強くコミットしていたが、ダレス自身も一九五一年に入って吉田首相をはじめとする日本の政治指導者たちとの会談を重ねた結果、「琉球」の日本からの剥奪は、日本のイレデンティズムを刺激し長期的に日米関係の阻害要因になるという認識を持ったようだ。しかし、一九四九年二月のNSC13／3で「琉球」の排他的統治を認められた米軍サイドが、それを脅かすような条文を認めないことは明らかだった。

そこでダレスらは「琉球」の米軍による排他的統治の基本方針に明示的には抵触しないようにしつつ、同時に琉球・小笠原の主権を何らかの形で日本に残すようにも読める条文を模索し、その結果たどり着いたのが米国の排他的統治権を明示しつつ、同時に第二条と第三条の行間が「日本が主権を放棄していない」ことを含意するという residual

図５　residual sovereignty の「沖縄」への伝播過程

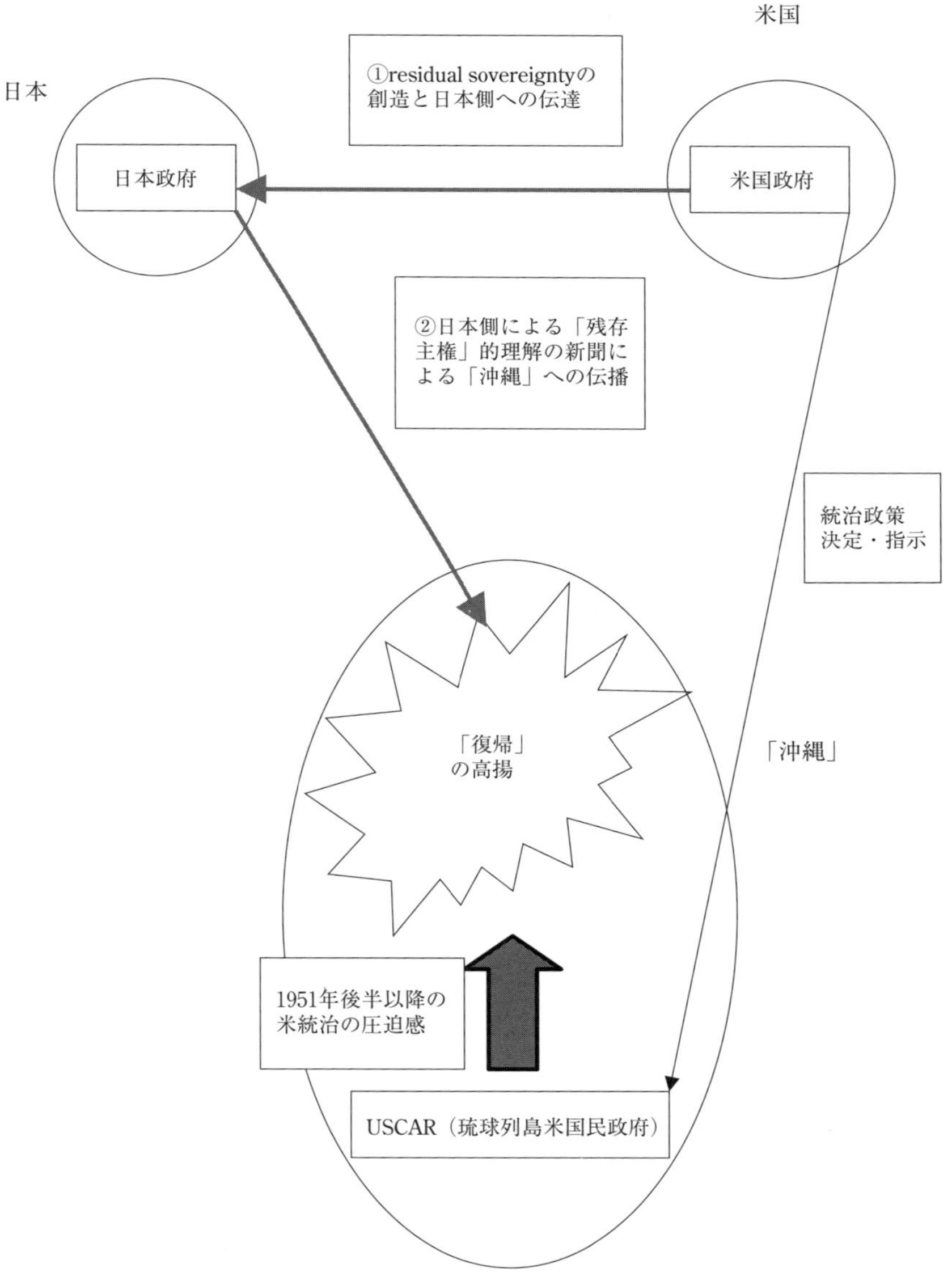

sovereignty のロジックだったのである。

時系列的に言えば、まず二月から三月にかけて琉球・小笠原の主権を何らかの形で日本に残すことと信託統治を米国が採用しなくてもよい余地を残すというダレスらの方針が固まり、英国外務省とのすり合わせの結果六月初旬に、最終的に採用された条文に近い米英共同案ができた。

米国防長官が一部修正を条件にこの米英共同案に同意したのが六月末で、ほとんど同時にダレスがこの第二条と第三条の行間が意味するものを一言で表現する概念として residual sovereignty という用語を提起したようだ。

こうしてダレスらは、米軍の排他的統治を明示することと日本に残される主権を residual なものと提示することで条約締結についての米軍部の了承を取り付けることに成功した。他方、対日交渉の文脈では、七月から八月にかけて日本側に residual sovereignty の解釈を伝達した。ここでの議論にとって重要なのは、この日本政府に対する伝達にあたって、講和条約調印後の日米協議次第で、日本政府が琉球・小笠原に対して何らかの実際的な権限を有するような取決めを結ぶ可能性をほのめかしたということである。

つまり、ダレスら国務省の交渉担当者は residual sovereignty の概念を、米軍サイドを説得する文脈では、米軍の排他的統治を脅かさないという「声」を発し、日本政府との交渉文脈では、米軍の排他的統治を崩して日本政府が統治に関与できる余地があるとの「声」を発する多義的（multivocal）な概念として活用しているのである。様々な利害関係者を調整して条約締結に持ってゆく作業を続けていたダレスらにとっての residual sovereignty の有用性は、まさにこの多義的特性にあったわけである。

裏を返せば、residual sovereignty が具体的に何を意味するのかという解釈を確定してこの概念が「単一の声」しか発しないようにしてしまうことはこの段階では禁じ手である。少なくとも条約締結というダレスら交渉担当者のミッションが完遂されるまでは、residual sovereignty のシニフィエは対立する利害関係者がそれぞれに都合がいい解釈をできるようにしておく必要がある。[73] だから講和条約調印時点では residual sovereignty が単なる名目的なものに終わるのか、それとも何らかの形で日本政府に実質的な権限が付与されるのかは提起者であるダレス自身もわからない。意味を確定する作業は条約調印で条文が確定した後の政治折衝に延期されなければならないし、日米双方とも最初からそのように了解していたのである。

日本側による「残存主権」的理解と「沖縄」への伝播

さて、以上のような residual sovereignty の形成過程を、日本側の視点から見ればそれは「琉球」に対する具体的な行政権限を獲得してゆくための「橋頭堡」の確保に成功したことを意味する。河野（一九九四：第二章、第三章）と Eldridge（2001＝二〇〇三：第七章、終章）によれば、琉球・小笠原の主権をめぐる日本側の交渉過程は二段階に分かれていたようだ。第一段階では、まず「日本の主権」を、その内容いかんにかかわらず、いわばシニフィアンのレベルで認めさせることに照準を合わせていた。一九五一年一月時点での吉田首相の「どんなに希薄なものであっても主権の痕跡を残してほしいと願っている」という非公式発言がこの時期のアジェンダを象徴している。[74] そしてこの第一段階の目標が六月末に日本に residual sovereignty が残るという解釈を米側から提示されることで達成されると、次に琉球統治に関する法・行政上の具体的な権限を獲得して residual sovereignty を限りなく通常の主権に近づけて、「実質返還」の状態に持ってゆくことが主要な交渉アジェンダとなった。

この交渉アジェンダを象徴するのがこの時期に盛んに用いられた「残存主権」という residual sovereignty の翻訳である。その含意を後年定訳となる「潜在主権」との比較において説明すると、「潜在主権」の場合は「琉球」に対して日本政府が法・行政上の実際的な権限を行使する根拠がない。なぜなら、法権限の根拠たる主権は潜在しているだけのいわば眠っている状態にあって顕在化していないからである。これに対し「残存主権」の場合は法・行政上の権限の根拠たる主権は眠っているのではなく、何らかの形で残存していると解釈されるので、したがって法・行政上の実際的な権限も何らかの形で行使できる余地があるとも理解することができる。

「白紙」となっている residual sovereignty のシニフィエを、「潜在主権」や「形式主権」ではなく「残存主権」にしてゆくことを目指して交渉し、あわよくば施政権の全面返還を勝ち取ること。これがこの時期の日本側の交渉目標だったといえる。[75]

時系列的には、まず七月初旬に日本側は「住民のステイタス」を「日本人」として取り扱うことや、貿易統制の可能な限りの撤廃、卒業資格や資格試験の相互承認などの項目を米側に提示した。講和条約が調印されると在京沖縄人指導者でもあった外務省総務課沖縄班長・吉田嗣延がより包括的で詳細な折衝要領を策定し[76]、それを踏まえて作成された覚書を、一九五一年一二月に再度来日したダレスらに提示した。それは次のような主旨であった。一、当該地域は日本の主権下に残り、住民が日本国籍を有する。二、移住、旅行、貿易、資金の交流、漁業、通貨については当該地域を日本の一部として取り扱う。三、第三国との対外条約において当該地域を日本領土の一部として取り扱い、日本政府は第三国に渡航中の当該地域住民に対して保護権を行使し、旅券も日本政府が当該地域に設置する「エイヂェンシイ」が発行する。四、民政事項については原則としてこれらの諸島の「自律（セルフ・ルール）」を認め、特に住民間の裁判権と教育制度においては完全な自律を認める。五、当該地域にある本土日本人の私有財産権を確認し、これら日本人が戦前に行っていた経済活動の再開を「容易ならしめる」。六、軍事上必要としない諸島について米国は行政、立法、司法上の権力を行使することを差し控えて、日本によるその行使を認める。[77]

ここでの議論にとって重要なのは、こうした日米間の一連のやり取りの過程で、residual sovereignty の「残存主権」的理解に基づいた日本側の交渉アジェンダや楽観的な交渉の見通しが新聞・通信社によって報道され、「沖縄」に伝播したということである。これが図5で「②日本側による『残存主権』的理解と『沖縄』への伝播」と表記した過程である。

日本側の「残存主権」的理解が「沖縄」に伝播した最初の事例は、八月六日の「琉球の主権は日本にあり―一定期間信託後に返還される―外務省の見解」との在京新聞情報を転載した『沖縄タイムス』の記事と思われる。八月一七日の『沖縄タイムス』では、国会で吉田首相が「交通や国籍は住民の希望容れる」との見通しを言明したことを報じる共同電を掲載している。

こうした流れの中で、米側も、前述したようにサンフランシスコ講和会議の初日の九月四日に、日本に residual

sovereigntyが残るという解釈を公表。「残存主権」的な解釈に基づいた日本側の事前の情報発信は、少なくとも「日本に主権が残る」という部分では、公的に裏づけられた。

先に例示した『沖縄タイムス』の四点の記事が執筆されたのはその直後である。日本の外務省筋の情報が「残存主権」的解釈とそこから派生した「部分返還」への期待込みで、「沖縄」に伝えられ「沖縄」での期待感を高める方向で作用するコミュニケーション過程が窺える。

そしてその後も、日本側の「残存主権」的解釈とそこから派生した「返還」への楽観的な情勢認識は盛んに「沖縄」に伝えられた。

一〇月五日付けの『琉球新聞』には、在京新聞の一つ『時事新報』が掲載した外務省条約局が中心となって進めている研究に関する記事が転載されている。この記事では、米国は「軍事的処置に必要なだけの行政、立法及び司法の権力を行使し、その他軍事的に関係のない住民の経済、文化、教育などの面に対する権力の行使は日本に委せるのではないか」「経済、文化、教育等に関する日本の法律は同諸島に適用する」等、前出一二月文書に掲載された交渉アジェンダと符合する内容が「今後の予想」として紹介されている。つまり『時事新報』を通じて、日本政府の交渉スタンスが非公式に発信された形となっている。同日の『沖縄タイムス』にも同内容の記事がある。

この記事の直後の一〇月から一一月にかけて、条約調印後最初の国会となる第一二回国会が開催されると、政府首脳による公的発言のレベルでも「残存主権的」な解釈と楽観的な情勢認識が発信されるようになった。

一〇月一三日付けの『沖縄タイムス』は、吉田首相が、施政方針演説の中で「これらの諸島に対する主権が日本に戻ることは、サンフランシスコにおいて、米英代表が明言したところである」と述べた上で、「これら諸島の地位に関する日米両国間の協定の結果を待たれるよう希望するものである」と発言したことを報じている。そして翌一四日には同紙に「外務省筋」がこの発言を解説した共同電が掲載されている。記事中で「外務省筋」は、吉田発言が「南西諸島と本土の交通貿易の内地扱いと住民は日本の国籍を持つなどの諸問題が近い将来に軍事的目的の支障とならない限り住民の希望に沿って解釈されることを示唆したもの」であること。発言中の「協定」は、「いわゆる『協定』というより個々の問題をなしくずしに解釈していく文書の交換を意味するもの」であること。住民の「国籍も当然日本に残る」上に、米国が信託統治制度に下に置く「可能性」を示唆した条文内容を踏まえれば、「現在米国は信託統治については考えていないであろう」といった見解を示している。同日の『琉球新報』にも同趣旨の記事がある。

国会答弁という公的発言を「外務省筋」のような非公式情報で補完する形で、日本政府の交渉アジェンダと見通しが発信され、「沖縄」に流れてゆく状況だったことがわかる。

以下、「日本に対する脅威が去れば米国は当然また進んで信託統治を放棄するであろうことを私はここに断言する」(『沖縄タイムス』『琉球新報』一九五一年一〇月一六日)、「信託統治地域の住民は、日本人の国籍を有することが許されそうである」(『沖縄タイムス』『琉球新報』一九五一年一〇月一七日)、といった吉田首相の国会答弁や外務省西村条約局長の「条約第三条の規定はこの立法、司法、行政を全部行使することは米国にあると規定している。しかしこの権限を全部行使するか一部とするかは米国の自由であって日本としては米国の行使する権限は絶対に必要な最小限度に止められたいと考えている」といった答弁内容が「沖縄」の新聞に掲載されている。

こうした政府首脳の国会答弁や新聞を通した「外務省筋情報」という情報発信だけでなく、直接「琉球」に対して日本政府のメッセージを伝えることを意図して、星島衆院議員らの「特使派遣」が構想されたことはすでに述べた。先述したようにこの特使派遣は実現しなかったし、先述したように一一月になって「誤解」が修正され始めたことで、日本政府に対して具体的な救済を要望する動きも終息した。

しかし、こうした residual sovereignty の「残存主権」的解釈が「沖縄」で受容されたことが「引き金」となって表出・定着した日本を「救済者」とする「予後的フレーム」や文化共同体としての「日本人」の成員資格を維持することへの関心は、その後、長きにわたって「沖縄」の民族・ナショナリズム現象を特徴づけてゆくことになるのである。

まとめ

本章では、なぜ、どのようにして「復帰」の理念が興隆していったのかという「復帰」の5W1Hについて、その動因を「構造要因」と「引き金要因」に分けて検討した。

「構造要因」として提示したのは、第一に「復興政策」の始動とともに日本との貿易が再開・活性化する過程で、日本政府が琉球・沖縄の産業を「日本の産業」として保護政策の対象とすることなしに輸出産業振興が不可能であるという状況認識が沖縄側の関係者の間で支配的になったことであった。第二に、教育社会政策を軽視する米軍政のスタンスが露呈する中、現状に対する失望と表裏の関係で「日本時代」を再評価する過程が生じる一方、「沖縄」の指導者層の日本への渡航が活性化したことで「日本」から「切り離され」て米軍政下に置かれたことで、教育社会復興面で大きな不利益を被っているという状況認識が生起し、さらにこうした状況に置かれた「沖縄」を支援する動きが日本で生起したことで、「復帰」理念を媒介した日本との「連帯」が状況改善の処方箋として浮上したことを指摘した。

「引き金」要因については、一九五一年の「帰属問題」をめぐる事件史的展開過程の中で、一九五一年一月のダレス訪日と一九五一年九月のサンフランシスコ講和条約調印の二つの「事件」が「引き金」要因として機能したことを指摘した。その上で二番目の「引き金」要因であるサンフランシスコ講和条約の情報の流入は、「形式的主権」という「グローバル・新思潮」を政治界「沖縄」の文脈にもたらして、それ以前にはなかった「日本人」の成員資格というアジェンダの登場という形で「復帰」をめぐる解釈図式を変化させ、「日本人」の高揚を引き起こしたと論じた。

具体的には、名目的な国籍カテゴリーとしての「日本人」の成員資格を認められたことを起点に、シティズンシップとしての実質を伴った「日本国籍」の獲得を希求するベクトルの生起であり、同時にその国籍の正当性を保障するものとしての文化共同体として「日本人」の成員資格を確認するベクトルであった。この変化のうち文化ナショナリズム面に現れた現象が日の丸掲揚という行為であった。つまり、教職員会によって行われた日の丸掲揚運動や国民教育運動の「引き金」要因がこのサンフランシスコ講和条約の調印であったわけである。

一方、このような「復帰」理念の高揚が、residual sovereignty という概念をめぐる「我々」―「外部」間の相互作用に起因するコミュニケーションダイナミクスによって駆動していることを第一章で提示した三項連関図式の枠組で捉えた。それは米国務省が米軍部と日本政府を同時に納得させる幅広い解釈のレパートリーを内包した多義的（multivocal）

な概念としてresidual sovereigntyという概念を生み出し、それを日本が少なくとも主権の一部を行使できる「残存主権」と解釈した日本政府発の情報が、通信社の記事などを通して「沖縄」で受容され、その情報に基づいて「沖縄」の諸政治アクターが新しい政治スタンスをとる過程であった。

以上のような「復帰」理念の表出・高揚と前章で提示した「自治」「経済自立」理念の変容・高揚がどう「からみ合った」のか。この点について次章で検討する。

(1) 戦後一貫して「日本固有領土」の返還運動に尽力した代表的イレデンティストとして知られる末次一郎の回想によれば、サンフランシスコ講和会議直前の九月初旬、末次率いる日本健青会が「ハンスト」を実行したものの、この時点では在日沖縄人・奄美人団体や他の返還運動関係団体とは全く接触がなかったという。末次らによって「返還運動」が関係団体を糾合した社会運動として立ち上がり、在日沖縄人団体や「沖縄」現地の「復帰運動」と連携してゆく過程が生じるのは一九五二年四月の講和条約発効後のことである(末次一九六八)。

(2) ソ連結成においては、革命によって主権を確立して帝国主義的な支配・被支配関係を清算した被支配諸民族が、再度、自由意志に基づく対等な「結合」によってプロレタリアートが主導する国家に参画するというシナリオが想定されていた。このため一九二四年の制定から一九九一年の消滅に至るまで、ソ連憲法では、連邦構成国の「連邦離脱権」を明示する条項があったことはよく知られている(田中一九九一[一九七八]:Ⅲ&Ⅳ、二〇〇二、二〇〇三[一九七五]:Ⅱ章、塩川二〇〇四:第一章、二〇〇七:第一章、二〇〇八:一〇八―一一八)。

(3) 琉球大学所蔵『仲吉良光復帰関連資料』第一巻にコピーが掲載されている。

(4) 平良側の回顧録(平良一九六三)にはこの時期の吉田との同志的連携に関する記述はないが、「復帰運動」や「貿易交渉」などのテーマで吉田と平良が直接的に連絡をとっていたことは当時の新聞でも確認できる。なお関係図的にいえば、平良辰雄が群島知事だった時期、外務省と沖縄群島政府は、吉田―平良ラインの連絡を通して間接的につながっていたことになるが、吉田が外務省と平良辰雄の連絡を中継したことを示す史料はこれまでのところ確認できていない。

(5) 例えば、講和条約発効まで外務省に属していた吉田嗣延は、サンフランシスコ講和条約調印直後に、琉球・小笠原の返還を目指した対米交渉において、交渉の俎上に乗せるべき政策課題を包括的に示した「対米折衝要領」を起草したと回想しているが、その中には、それまで琉球・沖縄側が日本政府に対して求めてきた要望事項が網羅的に盛り込まれている(吉田一九七六:六一―六四)。在京沖縄人であると同時に日本外務省の職員であるという二重性ゆえに、「在京沖縄人」として日本に求めてきた要望事項を、外務省員として職権に基づいて日本の対米交渉の俎上に乗せた形となっている。

(6) 高嶺明達(一九五二)は、彼が貿易障壁撤廃に向けてロビー活動を開始したのは一九五〇年二月頃に「奄美」の「大島紬」産業の関係者が高嶺に助力を依頼したことがきっかけだったとしている。

(7) 『沖縄タイムス』一九五一年四月一三日、二三日、二四日、五月二日、一二日、『うるま新報』一九五一年四月一五日、二四日、五月二日、一

三日、一五日、一六日、一七日、一八日、二二日、二五日、六月八日。
(8)『うるま新報』一九五一年四月二三日。
(9)覚書のより詳しい内容については『琉球史料　第七集』一四―一七、琉球銀行調査部編（一九八四：二八八―二八九）、松田（一九八一：五〇―五二）を参照。
(10)『群島議会Ⅱ』四一七―四二五、四六一。
(11)付言すれば、人民党書記長の瀬長亀次郎も、一九五一年一一月四日の『沖縄タイムス』で「戦前はどんな台風にあってもかかる被害はなかったのになぜ現在はこうなるか」と、戦前との対比で米軍政の「失政」を浮かび上がらせるフレーミングを行っている。
(12)『沖縄タイムス』一九五〇年五月二七日。
(13)『群島議会Ⅰ』五二五。
(14)一九五一年一〇月四日沖縄群島議会本会議における玉城泰一第二委員会委員長の報告中の表現（『群島議会Ⅱ』三三七）。
(15)『琉球新報』一九五一年一一月一八日。
(16)『沖縄タイムス』一九五一年一〇月一九日。
(17)『琉球新報』一九五一年一一月一八日。
(18)『沖縄タイムス』一九五一年一〇月三〇日。
(19)『沖縄タイムス』一九五一年一〇月二九日。なお米統治時代の「琉球」では最末期の一九六〇年代末まで地方債の発行を米軍政が認めなかった。
(20)『沖縄タイムス』一九五一年一〇月一九日。
(21)『沖縄タイムス』一九五一年一一月二日。
(22)『沖縄タイムス』一九五一年一〇月三〇日。
(23)『沖縄タイムス』一九五一年一〇月二九日。
(24)『沖縄タイムス』一九五一年一〇月三〇日。
(25)『沖縄タイムス』一九五一年九月二三日。
(26)屋良に関する以下の叙述は屋良（一九六八、一九六九a、一九六九b、一九七一）に依拠。
(27)屋良の回想録には細かな事実関係やタイムラインの精度に問題があるので、回想録で提示された情報の取扱いには慎重さを要する。ただ、この研修に関しては、一九五〇年五月一四日付け『うるま新報』に掲載されたまだ研修中の屋良の寄稿文と帰沖直後の雑誌座談会（『月刊タイムス』一九五〇年七月号）という同時代史料がある。いずれも、「復帰」そのものに言及していないこと以外は、後年の回想と符合する内容となっており、一九五〇年の研修で「復帰」の信念が固まったという回想録の記述の信頼性は高いと判断できる。
(28)『琉球新報』一九五一年一〇月二〇日、一二月五日、同一三日、同一九日、同二九日、『沖縄タイムス』一九五一年一二月一日、同七日。
(29)『沖縄新民報』昭和二七（一九五二）年一〇月一五日。
(30)『琉球新報』一九五二年一二月一二日。
(31)この全国行脚を中心に屋良の言説を検討した研究として小松（二〇一五：第一章）がある。

(32) 屋良（一九六九a：一六四）。

(33) 名刺にも「戦災校舎復旧に協力して下さい」「沖縄の即時復帰に力を貸して下さい」の二つの訴えを並べて刷り込んでいたという（『沖縄タイムス』一九七三：九七—九八）。

(34) 小熊（一九九八：五九六）。

(35) 屋良（一九七一：二二五）。集まった募金は、米軍政の頑な拒否によって、校舎復興ではなく教具の購入に流用される結果に終わった。しかし、統治政策の不備を宣伝された形となった米軍政側は以後、校舎建築に力を入れるようになったため、教育インフラの整備促進という目的は間接的に達成された。

(36) 『沖縄タイムス』一九五一年一月二五日。

(37) 『沖縄タイムス』一九五一年二月一日。

(38) 『沖縄タイムス』一九五一年二月三日。

(39) 当時沖縄タイムス社の社長だった高嶺朝光の回想録では、「復帰」の社論を明示する意図から執筆した最初の社説は二月三日のものだったとしている（高嶺朝光一九七三：四一二—四一五）。

(40) 「帰属論争」の論争内容を検討した研究として、上地（二〇〇八）、櫻澤（二〇一二：第一章）がある。

(41) あえて言えば、復帰反対派の運動活動やフレーミングが劣勢を盛り返せなかったという消極的な意味の因果関係は想定できる。

(42) 『沖縄タイムス』一九五一年四月二九日、『うるま新報』同日。

(43) 沖縄青年連合の調査については『うるま新報』一九五一年四月一五日、沖縄県祖国復帰闘争史編纂委員会（一九八二：五〇）を参照。いずれも八六％と表記されているが正確には八五・七％と思われる。『月刊タイムス』については『月刊タイムス』（五月号：七）を参照。

(44) 運動の「官製性」をめぐっては、これを米側に指摘された平良知事が、六月八日に組織としての群島政府と運動が無関係であることを声明を出し、復帰反対派の『うるま新報』が六月一〇日付け社説でこれを批判的に取り上げるという展開があった。『うるま新報』には六月三〇日にも、この「官製性」を根拠に署名運動の正当性を否定する城間盛雄の論考が掲載されている。一方、復帰賛成派の『沖縄タイムス』では署名運動に対する住民の反応の少なさを前提とした社説が六月二三日、七月二二日に掲載されている。また一九五一年九月一〇日の『沖縄タイムス』の記事は、講和条約調印当日の街の表情を「講和条約が調印されたことにも表面無感動」「街の速報ビラに立ち止まる人はごく僅か」「バス停留所の速報にだって視線を長く止める人は少い。……一見しただけではいつもと変りなく……」「無感動にさえ見える人々」と伝えている。同じ紙面には弔旗が掲げられた「奄美」の様子を伝える共同電が掲載されており、二群島間の「復帰」に対する「熱気」の相違を浮かび上がらせている。

(45) 復帰署名運動における沖縄青年連合会関係者の中心的役割については上地（二〇〇六）を参照。沖縄青年連合会自体については新垣（一九六一）を参照。なお一般に復帰運動を主導したと認識されている教職員は、この最初の復帰運動では前面に出てこない。一九五一年八月一一日の『沖縄タイムス』には最終盤を迎えた署名運動に教職員会の前身の教育連合会が積極的に協力する方針を決めたとの記事が掲載されているが、具体的にどのように動いたかは一次史料や既存研究を見ても判然としない。

(46) 署名数の地域別内訳が沖縄県祖国復帰闘争史編纂委員会（一九八二：四八）に掲載されている。

(47) 間弘志（二〇〇三：四七）。署名拒否者はわずか五六名にとどまったという。

(48) 『海南時報』一九五一年八月二日。

(49) 『沖縄タイムス』一九五一年九月四日。

(50) 出典：東京大学東洋文化研究所田中明彦研究室「データベース『世界と日本』日本政治・国際関係データベース」［文書名］サンフランシスコ平和条約（日本国との平和条約）http://www.ioc.u-tokyo.ac.jp/~worldjpn/documents/texts/docs/19510908.T1J.html

(51) 信託統治の受託国でもない日本が「関係国」になるという理解は、「形式的主権」を認められたことで、日本が信託統治地域の基本法ともいうべき信託統治協定（Trusteeship Agreement）の利害関係国となり、信託統治下の「琉球」に日本政府が関与できる道が開けたとのロジックに依拠したものと思われる。国連憲章第一二章の「国連信託統治制度」はある地域における信託統治制度の発足は信託統治協定によってなされることを規定（第七七条）した上で、その信託統治の条項は直接関係国（states directly concerned）によって協定されることを規定している（第七九条）。residual sovereignty によって日本は、この States directly concerned に該当することになったと理解された可能性がある。

(52) この時、あがった多彩な要望事項については『琉球新報』一九五一年九月一三日、一七日、一九日、二〇日、二七日、一〇月一日、五日、一三日、『沖縄タイムス』九月一九日、二七日、二九日、一〇月一四日を参照。

(53) 『琉球新報』一九五一年一〇月九日。

(54) 『沖縄タイムス』一九五一年一〇月一〇日、『琉球新報』一九五一年一〇月一一日。

(55) この群島政府とほぼ同じ一六項目の文書が陳情書の形で一一月の沖縄群島議会に上程され、一一月一三日に可決された（『群島議会Ⅱ』四一三―四一七）。

(56) 吉田（一九七六：五八）。

(57) 管見の限り、信託統治決定論の間違いを訂正する情報が「沖縄」で最初に受容されたのは九月二九日付けの沖縄の新聞各紙に掲載された、東京の総司令部政治局のシーボルト局長が行った演説内容を伝えた共同電である。この共同電はシーボルト局長が第三条の文意は「琉球」に信託統治制度を適用するという意味ではなく、「米国によって決定がなされるときまで国連信託統治の問題を延期することである」と説明したことを報じた。

(58) 前出、東京大学東洋文化研究所ホームページ「サンフランシスコ平和条約（日本国との平和条約）」を参照。

(59) 信託統治の提案にソ連が拒否権を行使する可能性がある上に、信託統治の場合、国連信託統治理事会の査察を受け入れ、質問に回答し、国連の勧告を実行する義務があることなどがネックとなったのである（Eldridge 2001＝二〇〇三：二一六）。対日講和条約策定に向けた作業の中で、信託統治制度を詳細に検討した結果この点が明らかになり、完全にフリーハンドで「琉球」を「排他的」に統治することを志向する米軍サイドにとって「信託統治」は必ずしも望ましい選択ではないという意見が主流となった。そして、一九五二年八月、信託統治を提案しないことが最終決定された（河野一九九四：七六）。

(60) 昭和三六（一九六一）年二月二四日衆議院予算委員会における外務大臣と法制局長官の答弁（南方同胞援護会一九六八：六四八）。

(61) 陸軍省からグアムの事例に基づいた高等弁務官制を敷く提案が議会に提出されたことがあるが、平和条約第三条との関係で、連邦法を沖縄に適用することはできないと審議未了に終わっている。西原（一九七五：六三七）の注六八を参照。

(62) Brubaker（1992＝二〇〇五：五六―五七）では「内部者（insider）」は、「外部者（outsider）」と対をなす分析概念になっている。しかし後述するように本論分の文脈での「国籍」はブルーベイカーのこのような相互排他的類型の限界を示唆するものとなっている。

(63) 単一民族という「我々観」が「戦後日本」に固有の「我々観」であるとの議論については小熊（一九九五）を参照。

(64) 佐藤成基（二〇〇八）は「我々はXである」という自己理解に関する言明の解釈図式を「語法」という概念で表しており、その意味において「日本人は単一民族である」は一つの解釈図式である。

(65) 付言しておけば、日本側は当初から主権・国籍は日本としていたものの、米側はサンフランシスコ講和会議におけるダレスらの説明以後は、琉球の主権や住民の国籍が日本にあることを一九五〇年代末まで明言しなかった。このこともあり実務レベルでは琉球住民の法的ステイタスは不明確で、米統治時代末期まで「境界」は揺らぎ続けた。例えば「琉球」住民は、「日本」に居住する場合は「沖縄県」を本籍地とする日本国民としての法的権利を享受できた（南方同胞援護会一九七二：一一―一二、西原一九七五）。反面、「琉球」住民が「日本」以外の海外に渡航する場合に発給されたのは、一九六七年までは、日本の旅券ではなく米軍政発行の身分証明書だった（南方同胞援護会一九七二：一〇六―一〇七）。また米統治下「琉球」の戸籍法と国籍法の法的作用を検討した西原諄の研究によれば一九五〇年七月一日に改正された日本の国籍法の琉球住民に適用については一九五〇年代末まで実務レベルでせめぎ合いがあったようだ（西原一九七五：六二八―六四二）。さらに、地理的領域としての「琉球」と、成員としての「琉球住民」に対する「主権」の作用や、そこから派生する外交保護権の所在をめぐる国際法上の見解も分かれていて、実務レベルでも、海外渡航中の「琉球」住民に対する保護責任の所在も曖昧だった（桑田一九五九、南方同胞援護会一九六八：六五〇―六五二、一九七二：一三―一五）。船舶についても、「日本船舶」であるとする日本政府の法的見解とは裏腹に、現実の運用面では、米軍政の布令に基づき「琉球」籍の船舶は船舶旗として「日の丸」と「星条旗」どちらの掲揚も許されず、琉球船舶旗という独自の船舶旗を用いていた。しかし国際的認知度が低く一九六二年にはこの旗を掲げた「琉球」籍の漁船がインドネシアで「国籍不明の不審船」として銃撃され、船員が死傷する事案も発生した（南方同胞援護会一九七二：一八―一九、琉球新報社二〇〇〇：二八六―二九二）。

(66) 『群島議会Ⅱ』三二一。

(67) このほか、講和条約調印後に立ち上がった、戦後初めての日本政府に対する権利要求民間運動であった援護法の適用要求運動も、「日本人」の成員資格と「戦闘への貢献」の用件を満たすことが権利獲得の前提条件であったことから、「死者たち」を「英霊」として位置づけることで、日本人の成員資格を確認する意味を不可避的に帯びていた。この時期の援護法をめぐる様相については北村（二〇〇八、二〇〇九）、石原（二〇一六）を参照。

(68) もっとも次章で述べるように、復帰賛成派にあってもこの旗に対する感情は、単純な郷愁の噴出というよりは、「郷愁」と「忌避」の感情が織り交ざった複雑なものであったことは、いくつかの史料から読み取れる（例えば、『沖縄タイムス』一九五二年五月一日）。

(69) 『沖縄タイムス』一九五一年九月一四日。

(70) 『琉球史料　第三集』一一七―一二二、『沖縄タイムス』一九五一年一二月三一日、一九五二年一月一八日、二〇日、二一日、『琉球新報』一九五二年一月二〇日、二二日。

(71) これに対し、小熊（一九九八）など九〇年代末の研究より単純な同化主義的教員像や戦前還元的な説明を相対化する方向で研究が進んでいる（例えば、藤澤二〇〇五）。

(72) Eldridge（2001＝二〇〇三：二二四）では、この用語が「それ以前の国際法には存在しなかったと見られる」としているが、この点は確定的ではない。サンフランシスコ講和会議当時の外務省条約局長西村熊雄は、一九五一年一〇月二〇日の衆議院での答弁で、戦前すでに美濃部達吉が「潜在主権」の語を用いていたと説明している（南方同胞援護会一九六八：六四四）。ターミノロジーの問題はともかく、戦前の中国の租借地を事例に、類似した主権の状態が国際法学上の議論の対象となっていたのは確かなようだ。

(73) しかも、すでに見たように講和条約第二条と第三条の文章自体がわざと曖昧に書かれていることを踏まえれば、その曖昧さは二重にガードされているともいえる。条文の書き方自体が曖昧な上に、その曖昧な書き方を解釈する概念である residual sovereignty 自体がまた曖昧だからである。

(74) 一九五一年一月一九日の晩餐会において吉田と会話したマッカーサー司令部の外交部長シーボルトの記録による（Eldridge 2001＝二〇〇三：二〇九）。

(75) residual sovereignty の訳が日米交渉の展開とともに「残存主権」から「潜在主権」に変化したという議論は河野（一九九四：二七八―二七九）の第二章の注一で展開されている。ここで河野は吉田首相とダレス特使との間では、日本の主権が「残される」との含意があったものが、その後の交渉がこの含意とは異なる方向で展開したことが訳の変化に表れていると論じている。もっとも桑田（一九五九）や南方同胞援護会（一九七二：一〇）は、潜在主権的含意が確立した後の論考であるにもかかわらず、「残存主権」の語が用いられており、完全に入れ替わったわけではないようだ。

(76) 吉田（一九七六：六一―六六）。

(77) Eldridge（2001＝二〇〇三：二三八―二三九）に記載された外務省外交史料館所蔵「南方諸島に関する実際的措置」から抽出。なお「エイヂエンシイ」「自律（セルフ・ルール）」の語は、原文のターム自体を示す必要があるとの判断から鍵確固をつけて引用している。

第七章　「自己決定」の行方——「離日」消滅と複合ヴィジョン再生

はじめに

第二章で詳述したように、一八七九年の琉球国滅亡以後、戦前の沖縄県の政治指導者層は、日本帝国の統治枠組を前提にした上で、ヤマト人の支配下に落ちた故郷において再び自らをして「主人」たらしめる「隠された政治文化コード」を秘めて「自治」の理念を追求してきた。日琉同祖論的な複合ヴィジョンは、その「隠された政治文化コード」を現実適合的に追求するための理念道具という側面を有している。

しかし、第三章で述べたように、日本帝国の統治枠組自体が消滅した終戦直後においては、「我々」が目指すべき理想はもはや複合ヴィジョン的にフレームされる必要性はなくなった。戦前、公的に表明できなかった「離日」的言論が興隆する一方、新しい支配者たる米軍政の意向を意識したこともあって「日本人」を「我々カテゴリー」として用いる用法は政治の表層から消えた。公的政治言論において主語は「沖縄人」「琉球民族」等に収斂し、「日本人」は「ヤマト人」と同義の意味で使用された。

しかし一九五一年、特に九月のサンフランシスコ講和会議以降は、逆に、「日本・日本人」を「他者」とする「我々ヴィジョン」は、「沖縄」の政治のメインストリームから一気に消滅する。以後、「『我々』が日本人であること」は政治構想の「論点」から「前提」に転じ、「契約の非契約的要素」(Wimmer 2002) となったわけである。

だが、それは琉球・沖縄人を主体とする「自己決定」を追求するベクトルが弱まったことを意味しない。一九五一—

五二年において、「自己決定」の派生理念である「経済自立」「自治」が、むしろ興隆したことは第五章で述べた通りである。

つまり、一九五一―五二年においては、琉球・沖縄人を主体とする「自己決定」と「日本・日本人」への「復帰」の双方がいわば同時並行的に興隆していたことになる。そして、琉球・沖縄人を主体とする「自己決定」の理念は、再び、「日本人」と「沖縄人」「琉球民族」等を使い分けて「我々」を表象する複合ヴィジョン的な政治言論の「語り口(the way of talking)」(Calhoun 1997: 5) の中で追求されることになったわけである。

この「日本・日本人」を「他者」とする政治言論の消滅過程を照射すること、そして琉球・沖縄人の「自己決定」のベクトルが、どのように複合ヴィジョンの解釈図式の中に組み込まれたのか、その諸相を浮かび上がらせることが本章の作業目標である。

第一節では、まず一九五一年の「帰属論争」における復帰反対派の議論を検討する。国連憲章の「信託統治」条項を根拠に、国連制度の庇護の下での「復興」「自治」から「経済自立」「独立」への道筋を提示した「離日」派のヴィジョンが、サンフランシスコ講和会議後の事件史的展開の中で、現実味を失い、論調の修正や「転向」を余儀なくされてゆく過程を照射する。

第二節では、複合ヴィジョンの内実に迫ってゆく。まず、「復帰」が所与の前提となった政治言論において、琉球・沖縄人の「自己決定」理念と「日本人」への「復帰」という根源的に緊張関係を有する二つのベクトルを整合化するレトリカルなフレーミングとそれでも不可避的に残る日本に対する警戒感の言論を例示する。その上で、そのような警戒感ゆえに、初期の複合ヴィジョンのレトリカルフレームには、最終的に主流化した「沖縄県民」を主体とする複合ヴィジョンとは異なる「型」が存在したものの、事件史的展開の中で、政治的優先性を失い消滅していったことを提示する。

第一節　「離日」の消滅

転換点としてのサンフランシスコ講和会議

一九五一年の「離日」言論の消滅過程を時系列的に点検すると、やはり一九五一年九月初めのサンフランシスコ講和会議がターニングポイントとして浮かび上がる。

例えば、対日講和条約の発効日である一九五二年四月二八日の『琉球新報』に掲載された、人民党瀬長亀次郎書記長の談話中に次のような表現がある。

……サンフランシスコ会議前後のように信託統治賛成論や琉球独立論の如き衆愚論はも早この島で横行活歩する自由を失つているのだ。……（『琉球新報』一九五二年四月二八日）

サンフランシスコ講和会議で講和条約が調印された一九五一年九月初めから、このコメントが掲載された一九五二年四月末までの七ヵ月の間に、信託統治論や独立論が急速に支持を失っていったという認識が示されている。後に検討する「帰属論争」で復帰反対論を唱えていた人々の論調の変化や、独立論を唱えていた共和党の解散といった「事件」も、この時期、政治言論・勢力としての「離日」が急速に衰退したことを示唆している。

一九五一年二月から八月までの「帰属論争」において、復帰反対派の劣勢が明白だったことは、第六章で述べた通りである。しかし、逆に言えば、この時点では「離日」対「帰日」という論争枠組が成立しており、復帰反対論は少数派ではあっても無視しえない勢力であったともいいうる。前章で提示した四月二八日の四党合同演説会場では、総数七五四人中二四％が日本帰属を選択せずうち一五％が明示的に独立と信託統治を選択している。復帰署名運動の実働部隊の出身母体である沖縄青年連合会が一万一九〇六人の会員から得た回答でも、組織の政治志向に反して約一四％が日本帰属を選択せず、このうち一〇％弱が独立と信託統治を明示的に支持していた[1]。このように復帰反対派が少数派であっても無視しえない勢力を有していたことは、復帰反対派が政治勢力として存在しえなかったほど極少数だった「奄美」との大きな相違点となっていた。

だが、その後、復帰反対派は少数派の政治勢力・言論として存続することなく、翌一九五二年になると「沖縄」の政治のメインストリームから消滅した。その分岐点が一九五一年九月だったと見なしうる。当然のことながら、この展開は前章で提示した講和会議を「引き金」とする「復帰」の高揚と表裏の過程として捉えられるだろう。

後述するように「体験」のレベルでは、戦前の被差別体験やわずか数年前に起きた沖縄戦体験に起因した日本に対する不信感、警戒感、異族感は生々しく、とうてい払拭できるものではない。それにもかかわらず、「政治選択」のレベルでは「日本・日本人」を「他者」とする「我々ヴィジョン」は少数派の政治勢力・言論としても持続できずに議会・選挙政治から消滅し、「我々が日本人であること」があらゆる政治言論の所与の前提たる「契約の非契約的要素」になった。それはなぜであろうか。

その原因のうち、「復帰」理念の「強み」、すなわち米軍統治という「プッシュ要因」による戦前の「日本時代」への美化作用を伴う郷愁や、「民主改革が進む戦後日本」の情報の流入や対日輸出再開という「プル要因」については前章で提示した。これに対し、ここでは復帰反対派が提示した言論そのものに内在する「弱み」と、事件史的展開とともにそれが「経験的信頼性（empirical credibility）」（Benford & Snow 2000: 620）を失ってゆく過程を提示する。

復帰反対論の特徴1　「オール沖縄」的な「離日」感情の代弁性

「離日」消滅の動因と過程を検討する前に、まず前提として押さえておきたいのは、復帰反対派の「離日」言論は、論争構図上これを強調できない「復帰賛成派」を含めた「オール沖縄」的な「思いの代弁」という側面があることである。

第二章や第三章で検討したように、琉球国滅亡の経緯やその後の沖縄県政におけるヤマト人支配の歴史や「留学」や

「出稼ぎ・移住」、沖縄戦等の「体験」によって醸成された日本に対する不信感、警戒感・異族感は、程度の差こそあれ琉球・沖縄人に共有されている。そうした「体験」レベルで蓄積された日本に対する不信感、警戒感、異族感は、復帰賛成派の言論でも時折顔をのぞかせている。例えば対日講和条約発効直後の『沖縄タイムス』の社説には次のような一文がある。

……戦争時代に入つてからの日の丸はむしろ頂きかねるシロ物であつた。国家至上主義のシンボルとして、或は聖戦完遂の祈念対象物として、日の丸への礼拝を強いられたあの苦々しい思い出が心底に深く焼きついて消し難いのである。われわれの祖国愛が、戦後大きな変化を遂げたことは誰もが感じていよう。……（『沖縄タイムス』一九五二年五月一日「社説・戦災救護は日本の責任」）

しかし、当然のことながら、「帰属論争」の論争構図において、復帰賛成派が、こうした日本に対する不信感、警戒感・異族感を積極的に表明するわけにはいかず、上記の事例のように文章中で時折漏れるに過ぎない。それはひとまず「飲み込んで」おかなければならない「思い」だったわけである。(2) だから日本に対する「思い」について復帰反対派と復帰賛成派が真っ向から対立したというよりも、復帰賛成派の言論では声高に表明できない部分を、復帰反対派の言論がいわば代弁する側面があったと理解しうる。

例えば、復帰反対派が提示した次のような終戦直前と思われるエピソードに関する言論は、第三章で紹介した宮里栄輝の沖縄人連盟九州本部長時代の「離日」言論に通じるものがある。

……九州の或村の材会《ママ》で一村会議員が「ナーニ沖縄はもと〳〵日本のものでなかつたから沖縄を奪られても痛くもかゆくもないさ」と言つた処他の議員達もそれに和して「そうだ〳〵」と共鳴しかか大笑して……吾々としては生れて茲に幾十歳、日本教育を受けどうすれば善良な日本国民になれるかと、それのみ念じそして過□の太平洋戦でこの精神は全部奉仕し尽した積りであるにも不拘結果は斯くの如き批判乃至継子扱されるとは実に堪えられないことである　六十万の同胞よ「沖縄はもと〳〵日本のものでなかつたから沖縄を奪られても痛くもかゆくもないさ」という此の一言　此の一言こそ実に重大な意味を含んでいる、なお此の一言をもつと掘り下げて観た場合に「沖縄人はもと〳〵日本人でないから幾十万殺されても痛くもかゆくもないさ」と実に恐ろしい結論になる……（『うるま新報』一九五一年四月一九日「沖縄の帰属問題に就て（3）—比嘉幸一」）

一九五一年の時点で、宮里栄輝は、現職の首長（真和志村長）兼社会大衆党員であり、最初の復帰運動を主導した平良辰雄知事の陣営に属していた。「日本復帰署名運動」ではアクティブではなかったものの、すでに政治陣営的には復帰派に属していたといいうる。そして翌年四月の講和条約発効後は、よりアクティブに復帰運動に関わってゆくことは第三章で述べた通りである。だから沖縄人連盟時代のような「離日」言論を公的に表明する立場にはない。だが「政治的選択」として「復帰」を選んだことは、「体験・感情」レベルで蓄積された日本への不信感、警戒感、異族感の払拭とイコールでない。上記のような復帰反対派の言論は、宮里をして沖縄人連盟九州本部長時代の「思い」をリマインドするものであったろう。

復帰反対論の特徴2　「日本人」の前提化と「民族自決」の不在

以上のように、復帰反対派の言論には、「オール沖縄」的に共有された日本に対する不信感、警戒感、異族感に対する訴求力がある。それにもかかわらず、実際には帰属論争が始まった当初から、政治選択としての復帰反対論は少数の支持しか動員できなかった。そうした劣勢ぶりは復帰賛成派[3]のみならず復帰反対派自身の論考中からも窺える。

例えば、次に例示す三月初め時点での言論は、まだ署名運動や世論調査の数値が一切出ていないにもかかわらず、世論調査や人民投票では沖縄の意志を表明したことにならないと予防線を張っている。

……国税の負担や徴兵のことを心配している人達の意見は、所謂人民投票を行つても、或は世論調査においても其のまゝ表現されることはなかろう　何故ならかれ等は身辺の指導者の言に動かされ易いからである……（『うるま新報』一九五一年三月三日「講和の受入態勢に就て（一）城間盛善」）

三月に沖縄群島議会で日本帰属の意思表明をする決議がなされた後の四月初旬になると「日本き属論は民族感情を利して人心を収らんしているかの如き形勢にある」[4]との認識が語られ、各種調査の数値が出揃った四月末になると「沖縄では日本復きが人心をとらえているようである」とした上で、「現実的な分析は夢をぶちこわすので、夢を見つづけるためには現実には触れたくないものである。」[5]と批判的に原因分析している。この段階では復帰署名運動はまだ始まっていなかったが、すでに趨勢は明白だったことがわかる。

さらに、この当時新聞・雑誌に掲載された一四人の復帰反対派の論者と『うるま新報』の社説、そして沖縄群島議会における共和党議員の議論を俯瞰すると、多くの議論の組み立て方には最初期から共通のパターンが見られる。[6]そのパターンとは「序論」部において「日本人の感情的偏向は相当に濃こうである」[7]、「日本帰属という言葉は一、八七九年以来日本となじんで来た関係上吾々に大きなみ力を与える」[8]、「国家主義軍国主義の全盛時代に日本教育を受けたわれわれ年輩の人達にとつて日本復きという言葉は懐旧の情を呼び起し、何かほのぼのとした喜びを感じさせる」[9]「長い事日本に統治され、言語文化が同一性にある沖縄住民としても日本といえば懐しい気持ちが湧いて来るものです。」[10]といった認識を前提として提示した上で、「漠然とした観念的な感情的なところから結論を出しては、大きい損失を沖縄の大衆に与えることを知らねばならぬ」[11]「日本帰属ということは極めて常識的な考え方で……ところが沖縄に現住するわれわれには常識以前の生活というものが厳として実存しているのであつて」[12]と転換し、復帰批判の本論に入っていくというパターンである。

「漠然とした観念的な感情的」なレベルでは、「我々」が「日本復帰」に強く惹かれている部分があること、だから「感情」部分だけで結論を導きだすと、「復帰」という「極めて常識的な考え方」に帰結してしまうことを前提に立論していることがわかる。そして「知」のレベルでは、「沖縄人が民族的に日本人であることは概念的に何人も否定は出来ない歴史的事実である」[13]という日琉同祖論的自己理解も、論争の対象ではなく前提となっている。

演繹的には、復帰反対派の議論は、琉球国滅亡や戦前のヤマト人支配の歴史体験、沖縄戦体験に基づいて琉球・沖縄人の「日本人性」を単純に否定したほうがよりはっきりとした論旨になるはずである。それにもかかわらず、感情レベルでの復帰志向を前提した議論の組み立て方をしているのは、一九五一年時点でこうした空気が支配的になっていて、それを前提に立論しなければ説得的な議論を組み立てられなかったと理解しうる。

中でも、象徴的なのは、当時復帰反対の論陣を張っていた新聞『うるま新報』の社長兼編集局長だった池宮城《いけみやぐすく》秀意《しゅうい》の次の言辞である。

……沖縄人が日本人という意識を持つようになつたのは一体いつの事であつたか、を振り返つてみた時に驚かぬ沖縄人は少ないであろう。……（『うるま新報』一九五一年二月八日「何故国連信託を主張するか（中）池宮城秀意」）

沖縄人が「日本人」になって歴史が浅いことを読者に喚起して「復帰」を所与の前提とすることを戒めるこの一文は、この時点の沖縄群島において「我々」が「日本人」であることが、日琉同祖論のような学知レベルのみならず感覚レベルでもすでに自然化していたことを逆説的に示している。

この日琉同祖論や感情レベルでの「日本人」意識の是認と表裏の関係にあるのが、「民族自決」理念の語りの不在である。帰属論争において「独立論」を掲げた仲宗根源和らの言論を「民族自決」に注目する観点から検討すると、大きな特徴として浮かび上がるのは、「独立論」という呼称とは裏腹に文化政治共同体としての「我々」の独自性や尊厳、そしてその意志の尊重を保障する普遍的権利としての「民族自決権」の概念への言及がないことである。

その「独立論」としての理念表明は、「琉球は厳として琉球人のものである……自由主義民主々義の原則に依り独立共和国の建設に邁進せん……」[14]「琉球民族は飽迄も独立自尊の精神を以つて……」[15]「琉球王国当時の武器なき平和独立国家として」[16]といったスローガン的表現か、「沖縄はどこまでも自分等の島として自分等の力で治めていく、自分の収入、労力、自分等の土地、自分等の外交力に依てこの沖縄を賄っていく……」[17]といった直截的な表現でなされており、朝鮮ナショナリズムの三・一運動の宣言文[18]に該当するような「政治共同体」としての「我々」の「理念」を高らかに謳い上げた鍵文書が存在しない。また、すでに述べた通り日琉同祖論を所与の前提としているので、「文化共同体」としての「我々」が独自の言語、文化を有する日本とは別個の固有の民族であることを打ち出しているわけでもない。

その議論の焦点は、基本的に「なぜ日本に復帰してはいけないか」を説明することにあてられている。そしてその論拠として戦前の日本政府の沖縄統治が実質的には植民地搾取に貫徹されていたことなど、戦前の日本統治批判の議論は豊富な史料を参照しながら緻密にそして説得的に展開している。また日本に隷属する心理を清算することも主張している。つまり「離日」の「理念」表明には饒舌なのである。反面、「琉球ナショナリズム」の「理念」には寡黙である。

論争内容の時代的特徴

以上、「帰属論争」の最初期の段階から復帰反対派は劣勢であったこと、その言論内容的弱点の一つとして、「琉球ナショナリズム」の「理念」的語りの欠落があることを指摘した。

最初から復帰賛成派の優勢と反対派の劣勢がはっきりしていたということは、勝負はいわば政治言論以前のところで決まっていて、「帰属論争」の論争内容やフレームの動員力の差異が両者の勢力布置に影響したのではないことを意味する。つまり、「なぜ復帰が支持されたのか」という問いに答える上で、「帰属論争」の言論の検討は有効ではない。その問いは、別の観点から説明される必要があり、本書では前章において、「構造要因」によって蓄積されていた「復帰志向」が「引き金要因」に表出するという「構造」―「引き金」連関を軸とした枠組によって説明したところである。

しかし問いの立て方を「復帰反対派はなぜ少数派の政治勢力としても存続できずに消滅したのか」に変更すれば、それは一九五一年の政治の事件史的展開の文脈における復帰反対派の言論の信頼性の喪失によって説明できる。以下、この問いの観点から論争内容を検討してみよう[19]。

前章でも述べたように、この論争は「日本に復帰したらどうなるか」という仮定に立脚して、総論的に是非を提示し合うという内容で、当時の「沖縄政治」が抱えていた具体的な政治課題と直接結び付いていなかった。

特徴的なのは、復帰反対派の議論のスタイルである。住民のヤマト・ヤマトンチュに対する憤りの感情に対する訴求力を前面に打ち出す論述スタイルは、先に例示した比嘉幸一の連載と中島健一の論考を例外として採用されていない[20]。池宮城秀意や仲宗根源和といった代表的な論者の論考は、事実関係を提示して戦前の日本統治のありようと日本復帰の琉球・沖縄への影響を「客観的」に議論するスタイルで叙述されている。つまり戦前・戦中の体験に根ざした読者の「感情」に訴えることよりも、日本復帰に「合理性がない」ことを証明することに力点が置かれている。

その上でその論争内容を俯瞰すると、次の二つの点で「現代沖縄政治」の政治言論と、論争の前提に大きな相違があることがわかる。第一に、人民党を除けば、復帰賛成派も反対派も米軍基地の存続を所与の前提に立論していること。第二に、復帰賛成派も反対派も日本の経済力が貧弱で、戦前のように「沖縄」を経済支援できないと見ていたことである。

第一の点については第三章ですでに言及したので、ここでは第二の点に絞って説明しておこう。この「日本」の経済が脆弱だという認識は、例えば在日沖縄知識人の一人である島袋盛敏《せいびん》が『うるま新報』の一九五一年元旦号に寄せたエッセイから窺える。

……仲吉氏の日本復帰論に対して、反対を唱えた者がある。その意見は、沖縄はアメリカに属した方が幸福である。もし沖縄が日本に復帰したら沖縄人は餓死するであろう、というのである。日本は、自分でさえも食うや食わずやの生活をしている。一ヵ月のうちで内地米の配給は五日分あるかないかという状況で、あとは押麦とか粉とか外米とか、輸入食糧を仰いでいる状態である。

現に農林大臣は、五勺の増配するとか、しないとかいつて悩んでいる有様である。そういう時に、もし沖縄がアメリカから突き離されて、日本に行けといわれたら、一体沖縄はどうなるか。果して日本が、立派に立ち行くようにしてくれるかどうか、疑問であるというのである。なるほど、そういわれて見れば、この無名子の心配も道理のあることである。食糧のことばかりでなく、各方面の復興事業でも、沖縄は今盛にアメリカの補助によって、着々と各種の事業が経営されつつあるが、これとても日本に復帰して、アメリカの手を離れたら途端にすべての事業中止ということになるのではないかと、心配はあとからく湧いてくるようである。「日本を捨てるのは、情において忍びないが現実の問題として、沖縄がこの□場をしのぐには、アメリカと別れることは出来ないのではないか」東京に居る多くの沖縄人は、こう考えているようである。(『うるま新報』一九五一年一月一日「沖縄の運命・島袋盛敏」)

日本には、今現に米国政府予算から支出されている財政・経済政策資金と同じレベルの財政出動は到底できない、という当時の常識が窺える。「現代」の我々の「戦後」認識は、「高度経済成長」とともに「日本」が豊かになっていたという支配的イメージに強く規定されているが、「高度経済成長」以前の一九五一年の時点では、全く違った認識があったことがわかる。

貿易面では輸出産業振興のためには、「日本」の経済圏に「復帰」し、「琉球」の産業を「日本の産業」として扱ってもらうことが必須であるという理解が一九五一年の後半になると支配的になっていたこと、そして一九五一年九月のサンフランシスコ講和会議以降は、日本政府に対する財政援助に対する期待感も表明されたことは前章で述べたが、他方で、米国が現に琉球・沖縄に対して実施している対琉支援事業と同レベルの援助は日本からは期待できないというのが支配的認識だったわけである。

復帰反対派の政治・経済構想

以上提示した時代的特徴を踏まえた上で、復帰反対派が提示した具体的な政策構想について検討してみよう。

一九五一年四月までの復帰反対派の議論を網羅した雑誌『琉球経済』第一〇号に掲載された論考を俯瞰すると、その議論の要点は以下の五点にまとめられる。

一　米国には潤沢な経済支援を提供する能力があるのに対し、自らが米国の援助を受ける「戦後日本」にはそのような能力はない[21]。

二　「復帰」しても米軍基地は撤去されず「租借」されるだけである[22]。そうしたら、租借料は「我々」ではなく日本の国庫に入ってしまう。

三　日本が再軍備したら再び戦争に駆り立てられる[23]。

四　そもそも戦前においても日本の沖縄統治は、実質的に植民地搾取のそれであった[24]。

五　国連憲章の信託統治条項は最終的に「独立」を目指す制度で、信託期間中は委任国たる米国の援助によって発展できる[25]。また信託統治になれば米信託統治下の太平洋諸島（戦前の日本の委任統治領）への出稼ぎ移民の道が開け、経済自立を実現できる[26]。

以上の五点を論拠に、実力がついた段階で独立することを前提に、信託統治の枠組に依拠して米国の経済支援を受けつつ、移民を出して経済力を高めて、「自治」を享受するというのが復帰反対派が提示した道筋であった。このように復帰反対派の議論は、経済面では米国が沖縄の復興・経済振興を財政的に支援してくれること、政治面では米国の潤沢な経済援助と信託統治制度の理念に則した「自治」を享受した上で、その延長線上に「独立」を置くというシナリオは通底している。その最大の根拠は、国連憲章の信託統治条項である。

一九四五年六月に調印された国連憲章では、第一二章と第一三章（七五条から九一条まで）で信託統治制度に関する規定を提示している。このうち第七六条(b)項では、信託統治制度の目的を「信託統治地域の住民の政治的、経済的、社会的及び教育的進歩を促進すること。各地域及びその人民の特殊事情並びに関係人民が自由に表明する願望に適合するように、且つ、各信託統治協定の条項が規定するところに従って、自治（原文 self-government）または独立（原文

independence）に向っての住民の漸進的発達を促進すること」と規定している。[27]

今日的には冷戦によって機能不全に陥ったという印象が強い国連も、発足当時には大きな期待がかけられ、この条文で示された信託統治制度の趣旨も早い段階から「離日」的な構想の拠り所となっていた。[28] しかし、第五章と第六章で提示した一九五一年の事件史的展開は、結果的には、この信託統治制度を利用した「自治」「経済自立」「独立」という復帰反対派の構想の信頼性を急速に減じさせることとなった。

復帰反対論の「経験的信頼性（empirical credibility）」の衰退

帰属論争の文脈における議論を俯瞰すると、国連の信託統治制度は、「沖縄」の文脈に受容されたときにある種のパラドックスを引き起こしていたことがわかる。そのパラドックスとは、信託統治地域を「自治ないし独立」に導くという理念を掲げた国連憲章の信託統治条項は、「沖縄」で受容されると、信託統治を適用されることは「自治能力」を否定されたことだという正反対のベクトルで理解されたことである。このパラドックスは次のような事例から窺える。

……斯る制度によつて統治されている現在の地域は……自治能力のない十一ヵ所になされて居ります。……。それ等の島々や原住民と同様に吾々沖縄住民が未だ自治能力なしと断じられて信託方式を採用される事は吾々が国際的に大いなる恥辱を蒙る事であります……（桑江朝幸「なぜ？独立を主張するか」『琉球経済』第一〇号・特集琉球帰属論：一二）

……信託統治は自治能力のない住民に果される宿命だとわれわれは規定する。なぜなら、自治能力も独立する力も持ち合せていなければこそ、或る期間政治、経済、社会、教育の各分野に亙り、統治国が助け舟を出して将来は自治制度（これがどんな政治形態をとるか知らないが）をしたり、独立させたりしようというのです。従つて沖縄における信託統治論者は、独立論者も正しく言明しているように、自ら進んで自治の能力を否定するやからであると断定してよろしい。（瀬長亀次郎「日本人民と結合せよ」『世論週報』特集号・琉球復帰論：一一）

最終的な「自治または独立」を着地点に、期間中「政治的、経済的、社会的及び教育的進歩を促進」するという信託統治制度に関する国連憲章第七六条(b)項の条文は、それ自体において沖縄側に忌避される内容はないはずである。だが、「自治能力」が不足した住民に適用されるという認識が大きな抵抗感を生み出していることが窺える。

第四章で述べたように、戦後の「沖縄」では、一九五〇年の群島知事選挙の執行をきっかけに「自治能力論」が再表出していた。二〇世紀中葉のこの時点でも、第二章で詳述した大田朝敷の時代同様、「自治」の観念が、社会進化論的な世界観と強く結び付いていたことは明らかで、それが一九五一年の「帰属論争」の政治論争文脈では、復帰反対論の共鳴性(resonance)を弱める方向で作用していたことがわかる。

その上、第五章と第六章で詳述した一九五一年後半以降の政治過程は、信託統治の受託国である米国が「我々」が希望するような「自治」を認めたり、我々が必要とする経済・財政支援を提供してくれる、というシナリオの現実味を急速に失わせ、復帰反対派自身の論調の修正や「転向」を促す形となった。

そうした変化の兆しは、講和会議直後の一九五一年九月二〇日付けの『琉球新報』の社説の中にすでに窺える。

……アメリカ議会下院は沖縄援助を三分の一削つたという。これは今後の沖縄復興に直ちにひびくことである。もしもこの援助削減がそのまま実現するならば、われわれはそれに対する補足を考えねばならない。これを沖縄自力で出来ればこれに越したことはないが、当分そのような見とおしはつけられないし、また形式的主権だけでは日本にも援助をき待出来ないということにでもなるとそれこそ二進も三進もいかないことになる。それでは困るから沖縄としては日本から取るべき筋合いのものはすべて取る外に、日本の政治的且つ道義的責任による沖縄援助を要請せねばならぬ。……(『琉球新報』一九五一年九月二〇日「社説・今後の沖縄経済の問題」)

再度確認すれば、サンフランシスコ講和会議以前の「帰属論争」における復帰反対派の議論は、被援助国に転落した「日本」に「復帰」しても米国と同等の経済支援は期待できないのに対して、米国を執政国とする信託統治下に置かれれば、米国の経済支援を受けて経済自立の実現に向けた経済振興策を展開しつつ、国連の制度的庇護の下に自治・独立を最終目標とする政治的権利の獲得も可能になるというものであった。

しかし米国の経済援助の大幅削減のニュースによって、「我々」が必要とするレベルの経済・財政支援を米国が供与してくれるという前提が崩れたため、「日本から取るべき筋合いのものをすべてとる」という従来からの主張に加えて、「日本の政治的且つ道義的責任による沖縄援助を要請せねばならぬ」という新しいアジェンダを提起している。日本政府に「賠償金を請求する」のではなく、「援助を要請する」ことは、援助の根拠として「我々が日本人である」という規定を含まざるをえない。つまり従来の論旨の軌道修正、あるいは暗黙裡の「転向」が含意されている。

そして一〇月以降の「政治」の事件史展開は、米側がその統治政策に合致するように提示した「自治」や「経済自立」と沖縄側が希求するいわば「真の自治」や「真の経済自立」と合致しないことを露呈させる方向で進んだことはすでに述べた通りである。復帰反対派の将来構想の前提だった信託統治制度自体も、「琉球」に適用されないことが次第に明らかになり、実質的な軍政の無期限延長という形に帰結した。

「復帰反対派」の諸アクターは、一連の事件史的展開によって生み出された新しい政治状況に対応した新しいスタンスを選択することを余儀なくされた。このうち仲宗根源和や大宜味朝徳といった一九四〇年代の政党政治の草創期に活躍した政治活動家たちは、米国の経済的庇護下の「琉球」の「経済自立」「自治」「独立」という政治的リアリティを失った議論を貫くことを選択した。その結果、講和条約発効後の「沖縄」の政界において彼らは居場所を失い、仲宗根は政治活動から隠退、大宜味は政治活動を継続したものの、その政界における位置づけは泡沫政党の党首というものであった。

一方、新しい情勢に基づいて政治スタンスを組み立て直すことを選択したアクターとしては復帰反対論を掲げていた『琉球新報』と、共和党の群島議会議員、新里《しんざと》銀三が挙げられる。

『琉球新報』の軌道修正については、先に九月二〇日付け『琉球新報』の社説を例示してすでに指摘した。後述するように『琉球新報』は、サンフランシスコ講和会議以降も「ヤマトの支配の再来」を警戒し、日本を無批判に「救世主」と見なす傾向をチェックするような内容の記事を引続き掲載する。しかし講和会議以降の紙面からは「復帰」に反対する論旨は見られなくなる。また、「帰属論争」で「信託統治論」の論陣を張った編集局長の池宮城秀意は、一九五二年八月に退社している。[29]

一方、「帰属論争」の文脈で「独立論」を掲げた共和党とその主力議員であった新里銀三と祖根宗春については、共和党と祖根が政治の世界から退場したのに対し、「復帰」に対する「スタンス」を軌道修正した新里銀三は条約発効後も影響力のある政治家であり続けた。

時系列的に検討すると、まず一〇月七日付けの『琉球新聞』の「信託統治に何を望むか」と題する座談会で共和党幹事長の新里銀三は「琉球人の主権の明確化」「中央政府も群府も日本復帰の運動をこれで打ち切り……」といった「帰属論争」時の共和党のスタンスの延長線上に位置づけうるアジェンダを引き続き提示している。

しかし「国籍は日本人として、日本国旗の掲揚を許して貰いたい」「教育及び文化に関しては制度内容共に日本同様とし、一府県としての取扱いをして貰いたい」等の一六項目からなる講和会議後の琉球統治に関する陳情書が、一二月一三日に群島議会で採決にかけられた際、祖根宗春議員が「若し国籍を日本人とした場合は我々は日本人としての徴兵令、或は最悪の場合には戦争に巻き込まれなければならない」と疑問を付したものの、三月の「復帰決議」の時とは異なり共和党は反対票を投じなかった。陳情書は原案通り可決された。[30] 続いて行われた、災害復旧のための財政支援を米国に訴える陳情書の審議においては、新里銀三議員が、沖縄群島政府と在沖米軍政とのやりとりでは埒が明かないので、日本政府・総理大臣の助力を得て、東京の総司令部あるいはアメリカ本国と交渉することを求めている。この主張は「祖国日本」に「救済者」の役割を期待する「復帰賛成派」の論法に依拠しており、「転向」を窺わせる内容となっている。[31]

一九五一年末から一九五二年初頭にかけて共和党は解散を決定した。群島議会において最後まで「復帰」に対する警戒感を表明し続けた祖根宗春は一九五二年二月の立法議員選挙で落選し、その後議会政治の舞台に二度と戻ることはなかった。共和党幹事長だった新里銀三は立法院議員に当選し、琉球政府主席・比嘉秀平の与党として一九五二年八月に結成された民主党の幹部議員として活躍した。その民主党の結党綱領には「母国復帰の早期実現に邁進……」という文言が掲げられ、同時に提示された「十五大政策」の冒頭には「母国復帰を促進し経済、教育、文化の実質的一体化」が掲げられた[32]。

それに先立つ一九五二年四月に開催された立法院の第一回議会で、社会大衆党と人民党から出された二種類の「復帰」決議案と、新垣金造議員の決議提案「琉球住民に主権恵与方について」が上程されたのに伴って「帰属論争」が行われた。次節で詳述するように、この時、新垣金造が一国二主権的な「対等な合邦論」を唱えたほか、宮古群島選出の（したがって「沖縄」の情勢に疎い）前里秀栄議員が明確な「復帰反対論」を唱えた[33]。

しかし他の議員、特に「復帰」を譲れない「奄美」選出議員の説得もあってか前里は、最終的に上程された「琉球の日本復帰に関する請願」採択に賛成票を投じた[34]。なお沖縄群島議会における独立論の主要論者だった新里銀三は、審議で「独立論者でありましたが、結局は民主主義でありますするが故に多数を持って決せられれば多数に従う……」と述べ、軌道修正を明確にしている[35]。

この第一回立法院における論争が、「沖縄」の議会政治における最後の「帰属論争」だったと思われる。以後、「沖縄」の政治のメインストリームから「日本」を「他者」とする言論は姿を消し、「我々が日本人であること」は、「論点」ではなく「前提」となった。

第二節　複合ヴィジョン再生に伴う「自己決定」のリフレーミング

琉球・沖縄人の「自己決定」と「日本・日本人」への「復帰」の接合

「日本人」を「他者」とする「離日」が講和条約発効までに正当性を喪失したことにより、政治界「沖縄」における「我々ばなし（we-talk）」は再び、「沖縄人」「琉球民族」「日本人」を組み合わせて「我々」とその「理念」を表明する複合ヴィジョンの枠組を所与の前提で行われるようになった。第二章で詳述した大田朝敷の言論のようにである。

一九五一年に高揚した「自治」「経済自立」をはじめ、琉球・沖縄人を主体とする「自己決定」思潮も、この複合ヴィジョンに整合的な形で表明されるようになった。

この複合ヴィジョンの再生は、当然のことながら一九五一年一月二六日のダレス訪日を「引き金」に「復帰」理念が再表出したことに伴って始動した。

ダレスが日本にまだ滞在中に「復帰」の社論を初めて打ち出した一九五一年二月三日の『沖縄タイムス』の社説では、早くも複合ヴィジョンのフレーミングが登場している。

> 琉球人が日本人と同一みん族であるという所謂血のつながりと、政治的自主心をもちたいという民族の政治意識は前途に如何なる苦難が横つて居ても敢然として乗り越えて行こうとする精神を涌起せしめる。これが日本に帰りたい願望となつてくるのではないか。……（中略）……吾々は経済的自立□要請されて居る。これは言うまでもなく自分の力で自分を養つて行くことである。人間として民族として当然のことであり、何時までも外国の援助を仰ぐことばかり考えると知らず識らずのうちに乞食みん族に堕してしまう。吾々は経済的独立を念願するがそれは必然的に政治的独立への願望ともなつてくる。（『沖縄タイムス』一九五一年二月三日「社説・琉球の帰属」）

この例文では、異なるイシューに関するフレームを結び付けて一つの大きなフレームを構築する「フレーム架橋（frame bridging）」（Benford & Snow 2000: 624）の手法を用いたフレーミングが行われている。

内容を検討すると、文脈から見て「政治的自主心」や「政治的独立への願望」そして「経済自立」の主体として提示される「民族」は「琉球人」であろう。一方では日本人と「同一みん族」という戦前からの同祖論のロジックが出され、他方では、「琉球人」の主体性が前面に出されて、両者が同居していることがわかる。「日本人」が再び「我々」を指すカテゴリーとしての機能を再開し、なおかつネーション的主体性を帯びた「琉球人」カテゴリーと協同して「我々」を構成している。別な言い方をすれば、「復帰」理念の正当性は、それが「琉球人」の主体性を前提とする「経済自立」などの理念を阻害しないことが前提となっている。本書が複合ヴィジョンという用語で表現した状況を見出せる。

さらに、その三ヵ月後の『沖縄タイムス』の社説では、琉球・沖縄人の「自己決定」と「復帰」の理念がより積極的に協同して（フレーム架橋されて）「我々」のヴィジョンを構成している。

……経済自立と輸出貿易の発展とが不可分の関係にあることから考えても日本との分離は沖縄経済の将来のために断じて好ましいものではないのである。日本の一部であれば自由に買い手を見つけて幾くらでも物を売り出すことが出来るが、外国として日本と貿易する場合になるとそうは行かない。……（中略）……吾々が日本復帰を希望するのは沖縄の経済的発展は日本の一政治単位として日本経済の一環をなさなければ到底望み得ないと信ずるからであり又吾々が政治的自主性を完全にもち、これによつて自分らのことは自分で考え且つ実行するという政治的独立・地位に還るためにもそうする外に道はないからである。……（『沖縄タイムス』一九五一年五月一日「社説・住民の意志表明」）

「経済自立」と「政治的自主性」「政治的独立・地位」という理念を目指すからこそ「復帰」を実現しなければならない、というこの社説の解釈図式においては、「経済自立」「政治的自主性」「政治的独立・地位」と「復帰」は、二月三日の社説より明示的に関係づけられている。

この二つの文例では「自治」という用語そのものは出てこないが、一九五二年三月に立法院選挙において立候補した社会大衆党や人民党の多くの候補たちの選挙公報や演説記録では「日本・日本人」への「復帰」と琉球・沖縄における「完全自治」や「より高度な自治」の実現がセットで盛り込まれており、「復帰賛成派」の「我々ヴィジョン」において両者が同時に目指すべきものと位置づけられていたことは明らかである。

第五章で述べたように一九五一年は、「復帰」だけでなく「自治」「経済自立」もまた興隆し、政治アクターが

「我々」のあるべき姿を表明する際に必要に応じて用いる慣用的表現として定着する過程が始動した年である。こうした状況にあって、これら三つの理念に同時にコミットする復帰賛成派が「我々が目指すべき理想」を語る上で、「日本・日本人」への「復帰」と琉球・沖縄人の「自治」「経済自立」を整合的なものとして複合ヴィジョン的にフレームすることは自然な流れであったといえよう。

しかし、ナショナル・アイデンティティ（schema）中の「理念」としての「復帰」も「自治」「経済自立」もあくまで言説の資源として存在するわけであり、それらを具体的にどう組み合わせて解釈図式（frame）を構築するかは、それぞれの政治アクター自身の理念・利害判断に規定されるため、当然のことながら具体的なフレーミングは政治アクターごとに大きな差異が出てくる。

例えば第四章で、「経済自立」概念の「沖縄」での最古の使用例は一九四七年一一月に米軍政府に提出された人民党の綱領であったことを示したが、一九五一―五二年の段階では、人民党は「経済自立」の用語を使わなくなっている。実は、一九五一年一月に沖縄群島政府が「自立経済計画」の最初の草案を公表した際、人民党は平良知事に対して計画の名称から「経済自立」という用語を外すことを申し入れている。計画の内容は「百何十億円の資金を投じてなおかつ目標である昭和十五年の六割しか達成出来ない[36]」ことを示しているのに、「自立経済計画」のような名称は、計画が終わる「三年後に自立出来るかの如きさつ覚をじん民に起させることになる[37]」ので、復興経済計画か産業振興計画という名称に変更すべきだという主張であった。同時に、計画を米軍政側に提出しないことも申し入れている。その理由として七〇億円という初年度の国民総所得の「算定の基準がアイマイ不確実」であること、そしてこの推定から行くと「住民の担税能力は約一割とみても七億という巨額に上る」ことの二点を挙げている[38]。

人民党は一貫して、低所得者の生活を脅かす増税政策に反対するというスタンスをとっており、「経済自立」に批判的となった背景には、「経済自立」の実現可能性や有益性に疑問を持ったことに加えて、階級的な視点があったことが推察される。

この「自立経済」不適当論は、三月一八日の沖縄群島議会の「復帰決議」をめぐる討論の中でも人民党の議員が繰り返している。[39]

一方、申し入れられた側の平良辰雄知事も、一年後の一九五二年二月に立法院議員選挙に立候補した際の選挙広告では、「復帰」と「自治」の「理念」のみを掲げて、一年半前の一九五〇年秋の群島知事選挙で盛んに用いた「経済自立」の語は一切見当たらない。[40] 第五章で詳述したような経緯で自らの目玉政策であった「自立経済計画」が頓挫したことについて、平良は反対陣営からその「違約」を再三指摘されていた。「経済自立」というタームは、この時点の平良にとってはマイナスイメージを伴うものであった。

このように一九五二年時点では人民党や平良辰雄元知事が「経済自立」に消極的なスタンスを取っていたの対して、平良に代わって「経済自立」を前面に掲げていたのが琉球政府の初代行政主席に就任した比嘉秀平である。現実主義的見地から対米協調を軸にする比嘉は人民党の対極に位置する政治家で、一九五五年に策定した「経済振興第一次五ヵ年計画」で基地依存経済からの脱却を目指すなど「経済自立」に関わりが深い。

下記は一九五二年四月に発足した立法院の第一回目の定例会に対して、比嘉が施政方針を示した「主席メッセージ」の一部である。

> 自治ということは単に政治上の自主権を持つというだけでなく、経済的にも自立し得る状態に立たなければならないのであります。他からの恩恵によって生きて行く限り、国家の場合においても個人の場合においても、名目上はともあれ、実質的には決して自立し得たとはいえないからであります。従って名実共に備わった自治を欲するわれわれの当面する問題としては一にも、二にも、如何にすれば、琉球の経済自立が可能になるかという課題の解決にあると思うのであります。(『立法院Ⅱ』三二)

「自治」と「経済自立」が別個の理念ではなく、同じ理念の表裏の関係として認識された上で、その主体たる琉球が「国家」のアナロジーとして捉えられていることがわかる。反面、このメッセージの全文を通して「復帰」への言及はない。

平良辰雄とともに社会大衆党の結党に参画した比嘉は復帰反対論者ではない。実際、一九五二年八月に比嘉の与党として結党された琉球民主党は、先述したように綱領で「母国復帰の早期実現に邁進……」を掲げている。

しかし同時に現実主義者で、臨時琉球中央政府主席時代の一九五一年には、通信社のインタビューなどで「経済的現実からは沖縄はどこかの国の援助を得なければ立ちいかない。日本き属の日が将来くるとしても信託統治の期間は必要かつ必然的のものである」[41]等の発言を繰り返し、署名運動の実働部隊として活動していた社会大衆党の青年党員たちから「みん族と同志に対する裏切り」[42]などと批判されたことがある。

比嘉が行政主席を務めた一九五二―五六年頃は、政治界「沖縄」ではすでに復帰反対派が消滅し、「復帰」が党派対立を超えた「島ぐるみ」の理念として定着した反面、米軍政による「復帰運動」に対する締め付けが最も厳しかった時代である。

こうした状況にあって比嘉はかつての「復帰反対派」のように「復帰」理念の否定には走らず、公的には「復帰促進」の立場を維持しつつも、現実政治における動きにおいては、「復帰」の理念追求より対米協調を優先するスタンスが明確で、「復帰運動」の活動や理念に対するコミットメントには常に慎重であった。

こうした比嘉の政治スタンスを踏まえれば、行政主席としての公的な立場表明である「主席メッセージ」で復帰に一切言及しないことは当然のことであったろう。

以上の検討で明らかなように一九五二年時点では、平良辰雄元知事や人民党が「経済自立」に消極的なのに対し、比嘉主席は「復帰」に抑制的といったように、個々のアクターが提示する解釈図式（frame）は、政治的立場や論争文脈に対応して異なる。

しかし、有権者にアピールする政治言論を組み立てるには、「日本」への「帰属」の希求と琉球・沖縄人の「自己決定」の希求という二種のベクトルの双方を勘案しなければならないという状況は通底している。言葉をかえれば、「日本・日本人への帰属」と「琉球・沖縄人の自己決定」という二種の解釈図式（schema）が交錯する範囲内でしか正当的な政治言論（frame）を組み立てられない、という規範的拘束力の存在が窺える。

そして「自治」「経済自立」「復帰」といった「理念」は、二種のベクトルを交錯させた「我々ヴィジョン」を表現するための「政治資源」として存在し、それらを独自の政治スタンスに基づいて動員するアクターごとのフレーミングはいわば家族的類似的な異同関係にあるものとして把握することができる。

主体性喪失への警戒感

ただ、レトリックの上で「日本」への帰属の希求と「琉球・沖縄人」の主体性の希求のベクトルを組み合わせることは、二種のベクトルの底流に存在する緊張関係を解消するものではなく、複合ヴィジョンは構造的な不安定性に規定されざるをえない。

「日本への帰属」の希求が、単純な「日本の再支配」に帰結する危険性を払拭できないからである。

しかも、当時の言論を検討すると、復帰後、「自治」「経済自立」を希求するベクトルが「むき出しの力」で他律的に抑え込まれる危険性もさることながら、日本を「先進」、琉球・沖縄を「後進」とする日本型社会進化論の世界観に規定された心性が駆動因となって、「我々」の主体性が「いつの間にか」失われる危険性に対する警戒感が強かったことが窺える。


サンフランシスコ講和会議から条約発効までの期間の「沖縄」の公的言論空間で、この社会心理的な「力」の作用に対する警戒感を最もはっきりと表現していたのが、池宮城秀意がまだ編集局長を務めていた頃の『琉球新報』の言論であった。例えば日本政府の使節派遣のニュースで「沖縄」の政治指導者層が色めきたっていた、一九五一年一〇月一八日の『琉球新報』の次のような社説から窺える。

……大方の沖縄人は東京や大阪に住みつくと、自分の出身地が沖縄であることを努めてひめたがつたものである。これは身に覚えのある人も多いだろうし、そのような友人知故を持つた経験のある人も少くないであろう。

嫌な触れられたくないところであるが、しかしわれわれは辛くとも反省をせねばならなぬ時には勇気を持たねばならぬ。……（中略）……今後においてわれわれは自らの心底にひそむこのれつ性感をえぐり取らない限り世界人としての地位に値しないであろうし、沖縄人の発展はきすべくもない。れつ性感をぬぐい去ることは自らを他に追随させることではなく、自己を十分に認識し、それを基盤にして自らの道を往くことである。琉球の帰属問題にしても現実的な利害得失、といってももち論物質的なものだけを意味するのではないが、このれつ性感というものがせん在していやしなかったか、お互いに反省してみる必要があろう。われわれとして真にわれわれの立場から望み求むべきものを求めずに、安易で見透しの利かない道をわれわれは歩んでいるのではなかろうか。……

（『琉球新報』一九五一年一〇月一八日「社説・沖縄人に潜む劣性感の問題」）

文中で登場する「れつ性観」は、日本＝「先進」、「我々」＝「後進」の世界観を前提にすることで生じた心理現象を形容したものであろう。そしてその「れつ性観」が「帰属問題」の議論にも作用して「真にわれわれの立場から望むべきものを求めずに、安易で見透しの利かない」道を歩むことになったのではないかと問いかけている部分は、日本への「憧れ」「郷愁」が駆動因の一つとなって「復帰」が興隆している状況について、オブラートに包みんだ表現ながらも、警鐘を鳴らす形となっている。

こうした状況認識に依拠した上で、「復帰」への流れを具体的にチェックする言論も『琉球新報』の紙面から窺える。例えば、先述した一九五一年秋の自治体首長視察団そして同時期に派遣された教員視察団の二つの視察団が帰沖後行った報告内容について、一九五一年一一月八日の『琉球新報』の社説は次のように述べている。

ほとんどすべての視察者は日本は素晴らしい、という感じをいだいて帰つたようである。そこには当然なければならぬ日本についてのひ判もなければ、現在日本になければならぬはずの否定的な面の発見もない。そうなるとこれから結果するものは単なる模ほうしかないであろう。終戦直後……敗戦から来たひ下と無知のために無条件にアメリカ式は一から十まで最善のもの、というさつ覚にとらわれたものである。それがようやくこの頃になつて、アメリカ風に対しても自らの立場からひ判的に観察するようになつて来ているのである。……今度は久しく接することの出来なかつた日本の姿を観て、われわれ沖縄人の多くが郷しゅうと広さの感じから、日本の持つものを一から十まで良いものとして無条件に受け入れようという気持に傾くことは十分に推察されるのである。……少くとも日本における何かの誤びうまで無ひ判に呑み込むことのないよう十分に心すべきである。(『琉球新報』一九五一年一一月八日「社説・日本視察と批判的態度」)

再度確認すれば、一九五一年秋の時点では『琉球新報』も池宮城個人も、復帰反対論を明示的に提示することはなくなっている。だが、「復帰」の興隆の底流に潜む「日本への憧憬」が「我々」の主体性を失わせる危険性については、引き続き警戒し、警鐘を鳴らし続けていたわけである。

複合ヴィジョンに付随する「緊張」の封印

このような「日本・日本人」への「帰属」のベクトルと琉球・沖縄人の「自己決定」のベクトルの間に不可避的に生じる緊張関係は、一九五一―五二年における複合ヴィジョンの再生過程でどのように「折り合い」がつけられたのか。結論から言えば、「米軍の統治政策」が「主敵」となっている政治文脈では、緊張関係は表面化することなくいわば「封印」された形となり、複合ヴィジョンの「経験的妥当性（empirical creditability）」が損なわれることはなかった。例えば、本書のキーワードの一つである「経済自立」と「復帰」の関係について見てみよう。

一九五一年の後半に入って、「沖縄」の輸出産業の振興は「日本」の経済圏への「復帰」にかかっているという理解が広まっていったことは前章で述べた。だが、反面「日本」の経済圏への「復帰」は、琉球側、とりわけ「沖縄」の経済にとって負のインパクトをもたらす側面もあった。まず、日本経済圏への復帰は「明治後期から大正にかけて沖縄経済を牛耳った鹿児島その他のいわゆる内地商業資本の勢力」の沖縄再進出を可能にする。実際、当時戦前の沖縄糖業で支配的な立場にあった日本の糖業資本が沖縄に再進出する可能性が取りざたされていて、復帰支持派の『沖縄タイムス』もこれに懸念を表明する社説を掲げていた。戦前の日本糖業資本が植民地搾取的に沖縄糖業を支配したという認識は、復帰賛成派・反対派を超えた「オール沖縄」的な共通認識だったからである。

さらに「日本」の経済圏に「復帰」して、日本商品が自由に流入することは、公式ルートの対日貿易が遮断されていた時期に興隆した「輸入代替製造業」に壊滅的な打撃を与える危険性があった。実のところ、一九五〇年に日本製品の正規の輸入が実現したことに伴って鰹節・醤油・茶碗・下駄を製造する業者たちの経営を圧迫し、一九五一年一一月一七日『琉球新報』は、「沖縄の経済自立という見地から」、日本製品の自由な流入にストップをかける政策を求める社説を掲げている。

だが、日本の製糖資本は、結局戦前の事業を再開せず、「輸入代替製造業」も「自由貿易」の原則を重視する米軍政の貿易政策によって、沖縄側の望む水準ではなかったが一定程度の保護政策がとられた。こうした措置の結果、「復帰」と「経済自立」の緊張は、この時点では、「復帰」理念の正当性を弱めるようなレベルでは政治争点化しなかった。だから一九五一年三月一九日に沖縄群島議会で「復帰決議」をめぐって論争が行われた際、共和党の新里銀三議員に「平良知事は三ヶ年計画を以て経済自立を樹てている。この経済自立が出来れば何故にして日本に行く必要がありますか」と突っ込まれた平良知事は「自立経済は独立を前提として考えているのではない。……沖縄自体の産業、沖縄住民の生活をことを考えて、輸出入のバランスを取ることは当然である、帰属の問題と何等関係がない[43]」と答えるだけで事足りたわけである。

両者の緊張関係が表面化するのは、「復帰」が決まって、「本土資本」の脅威が現実化した一九六〇年代末のことである。

本書のもう一つのキーワードである「自治」においては、どのような「封印」が行われたのであろうか。

「日本」への「復帰」と「我々」の「自治」の関係は、一般的に、地方自治法の施行（一九四七年）などの「民主改革」によって知事も住民が公選する形となった、「戦後日本」の都道府県の制度を通して「自治」は実現でき、財政的にも米統治下よりも潤沢な財政支援が受けられるという理解によって正当化された[44]。

演繹的には、終戦後の「沖縄」で興隆した「我々」が選んだ代表によって「我々自身」を統治するという「自治（self-government）」の希求の着地点が「復帰後」に実現される「都道府県的自治」というのは、整合性の観点から問題含みである。「沖縄県に戻ることが本当に我々が望んだ自治なのか」という疑問が生じてもおかしくはないように思える。

しかし、これまで説明してきたように、「自治」は異なる意味のレパートリーを内包し、それゆえに異なる解釈を曖昧化した上で共有する多義的（multivocal）な性質を帯びている。そして第二章で述べたように「戦前沖縄」の文脈における「自治」は、ヤマト人の支配からの「離脱」という含意を帯びた「自治」と、「日本人」への「統合」というベクトルを反映した二種類の「声」を同時に発していた。そして第四章で述べた通り、一九四〇年代には「日本」への「統合」の含意はいったん関連性を失ったものの、一九五一年に「復帰」の理念が再生したことに伴って、再び「離脱」と「統合」の二種類の含意を帯びるようになった。一方で、米軍支配からの可能な限りの「離脱」の含意で「自治」が追求される反面、「復帰」の文脈では「日本」への「統合」という意味での「自治」、具体的には「日本」の「都道府県」への「復帰」の双方が希求されるようになった。

そして、「抗米」の文脈で「拒否権」や「完全自治」というタームをキーワードに高揚しつつある「自治」のベクトルと、「復帰」の文脈で興隆する日本統治下の「都道府県」への「復帰」のベクトルに緊張関係があっても、それが意識的に問題化されなければその相違はオブラートに包まれて、二つの異なる意味内容を帯びた「自治」は「同一の理念」として共有されることを意味する。

一九五一年の「沖縄」における「自治」をめぐる紛争の焦点は、沖縄側の決定に対する米軍政の介入をいかに排除するかという点にあり、「復帰」がいつになるのか全く見通しがつかない状況において、「戦後日本」の都道府県制の「自治」の真正さが政治問題化される状況にはない。

かくして琉球・沖縄人を主体とする「完全自治」を希求するベクトルと、「都道府県」への「復帰」というベクトルの緊張関係は、問題意識の俎上に乗ることなく、いわば「封印」され、両者は複合ヴィジョンの中に同居する形となったのである。

ただ一九五一年の「復帰」をめぐる政治言論を細かく検討すると、最終的に主流化した「都道府県」への「復帰」とは異なるタイプの「日本」との「結び付き方」を希求したいわばオルターナティブな複合ヴィジョンのフレームの存在も看取できる。そのフレームは、「帰属論争」が展開されていたサンフランシスコ講和会議以前の人民党の「復帰」をめぐる言論と一九五二年四月に開かれた第一回立法院に上程された「琉球住民の主権」に関する決議案とそれをめぐる論争から抽出できる。

複合ヴィジョンのオルターナティブフレーム

日本復帰の立場を表明した一九五一年二月の人民党の「復帰論」を見ると、森宣雄（二〇一〇）が徳田球一ら戦後初期「在日沖縄人」共産主義者の「民族問題」理解のベースとなっていたと指摘した「分離―結合」[45]シナリオを軸とした「民族問題」のいわば「ソ連的処方箋」の影響が窺える。[46]

この「ソ連的処方箋」とは、具体的には、帝国主義的な支配―被支配関係を清算し、被抑圧民族側の民族自決権を確立・尊重した上で、再度「自由意思」に基づいて平等な立場で「再結合」し、プロレタリアート主導下の新政治体に参画するといういわば「多民族結合国」[47]的シナリオである。[48]

この「分離―結合」が初期の人民党の「復帰」言論の理論的下絵として存在したことは、次のような言辞から窺える。

……日本への復帰というより対等の立場即ち琉球人の自主性を前提としての日本との結合である。[49]……（『沖縄タイムス』一九五一年二月二一日に掲載された瀬長の談話より）

……琉球みん族の運命を決する帰属問題はあくまで住民の意志によるべきで若し民族の意志を尊重せず他国の利便のみによつて決定されるならば人みん党はみん主々義の名に於て人みんの総意を体し断乎反対するであろう。

琉球みん族の幸福はあらゆる面に於て日本人みんとの結合なくしてはあり得ない。……（『沖縄タイムス』一九五一年三月一九日に掲載された党大会声明文要旨より）

……日本の搾取は人みんによつてなされたものではなく一部軍閥官僚の帝国主義者が我々をしぼつたのである、人みんの力によつてこれらの圧制を打倒しみん族の開放を促進するため日本人みんとの結合を提唱する。（『沖縄タイムス』一九五一年四月二九日に掲載された合同演説会中の瀬長演説の一部より）

その一方、このいわば「対等結合論」は「琉球人は日本みん族である。それは、言語、経済体、地域、文化の同一性から証明される」[50]「言語、習慣、文化を同じくし且同一経済体に生存している日本と琉球は政治、経済文化的に結合しなければその自存権を防衛することは出来ない」[51]「要するに同一生活、習慣、同一経済体系内にある民族が結合するのは当然すぎる程当然である」[52]といったフレーズと同居していた。

つまり一方で「別民族」同志の「結合」という「処方箋」を提示する「予後的フレーミング（prognostic framing）」がなされる一方、同時に、「日本復帰」の、「論拠」[53]としては「同一民族論」が示されるという、矛盾を孕んだフレーミングとなっている。

付言しておけば、この「同一生活、習慣、同一経済体系内にある民族」というフレーズは必ずしも日琉同祖論から派生しているとはいえない。なぜならこのフレーズは「民族とは言語、地域、経済生活、および文化の共通性のうちにあらわれる心理状態、の共通性を基礎として生じたところの、歴史的に構成された、人間の堅固な共同体である」（Stalin 1914=一九五三：三二九）というスターリンの（したがって当時のソ連の）民族（nation＝нация ナーツィア）定義により整合的だからだ[54]。

つまり、瀬長らの主要参照枠組となっていたはずのソ連流の民族問題理論は、読み方次第で、被抑圧民族たる琉球・沖縄民族の民族自決権を前提とした「対等結合論」の論拠にもなれば、日琉同祖論的な理解にスターリンのお墨付きを付与した上での「同一民族統一論」の論拠にもなりうる多様な「解釈のレパートリー（repertoire of interpretation）」を提供しているのである。

このような検討を踏まえると、「帰属論争」が展開されていたサンフランシスコ講和会議以前の人民党の「復帰」に関するフレーミングにおいては、ソ連的な「民族問題」解決の処方箋の影響を受けた「対等結合論」と、ソ連的民族定義と日琉同祖論の双方に根ざした「同一民族統一論」の二系統の解釈図式が動員され、両者をフレーム架橋（frame bridging）するフレーミングの手法が用いられているものと見ることができる。

この二系統の解釈図式を組み合わせたフレーミングは、この時期の人民党の復帰論に関する唯一の長文の一次史料である雑誌『世論週報』に掲載された瀬長の論文「日本人民と結合せよ」に典型的に見出せる。この論文の「日本復帰と民族の解放」というタイトルが付された一節の導入部分は次のようなものである。

民族を規定するのは人種ではない。同一の言語、同一の文化、同一の領土、同一の経済体系。この四つのうち一つがかけても民族の規定とはならない。しかも民族の分離と結合は、外部の圧力に対して分離した方が民族を解放するか結合によるのが力強くなるのかによつてしかも人民の自由意志で決定さるべきである。……（瀬長亀次郎「日本人民と結合せよ」『世論週報』特集号・日本復帰論：三二）

民族の単位は「同一の言語、同一の文化、同一の領土、同一の経済体系」の四つの客観指標によって決定されるというスターリン的民族定義を引いた後で、人民の自由意志すなわち主体的決定によって帰属先が決定されるべきだとして「民族的主体性確立後の再結合」という「我々」が独立した「民族」であることを含意したソ連的「民族問題」の処方箋のロジックが参照される構図となっている。

スターリンの民族定義を提起した前半の解釈図式とソ連的「民族問題」の処方箋を提示した後半の解釈図式をフレーム架橋して一つの大きなフレームにまとめあげた結果、全体として何が言いたいのか不明な文章となっている。

スターリンの「民族」定義の四指標のうちの「同一の経済体系」はこの「民族」が日本民族を含意するニュアンスを

かもし出しているが、反面、分離と結合のどちらかが「民族」を解放したり力強くするのかという問いの立て方における「民族」が、「我々」が「日本民族」とは別の民族であることを含意しているため、読み手を混乱させるからである。

民族の論拠を日琉同祖論ではなく、スターリンの民族定義に求めたことはこの混乱をさらに助長する効果がある。なぜなら、第二章で詳述したように「琉球民族」を「日本民族」の中の「民族内民族」と規定した日琉同祖論においては「日本民族」と「琉球民族」の二表記は並存しうるのだが、スターリンの民族定義に象徴されるソ連流の民族理解やそれに基づいた民族行政システムにおいては、民族は相互排他的に仕分けされるので、「日本民族」と「琉球民族」は相互排他的にしか存在しえない(55)。

この矛盾に対する瀬長の処方箋は、それまで多用していた「琉球民族」を「我々カテゴリー」として用いることを封印し、「沖縄人民」に切り替えることであったようだ。だから例えば、上記例文においても本当は、「日本から分離した方が琉球民族を解放するか日本との結合によって琉球民族が力強くなるのか」という表現にすれば日琉同祖論的には論旨がクリアなのだが、「琉球民族」という固有名詞を回避したことで、文意が曖昧化されている。

そして、この節の結論部分は、以下のようになっている。

> ……日本民族の運命が沖縄人民の生活と強烈に結ばれているからこそ我々は、人民との結合を叫ぶのである。……沖縄の人民の力が日本人民の力と切断されたまゝではなしに、力と力が結合するとき民族解放の威力は発揮されるのだ。日本人民との結合。それのみが沖縄人民を貧乏から解放する道である。（瀬長亀次郎「日本人民と結合せよ」『世論週報』特集号・日本復帰論：三四）

「日本民族」「日本人民」と対の概念として「沖縄人民」を提示し、両者が「結合」するというレトリックによって、二つの主権的存在の対等な結合というニュアンスがかもし出されている。付言すれば、第四章の瀬長の例文に典型的に現れているように、「日本復帰」のスタンスを表明する以前の瀬長は、「琉球民族の解放」という意味で「民族解放」という表現を多用してきた。このため「力と力が結合するとき民族解放の威力は発揮されるのだ」の「民族解放」は、瀬長の文章を読みなれた読者の「読み（decoding）」においては、「日本民族」と「琉球民族」のどちらの含意でも、あるいは両方の含意を同時に読み込むことが可能な多義的（multivocal）なタームとして機能している。

こうして検討してみると、この論文「日本人民と結合せよ」において瀬長は、当時の世界中の共産主義者に共有されていた「グローバル思潮」中に存在したソ連的な「民族問題」の処方箋やスターリンの民族定義の知見を独特に架橋（frame bridging）した解釈図式を提示しているといえる。

なぜ、このような複雑なフレーミング操作が必要だったのか。

「復帰」のスタンスを表明した直後から、人民党は「復帰」に「即時」という形容詞をつけて「即時日本復帰」を唱えていた。米国の直接統治下にあるよりも、日本の施政権下に入って、日本の革新陣営と合流したほうが「革命」への展望が開けるという情勢判断があったともいわれる。[56] 即時に復帰するということは、つまり「結合」が含意する「連合」ないし「連邦」的政体ではなく「都道府県への復帰」が前提となる。実際、「復帰後」の具体的な見通しを語る文脈では瀬長と人民党の語りは、以下の例文のように当初から「沖縄県への復帰」を前提にしていた。

……日本復帰後の構想は容易に描ける。……沖縄は沖縄県として立ち、しかも公選による知事が生まれる。議会はもちろん任命ではなしに選挙によつて出来上る。更に参議院や衆議院に人民の代表が送られることも間違いない……（『世論週報』特集号・日本復帰論：二六）

……暴風被害対策……我々が日本に帰属した場合日本政府からも多額の援助を受けられる訳であるが、一番根本的な農村の被害対策にしても日本では農業災害信用保険制度というものがある。この様な天変地変その他の災害がある場合政府の力によって国庫から相当額の補助が得られる訳であるが……（一九五一年八月二八日の群島議会における仲里誠吉議員の討論『群島議会Ⅱ』二四四）

しかしこのような「沖縄県」に戻ることの利点を説く言論（統合としての「自治」）と、「琉球の民族解放運動の現時の主要目標」を琉球民族の「主権確立」とする、などとしていたそれまでの人民党の言論（離脱としての「自治」）の間にはギャップがあり、両者を「つなぐ」ロジックが必要となる。[58]「結合」のロジックはまさにその「つなぎ」のために導入されたのである。瀬長やその他の人民党幹部は、国際共産主義運動という「グローバル思潮」中に存在していた「民族問題」に関する「知」のレパートリーの中から「結合」のロジックを引き出し、「沖縄」で支配的な政治文化資源である日琉同祖論や当時の政治状況への適合性を勘案しながら、フレームに組み込んだのだと推察できる。

だが、このいわば「結合フレーム」は大々的に展開されることなく終わった。人民党の政治言論の一次史料を時系列的に検討すると、管見の範囲では「結合」という文字を含む政治スローガンは一九五一年一〇月一日に『琉球新報』に掲載された意見広告が最後である。[59]サンフランシスコ講和会議以降の人民党の政治言論で前面に出されたのは、「米軍統治＝植民地支配」、「復帰＝植民地支配からの脱却」、「復帰運動＝米国の植民地支配を敵とする民族解放闘争の一環」という解釈図式である。この「米軍統治＝植民地支配」という理解の最大の論拠が第六章で検討した講和条約第三条であったことから、「条約三条撤廃、即時完全日本復帰実現」[60]といったフレーズが慣用的に用いられた。この「即時完全日本復帰実現」の「即時」という言葉が「都道府県への復帰」しか意味しえないことはすでに述べた通りである。

確認しておけば「我々」の「主権性」を確保した上での日本との「結合」の理想は否定されたわけではなく、瀬長らは「転向」したわけではない。多くの党員の内面ではその理想は持続していた可能性もある。[61]ただ、政治アクターとしての瀬長と人民党は、一九五一年後半以降の政治の事件史的展開文脈で最大限の支持を動員できるフレーミングを行うであり、これに対抗する政治勢力の結集を促進することがフレーム構築の基軸である。こうした情勢認識において、必要がある。この時期に人民党が提示したフレーミングの前提となる政治認識は、米軍政を「主敵」と位置づけるもの「復帰後」という「遠い将来」に関する政治構想である「対等な結合」論は、現在進行中の現実政治への関連性が弱くフレーム構築にあたって優先的に組み込まれる要素とはなりえない。だから政治言論のフレーミングのレベルでは用いられなくなっていったものと見ることができる。

このようにして人民党が「結合」をフレーミングの鍵概念として用いなくなった後、全く別方面から「対等な結合」に近似したフレームが提起されたことがある。一九五二年四月一五日、琉球政府発足に伴って開催された第一回立法院において、新垣金造議員から琉球住民に主権があることを宣言する決議案を可決することを求める提案が上程された。戦前の県議だった新垣は政治陣営的には人民党とは対極に位置する「親米保守」の政治家である。四月一八日に新垣が出した決議案[62]では琉球「政府の持続する限り琉球住民に□る琉球住民のための政治の主権は琉球住民に在ることを宣言」した上で「琉球が日本国に合併又は統合されるときには、対等の主権を以て合併又は統合されるべきである[63]」と結ばれている。

新垣によると、この提案は、米統治下「琉球」に日本に再び行政権が及ぶという新聞報道[64]を受けて行われたもので、「今後この行政権が日本から働いた場合においては所謂沖縄を植民地的に考えてもらいたくない[65]」との気持ちから、予め主権宣言をすることで、「日琉合併の必要ある場合は何時でも堂々として主張すべき意見は主張し而して日琉合併にはそれに対等の地位を以て臨むという我々の主権の存在を明確[66]」にすることを狙うものであった。

新垣は「我々の主権は要するに我々にあるのだそれを我々琉球人が日本人の主権の中にもぐり込む[67]」という「復帰」は「所謂従属を意味することであり所謂植民地がそこに入つて行く[68]」ことを意味するとして退け、他方、日本との合併か独立かは「後日に残された大問題[69]」だとして、その狙いが「独立を目指すとかいうことではな[70]」く、「主権宣言」そのものにあることを説明している。

「対等の主権を以て合併又は統合」という新垣の決議案の主旨に、「帰属論争」期の人民党の「対等な結合」論と通じるものがあることは明らかであろう。実際、この提案を聞いた瀬長亀次郎は冒頭「非常にいい提案だと思います[71]」とコメントし、社会大衆党で前年の日本復帰署名運動の事務局長を務めた兼次佐一も「琉球住民に主権を与えよということはこれは賛成である[72]」とその主張の一部を肯定する発言をしており、その内容には彼らの琴線に触れる要素があったことが窺える。

だが、結論から言えば、この新垣の提案は最終的に全否定され、「対等の主権を以て合併又は統合」という理念自体も歴史研究的な関心対象となることもなく埋もれて今日に至っている。

ネックとなったのは「主権」という用語であった[73]。例えば人民党はこの頃「講和条約第三条の破棄による即時日本復帰」を掲げていたが、その法理的含意は第三条によって「潜在化」されている日本の主権を条約破棄によって「顕在化」するというものであった。当然主権が日本国にあることが前提である。したがって瀬長は、いくら内容が以前自らが提示していた「対等結合論」に近似しているとはいっても、「主権」という用語を「琉球人民を含めての日本人民」ではなく「琉球人民九十三万だけに[74]」帰する新垣の議論を受け入れる訳にはいかない。他方、社会大衆党や「奄美」選出の議員は、逆に第三条で日本に（残存）主権が認められている点に「復帰」への足がかりを見出しているので、「琉球」における日本のアプリオリな「主権」を否定する「琉球人主権論」はやはり受け入れられない。

実は審議の途中で瀬長は、新垣のいうところの「主権」は「国際上大きい立場から主権をいつたのでなしに自主性或は自治[75]」という意味で使っているので新垣が字句修正した上で再検討することを提案し、決議案を「救う」姿勢を見せた。しかし、新垣が持論を曲げずにむしろ「復帰批判」のボルテージを上げたので、その主張は結局「復帰論」／「独立論」の二項類型中の「独立論」のカテゴリーに仕分けされて理解されることに帰着し、全面否定の形で否決される結果となった[76]。

一九五一年二月の段階であれば、新垣の議論は、当時瀬長と人民党が提示していた「対等な結合論」とシンクロしていたかもしれない。だが一九五二年四月の段階では、瀬長と人民党の政治言論活動は「米国による植民地主義的支配からの脱却」＝「講和条約第三条の撤廃を通した即時復帰」というフレーミングの提示を中軸にしており、仮に内容に個人的に共鳴する部分があったとしても、「琉球人主権論」を自らのフレームに取り込む余地はなかった。

こうして複合ヴィジョンの「型」は、「帰属論争」期の人民党の「対等結合論」や新垣金造が提示したいわば「二主権合邦論」といった戦前とは異なる複合ヴィジョンの「型」ではなく、「都道府県」の枠組に「復帰」し、その制度枠組の範囲内で、「自治（self-government）」の理念を追求するという複合ヴィジョンの「型」に帰着した。

そして、このような「沖縄県政的自治」が「本当に我々が目指すべき自治」なのか、という問いはいったん封印されることとなった。

無論、それはあくまで「封印」であって「消滅」ではない。「基地」に対する日本の姿勢を沖縄側が厳しく問い始める一九六〇年代、とりわけ「復帰」が決定事項となった一九六〇年代末になると、政治界「沖縄」では反復帰論のような思想的問いかけから「沖縄特別州」[77]のような具体的な制度提言に至るまで、「復帰」と「我々の自治・自立」の整合性を改めて問う多様な言論が水面下から姿を現し、「日本・日本人」への「帰属」のベクトルと琉球・沖縄人の「自己決定」のベクトルは、複合ヴィジョンの枠内でせめぎ合い始める。

しかしそれまでは「日本・日本人」への「帰属」と琉球・沖縄人の「自己決定」の整合性・両立可能性をアプリオリな前提に、終戦直後に多用された「琉球民族」や「沖縄人」に代わる「沖縄県民」という「我々カテゴリー」を主体とする「我々ヴィジョン」の「想像」が促進されてゆくことになった。それは「沖縄県」という戦前に存在した（しかし米統治下「琉球」には実在しない）行政単位を基盤にしているという意味では戦前回帰的な、しかし同時代にグローバルに興隆しつつあった反植民地ナショナリズムの「理念」を織り交ぜて展開される「人権闘争」の主体として位置づけられるという意味では戦後の文脈に強く規定された「我々ヴィジョン」である。

このいわば「戦後型沖縄県民」のヴィジョンが、対日講和条約発効後に展開された「土地闘争」の政治文脈でどのように興隆したのか、第八章で検討したい。

まとめ

本章では「政治」の事件史的展開との相関関係に目を配りながら、複合ヴィジョンの生成の前提となる「離日」（いわば単独ネーションのヴィジョン）というスタンスが、政治界において正当性を失ってゆく過程を照射し、その上で再生した複合ヴィジョンの内実を検討した。「離日」消滅の最大の原因は、米軍政に対する期待感が剥落して、反感が高まるという一九五一年の「政治」の展開状況によって、国連信託制度を用いた米統治下において「自治」「経済自立」が実現でき、時期が来たら独立できる、という「離日」派の将来構想の説得力が弱まったことにある。そして、講和条約発効後の政体が信託統治ではなく終戦以来の軍政の実質的延長であることが明らかになったことは、政治界「沖縄」において「離日」というスタンスをとることの正当性に決定的な打撃を与えたといいうる。

そしてこのような「離日」派の衰退と反比例する形で正当性を獲得したのが「自治」や「経済自立」に代表される琉球・沖縄人の「自己決定」のベクトルと「日本・日本人」への「復帰」のベクトルを曖昧に同居させた複合ヴィジョンであった。

そこでは琉球・沖縄人の「自己決定」のベクトルと「日本・日本人」への「復帰」のベクトルの関係は、後者の興隆によって前者が弱まるというトレードオフ的なものではない。異なるアクターの多用な解釈を可能にする解釈図式の特性は、二つのベクトルを曖昧に同居させることを可能にする。それゆえ抗米の文脈では、完全自治や拒否権というタームを用いて琉球・沖縄人の「自治」が高揚する一方、復帰の文脈では、中央集権的な日本政府の統治システムを前提とした「都道府県的自治」への「復帰」が希求され、その意味内容上の相違はオブラートに包まれたまま、「自治」理念は共有されたのである。

当時の言説をより詳細に検討すると、瀬長亀次郎や新垣金造の「対等な結合論」のようオルターナティブな複合ヴィジョンのフレーミングもあったが、一刻も早い復帰が望まれる政治状況にあって、大きな影響力を持つことなく（マスターフレーム化して共有されることなく）消滅し、以後、「復帰」の理念は連邦制や連合国ではなく、中央集権的な日本政府の統治下の沖縄県政への復帰を意味するようになった。

（1）ほぼ同時期に沖縄タイムス社発行の月刊誌『月刊タイムス』が行った琉球大学生約二〇〇人対象の調査でも独立と信託合わせて一〇％となっている（『月刊タイムス』一九五一年五月号〈第二八号〉：七）。

（2）公的生活では復帰運動を支えながら、胸中ではヤマトに不信感を抱き「沖縄独立を胸に秘めていた」たとする「沖縄」の政治家の回顧談としては大山（一九九七）が著名である。

（3）復帰賛成派の『沖縄タイムス』の記事では、各政党の態度表明が行われる前の時点ですでに「住民感情の大勢が日本復帰要望にある」（一九五一年二月一日）、「現在吾々の知る範囲では日本帰属を希望して居るものが多いように見受けられる」（一九五一年二月四日）といった認識が示されている。

(4)『うるま新報』一九五一年四月八日「社説・講和条約と沖縄処理(一)」。

(5)『うるま新報』一九五一年四月三〇日「社説・人民の心理」。

(6)検討対象は、『うるま新報』、『沖縄タイムス』と雑誌『琉球経済』(第10号・特集琉球帰属論)に掲載された一四人の論者(池宮城秀意、城間盛雄、城間盛善、比嘉幸一、中峰康輝、仲宗根源和、大宜味朝徳、大村修一新里銀三、祖根宗春、桑江朝幸、兼島信助、大庭政慶、中島健一)の論考と、『うるま新報』の社説、そして沖縄群島議会で三回(三月、八月、一二月)にわたって行われた帰属問題をめぐる議論における新里銀三・祖根宗春両議員の議論である。

(7)『うるま新報』一九五一年一月二七日「社説・講和会議と沖縄の立場」。

(8)『うるま新報』一九五一年二月二一日「帰属問題に就て―日本帰属の内容を問う(上)―城間盛雄」。

(9)『うるま新報』一九五一年三月三日「講和の受入態勢に就いて(一)―城間盛善」。

(10)『琉球經濟』(第10号・特集琉球帰属論)一九五一年六月一日、「なぜ?独立を主張するか―桑江朝幸」。

(11)『うるま新報』一九五一年二月六日「何故国連信託を主張するか(上)―池宮城秀意」。

(12)『うるま新報』一九五一年二月六日「何故国連信託を主張するか(上)―池宮城秀意」。

(13)『うるま新報』一九五一年一月二七日「社説・講和会議と沖縄の立場」。

(14)『うるま新報』一九五一年四月二三日、共和党声明の大要より。

(15)祖根宗春「親米友日的な琉球独立願望」『琉球経済』第10号・特集琉球帰属論:一七。

(16)新里銀三「四党会談と琉球独立」『琉球経済』第10号・特集琉球帰属論:一六。

(17)一九五一年三月一九日沖縄群島議会における共和党・祖根宗春議員の発言(『群島議会I』三四五)。

(18)一九一九年三月一日の日付があるこの宣言文の書き出しは次のようなものである。「吾等はここに朝鮮が独立国であり、朝鮮人民が自主民であることを宣言する。これをもって世界万邦に告げ、人類平等の大義を明らかにし、これをもって子孫万代に告げて民族自存の正権を永久に保有せしめる」(市川正明編一九九六:三三)。

(19)「帰属論争」の論争内容を検討した既存研究(上地二〇〇八、櫻澤二〇一二:第一章)は、いずれも論争を通して復帰賛成派が支持を拡大したと論じており、この点でここでの議論とは相違がある。

(20)比嘉幸一の論考は一九五一年四月一七日から二一日にかけて『うるま新報』に五回にわたって連載された。中島健一の論考は『琉球経済』(第10号・特集琉球帰属論:三七―四二)に掲載されている。

(21)『琉球経済』第10号・特集琉球帰属論:一一―一二、一五―一六、二六、三一―三二、三五―三六、四三。

(22)『琉球経済』第10号・特集琉球帰属論:一六、一九、三三、三六。

(23)『琉球経済』第10号・特集琉球帰属論:一六、三三、三六。

(24)『琉球経済』第10号・特集琉球帰属論:五―一二、二四―二五、三八―四二。

(25)『琉球経済』第10号・特集琉球帰属論:一六―一七、二七。

(26)『琉球経済』第10号・特集琉球帰属論：一七—一八、三七。

(27) http://www.unic.or.jp/info/un/charter/text_japanese/（国連広報センター）。英文は、http://www.un.org/en/documents/charter/chapter12.shtml（国連本部）。なお和訳では第七条2と表記されているが、原文ではArticle 7 (b) となっている。

(28) 例えば戦前からの共産党員で、代表的な「離日」論者の一人として参照されることの多い永丘智太郎の一九四六年の言論では国連憲章の信託統治条項の条文を踏まえて信託統治に対する期待が語られている（森二〇一〇：八九—九〇）。

(29) 実はサンフランシスコ講和会議直前の八月末、それまで社長を兼任していた池宮城が社長兼任を解かれ、代わりに沖縄民政府の副知事だった又吉康和がうるま新報社の社長に就任するという事件があった。『うるま新報』から『琉球新報』への紙面変更もこの社長交代に伴うものである。池宮城の評伝（森口一九九五：一六四）では、米軍政に気兼ねする又吉が〝池宮城はずし〟を行ったとする。しかし、一九五二年八月に池宮城が退社する以前の編集実務は又吉の社長就任後も引続き池宮城が取り仕切っていたこと、サンフランシスコ講和会議後も、「日本」への警戒を露にしたいわば「池宮城らしい」社説が掲げられていること、そして又吉自身の政治スタンスが必ずしも「復帰運動」に積極的でないことから、「復帰反対論」を明示的に掲げなくなった直接的な原因を、又吉の社長就任に求めることはできない。

(30)『沖縄群島議会Ⅱ』四一三—四一七。

(31)『沖縄群島議会Ⅱ』四二四。

(32)『琉球史料　第二集』二一七—二一八。

(33)『琉球新報』一九五二年四月二四日、『沖縄タイムス』同日、「立法院会議録（二）」三一—三五（http://www.archives.pref.okinawa.jp/html2/01/01-02-04.pdf）。

(34)『琉球新報』一九五一年四月三〇日、『沖縄タイムス』同日、『琉球新報』同五月一日、「立法院会議録（二）」六七。

(35)「立法院会議録（二）」三〇。

(36)『うるま新報』一九五一年一月二四日。

(37)『琉球日報』一九五一年一月二六日。

(38)『うるま新報』一九五一年一月二四日。

(39)『群島議会Ⅰ』三五〇。

(40)『沖縄タイムス』一九五二年二月一〇日。

(41)『うるま新報』一九五一年六月二〇日。翌六月二一日の『うるま新報』でも同趣旨の発言を繰り返している。

(42)『沖縄タイムス』一九五一年八月一二日。

(43)『群島議会Ⅰ』三四八、三五一。

(44) 事例としては社会大衆党については『沖縄タイムス』一九五一年二月一六日、人民党については『世論週報』（二六）と沖縄群島議会における人民党・仲里誠吉議員の発言を参照（『群島議会Ⅰ』三四九、『群島議会Ⅱ』二四四）。

(45) 森自身は「独立—再結合」と「分離独立—再結合」というタームで表現している。しかし「独立」「分離独立」という表記は、いったんは独立主権国家を樹立するという含意を帯びてしまうので、本書ではこの表記は採用しない。既存研究を検討した限りでは、徳田ら「沖縄人」共産主義者の言論において琉球・沖縄に独立主権国家を樹立することを明示した言辞は確認できない。一九四六年二月の「沖縄民族の独立を祝う」メッセージの「民族の独立」も独立主権国家の樹立というよりも、「民族の自立」「民族主権の確立」といった含意に読める。徳田らの他の言論には「自治共和国」という名称が登場するが、「自治共和国」は一般名詞的にも、徳田らが参照軸としていたソ連の民族自治システムにおいても独立主権国家ではない。

(46) 森は、このソ連的な「分離―結合」シナリオに基づいた「帰属問題」の言論は、国際情勢の展開に伴い、一九五一年時点の日本共産党では語られなくなり、主権性確立の手順を省いた単純復帰論に転換したとの議論を展開している。したがって、瀬長と人民党の「分離―結合」シナリオに基づいたレトリックの登場時期は、日本の共産主義者の言論状況とは時期的なズレがある。しかし、分裂・地下潜行中の日本共産党指導部との連絡が難しかったことを踏まえれば、日本と「沖縄」の言論にズレがあったことは自然だと思われる。

(47) 田中克彦（一九九一［一九七八］：一八九）は、定訳の「ソヴィエト連邦」よりも一九三四年刊行の平凡社「大辞典」の「ソヴィエト結合国」がよりロシア語の含意を反映しているとしており、そうであればこの観点からも「結合」が「ソ連的処方箋」を象徴するタームだといえる。

(48) 既存研究（田中一九九一［一九七八］：Ⅲ&Ⅳ章、二〇〇二、二〇〇三［一九七五］：Ⅱ章、塩川二〇〇四：第一章、二〇〇七：第一章、二〇〇八：一〇八―一一八）を検討したところ、この「分離―結合」シナリオの形成過程や思想史的解釈には諸説あるものの、一九二二年末のソ連結成の時点では理念が確立していること、構想の源がレーニンとスターリンであることは共通した理解であると判断できる。

(49) 瀬長のこのコメントと極めて近似した「帰属の問題と云ふより寧ろ結合の問題である」という言い回しが雑誌『青年沖縄』第三号（一九四七年七月）に掲載された「沖縄問題座談会」における徳田発言の中にある。これは一九五一年二月時点での瀬長の民族問題理解の枠組と一九四七年七月時点での徳田の民族問題理解の枠組の共通性を示しているといえるだろう。

(50) 『沖縄タイムス』一九五一年二月二三日に掲載された四党首会談における人民党中央委員上地栄の発言より。

(51) 『沖縄タイムス』一九五一年三月一九日に掲載された前日の党大会における瀬長演説の要約より。

(52) 一九五一年三月一九日の沖縄群島議会本会議における人民党・仲里誠吉議員の発言（『群島議会Ⅰ』三三八）。

(53) こうした自分たちの「自己理解」を特徴づける論拠の示し方のパターン、この文脈では「我々」が日本国に帰属する正当性の論拠づけの解釈図式を佐藤成基（二〇〇八：二一）は、「論法」という分析概念で把握している。

(54) 実際、人民党が「民族自決」の語を用いた場合「民族」は、「日本民族」ないし「日本民族の一部」としての「我々」を含意している（『うるま新報』一九五一年一月三一日、二月二二日、『沖縄タイムス』同二月二二日）。

(55) この点についてはソ連の民族行政システムが、「領土」と「構成員」の二系統の「ネーション」制度によって、人間集団を相互排他的な「民族カテゴリー」に峻別し、それによって「民族紛争」の「創造」に帰結したとする（Brubaker 1996: ch.2）の議論も参照。

(56) 『沖縄タイムス』一九五一年二月一四日、森（二〇一〇：二一七―二二二）。

(57) 『うるま新報』一九四九年二月二一日「知事選挙について2」。

(58) 実際、一九五一年三月一九日の沖縄群島議会における「帰属論争」では、共和党・新里銀三議員から「人民党は平良知事に面談して憲法制定を急いでやって貰いたいと言っている。独立国家でなければ憲法はない、よって憲法を実施して欲しいと言いながら、日本帰属を要望することは矛盾も甚だしい」と突っ込まれている。この突っ込みに対し人民党・仲里誠吉議員は、「人民党は成程、憲法制定を要求している、然し、これはアメリカの統治下におかれる間の憲法である、沖縄が日本に帰属して、再び主権が及ぶようになればこれは自発的に撤回するであろう」と返すことを余儀なくされている（『沖縄群島議会Ⅰ』三四八―三四九）。

（59）会話中の表現としては、例えば一九五二年四月の「復帰」決議をめぐる審議で瀬長が討論の中で「結合」という表現を用いた記録があり、より長く用いられた可能性もある（『沖縄タイムス』一九五二年四月二一日）。

（60）一九五三年三月一七日付け「天願事件に対する野党連合声明と統一綱領」における一番目の綱領（南方同胞援護会編一九六八：一一三七）。

（61）森（二〇一〇：九六―九七）では日本共産党が「沖縄人少数民族論」をやめて久しい一九五五年の段階で、那覇市出身の井之口政雄が「沖縄人の沖縄」という意識に基づいた自治を有する政体への期待を語り、沖縄出身同士に大きな影響を与えていたとしている。沖縄人共産主義者の間では、公的に表明できなくなった後も、「沖縄県に戻る」のとは異なる「復帰」の「型」を希求する意識があった可能性を窺わせる。

（62）この後四月二九日にも「琉球住民の人権宣言」と改題され、内容も練り直された決議案が上程された。そこでは「琉球住民の主権が日本国々民主権と対等の国民主権であることを確認……」という表現になっている（『立法院会議録（二）』六一）。

（63）「立法院会議録（二）」四六、沖縄県立公文書館デジタルアーカイブ「立法院会議録」所収（**http://www.archives.pref.okinawa.jp/html2/01/00018.htm**）。なお、新垣提案の「主権決議」をめぐる審議の前半部分の議事は、沖縄県議会から刊行された公定史料である『立法院Ⅰ』では欠落している。

（64）一九五二年四月一日の『沖縄タイムス』に掲載された日本政府が行政権返還を米政府に要請するという記事を指すものとみられる。四月二二日にも続報記事が掲載されている。

（65）以上は「立法院会議録（二）」四七からの引用。

（66）「立法院会議録（二）」六。

（67）「立法院会議録（二）」七。

（68）「立法院会議録（二）」六。

（69）「立法院会議録（二）」七。

（70）「立法院会議録（二）」七。

（71）「立法院会議録（二）」六。

（72）「立法院会議録（二）」九。

（73）審議のやり取りを見ると、新垣以外のすべての議員は、「主権」を「独立国家が有するもの」と理解している点で通底しているのに対し、新垣は、国際法上の国家主権と国内法上の国民／人民主権の論理を混在させた独特の「主権」理解のレトリックで対抗している。それは具体的には、天皇主権を国民主権に転換した新憲法は「琉球」に適用されていないので、琉球において「日本国民」が主権者であることはありえず、琉球の主権は琉球人にあるべきだ、というものであった。「国家なきネーション」（Guibernau 1999）的な「独立国家」を含意しない「主権」観念が当時存在しなかったため、新垣の側はその理念を独特のレトリックでしか表現しえず、他の議員たちの側は、その理念を認識する枠組が欠落していた状態だったと思われる。

（74）「立法院会議録（二）」六。

(75)「立法院会議録（二）」一〇。

(76)当時の新聞に掲載された議場の様子を伝える雑感記事（『琉球新報』一九五二年四月一六日、二三日、『沖縄タイムス』同四月一六日、二二日、二四日、二六日、三〇日）中の下記のような表現を読むと、新垣が説明の中で神がかり的な発言を交えて壮大な持論を長時間語り続けたことから、主張内容以前に、真面目に取り合わない空気が支配的だったことが窺える。「珍妙な応酬のためこの辺から議席も傍聴席も笑いの連続で金造氏大いに怒る」（『琉球新報』四月二三日）、「『三種の神器は知、仁、勇であり、太陽、地球、空気である　これは私が七日間も絶食して思索した結論である』と琉球人の主権を主張……」（『沖縄タイムス』四月二四日）、「ひとりで盛んに気エンをあげる。各議員は又かといった顔つきでポカンとしていた」（『沖縄タイムス』四月三〇日）。

(77)例えば、比嘉幹郎（一九七一）。

第八章　抵抗主体としての「沖縄県民」の生成（一九五二―一九五六）

はじめに

本章では「沖縄県民」という「我々カテゴリー」が再提起され、拡散・主流化してゆく過程を照射する。主な対象時期は対日講和条約が発効した一九五二年四月からいわゆる「島ぐるみ闘争」が生起した一九五六年夏までである。

第五章と第六章では「復帰」「自治」「経済自立」の三つの理念に照準した上で、一九五一―五二年四月の間にこれら理念が表出・変容・高揚する過程を照射し、第七章では、「自治」「経済自立」に代表される琉球・沖縄人の「自己決定」理念と、「日本・日本人」への「復帰」の理念が同時並行的に興隆したことによって生じた複合ヴィジョンの諸相を検討した。これらの章では、ネーションのヴィジョンを表出・変容・高揚させた駆動因として、①生活再建や経済復興をめぐる米軍政の資金面や権限面に関する施策に対する反発（grievance）、②政治指導者層の「戦後日本」行政との接触再開、③ダレス訪日とサンフランシスコ講和会議という国家間政治の領域における二つの「事件」の「沖縄」へのインパクトの三点を提示した。

これに対し本章における議論では、この三点はネーションのヴィジョンの主たる駆動因として浮上しない。この時期、米軍人による事件・事故や住民の同意を得ない基地の恒久・拡大化が住民生活への直接的な脅威として意識化され、政治界「沖縄」の主要アジェンダとして興隆した。つまり「復興」に代わって「基地問題」が「沖縄」の中核アジェンダになったのがこの時期である。そして一九五〇年代中頃の「沖縄」における最大の「基地問題」関係のイシューが「軍用地問題」であった。

本章では、この「軍用地問題」に関する米国の施策に対する住民側の抵抗闘争＝土地闘争が人民党などのフレーミングによって、「復帰」のさらなる高揚に連動し、その中で「沖縄県民」が、「抵抗主体」という戦前とは異なる含意を帯びた「我々カテゴリー」として用いられるようになり、主流化してゆく過程を照射する。

第六章で提示したように、一九五一年五月から八月にかけて展開した最初の復帰運動である日本復帰署名運動は相対的に「熱気」を欠いたものであった。そして第七章で提示したように、この時期の復帰賛成派の言論では、「沖縄県民」という「我々カテゴリー」は用いられておらず、「我々」を表現する際、「沖縄人」「琉球民族」「日本人」といった複数の「我々カテゴリー」を曖昧に互換させる複雑なレトリックが用いられていた。

ところが一九六〇年代には、数万単位のデモ隊が日の丸を掲げて街頭をデモ行進するという光景が姿を現すとともに「沖縄県・県民」という「我々カテゴリー」が盛んに用いられるようになるという変化が起きている。(1)

したがって、両者の中間にあたる一九五〇年代中頃の土地闘争期に「沖縄県民」の再使用・再主流化の過程が生じ、それが「現代沖縄」で支配的な「我々ヴィジョン」としての「沖縄県民」の直接の起源であるとの作業仮説が立てられる。この作業仮説に依拠して、当該期の事件史的展開と「沖縄県民」という用語の再使用・再主流化の過程の相関関係を検討してゆくことが本章の主な作業内容である。

まず第一節では、一九五〇年代中頃において様々な政治イシュー文脈で表出した抗米の諸相を提示する。次いで第二節では、この時期の最大の政治イシューとなった軍用地問題をめぐる事件史的展開文脈において「沖縄県民」が再提起され再主流化してゆく過程や、この「我々カテゴリー」の戦前とは異なる「抵抗主体」的含意について論じる。

第一節　一九五〇年代中頃の政治情勢

当該期の三項連関構図

本節では次節で行う作業の前段として、当該期の「沖縄」で高まった抗米の気運の動因と過程について背景説明する。まず当該期の政治構図を沖日米の三項連関図の枠組に依拠して提示しよう。この時期の沖日米の三項間の政治構図は、第六、第七章で扱った一九五一年九月―一九五二年四月までの時期から二つの点で変化している。

第一は、「沖縄」と日本の政治アクターの提携関係が始まったことである。第二は一九五六年夏に生起した「島ぐるみ闘争」を契機に「沖縄」における大規模な「運動」が米国の政策変更をもたらすという連動関係が初めて生起したことである。図6はこのような「島ぐるみ」闘争をめぐる沖日米の三項間の連関を示したものである。

この時期、沖縄教職員会や沖縄青年連合会等の社会団体や人民党などの政党が日本側の諸団体・政党と公的な提携関係を結ぶようになった。[2] 一方、「伊江島・伊佐浜強制収用」「プライス勧告」といった「事件（event）」ごとに草の根レベルでの支援活動も各地で生起し、「沖縄支援運動」とも呼びうるようなナショナルレベルの社会運動（国民運動）が生成した（小野二〇一〇）。

「沖縄」の「事件」に日本の「沖縄支援運動」が反応して、日本で政治問題化したり、沖縄現地を支援したりといった政治行動を起こし、こうした「沖縄支援運動」の活動情報が新聞などを媒介に「沖縄」にフィードバックされるという相互作用が生起したことにより、「沖縄」の「復帰」と日本の「返還（イレデンティズム）」が共鳴し合う関係が生起したことが推定される。

こうした状況が生起した背景には、この時期、日本と「沖縄」の双方で、米軍基地拡張に伴う土地接収に対する土地闘争[3]が同時並行的に展開されたことから、「沖縄」の土地闘争は、「日本・日本人」というより大きな枠組で展開される抗米土地闘争の一環として位置づけられる余地が生じたことがある。

図６　1956年「島ぐるみ」闘争の文脈での沖米日の政治の三項連関図

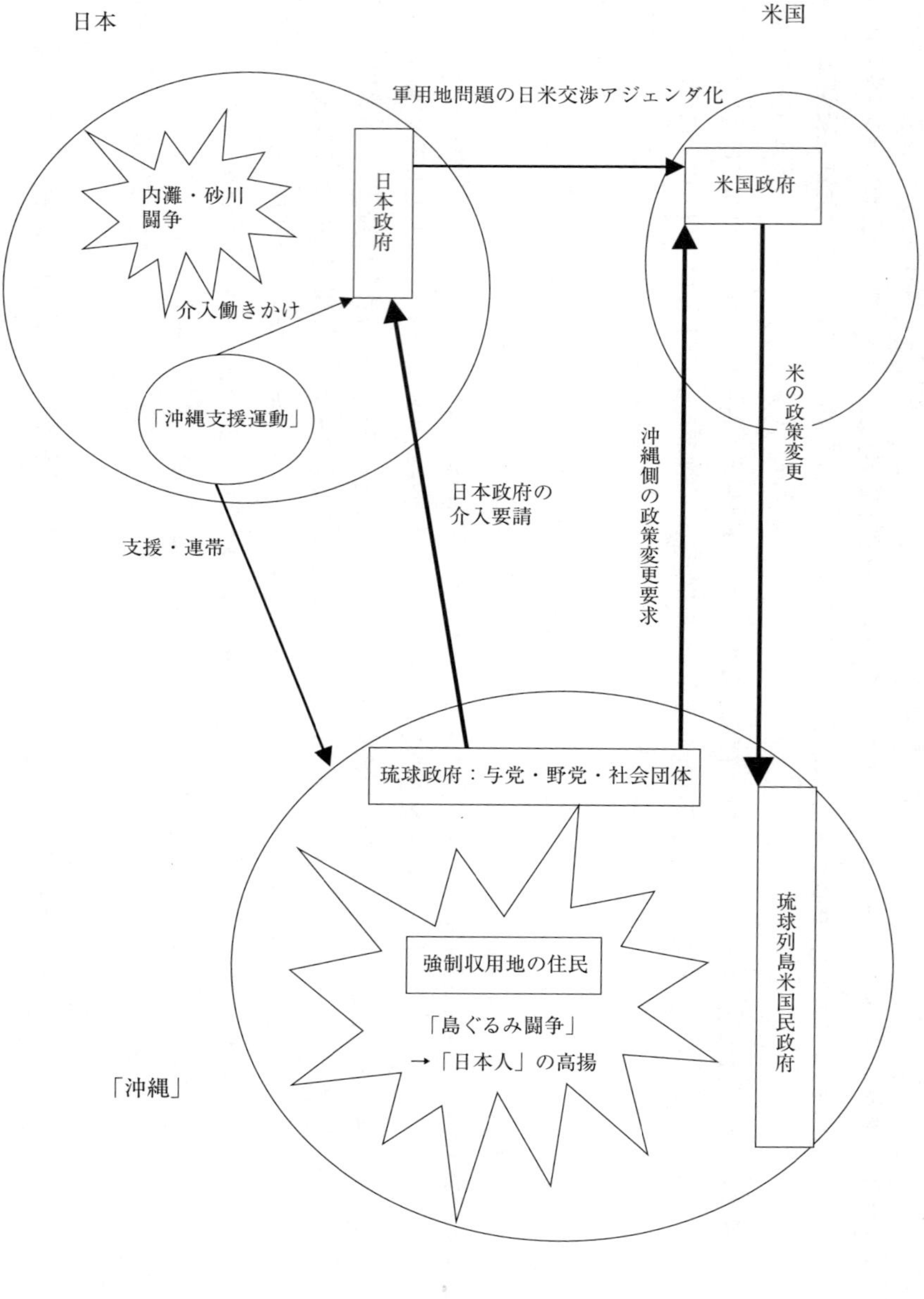

つまり、この時代は、「沖縄」の諸政治アクターと日本の諸政治アクターの政治的支援・連帯の政治コミュニケーション作用の中で、「水平的な深い同志愛（comradeship）」（Anderson 1991［1983］＝一九九七：二六）が生成・高揚する局面として把握できる。この「日本人の高揚」とも呼びうる民族・ナショナリズム現象の過程については次節で検討する。

一方、外交史の分野における既存研究（河野一九九四：第六章、宮里二〇〇〇：第四章、明田川二〇〇八：第四章、平良二〇一二：第三章―第五章）は、土地闘争、とりわけ一九五六年六月のプライス勧告を契機にした「沖縄」における怒り（grievance）の噴出が、米国の「琉球」統治政策にインパクトを与え、政策の一部軌道修正に帰結したことを示している。

土地闘争以前の段階では、「沖縄」で起きた「事件」が米国統治政策の変更に帰結した事例を確認できない[4]。「沖縄」で起きた「事件」や諸政治アクターの統治者に対する批判や請願といった活動は、沖縄現地の米軍政当局やその上部機関である東京の極東軍司令部・ワシントンの陸軍省レベルで対応すれば事足りる「域内問題」として封じ込められた状況だったといえる。しかし、プライス勧告以降の「沖縄」の政治情勢は、米国の「琉球」統治関係者に直接インパクトを与えると同時に、一九五七年の日米首脳会談で日本側が「軍用地問題」を議題に取り上げるなど、「沖縄」の「域内問題」を初めて外交交渉の俎上に乗せた[5]。

政治イシューとしての「軍用地問題」そのものは妥協的な決着となり、沖縄群島における基地拡張に歯止めがかかったわけでもないため[6]、「民衆史」の観点から執筆された沖縄戦後史の代表的な著作である新崎盛暉の『沖縄戦後史』では、土地闘争の帰結は「敗北」と評価されている（新崎一九七六：一六五―一七二）[7]。しかし土地闘争や「島ぐるみ闘争」そのものは、「沖縄民衆」が抵抗主体として現前化する契機となった抵抗運動として、今日の「基地問題」の文脈でも繰り返し参照される例となっている。

次に同時代の国際情勢や「グローバル思潮」の「沖縄」の政治情勢への影響について俯瞰しておこう。

国際情勢の「沖縄」へのインパクト

冷戦最中の一九五〇年代の北東アジア情勢は、極めて高い軍事的緊張によって特徴づけられている。朝鮮戦争は一九五三年七月に休戦協定が結ばれたが、「沖縄」により近接した台湾海峡では、大陸沿岸部の国民党軍駐屯の島々に対して人民解放軍が二度の大規模な軍事作戦を展開したいわゆる台湾海峡危機（第一次は一九五四―一九五五年、第二次は一九五八年）が発生した。こうした軍事情勢に対応する形で一九五四年一二月「沖縄」に核兵器が配備され、一九五七年六月には中距離弾道ミサイルが配備され、「沖縄」の核基地化が進んだ（我部一九九六：第三章、宮里二〇〇〇：第四章）。

他方、日本では先述したように米軍基地の拡張工事に反対する住民運動（内灘闘争、砂川闘争）が各地で勃発して、独立後の日本では米軍の軍事政策がフリーハンドたりえないことが明らかになり、米政府内では、日本に「革新政権」が樹立されて「中立主義」に転じることも現実味を帯びたシナリオの一つと認識されていた（河野一九九四：第三章―第五章）。

こうした国際情勢の展開過程は、日本における米軍のプレゼンスを縮小させる一方、「外国の主権という政治的な処理を必要」とせずに、「米国がなんらの障害もなく軍事作戦を展開できる」[8]状態を「琉球」に維持することの利点を米側に確認させ、日本から撤収した米軍部隊を「沖縄」に移転させる動きとして表れた。その最大の部隊が一九五五年七月から翌年にかけて岐阜県などから名護市辺野古地区を中心とする地域に移転した第三海兵師団である。つまり日本において米軍基地の縮小が進むのと反比例して「沖縄」では米軍基地が拡大する過程が進行したのが一九五〇年代であり、「現代沖縄」における「日本による沖縄への基地の過重負担の押し付け」＝沖縄差別に対する怒りの源泉となっている。

さて、日本の政治情勢に関する上記のような情勢判断から、従来施政権の日本返還論にコミットしてきた国務省も、この時期に米国統治の継続の必要性を是認する方向に路線転換した。具体的には、国務省は一九五三年に入ると、日本政府の「琉球」統治への関与に好意的だったサンフランシスコ講和会議時点でのスタンスを修正して、residual sovereignty の「潜在主権」的含意を明確にし、日本政府に何らかの実質的権限があることを否定するようになった（河野一九九四：第三章）。その代わりに国務省が進めたのが「奄美返還」である。いわば日本政府の「琉球」統治への関与を認めない代償として、米統治下「琉球」の領域を縮小することで日本のイレデンティズムに対処する方針を採用した形である。

外交史における既存研究（Eldridge 2004＝二〇〇三）は、「奄美返還」構想が対日講和条約発効直後から国務省内で浮上し、米軍サイドの強い反対にも遭うことなく米政府内で政策決定されたことを示している。一九五三年八月、新しく発足した共和党アイゼンハワー政権の国務長官に就任したダレスが「奄美返還」の用意があることを発表、一九五三年一二月二四日に奄美返還協定が調印されて、施政権が日本政府に移譲された。

この「奄美返還」の本書の分析へのインプリケーションは二つある。

まず「奄美返還」に伴って、米統治下「琉球」の地理的範囲は旧沖縄県と同一化した。これは「沖縄県・県民」という「我々カテゴリー」が再主流化してゆく前提条件となった。

次に、「奄美返還」とバーターの形で、米国は残りの「琉球」を無期限に排他的に統治する方針に妥協がないことを明確にした。一九五三年一二月の奄美返還にあたっての演説で、ダレスは「極東に脅威と緊張が続く限り」と米国が「琉球」を統治し続けることを言明した。翌一九五四年一月、沖縄現地の米軍政トップのオグデン民政副長官は声明を出しこの中で、「私はここにこれまで復帰の実現に従事した人々、或は団体に対して組織的な公衆扇動をこの際止めるよう勧告する」と言明した（沖縄祖国復帰闘争史編纂委員会一九八二：三〇―三二）。米軍政は、「帰属の意志表示は自由である」とした従来の立場を修正し、「復帰運動」を容認しないスタンスを明確にしたわけである。この声明を受けて、比嘉主席は「復帰運動に対して強い反省を各自がやることを望む」[9]と語り、与党の民主党は、結党時に採択された宣言と綱領から「復帰」の文言を削除した（自由民主党沖縄県連史編纂委員会二〇〇五：二三―二五）。五月には、政治的圧力で屋良朝苗が沖縄諸島祖国復帰期成会と沖縄教職員会の会長を辞任するに至り、復帰運動は活動停止に追い込まれた。

人民党と地下共産党に対する攻撃が最も激しかったのもこの時代で、一九五四年一〇月には瀬長亀次郎ら人民党幹部が犯人隠匿幇助および教唆の容疑で逮捕され、懲役重労働一年の刑に処せられている。

これに対し人民党の側は「沖縄」の土地闘争と復帰運動を「日本人民」による抗米闘争の一環として、そして同時代に興隆していたアジア・アフリカ諸国の反植民地闘争の一環として位置づける政治言論を展開していく。こうした位置づけの背景には一九五四年五月のディエンビエンフーにおけるフランス軍の降伏に象徴されるアジアにおける欧米植民地帝国の退潮、そして一九五四年四月末から五月初頭にかけてのコロンボ会議や翌年四月のバンドン会議に象徴されるアジア・アフリカの新興独立諸国の政治的プレゼンスの高まりとそれに伴う反帝国主義・反植民地主義・民族自決を旗印とする国際政治思潮の興隆がある。

こうした中、一九五五年四月に在京沖縄人指導者層の一人で元大蔵官僚の神山政良が沖縄県人会長の立場でインド・ニューデリーで開かれた民間団体会議のアジア諸国会議に出席したのを皮切りに、「沖縄」「日本」の沖縄関係者の間では、アジア・アフリカ諸国における反植民地・民族自決運動の中に復帰運動を具体的に位置づける動きが超党派的に出てくる。そして一九六〇年代に入ると、復帰運動の反植民地主義・民族自決運動的位置づけは「保守」をも巻き込む形で主流化して定着することになる[10]。

こうした復帰運動の民族自決運動化の流れの中で、「日本民族」の民族自決権を侵害する米国の植民地支配に対する「沖縄」における抵抗主体として「沖縄県民」が盛んに用いられるのである。次に「沖縄」の域内政治の状況を提示する。まず当該期の「沖縄」の主要な政治アクターを提示しよう。

当該期の主要な政治アクター

一　行政機関と政党

琉球政府の行政主席と立法院　一九五二年四月に発足した琉球政府の行政機関の長である行政主席が米民政府の指名によって選出される任命主席制でスタートし、その初代主席が比嘉秀平であったこと、比嘉の政治スタンスが対米協調を基軸としていたことはすでに述べた。比嘉の政治信条の如何にかかわらず、行政主席が米軍に指名され、その権限も米軍政によって一方的に制約される制度は、主席がその政治力を米軍側の意志に反して行使することを制度的に難しくした。したがって琉球政府は米軍との対決を主導しうるアクターにはなりえなかった。

一方、この時期の立法府では民主党、社会大衆党、人民党の三政党の議員たちが活動していた。民主党は比嘉主席の与党で、社会大衆党、人民党は野党である。政党の勢力の有力な指標である議席数について見ると、民主党結党前の一九五二年三月に行われた立法院（議会）の第一回総選挙の当選者数は定数三一に対して社大党一五、人民党一、無所属一五、一九五四年三月の第二回総選挙当時の当選者数は定数二九に対して民主党一二、社大党一二、人民党二、無所属三、一九五六年三月の第三回総選挙では定数二九に対して民主党一五、社大党八、人民党一、無所属五であった。以下、二大政党であった民主党と社会大衆党について説明する、本章の議論に大きく関わる人民党をめぐる状況については本節の最後に、より詳細に説明する。

民主党　民主党は比嘉主席の与党として一九五二年八月に結党した。比嘉主席とともに社会大衆党を脱党した議員や沖縄独立論を主張した元共和党の議員、そして「奄美」・「宮古」選出の議員など多様な政治経歴を持つ議員たちが参加し、結党時には所属議員一九人の最大会派であった。一九五〇年代は米軍政の反共宣伝政策と人民党に対する攻撃が最も激しかった時代だが、民主党の結党宣言では為政者のそのような志向を反映してか、「共産主義の浸透を防止すると共に琉球における共産主義勢力の抬頭を抑圧し以って琉球の繁栄を達成する」と反共の姿勢を鮮明にしている（中野編一九六九：一一四）。また復帰運動については、綱領で「母国復帰の早期実現」を謳っていたが民政副長官が復帰運動を批判する声明を出した一九五四年一月にはこれを書き換えた。

鳥山淳（二〇〇四a）はこうした反共の強調や復帰に対する消極姿勢の底流に流れるのは、日本よりも米国の援助に頼って経済復興を目指す比嘉主席らの「現実主義」であったと論じている。また、宮里政玄（二〇〇〇：一一〇）は、外交史料に基づき、一九五四年三月の立法院選挙で民主党が過半数を取れなかった直後、民主党側が米軍政側に社大党と人民党の復帰運動や反米的言動を抑える措置を講ずるよう求めたとしている。しかし、この民主党は、反面、後述するように軍用地問題では野党といわばパーシャル連合を組んで米軍政に対峙する形となっている。

民主党は、後に日本の自民党と提携関係を持つ沖縄自由民主党となり、「復帰」後は自由民主党沖縄県支部連合会となる。しかし、土地闘争期の民主党はまだ日本の自民党との組織関係はない。民主党が日本の自民党との組織提携に動くのは「島ぐるみ闘争」後のことである。

社会大衆党　一方、野党について見ると、社会大衆党は沖縄群島政府時代には平良知事の与党だったが、琉球政府発足時に比嘉主席とその支持グループが離党したことに伴い野党に転じた。党首は一九五五年までは立法院議員に転じた平良辰雄が引き続き務めた。この時期の社会大衆党は野党に転じたことから、人民党と共同歩調をとる機会も増えている。一九五三年三月の立法院の補欠選挙には人民党と統一候補を立てて選挙に臨んだ。この時の野党連合声明では、「即時完全日本復帰実現」「琉球植民地化政策反対、占領政策継続反対」「比嘉任命主席の打倒、主席公選」が掲げられている。

このような人民党と連携した政治活動の結果、人民党が弾圧を受けた一九五四年には社会大衆党も米側から「共産主義者の同調者」と指弾される事態となった。このため、この年、前年まで参加していたメーデーへの参加を取りやめるなど、「強硬な反共政策の前で萎縮する側面をみせた」(我部一九八九：一四)。労働者・農民を政治勢力として結集する階級政党を志向していた人民党と異なり、社会大衆党の議員は民主党同様地域の名望家であり、先鋭性の点では人民党より穏健だったといえる。

しかし、土地闘争を中心とする一九五〇年代中頃の政治展開の中で、社会大衆党は米軍支配との対決姿勢を徐々に強めてゆくことになる。また一九五一年の日本帰属署名運動の流れを受け継いで、復帰運動には引き続き積極的で、米統治時代を通して主要な一翼を担い続けた。一九五八年に内紛から一部が離党して、沖縄社会党を結成。これが日本社会党沖縄県連となり現代の社民党沖縄県連合につながってゆく。分裂後も両者は「革新陣営」中の友党として連携関係を維持するが、日本社会党沖縄県連が労働組合を主たる支持母体としていたのに対し、社会大衆党は革新的な政治性向を持つ地域の名望家の集合体という結党以来の性格を堅持しており、組織体制は大きく異なっていた。

民主党や社会大衆党の議員たちの性格については、米統治時代の「沖縄」の政党政治を政治学的に分析した比嘉幹郎の『沖縄―政治と政党』(一九六五)が参考になる。この著書で比嘉は一九六〇年代初頭以前の那覇を除いた沖縄の選挙の実態について次のように述べている。

総選挙で通常決定的な役割を演ずるのは地元の名望家または〝ボスたち〟である。……（中略）……自治体の首脳、職業的政治家、名門旧家の戸主、部落の指導者がボスである。彼らは必ずしも政党に所属していないけれども、社会的に尊敬され、種々の問題を解決するのに重要な役割を演ず。彼らは、個人的影響力と威光をもって候補者を選定し、票をとりまとめることができるのである。政党は通常、彼らが選定した候補者をたんに承認するだけであり、かつ票集めについても彼らに大きく依存している。彼らはまた、組織の代表者としてではなく私的な資格で政治を語り、選挙戦では非公式の教宣活動を行なう世論指導者でもある。候補者の当落は、主として、政党の支持よりもこのボスたちの網をいかに効果的に張りめぐらすことができるかによってきまる。（比嘉一九六五：二〇五―二〇六）

二　社会・政治団体

労働組合が大きな影響力を持つ以前の一九五〇年代前半、土地闘争と復帰運動の双方に大きな影響を与えた主要な団体としては、沖縄教職員会、沖縄青年連合会が挙げられる。

沖縄教職員会　沖縄教職員会は一般に復帰運動の中心的組織として知られる。一九六〇年代までは労働組合ではなく校長などの管理職を含んだ組織だった。一九四七年二月に沖縄教育連合会として発足、五二年四月沖縄教職員会に改組された。この時、沖縄群島政府の文教部長を務めていた屋良朝苗が会長に就任する。発足直後の一九五二年六月、学校の行事での日の丸掲揚を陳情。この年から日の丸を日本から輸入する活動を開始する。一九五二年一二月に沖縄戦災校舎復興促進期成会、次いで一九五三年一月には沖縄諸島祖国復帰期成会の結成を主導し、その流れで屋良会長らが渡日して戦災校舎の復興募金と祖国復帰を訴えるため五ヵ月かけて全国を行脚したことは第六章で述べた。

ちなみにこの沖縄諸島祖国復帰期成会の復帰運動も、一九五一年の日本復帰促進期成会同様、米軍基地の撤去は求めず、施政権の「日本」への返還のみを求める復帰運動だった。しかし、こうした慎重な穏健路線にもかかわらず、翌五四年オグデン民政副長官が教職員会の復帰運動を非難し、復帰期成会の活動は休止状態に追い込まれる。

教職員会は、復帰運動以外の政治には関与しない建前であったが、各種選挙の情勢記事を見ると、教職員会が実質的に社大党候補を応援しているケースがあったことが窺える。(11) また教職員の地位と影響力の大きさは、沖縄の政治指導者の多くが教職員出身であることでもわかる。教職員会の活動家だった福地曠昭は、一九五〇年前後を回想して、現職教員のうち八〇人もが市町村長や議員を兼職していたほか、地域の婦人会や青年会長もほとんど全員、教員が兼ねていたとしている（福地二〇〇〇：四八）。教職員会の活動がさらに活発になった一九六〇年代に米民政府の高等弁務官を務めたF・T・アンガーは、沖縄教職員会について「組合でもなければ政党でもないが琉球で最も影響力を持つ集団であった」と回想している（宮城一九九三：一五八）。会長の屋良は最後の琉球政府行政主席と戦後初の沖縄県知事を務めた。

沖縄青年連合会　沖縄青年連合会は戦後各地で再結成された青年会・青年団の上部組織として一九四八年一二月に発足した。第六章で述べたように一九五一年に行われた復帰署名運動の終盤では、低迷だった運動にてこ入れするため沖縄青年連合会を組織母体とする活動家たちが実働部隊として活躍した。沖縄青年連合会の会員数は教職員会の四〇〇〇人に対して三万五〇〇〇人に上った。また早い段階から復帰運動に加えて土地闘争の支援にも取り組んでいたのも教職員会と異なる。一九五三年四月、上部団体である日本青年団協議会（日青協）に加盟すると、以後は日青協と連携をしながら復帰運動に取り組んだ。一九五八年には、教職員会が主催から下りるという事態の中、単独主催の形で那覇で数万人規模の復帰集会を開いている（新垣一九六一：四三〇）。

青年団・青年会の組織は沖縄の最小行政単位である字のレベルで存在する。当時の政党はもちろん、教職員会よりもさらにきめの細かい組織を持っていたのは強みだった。

しかし、沖縄島における一次産業人口比率の低下は、長期的には沖青連の弱体化を意味した。一九六一年に出された『沖縄県青年団史』の巻末に掲載された各市町村の青年団の活動概況の中には、活動が停滞気味であることを示唆する叙述も見受けられる（同書：四九一—五四〇）。一九五六年八月に開かれた幹部研修会でのテーマの一つはなぜ青年会に人が集まらないのかというものだった（同書：二四五）。ところで青年会の活動には若手の教員が多く関わっていた。前述の福地曠昭は、郷里の中学校で教師をしていた一九五〇年に青年会を結成して会長を務め、学校から帰ると青年会の奉仕作業、夜は青年クラブで学習会、講演会を開いていたと回想している（福地二〇〇〇：四八）。一九五一年に各地区の青年会の代表を集めて開かれた会合では三二人の代表中、九人が教員であった（新垣一九六一：一五三―一五四）。このことから、青年会の担い手は教職員会の担い手と重なり合う部分があったといえる。

抗米の諸文脈

一　米兵犯罪

一九五五年九月、沖縄島中部の石川市の六歳の幼女が米陸軍の軍曹に暴行・殺害される事件が発生（由美子ちゃん事件）。その六日後、同じ中部の美里村で別の幼女が海兵隊員に暴行される事件が発生した（S子ちゃん事件）。これらの事件の経過は新聞の社会面で大きく報じられ、大きな反響を呼んだ。立法院はこの事件の軍法会議の全面的な公開と過去の事件の裁判結果の公表を要請する決議を採択している。しかし、これらの事件のインパクトはそのような公式の場での抗議表明で収束するものではなかった。二件目の暴行事件の直後、教職員会や沖青連が緊急の抗議声明を出したのを皮切りに、この二つの団体や婦人会などで結成されていた「子どもを守る会」が基地の街として知られる石川や嘉手納など数ヵ所で断続的に抗議集会を開いた。最初の事件が起きた石川市では一〇〇〇人もの市民が参加する大会になったという（『沖縄タイムス』一九五五年九月一六日）。そして一〇月には那覇で人権擁護全住民大会が開かれた。翌年四月には越来村の主婦が警備兵に射殺される事件（悦子さん事件）が発生し、やはり各地で抗議集会が開かれている。これら抗議集会は米兵犯罪に対する人々の怒りが大規模な集団行動として示された最初期の事例である（中野・新崎一九七六：八二）。当時琉球大学生だったいれいたかしは「由美子ちゃん事件」と「S子ちゃん事件」について「泣きながら激論した」と回想している（いれい一九八二：八三）。ちょうど伊江島・伊佐浜の農民の土地が「銃剣とブルドーザー」によって奪われ、「沖縄」で抗米感情が高まりつつあった頃のことである。

そもそも米軍兵士による犯罪は「沖縄戦」の最中から多発していた。その多くは女性に対する性犯罪だった。そしてそれは沖縄群島の人々が収用所からそれぞれの居住地に移動しても続いた。一九四〇年代には各集落では畑や山林に入った女性が被害に遭うばかりでなく、家にいても米軍人が襲ってくるケースが頻発し、各集落では女性たちの外出時には集団で行動するようにしたり、自警団をつくって、米兵が現れたときは半鐘や酸素ボンベ・石油缶を叩くなどの自衛策を講じたが、それでも被害に遭う人も多かったという。一九五〇年代に入って基地周辺の越来村などに米兵相手の歓楽街ができると、その周辺で性犯罪が頻繁に発生していたという。[12]しかし「親告罪」であるレイプ事件の場合は、捜査や裁判の過程での苦痛から訴えない女性も多かったと見られている（宮城二〇〇〇）。比屋根照夫はある座談会で一九五〇年代の「基地の街」である越来村（一九五六年よりコザ市）の様子について、小学校四年生の遠足の際、米軍のジープに同級生が跳ね飛ばされたことや高校の後輩の女生徒が酔った米兵の運転するジープに轢殺された事件に抗議する集会を開いたことに触れつつ、「僕の姉と同い年の、今思えば非常にきれいな人だったけど、レイプされて、殺されて……。それから僕の同期生の姉さんが、昔はトイレは外にあったから、トイレに行っているところで襲われて、レイプされて殺された。こういう事件というのは、身の回りにほんとうに頻繁にあった」と回想している（新沖縄フォーラム刊行会議二〇〇三：二六—二七）。

この頃、性犯罪を含む米軍人の犯罪が発生しても、遺族が納得できない判決が下されたり、米軍側から納得のゆく補償が受けられないケースが多かった。一九五二年一〇月越来村で少年二人が轢殺された事件があった。二少年が通学していた小学校長は数百人規模の抗議集会を開いたが、犯人と目されるフィリピン人軍属は証拠不十分で無罪判決を受けた（『沖縄タイムス』一九五三年三月二八日・朝刊）。一九五五年一月に朝日新聞社が開いた座談会に出席した学生は、この事件について「犯人はわかっていながらどうにもならないといった事件」と形容している（『朝日新聞』昭和三〇〈一九五五〉年一月一六日・朝刊）。この事件の翌月、立法院で「かかる不祥事件の根絶並びに被害者への公正な損害賠償に対し善処」することを求める決議が可決されている（中野編一九六九：一二六）。一九五五年一月に東京の自由人権協会が発表した沖縄の人権に関する報告では、「アメリカ軍関係者の自動車による轢殺事件も数多くおこっているが、その多くは、沖縄側警察および裁判所の管轄外にあるので……轢き逃げ、轢かれ損という結果におわってしまっている」と指摘している（『人権新聞』昭和三〇〈一九五五〉年三月一日）。

一九五六年四月、沖青連と教職員会は「悦子さん事件」に対するそれぞれの抗議声明の中で、「人種差別」「人種軽視」の言葉をつかっている。この種の事件に対する当時の住民の受け止め方を物語るものといえよう。また沖青連の声明では、被害者への適正補償と並んで「沖縄住民が関係した軍裁判の結果は細大もらさず調査し、明らかにすること」を要請している（新垣一九六二：二九〇）。しかし、米軍の捜査や裁判のあり方が本格的に問題として取り上げられるようになってゆくのは一九六〇年代以降で、その問題は今日でも日米地位協定をめぐる問題として続いている。

二　労働問題(13)

共産主義に対する警戒の延長線上で米軍当局が敏感に反応したのが労働問題だった。米軍は、当初から労働組合に警戒感を示していた。一九四七年には港湾労働者の組合の結成が米軍によって断念させられている（若林二〇一五：第三章）。しかし、一九五〇年代初頭に問題になったのは米軍に直接雇用された労働者の問題ではなく、米軍基地の恒久化工事を受注した日本の業者による琉球人労働者の処遇問題だった。雇用された奄美・沖縄の労働者に対する賃金不払いや引下げ、突然の解雇、それに劣悪な労働条件下での作業の強要が絶えなかったのである。最初の労働争議は一九五二年六月に浦添村の日本道路会社（清水建設の下請会社）の飯場で発生した。ほとんどが奄美出身の一五〇人ほどの労働者たちは、雨が降れば、雨漏りで中が泥だらけになる、畳も蚊帳も毛布もなく、食器や箸も人数分ない宿舎（タコ部屋）での生活を強要されていたという。しかも、日本から出稼ぎに来ていた労働者にはこのような設備が備わっていたことから、被差別感が強まったという。このストが立法院などの調停で二〇日ほどで妥結すると、その直後に松村組でストライキが発生。一九五三年一月には清水建設本部砕石場でもストが発生した。このように争議が頻発する情勢の中、立法院では争議の調停に乗り出す一方、労働三法の制定作業に着手。このうち労働組合法と労働関係調整法が五二年一一月に可決された。ところが米民政府は比嘉主席に署名を見合わせるよう書簡を送り、これを葬り去った。「農業経済を基本とする琉球では、日本と同じ労働基準法を適用するのは適切でないから、専門家を招聘するまで労働三法の制定はしばらくひかえよ」という理由であった。一九五三年四月の段階では在日米軍の労働法専門家と立法院との共同作業で法案が作成されている最中だった。この後五三年七月、立法院は再度労働三法を可決。今度は米民政府もこれを認めたが同時に基地関係の事業所に雇われている労働者については法の適用を免除する布令一一六号を発布した。基地工事に影響が出るのを避けるためであった。しかし、この布令一一六号の撤廃が主要な政治争点となってゆくのは五〇年代末からで、土地闘争進行時は労働問題は一時的に沈静化していた。労働者よりも農民が焦点になっていたのである。

三　学生の言論・思想統制

一九五〇年代に入ると、米軍政は、共産党員との疑いを持つ人物や活動の監視・摘発を強化した。それは米民政府によるもののほかに、東京の極東軍総司令部直属の防諜部隊ＣＩＣ（Counter Intelligence Corps）によるものもあった（国場二〇〇三）。このうち出版物の許可は、布令第一号「刑法並びに訴訟手続き法典」によって米民政府の許可制となっていた。門奈直樹が一九五二年七月から一九五六年一二月までの出版物の許可状況を調べたところ、申請件数一七六件のうち二二件が不許可になっているという（門奈一九七〇：一四八）。この中には高校生が申請した文芸誌の不許可も二件含まれているという（同書：二四七—二五二）。また、大学当局によって琉球大学の学生の学内文芸誌『琉大文学』も一九五六年に一時的な発刊停止処分となった（嶺井二〇〇〇）。大学生・高校生の活動は米民政府の警戒の対象となっていた。一九五二年六月琉球大学学生会が琉球大学基本法の改正などを求めた学生総決起大会を開催したのに対し、米民政府の情報部長は「これを開催した主催者は共産主義の手先に利用されていると指摘、同学生らの処分方法を考慮せよ」と指示している（『沖縄タイムス』一九五二年六月二九日・朝刊）。同年度末、四人の琉球大学生が無許可で原爆展を開いたことと燈火管制の指示に従わなかったとして謹慎処分を受けた。まだ朝鮮半島で戦闘が続いていた頃の話である。大学の内外で『アサヒグラフ』から切り抜いた、「原爆の図」や写真を展示したささやかな展示会だったという。四人の学生たちは翌年のメーデーに参加して「植民地化教育反対・学長・副学長の即時罷免」を訴え、大学側に謹慎処分の撤回を求めた。その結果四学生は退学処分となった。これを第一次琉大事件という。[14] 第二次琉大事件は島ぐるみ闘争が高揚している最中の一九五六年八月に発生した。米民政府は七月二八日の集会における琉大学生らの行動を反米的と見なし、琉球大学側に財政援助打ち切りをほのめかして処分を要求した。大学当局は当初当該学生らを謹慎処分にすると声明したが、米民政府はこれを認めず、結局六人の学生が除籍、一人が謹慎処分となった。このうち四人が『琉大文学』の関係者だった。

一方、この頃、「沖縄」から日本の大学へ進学する高校生も大勢いた。彼らの多くは進学先の大学で復帰運動の活動を行っていた。これに対し、米民政府は奨学金の停止や渡航禁止措置などの措置で運動の弾圧を図った。一九五三年一月在京琉球契約学生会から、立法院議長宛に陳情書が送られている。その陳情書は、民政副長官より共産主義的活動を行った学生または共産主義支持者であることが明らかになった学生に対して育英資金の支給・補助を打ち切ることを警告した文書が届いたとして、問題としている学生は共産主義活動ではなく復帰運動を行っているだけなので、支給を停止しないよう要望するものであった（『沖縄タイムス』一九五三年一月七日・朝刊）。一九五五年に青山学院大学生だった福地曠昭は、他の二人の学生とともに新学期に合わせて大学に戻るため日本本土への渡航許可を申請したものの許可が下りず、ＣＩＣで取調べを受けたという。共産主義者と疑われてのことだった。弁護士会に設置されたばかりの人権擁護委員会に提訴したほか、新聞に投稿するなど運動して四ヵ月かけて渡航許可を取り付けたという（福地一九九五：一四一―一五三）。

一九五五年一月に自由人権協会の行った「沖縄」に関する調査を『朝日新聞』が紹介した直後、『朝日新聞』や自由人権協会の機関紙『人権新聞』に座談会や投書の形でこうした学生たちの声が掲載されている。「沖縄ではほとんど報道されていないビキニ水爆の話をしたら『シーッ、声が高いぞ』といわれた」（『朝日新聞』昭和三〇〈一九五五〉年一月一六日・朝刊）「帰省の度に或種の心理的圧迫を感じました」（『人権新聞』昭和三〇〈一九五五〉年三月一日）といった声が紹介されている。その中の次のような一文からは、学生たちの心理的な圧迫感が窺える。

……・あの狭い島で軍に自己の要求を述べたり、軍政の批判が何を意味するかは明白ですし、決議の形の要求や陳情が途中で止められてしまうのです。意気地がないといえばそれまでですが、やはり皆考え込んでしまうので

す。特に一生沖縄で暮す人たちにとつてはそうです。……(『人権新聞』昭和三〇〈一九五五〉年三月一日)

この文書からは見えるのは、強い意識を持って先鋭的な政治活動をしている学生の姿ではなく、圧迫感の中でうろたえる平凡な人間像である。しかし、「島ぐるみ闘争」はこのような一見政治活動には加わらないような人々を巻き込むことで大きな政治力を生み出していくことになった。

人民党をめぐる「政治」の事件史的展開(一九五二—五四年)

さて、「沖縄県・県民」が再び使用され始めたのは、一九五三年一二月の「奄美返還」によって米統治下「琉球」の地理的版図が旧沖縄県と再同一化した直後のことであった。結論を先取りすれば、それは人民党が土地闘争に代表される沖縄の「域内政治」における「抗米」のモメンタムを「復帰」に連動させる政治言論戦略の一環として採用したのが始まりであった。この「県民」復活の過程を次節で検討する前に、ここで人民党が「沖縄県・県民」の使用を始めた頃の政治情勢について押さえておこう。

この時期の「政治」の大きな特徴の一つは、その前の一九五一—五二年の時期と比べて、米軍政の強権的姿勢と反人民党・反復帰運動のスタンスが際立っていることにある。そしてそれと表裏の関係で、人民党側は、「戦時占領期」の米軍統治そのものには挑戦しないスタンスを修正して、米軍の存在そのものに対する対決姿勢を明確にし、その観点から抗米闘争の組織化を進めていた。この人民党の抗米闘争と米軍政の人民党攻撃の相互作用が一九五〇年代の事件史的展開過程の駆動因となっていた。

以下、時系列的に提示してゆくと、まず立法院議員に当選した人民党書記長の瀬長亀次郎は一九五二年四月、琉球政府創立記念式典における立法院議員の宣誓文朗読の際、「米国政府ならびに琉球住民の信頼に答えるべく」という文言を問題にして起立を拒否した。翌月、人民党那覇支部主催で戦後初のメーデーが開かれた。

一九五二年八月、奄美大島の笠利村で選挙不正に伴う立法院選挙のやり直し選挙が行われ、人民党候補の当選の可能性が出てきていた頃、ビートラー民政副長官は立法院で人民党攻撃の演説を行った。「人民党の言行はそれが明らかに共産主義と呼ばれる恐怖すべき病気の媒介者であることを十分に立証している」とした上で、人民党候補への投票は「事実上国際共産主義の生長のために投票」することを意味するとした（『琉球新報』一九五二年八月二一日、二二日）。

ちょうどこの頃、先述した一連の労働争議が発生している。実は、これら争議は、奄美の地下共産党から「沖縄」に派遣された党員によって設立された共産党細胞が主導していた。これら現場で働いていた人々の多くが「奄美」からの出稼ぎ労働者だったからである。

この労働争議に立法院が介入する過程で、議員だった瀬長と「奄美」から派遣された党細胞の間に連携関係が構築され、瀬長らが奄美側の共産党細胞に合流する形で、「沖縄」に本格的に地下共産党組織が立ち上げられた。これ以後、瀬長らは、合法組織の人民党と地下共産党組織を使い分けながら、後述するように、労働者・農民の組織化と、社会大衆党などより穏健な野党勢力との連携強化による統一戦線の樹立に傾注することになる。

一九五二年一一月に立法院が行政主席選挙法を可決し、比嘉主席もこれに署名して交付された。一九五三年三月一日に行政主席の選挙を実施することとされた。ところが、米軍政側は、ほどなくこの法律の中で定められた期日は米民政府が布告しない限り無効とする布令を発布し、一方的に無効化してしまった。そして、沖縄側には、主席の選挙の期日は米側が決定することを通知した。宮里政玄はその背景には野党に下った社大党の急進化などによって、親米的な主席が選ばれるか確信が持てなくなったためではないかと推測している（宮里二〇〇〇：六四）。オグデン副長官は一九五四年四月に主席公選が認められない理由について、「共産主義者から主席を出したくないからだ」と述べている（『琉球新報』一九五四年四月一五日・朝刊）。このような措置は「沖縄」の政治エリートたち、特に与党から主席の座を奪うことを狙っていた社大党の幹部らを失望させた。

こうした中、「自治」の有名無実性を象徴する事件が起きた。天願事件である。一九五三年四月立法院第四選挙区（中部地区）の補選で、人民党との野党連合候補として出馬した社大党の天願朝行候補が、与党民主党の候補を破って当選した。①即時完全日本復帰実現、②琉球植民地化政策反対占領政策継続反対（人民党が「植民地」、社会大衆党が「占領」と別々の言葉を使用して表現)、③労働法の即時制定、④土地取り上げ強制立退絶対反対、⑤比嘉任命主席の打倒、主席公選の実施の五点からなる統一綱領を掲げての当選だった[15]。ところが、民主党側が天願氏の当選無効を選挙管理委員会に申し立てた。その理由は一九四六年に米軍裁判所にて横領罪で有罪判決を受けて服役しているので選挙法の破廉恥罪の欠格条項に該当し、被選挙権を失っているというものだった。これを受けて、選挙管理委員会が米民政府に照会したところ、たしかに破廉恥罪に該当するので、選挙管理委員会の決定があるまで当選証書を保留するとの回答だった。これに対し、社大党と人民党は「植民地化反対共闘委員会」を結成して、「軍が選挙民の自由に行使された厳粛な審判に対し、一片の書簡でその結果を覆さんとする事は非民主的、殖民地的」だとして「徹底闘争を展開することを誓う」との声明を発表し、各地で米民政府を批判する集会を開いた。四月八日に那覇高校で開かれた集会には数千人規模の聴衆が集まったという(沖縄タイムス社一九七三:一〇三)。その一週間後、選挙管理委員会は「終戦直後の混乱の中の事で、事案も微細」なことを理由に当選を告示。だが、米民政府側は選挙管理委員会に対し、「委員会には天願朝行氏の当選を確認する資格はない」として選挙のやり直しを命じるとともに、「植民地化反対共闘委員会」に対して、「米国に敵意を含んでいる」として即刻解散するよう命じた。「植民地化反対共闘委員会」は解散した。後述する真和志村銘苅地区に対する軍用地の強制収用が行われるのはこの直後である。

こうした状況にあって、翌五月に開かれたメーデーでは、初めて「琉球の軍事基地化反対、外国軍隊は即時撤退せよ」という項目が決議文に入れられた。大規模な集会で米軍撤退が掲げられたのはこれが初めてだという(中野・新崎一九七六:六七)。

一方、一九五二年六月に人民党内で非合法共産党が結成された[16]。翌一九五三年七月「日本共産党琉球地方委員会」で、東京の日本共産党中央と連絡をとって指導を仰ぐ方針が決まった(森二〇一〇:三〇五)。

こうした中一九五三年一二月、「奄美」は「日本」に「復帰」し、「琉球」から「分離」された。この「奄美返還」は「沖縄」の社会・政治情勢に次のような影響を与えた。まず人口動態的には、非正規を含めて一説には七万人ともいわれた在沖奄美人は大幅に減少した。「琉球住民」から「非琉球人」に法的ステイタスが変更されて公民権を喪失し、「帰化」も厳しく制限されたからである。[17]

琉球政府副主席や奄美選出の七人の立法院議員そして公務員の多くは自動失職した。これによりそれまで琉球政府・立法院の制度枠組の中で一大勢力を為していた「奄美」出身の政治家・公務員は、政治勢力としては消滅した。

同様のインパクトは人民党にも及んだ。発足したばかりの地下組織「日本共産党琉球地方委員会」から「奄美」が分離されて、「日本共産党沖縄県委員会」として再発足した（国場二〇〇一）。管見の限り「沖縄」の政治・社会団体で「沖縄県」の呼称を用いた最初の事例である。それまでの経緯から、人民党や「日本共産党沖縄県委員会」ではその後も「奄美」出身党員が活動したが、以前のような大きな存在感を示すことはなく、人民党は自らを「沖縄県民」の党として位置づけてゆくことになる。

一方、「奄美返還」は、米側にとっては、残りの「琉球」において米軍の排他的統治を確立することとバーターの措置であった。このため、復帰運動の封じ込めに乗り出す一方、人民党に対する攻撃が強化される。

先述したように一九五四年一月にオグデン民政副長官は、「沖縄の基地を無期限に保有する」と言明したアイゼンハワー大統領の年頭教書に関して声明を発表し復帰運動をやめるよう勧告して政治的圧力をかけ、一九五四年五月屋良朝苗は日本復帰期成会と教職員会の会長を辞任し、日本復帰期成会は活動停止に追い込まれた。

一方、人民党に対しては、一九五四年五月のメーデーにあたって、米軍政は「共産党員の聖典の著者カール・マルクスの誕生日なので、非共産党員は示威行進に参加すべきでない」との勧告を発表。続いて、公道・公共の場における五〇人以上の集団行列、集団行進および集合を若干の例を除いて許可制にする布令を交付した。過去二回開かれたメーデーではこのような措置はとられていない。メーデーそのものはデモの際、蛇行や渦巻き行進を行わないという条件で許可された。しかし、米民政府のこのような姿勢を受けて、琉球銀行、琉球石油などの大手企業はメーデーに参加しないよう従業員に呼びかけ、前年は参加した社大党もメーデー行進に参加しないことを決定。教職員会も不参加を表明した。しかし、参加者の数は数百人程度と、第一回のメーデーと同じ規模を維持した。この後二年ほど、メーデーでの行進は中断する。メーデーの後、オグデン副長官は記者会見で瀬長、大湾の人民党議員に加えて社大党の兼次佐一を「沖縄における共産主義の指導者」と名指しで非難した。社大党に人民党との提携を絶たせるように仕向けることが目的だったという（宮里二〇〇〇：一〇八―一一二）。七月、米民政府は奄美出身の人民党中央委員二人に四八時間以内の退島命令を発し、二人は地下に潜行したが八月二七日に逮捕された。翌日アメリカで共産党の非合法化法が制定されたことが沖縄の新聞で報じられ、三〇日には米民政府は琉球軍司令部が入手したという日本共産党の「対琉要綱」を公表。[18] 人民党が日本共産党の手先であると断定した。

八月三一日、民主党の星議員が琉球内に共産主義政党が存在するか調査する委員会の設置を求める「共産主義政党の禁止に関する決議案」を上程。民主・社大の賛成で調査特別委員会が設置された。一〇月、ついに瀬長人民党書記長ら立法院議員二人を含む二八人が逮捕される。先に地下潜行した奄美出身人民党幹部を匿った容疑や逮捕された瀬長の支援を訴えるビラを許可なしに印刷した容疑だった。瀬長は軍法会議で裁判を受け懲役重労働一年の実刑判決を受けた。人民党事件である。この頃、米軍政が琉球政府や民政府に近い企業から人民党関係者の罷免を進めていたことが、機密指定解除された米国の公文書で明らかになっている（宮里二〇〇〇：一一四）。

こうした状況にあって一九五四年四月、東京の共産党中央が機関紙に「沖縄」に関する初めての方針を発表した。農民と労働者の組織強化と党の指導力の強化を唱えたこの文書を国場は日本共産党のいわゆる五一年綱領の沖縄版としている（国場二〇〇三：七六）。

この五一年綱領とは、コミンフォルムによって、中国共産党を模範例とする民族解放闘争路線を採用することを求められた日本共産党が一九五一年の再合同にあたって採用した政治路線で、その骨子は日本をアメリカの事実上の植民地と規定した上で、労働者だけでなく農民をも「民族民主解放統一戦線」の中に組織化することで、「民族」を解放することを目指すというものであった。そして上記の党中央の指針は、「沖縄」では「反米・祖国復帰・土地防衛の統一戦線」とすることを「当面の闘いの方向」として示し、「沖縄」側もこのスローガンを受け入れた。[19] 以後、この「反米・祖国復帰・土地防衛の統一戦線」は、土地闘争期の人民党の政治戦略を表象する標語として用いられてゆく。

一方、一九五二―五四年における米軍当局の強硬な沖縄統治政策の進展は、より穏健な社会大衆党の政治指導者層の危機感を強め、その野党化を進めた。

社会大衆党の幹部たちにとっては一九五三年の一月に主席公選が米民政府の介入で葬り去られたことがショックの始まりであった。選挙で主席の座を民主党から奪還するという政治目標に加えて、民主的な手続を得て沖縄側のトップである主席が署名したものがいとも簡単に事実上の反故にされてしまったという事実は、「沖縄」が置かれた地位を如実に示していた。主席公選の反故が明らかになった日、社大党の立法院議員だった桃原亀郎は、「自治等と云ふのは明かに欺瞞」「隷属と盲従からは、信頼と協力は生れて来ない」といった言葉で気持ちを表す中で、次のような一文に線を引いて強調している。

共産主義、全体主義と対決し、共産勢力の侵略を防ぐ第一線基地、極東のジブラルタルを呼称する琉球の住民九十余万人は、民主主義や自由とは凡そ縁の遠い政治条件の下に、世界の自由諸国と運命を共にすると云ふことは実に憐れな境遇であり矛盾である。無遠慮に言ふならば、戦争の危険を冒してまでも、民主主義や自由は守らねばならないものであるのか？どうか？守る可き吾々の民主主義、自由とはどこにあるか？（宜野湾市教育委員会編一九九七：二五三―二五四）

天願事件がこのような野党の政治エリートの米民政府の強権政治に対する反発を急速に高めたことは想像に難くない。天願事件直後の桃原の日記には、「如何にすれば現状を打開するかが政治の目標。かかる全住民は民族解放の線に立つ時、全住民が野党の立場に立つのが当然であると思ふ」（宜野湾市教育委員会編一九九七：二六八）と記されている。ここでの「民族」は文脈から考えて沖縄住民を想定するのが妥当であろう。

先述した通り、社会大衆党は一九五四年のメーデーには出席しないなど米軍政の圧力に萎縮する側面はあったが、翌一九五五年のメーデーには「共産主義者だといわれるのを気にしていたのではなにもできない」[20]（西銘順治立法院議員）と参加を決断。一九五六年の「島ぐるみ闘争」以降は、米軍政・米軍基地に対する対決姿勢を基本スタンスとするようになってゆく。

第二節　土地闘争と「復帰」の高揚、「沖縄県民」の再表出・再主流化

軍用地問題の事件史的展開過程（終戦直後から一九五四年まで）

土地闘争は、当時「土地問題」や「軍用地問題」と呼ばれた政治イシューをめぐる米政府・軍当局の施策に反対する沖縄側の政治活動の名称である。積極的に軍の施策に抵抗・批判したアクターは、強制収容対象地の農民グループ、軍用地主の団体である市町村土地連合会（土地連）、政党では野党の人民党・社大党である。土地問題は大きく次の二つのイシューに区分される。①軍用地の強制収容、②軍用地の賃借条件をめぐる米軍側の条件の強要（市価より極端に低い価格での実質的な買収）である。

この二つのイシューがからみ合う形で事態は展開していくのだが、その経過を順を追って確認していきたい。まず最初の強制収用が起きた一九五三年四月までの展開について説明する。

一　帰還への期待

米軍が軍用地を囲い込んだため、当該地域に住んでいた人が追い出された形になったことは第三章で述べた。このような「避難民」の移転先を確保するため一九四五年一〇月、所有権をはじめ、土地の法的な権利関係を凍結したまま「避難民」に土地を割り振る権限が市町村長や各地区の米軍の長に与えられた。この仕組みを「割当土地制度」と呼ぶ。これらのいわば「間借り」を余儀なくされた人たちの多くは、生活を落ち着かせることができず、元の集落への帰還を望んでいた。沖縄県公文書館には、沖縄島東部の中城村が当時の米軍当局と沖縄側の政府に宛てた村の復興に関する請願書が残されている。[21]一九四八年一〇月六日付けのこの請願書には元の集落に戻れなくなった人たちが他の集落に流入し、他の人の「屋敷の一隅に居を得て」いること、これらの人たちが元の集落への帰還を願って「到底落ち着かれない」ので「復興の各面に影響すること甚大」であることが書かれ、「一日も早く分散移動を許可して戴くよう」要望

している。しかしこのような帰還への願いがかなえられない人のほうが多かった。

二　軍用地料を求める声の高まり

このような状況下にあって、一九四〇年代末頃から米軍によって元の住居を追い出された人々と市町村長の割当てにより土地を無償提供している形の人々との間でのトラブルが起きるようになってきた。土地の割当てにあたっては法的な権利関係を凍結されたまま行われたのだが、実際には割り当てられた土地の所有者が「避難民」が占有している農地の明渡しや賃料の支払いを要求する事例が後を絶たず、ときには感情的ないがみ合いに発展することもあったという（桑江一九九一：五九）。これらの「避難民」は米軍に接収された土地からは収入がないのに、借りている土地については賃料を支払わなければならないという矛盾を抱えることとなったのである。「土地が返してもらえないまでも軍用地の地代は支払ってもらわねばならぬ」（琉球銀行調査部編一九八四：四二二）という声が軍用地主達の間で出てきたのは自然な流れだった。後に軍用地主の団体、市町村土地特別委員連合の初代会長に就任して、軍用地問題に取り組んだ桑江朝江は一九四九年頃、米軍に地代の支払いを求める署名運動を行ったと回想している（桑江一九九一：六〇）。

このような軍用地料の支払いを求める声をさらに高めたのが「土地所有権」の確定だった。沖縄戦で土地の権利書類が紛失したことや地形が変化したことなどから、沖縄島の土地の権利関係は不明確になっていた。そこで米軍当局は一九四六年二月に指令を発し、土地の所有権の認定作業に入り、五年かけて確認作業を完了。一九五一年六月、「土地所有権」に関する布令を発し最終的に土地の所有権が確定した（琉球銀行調査部編一九八四：四一七―四二二）。この所有権の確定は、「避難民」には二つの相反する意味があった。まずそれまで無償で土地を使用してきた「避難民」が地主に賃料を支払う義務を法的に裏づける形となった[22]。その反面米軍が使用している土地の所有権に基づく権利を要求する根拠も得たことになる。

自分が住んでいる土地の借料の穴埋めとして自分が基地内に持っている土地の権利を利用できるわけである。そしてこのような軍用地主は人口の二五％にあたる五万世帯二三万人にまで達していたのである。軍用地料に対する関心が高くなる条件は整っていた。

こうした状況下にあって軍用地主たち自身の組織化の動きが始まり、一九五一年になって前出桑江らを中心に署名運動が展開され、その一環として適正価格での早期支払いを求める陳情書を沖縄群島議会に提出し、全会一致で可決された（『うるま新報』一九五一年九月二日）。軍用地料の支払いが党派を超えた沖縄側の要求になっていたことがわかる。軍用地問題は、時間が進めば進むほど大きな政治問題となっていった。

三　軍用地問題に関する米軍の方針[23]

一方米軍側にとっては、土地所有権の確定により、基地用地を継続使用するための何らかの契約を地主と結ぶと同時に、基地を拡大するための法的な手続を整備する必要が出てきた。

第四章で述べたようにマッカーサー司令部は一九五〇年一二月に、それまでの軍政府に代えて琉球諸島米国民政府を設置するＦＥＣ指令を発したが、その中で、沖縄現地の最高官となる民政副長官に対して「合衆国政府が永久に必要とするその他の財産もしくは施設を、所有者が琉球人たると、日本人たると又その国籍の如何を問わず購入により又収用して、その所有権を獲得」するよう訓令した。そしてその方法については「この種の財産は、できるだけ談合による購入によって獲得するものとする。若し、適当な条件で購入できない場合又は所有者が商議することを拒んだ場合は収用手続きをとる。」とした。この訓令は指令の一部を構成し、後に強制収用手続の法的根拠と見なされる。これにより基地の拡張に必要な用地取得の指針が定められた（岡倉・牧瀬編一九六九：一三二）。基地建設の優先性を前提に、その枠の中で沖縄の人々の権利の行使を認める、というわけであった。そしてその訓令に則す形でまずは地主たちの自発的な契約を促そうと、一九五二年一一月発布されたのが布令九一号「契約権」で、この布令により軍用地の賃貸方法、契約期間、使用料などが定められ、地主の自由意志に基づいて契約することとした[24]。

四　金額をめぐる齟齬

ところが、契約を申し出た者がほとんどいないという結果になった。契約期間が長い上に何よりも、賃貸料が異常に低いと受け止められたからである。米軍が日本勧業銀行に委託して算出した評価額は、地価の実勢水準よりはるかに低かった。当時の新聞に掲載された米軍側と琉球政府・立法院代表の質疑応答を見ると、石川周辺の土地について財産管理課所管の土地の坪当たり賃借料が一二〇円、周辺の民間地の賃借料の実勢がその四倍となっているところを坪当たり四円と査定したのはなぜなのかという質問が出ている（『琉球新報』一九五二年六月四日）。当時用いられた表現では「（坪当たりの賃料が）タバコ一箱分に満たない地代」ということであった。現在住んでいる場所の賃料の水準より米軍の支払う金額のほうがはるかに低いため後者は前者の埋め合わせにならない。結局契約したのは五万七〇〇〇人の地主のうちわずか九〇〇人余りに過ぎなかったという（琉球銀行調査部編一九八四：四三六）。こうした中、重大な政治問題化することなく推移していたのが土地の接収の問題である。

五　土地接収問題

強制収容問題の経緯は、米軍側の基地拡張の動きに端を発する。第三章で述べたように、米軍政は終戦後、復興の一環として、沖縄戦中に占有した土地のうち不要な部分の解放を促進したが、米軍基地の拡張・恒久化が決定されると、収用所から元の土地に戻って数年しかたっていない住民の土地を再接収する動きが出始めた。一九五〇年五月一八日、浦添村の農耕地の一部が建設工事の開始の前触れである農耕禁止の通告が出されたのを皮切りに、翌年までにかけて真和志村天久、上之屋一帯、越来村山之内、読谷村楚辺およびボロー飛行場周辺、北中城村喜舎場、具志川村昆布などが次々に接収されていった（土地連三十周年記念誌編集委員会編一九八九：四六）。接収に応じた人々は、移転先で生活が悪化した。読谷村楚辺では、一九五一年六月に立退きを命じられ、移転したが、琉球政府が移転後の住民の生活について調査を行ったところ、農業従事者は耕作地が大幅に減少、基地従業員はそれまでの職場から距離が遠くなって離職を余儀なくされ、米軍から補償費が出たにもかかわらず、所得は移転前の二〇％にまで落ち込んだことがわかった。この報告書では「極端な生活の切り詰めをしてもなお赤字を生む状態であり、今後が憂慮される」と結んでいる（土地連三十周年記念誌編集委員会編一九八九：四七）。このような実情が伝われば、移転に消極的になるのは当然だった。当時の新聞の社説にその様子が窺える。

> 軍の施設上土地の使用を必要とするという理由から部落の全部又は一部の立退きを命ぜられ、部落住民は他部落

に移転を余儀なくされて生活の根拠を失い、苦境に陥るものが多かつた事例は占領行政が布かれて以来しばしば発生したものである。が、その都度村当局の奔走にも拘らず僅かの移転料を支給されたのみで泣きね入りに終り、これが全沖縄的問題として取り上げられるまでには至らなかつたのである。即ち軍の施設によつて蒙る住民の犠牲に対しては殆んど顧みられなかつたといつてもよいのが過去の事実であつたのである。……（中略）……農業によつて一家の生活を支えて居る家庭が、立ち退きによつて土地をとりあげられて、生活の手段を失うことになれば、どんな結果になるか。職業の転換はたやすく出来るものではなく、殊に現在では労務関係の仕事は殆ど飽和状態であつて、知識階級も労働階級も就職難を訴えて居る実状である。そこえ土地を失つた農民が投げ出されるとどんなことになるか。いん鑑遠からず、半歳前松川に移転した旧松原部落の住民の中には現在みじめな生活に転落を余儀なくされて居るのでも明かである。立退けば翌日から直に生活に支障を来たすのを知つて居るのであるから、立退きを命ぜられた住民達が暗たんたる思いで前途を危惧するのも自然であろう。（『沖縄タイムス』一九五二年一一月二六日「社説・犠牲を最小限に止めよ」）

建物の立退きを命じられた人たちのみがこのような切迫感を抱いていたのではなかった。宜野湾村は一九五三年二月に嘆願書を琉球政府に提出している。その中で村は、これまで軍用地に指定されながらも農耕に使用できた場所に軍施設が次々にできて、農耕地が縮小されているが、村内最大の食料供給源たる大謝名原・安仁屋原一帯の田畑を失えば、村民の生活は逼迫するので残してもらいたいと嘆願していた（『沖縄タイムス』一九五三年二月一五日）。基地拡張が村全体に圧迫感を生んでいたことがわかる。

一九五二年一〇月、米民政府は米軍住宅を建設用地として真和志村銘刈、安謝、平野、岡野の二〇〇世帯が所有する一五万坪の土地を一二月一〇日までに明け渡すよう命じた。従来の流れからいけば、住民側に立退きを同意させられるはずだった。ところが四ヵ所のうち銘刈地区・安謝地区農民が立退きに最後まで同意しなかったのである。最初に陳情を行った銘刈地区二一人の地主による立法院への陳情書提出の動きについて当時の新聞は住民側の声を伝えている。

軍の係官は立退き先は農試場跡に一戸当り廿五坪から三十坪という丈で耕作地や農作物の保証、借地料などは知らぬ、といつてる。軍は住宅を建設するものらしいが、基本的人権が認められ講和が発効した今日、このような切り捨御免のことが行われては我々はみるみる死んで行くばかりだ。（『沖縄タイムス』一九五二年一〇月二六日）

陳情書にはこう書かれていた

祖先伝来、命より二番目の愛惜する土地で農業に励んできた我々にとつて立退き命令ほど無慈悲なものはない。副長官は共産主義の撲滅は貧乏をなくすることだ、と云つたが私たちは今、貧乏のドン底に落ちんとしている。民政府の方針に逆う気持はないが、なるべくは現在地を永遠の安住の地としたい。やむなく立退くなら生活の根拠たる耕作地を他に求める経費を償い、かつ生活に不安なからしめるよう温かい措置をとられんことを悲願する。

（『沖縄タイムス』同上）

再三にわたる住民の陳情を受けて、立法院は一九五二年一一月一五日に「強制立退きに反対する陳情」を可決している。しかし、米軍側がとった選択肢は、補償費の引き上げではなく強硬策だった。極東軍司令部の民政副長官への訓令の中にあった「やむをえない場合は収用」の規定を実行に移すのである。米民政府は一九五三年四月三日布令一〇九号「土地収用令」を発布した。この布令では土地の権利取得に関する交渉がまとまらない場合は、米側が金額と権利内容を明記した土地収用告知書を地主に提示し、三〇日後には強制的に権利を取得できることが規定されていた。米軍政は住民側の抵抗を力で抑える選択をしたわけである。

六　銘苅・具志の強制収用（「銃剣とブルドーザー」の始まり）

一九五三年四月一〇日、米民政府は先に発布した布令第一〇九号、土地収用令に基づいて真和志村銘苅と安謝の対象地に収容通告を出した。この通告が村当局に到達しただけで、いまだ土地所有者には到達していない翌一一日早朝、米軍は実力行使に踏み切る。天願事件に世間の関心が集まっていた頃だった。当時の新聞によれば、この日の早朝、集落東側の畑地に集まっていた数台のブルドーザーが動き出し、一帯の畑地約四、五千坪を潰した。住民の多くははずれの小丘に集まって呆然と様子を眺めていたという。新聞には、「汗みずながした畑があっけなく削り取られるなど夢にも思わなかった」という住民の話しと、せめて残っている作物を回収しようとブルドーザーの中作業する家族の写真が掲載されている（『沖縄タイムス』一九五三年四月一一日夕刊）。オグデン民政副長官は「地主の権利を侵害することは軍の本意ではないが、当地に於ける軍事計画は自由諸国にとつて極めて重要であり、如何なる事があつても軍の建設が邪魔されてはならないのである。」との談話を発表した（『沖縄タイムス』一九五三年四月一二日）。

集落の人たちは琉球政府や立法院に陳情し、立法院は布令第一〇九号の廃止と、強制収用の取止めを求めた要請決議を五月に可決したが米側には決定を覆す意志も適正な補償をする意志もなかった。危機感を強めた地主たちは一九五三年六月市町村土地特別委員連合会（以下土地連）を発足させ、琉球政府や立法院なども交えながら米側と地代、補償費の問題に加えて新たな軍用地の取得の中止を求めて交渉を進めた。しかし、米側に譲歩の兆しは見えなかった。九月、米側から立退き通告を受けていた読谷村渡具知（一五三戸）が立退きを決定した。強制収用をほのめかされる中、当初立退き反対で統一されていた集落は、立退き派と抵抗派に分裂。結局集落の常会で米軍側の条件の受入れが決定された。しかし、飛行場拡張のため一万五千坪の農地の接収通告を受けていた小録村具志（戸数三〇〇、人口一五〇〇人）は立退きを拒否し、米軍が実力行使に出ても抵抗することを決意する。米軍襲来時には、発見者が部落事務所の警鐘を乱打、他の人たちは、現場に駆けつけて座り込みの抗議を行う手はずが整えられた（『沖縄タイムス』一九五三年一二月六日）。一二月五日朝、米軍のブルドーザーが現れると、警鐘が鳴らされ、住民たちがブルドーザーの前に座り込み作業を中止させた。集まった住民は子どもを含めて一〇〇〇人前後に上ったという。しかし、それから一時間ほどするとトラック四，五台に分乗した武装兵がやってきて座り込みを続ける住民たちに解散を命じて現場から追い払われた。抵抗する住民は蹴られたり、殴られたりしたという。そして催涙弾が準備されるという物々しい警戒の中で、工事が続けられた（土地連三十周年記念誌編集委員会編一九八九）。米民政府は住民らが人民党に扇動されたと非難し、その行動を正当化する談話を発表した。これに対し住民たちは七日、「金は一年、土地は万年」「土地を守るものが平和を守る」といったプラカードを掲げて政府や立法院にデモ行進を行ったという（千田他一九九六：一一三）。

七　黙契

具志の強制収用が行われたのと同じ日、米民政府は布告第二六号を交付した。その内容は、米軍がすでに使用中の軍用地については、「黙契（implied contract）」により、契約が成立していなくても「土地使用」の事実によって米側が賃借権を得たとするものであった。これにより地主側には契約拒否という手段はもはや認められなくなった。米側は、賃料に関してのみ訴願を受け付ける方針を示す一方、従来の査定を七〇％上乗せした金額を提示するという硬軟合わせた策をとった（琉球銀行調査部編一九八四：四四五―四四七）。しかし、地主側の反発は全く収まらなかった。地主側の要求額とはまだ一〇倍以上の開きがあり、軍用地主たちが借りている借地に払っている賃借料よりはるかに低額だったからである。また、地代の判定をする琉球列島米国土地収用委員会のメンバー全員が米国軍人・軍属で構成される上に、一旦決定された結果は以後の経済事情の変化にかかわらず変更されないとされていた。それでもこの制度によって訴願した地主は全体の九八％に達した（琉球銀行調査部編一九八四：四四七）。

こうして軍用地問題は妥協の糸口さえつかめぬまま抜き差しならぬ状況となり、地主たちの米軍統治への反感は高まっていった。第一章で触れたように軍用地問題は沖縄島の人口の約三分の一にあたる五万戸、二三万人の生活に直結する問題だった。政治制度上の問題である主席公選や天願事件、人民党の支持者や復帰運動で活動していた人々にしか直接の影響がない政治弾圧の問題と比べても、世論への影響が段違いに大きいことは明らかである。そして軍用地問題における米側の強硬策は必然的に、自治権や政党弾圧の問題を身近な問題として感じていなかった人々にも米軍の政策に対する反感を広げることを意味した。野党の政治エリートにとっては、この反感の広がりをどのように自らの政治力として、米軍統治に対する抵抗力に転換してゆくのかが最大の課題となった。

八　軍用地問題の「国益化」

「軍用地問題」を「復帰」にリンクさせる「フレーム架橋（frame bridging）」のフレーミングが、登場したのがこのタイミングであった。

天願事件における「反植民地化闘争委員会」の解散命令と真和志村銘苅における最初の強制収用が執行された直後の一九五三年四月一五日に開会した立法院に民主党、社会大衆党、人民党の三党から三つの決議案が提出された。このうち、社会大衆党と人民党はこれまで採択された軍用地関連の決議とは異なるロジックを決議案に含ませていた。米軍による土地の収用は、財産権や生活権の侵害だけでなく日本の領土権の侵害にあたるというロジックだった。

当時立法院議員だった人民党書記長の瀬長亀次郎が提出した決議案の要旨を見てみると、人民党の決議案はまず世界人権宣言について触れ、その第二条が非独立国の住民であっても差別を受けてはならないこと、第一七条が「何人も財産を所有する権利を有すること、及びその財産をほしいままに奪われることはない」ことを規定していることを指摘した。その延長線上で、「一紙片の命令書によって人民から土地をとりあげ、立退きを強制した」上に「ブルドーザーで整地を強行し、財産権を侵害した」と状況描写し、米側の措置が人権侵害にあたることを浮かび上がらせた。

だが人民党がこの決議案に込めた狙いが、強制収用を人権侵害事案として意味づける解釈図式を提示することだけではないことは、決議案が次のような解釈図式も内包していることから窺える。

それは、サンフランシスコ講和条約第三条第二項により「統治権のみが米国には与えられている。従って領土権は琉球人民を含め、八千万国民の掌中にあることは厳然たる事実」なので、「日本国民の表明せる意志に反して琉球で如何なる土地をも収用することはできない」という解釈図式である（『沖縄タイムス』一九五三年四月一五日）。同時に出された社会大衆党の決議案も「対日平和条約によって琉球に対する国民主権・領土主権は依然として日本にある。本布令の実施により日本領土内に米国政府の所有土地の存在を認めることとなり領土権の侵害となる」としている（『沖縄タイムス』一九五三年四月一六日）。

このような土地収用を日本の領土権と結び付ける論法には、民主党の議員から疑問が呈された。質問に立った民主党の前里秀栄は瀬長に対し「瀬長氏は国家の領土権と個人の所有権をゴッチヤにしていないか」と質問した。これに対し、瀬長は「領土権の問題すなわち領土の割譲や租借は人民の代表たる政府対政府でしか行えない」と答弁した。この場合「土地＝領土」という語法になっていると見るべきだろう。社会大衆党の決議案の提出者、安里積千代も「領土権を除いた統治権は考えられぬと思うが」との質問に、「その通りと思う。然し三条後段の三権のみでは軍事基地を所有する権利はないと思う」と答えている（『沖縄タイムス』一九五三年四月一六日）。しかし、結局社会大衆党と人民党の決議案は通らなかった。

この土地の強制収容が日本の領土権の侵害にあたるという主張は、米統治下「琉球」の国際法上の地位に関して、日本の国際法専門家の間で日本が「領土主権」を保持していると解釈されていたことによる。しかし、それはあくまで国際法上のことであり、米施政権域内における国内法的権利の帰属変更、例えば土地の権利の強制取得は、関わりのないことだとの説が法学者の多数的見解だった（桑田一九五九）。法的には苦しいロジックだったのである。しかし三年後の島ぐるみ闘争では、民主党を含めたすべての政党がこの「領土権」言説を旗印に米側と対峙することになる。政治言論の道具として有用だったからである。

米軍の強制収容を人権侵害として批判するのであれば、人民党の決議案の冒頭で述べられている通り、世界人権宣言を引用すれば事足りる。しかし、世界人権宣言が米軍を規範的に拘束する上で、十分な政治的な効果を持っているかどうかという点は別問題である。当時はまだ国際人権法の黎明期である。世界人権宣言で宣言された理念が条約の形で拘束力を持つのは一九六六年の国際人権規約の成立を待たなければならなかった。瀬長らが世界人権宣言だけでは米軍を規範的・政治的に拘束するには不十分だと見ても不思議はない（畑・水上一九九七：三六）。これに対して、土地の強制収容が日本の領土権の侵害という形にすれば、日本の主権という、米軍といえども無視することができない権力で米軍の行動を規制することができる。世界人権宣言の理念を、日本国民としてのナショナルな権利、すなわち市民権として具体的に実現することができるのである。のみならず、利害関係国である日本の政府や世論を政治的に巻き込むことも期待できる。日本の世論に「日本の領土権が侵害されています」と訴えナショナルな感情を呼び起こして、支援を勝ち取ることが期待できるのである。この問題を単なる「公権力」による個人の人権侵害の問題とするより、ナショナルな権利の問題としたほうが政治的効果がはるかに大きいのは明らかである。

結局、五月五日に実際に採択された決議ではこの強制収用は「所有権の侵害」で、「世界人権宣言及び国連憲章に明記された基本的人権を擁護すべしとの趣旨にもとる」とするにとどまり、「領土権」の言葉は採用されなかった（土地連三十周年記念誌編集委員会編一九八五：四七四）。しかし、社会大衆党と人民党は引き続きこの「領土権防衛」のロジックを用いていくことになる。

九　パーシャル連合

このように社会大衆党と人民党が軍用地問題を領土問題とすることで米軍に対する抵抗力を強める取組みをしていた最中、軍用地問題では沖縄側の反発をさらに強める動きがあった。

一九五四年三月米民政府は軍用地料を一括で支払う方針を発表した。米軍側の定めた借地料の一六・六ヵ年分、つまり地代相当額を一度に支払って永代借地権を設定するというものであった。つまり地主には土地の所有権の名目だけ残して実質的に土地を買い上げるという方針である。ほぼ同じ頃、土地を失う三五〇〇人については「八重山」に移住させるという陸軍省の計画も発表された。借地権設定による地代相当額の一括払いは軍用地問題に沖縄側の意見を反映させるために設置された諮問機関、土地委員会と米民政府との話し合いの中で生まれたものだった。買い上げでなく所有権を農民に残すことで、農民の反発を和らげるという狙いがあり、当初比嘉主席は軍の親心に感謝するコメントを出していた。しかし、米側に押し付けられた価格での事実上の買い上げになる以上、地主側の軟化を引き出すような効果はなく、米軍側の施策に対する地主の反発をかえって強めた。一括払いの是非について四月に土地連が実施したアンケート調査によれば、一括払い賛成は四七人、反対は一万八八一七人だった（琉球銀行調査部編一九八四：四五五）。土地連会長の桑江朝幸は「……土地の無期限使用に対しては強い反対の空気が見られる」「……買い上げと言う形に持っていかれると大きな反対運動がまきおこることは必至の情勢になつており……」とコメントした（『沖縄タイムス』一九五四年四月一二日）。土地連は反対の意志を表明することを求めて立法院でロビー活動を行った。

ちょうどこの頃は民主党が立法院選挙で敗北し、党内で米民政府に対して復帰運動と人民党に対して厳しい態度をとるよう求める声が上がっていた時期だった。米軍政に対する思惑は与野党では大きく異なっていた。しかし、ことこの問題に関して民主党が極端に親米的なスタンスで野党と対峙することは不可能だった。民主党議員の支持者の中にも軍用地主は数多くいるのである。与野党の折衝の末、米側との折衝に臨む「オール沖縄」的体制を構築する合意ができた。軍用地問題については、党派を超えて沖縄側のすべての政治勢力が結集することの必要性を民主党側も認めざるをえないところまで状況は悪化していたといえよう。ただし、この段階ではナショナルな問題としてではなく、あくまで社会・経済問題として取り扱うことが前提であった。

一九五四年四月三〇日、立法院は「軍用地処理に関する請願」を可決した。これが後の「島ぐるみ闘争」で「土地を守る四原則」と呼ばれるものになる。この決議は「住民の生存権の確保と財産権尊重」を根拠に、次の四項目を求めるものであった。

1　アメリカ合衆国政府による土地の買上又は永久使用、地料の一括払は、絶対に行なわないこと。
2　現在使用中の土地については、適正にして完全な補償がなされること。使用料の決定は、住民の合理的算定に基づく要求額に基づいてなされ、且つ、評価及び支払は、一年毎になされなければならない。
3　アメリカ合衆国軍隊が加えた一切の損害については、住民の要求する適正賠償額をすみやかに支払うこと。
4　現在アメリカ合衆国軍隊の占有する土地で不要の土地は、早急に解放し、且つ、新たな土地の収用は絶対に避けること。（土地連三十周年記念誌編集委員会編一九八五：四七五）

この請願の可決と同時に琉球政府、立法院、市町村会、土地連の四者で構成されるいわゆる四者協が発足した。そして四者協は米民政府を越えて、米本国政府・議会との直接交渉を目指すことになった。このような軍用地問題の事件史的展開は、この問題を「地主」「農民」という特定の集団の権利の侵害という問題認識の枠組から、「米軍政」対「沖縄」という全体論的な対立枠組に転換させることになった。

人民党による「沖縄県民」の使用再開
一　「人権闘争フレーム」と「人権ナショナル化フレーム」

以上叙述した一九五二―五四年の軍用地問題をめぐる政治文脈における集合行為フレームを検討すると、大きく二種類に区別できる。一つは、土地問題を自らの生きる権利の問題、つまり人権・市民権の権利侵害の問題として解釈し、意義づけるフレームである。左記はその例である。

……軍用地問題の重点がどのように移動するにしてもわれらの生活権を無視し、蹂躙する所には問題の適正な解決はあり得ないことを断言する。

如何なる権力もわれらの生きる権利を剥奪することは出来ない。……（『沖縄タイムス』一九五五年九月一一日「宣言（要旨）：第二回軍用地問題解決促進住民大会」）

これを仮に「人権闘争フレーム」と呼ぼう。

しかし、前述したように一九五三年四月に「銃剣とブルドーザー」による強制収用という新たな事態に対して、人民党と社会大衆党は、この問題を単なる人権闘争ではなく、日本国の領土・主権そして復帰に結び付ける共通の「論法」を内包した決議案を立法院に提案することで問題の性格を再定義することを試みた。社会大衆党の決議案の一部を再掲してみよう。

……対日平和条約によつて琉球に対する国民主権、領土主権は依然として日本にある。本布令の実施により日本領土権内に米国政府の所有土地の存在を認めることとなり領土権の侵害となる。……（『沖縄タイムス』一九五三年四月一六日）

以後、人民党や社会大衆党を中心とする政治指導者層の政治言論においては、土地闘争と「復帰」をリンクさせる「フレーム架橋（frame bridging）」のフレーミングを盛んに行うようになった。それはバリエーションがあって、例えば「領土」「主権」の代わりに「国土」と「民族」の語を用いた次のようなフレームもあるが、土地問題をナショナルに意義づけるという機能は同じである。

今や土地問題は農民のみの問題でなく、民族の問題である。土地はそれぞれ農民の私有財産であると同時に祖国日本の国土の一部である。……（『琉球新報』一九五四年五月二日「第三回統一メーデー決議」）

このような問題の本質を規定する「診断的フレーミング（diagnostic framing）」とは別に、問題の解決策を提示するタイプの「予後的フレーミング（prognostic framing）」も確認できる。下記はその事例である。

……国際法に基づく基本的自由権、生存権を進めて行くのがわれわれに与えられた唯一の力であると思う、そのためには早急に日本に復帰すべきである、この問題[25]は余りにも大きいので私は日本復帰以外には完全な解決策はないと思っている。（『琉球新報』一九五三年六月八日「小禄村軍用地立退対策協会・青年会主催の軍用地に関する三党政策合同演説会における社会大衆党桃原亀郎立法院議員演説」）

明示こそされていないが、「基本的自由権・生存権」の進展と「日本復帰」の間を媒介するのは「憲法」であろう。つまりこのフレームからは、日本国憲法によって市民権が保証された領域への復帰しか沖縄の人権侵害を抜本解決できない、という一九六〇年代的復帰運動に特有の「論法」の萌芽が窺える。

このように、根源的には人権問題である土地問題の性格を国家・民族に引き寄せて解釈したり、土地問題の解決を祖国復帰と結び付けて提示するなどして、土地闘争の意味をナショナルに転換するよう機能するフレームを包括して「人権ナショナル化フレーム」というカテゴリーで括ろう。第一章で提示した本書の枠組に照らせば、このフレームの特徴は、沖縄の政治文化資源ベースに蓄積された「琉球・琉球人・沖縄人」⫽「日本・日本人」という自己理解の解釈図式に根ざした祖国復帰の「論法」「語法」と、国連憲章や世界人権宣言といった当時の国際人権規範や反植民地ナショナリズム等のグローバル思潮の「論法」「語法」が組み合わされて一連の事実関係を認識する枠組をなしている点にある、と把握できよう。前述した土地闘争期の人民党の政治戦略を象徴する標語である「反米・祖国復帰・土地防衛の統一戦線」も「人権ナショナル化フレーム」の範疇に入る。

運動戦略的観点から見れば、このフレームは復帰運動と土地闘争という内容的に別個の運動を融合させ、より大きな政治力を生み出すことを期待しうる。それも「沖縄」の中だけでなく、「返還」に関心を持つ日本の諸アクターの関心をこの問題に引き寄せ、「世論」の力で日本政府を動かすことも期待できる。実際、野党の指導者たちは、早い段階から、このフレームを日本への働きかけに用いていたようだ。一九五三年一一月に沖縄を訪れた日本の超党派国会議員団に対して、平良辰雄社大党委員長と瀬長亀次郎人民党書記長が領土権を守るという立場からこの問題に介入するよう求めた記録が残っている（『琉球史料　第二集：政治編2』一二二―一三〇）[26]。

このような「人権ナショナル化」フレームの活性化は、米軍支配に対する人々の被抑圧感の高まりを、「日本人」というナショナルレベルの我々意識の促進に連動させる。仮に「人権闘争フレーム」における「我々」に、「沖縄人」という含意が込められていたとしても、それは「琉球・琉球人・沖縄人」⫽「日本・日本人」という意味連関により、「日本人」という政治主体表象に矛盾することなく移行できる。ウチナーンチュ性を損なうことなく、自らを「日本人」と規定するこの概念の使用の拡大は、日本人意識を促進する方向で作用すると見てよいだろう。

二　「人権ナショナル化フレーム」の一環としての「沖縄県民」

この「人権ナショナル化」のフレーミング戦略の一環として人民党が始めたのが「沖縄県・県民」の使用再開である。先述したように一九五三年一二月の「奄美返還」に伴って発足したばかりの地下組織「日本共産党琉球地方委員会」から「奄美支部」が分離され、米統治下「琉球」に残留した側は、「日本共産党沖縄県委員会」に改称した（国場二〇〇二）。この改称以後、人民党・地下共産党の政治言論では、従来の「沖縄人」「沖縄住民」「琉球民族」「日本人」等を混合した複雑な「我々」表現に代わって「県民」「沖縄県民」の語が主語として多く用いられるようになった。

例えば一九五四年の第三回メーデーの宣言には次のような表現がある。

……軍のメーデーに対する大弾圧の中でこゝに参加出来なかつた多くの職場のなかにいる、この人達は参加しなくとも心の中では深く祖国復帰のための団結を誓つているし吾々のこの誓は又祖国八千万同胞との固き団結である。吾々はここに全県民の力を結集して平和と民族の独立を勝ち抜かなければならない。……（『琉球新報』一九五四年五月二日）

伊江島・伊佐浜で米軍が測量を強行するなど強制収用を間近に控えて緊張が高まっていた一九五四年末の地下共産党の機関紙『民族の自由と独立のために』を見ると、この段階では「土地を守る」と「祖国復帰」を連結させた「フレーム架橋（frame bridging）」のフレーズと、その行為主体を指し示す「県民」「全県民」「県民大衆」という「我々カテゴリー」をリズミカルに連呼する政治表現が盛んに用いられている。

例えば、立法院の補欠選挙に関する記事では「土地を守り、祖国復帰をねがう沖縄県民の要求がいちだんとしれつになっていることは……」「土地を守り、祖国復帰を要求する県民大衆の団結をくづし、その斗いを敗北させようとくわだてる者……」「彼らがいかにごまかしと弾圧の政治をとろうとも、沖縄県民が平和と民主的権利と生活を守るためにアメリカの軍事占領に反対し、土地を守り祖国に復帰する要求をおさえることはできない」「わが沖縄県民の解放斗争は必ず勝利する」といった表現が見られる。

一方、伊江島・真謝地区の土地闘争に関するルポ風の記事は、この住民闘争を次のように意義づけて締めくくっている。

……部落民が団結し、そのまわりに沖縄の全県民が力をかためてゆけば、われわれは土地を守りとおすことができるし、またそれ以外にみちはない。そしてこの土地と生活を守る全県民の統一行動は平和を愛する全世界の人民からも熱烈に支持されている。なぜなら、県民の土地と生活を守る斗いは同時に沖縄を侵略戦争の拠点として全島軍事基地とし、平和をおびやかし民族の独立をはばんでいるアメリカ帝国主義者に打撃を与え、戦争の野望をフンサイする斗いでもあるからである。われわれがこのことをはっきりとのみこんで、土地と生活を守る斗いを全世界の平和と民族の独立を守る斗いにむすびつけるならば　そして全県民ががっしり団結するならば、われわれの勝利は疑いないものとなるであろう。……（『民族の自由と独立のために』第2号、一九五四年一二月一五日）[27]

人民党の指導者層が「沖縄県・県民」カテゴリーを用いるようになった理由を直接的に説明した史料は確認できなかったが、上記例文における用法を検討することで、「県民」の語を用いることの狙いは推察できる。「沖縄県民」は、複合ヴィジョンを自然化された前提とする強力な作用を発揮する。平たく言えば、この概念は琉球・沖縄人と「日本人」を融合した概念なので、主体表象の切り替えを省くことができる。

第七章で検討した「帰属論争」期の『沖縄タイムス』の社説や瀬長亀次郎の論文では、琉球人の政治的主体性と「日本」への復帰の理念を両立させるために、複雑なレトリックが駆使されていた。「琉球民族」と「日本人」という二つのカテゴリーのカテゴリー関係そのものが相互排他的な含意を帯びているので、「琉球民族」の「自己決定」と「日本・日本人」への「帰属」の理念を両立させるためには、書き手の側のレトリカルな技量が必要とされる。

実際、瀬長亀次郎の「帰属論争」期の論文「日本人民と結合せよ」では、それまでの政治言論との整合性を保ちながら「復帰」を正当化するために、それまで多用していた「琉球民族」の語を「沖縄人民」に代えた上で、オリジナルのソ連的処方箋では「日本」と「琉球」が別民族が前提であるはずの「対等な結合論」と、日琉同祖論的な「同一民族」論を混ぜ合わせるという、複雑な言説操作が行われていたことはすでに見た通りである。

しかし例えば「わが沖縄県民の解放斗争は必ず勝利する」という言い回しではフレーズの文意のレベルでは「解放斗

争」の主体としての「我々」＝「沖縄人」を提示しつつ、主語を「県民」とすることで「日本・日本人」の不可分の一部としての「我々」も同時に、しかも極めてナチュラルに提示されている。

つまり、主語を「県民」とするだけで、琉球・沖縄人の「自己決定」が「日本・日本人」への「帰属」と両立することをロジックで説明する必要性が消滅する。ブルーベイカーの用語で表現すれば、「沖縄県民」には、「日本人民と結合せよ」で瀬長が用いたような複雑な言説操作の一切を省く認知経済（cognitive economy）的機能がある（Brubaker 2004a: 74）。

上記に提示した伊江島・真謝地区の土地闘争に関する記事の文例に引き寄せて検討すると、実はこの例文の明示的な文意のレベルでは土地闘争と復帰は結び付いていない。「部落民団結」は「全県民の統一行動」「県民の土地と生活を守る斗い」の一環として位置づけられているが、その「県民の斗い」は、いきなり「平和を愛する全世界の人民」「全世界の平和と民族の独立を守る斗い」の中に位置づけられている。

だから主語が「沖縄人」や「琉球民族」だったら、被抑圧民族の国際連帯に基づいたグローバルな反帝国主義的民族解放闘争の一環に、「琉球民族」の「土地を守る斗い」を位置づけるという単独ネーション的な含意を帯びたメッセージとなる。

しかし主語が「沖縄人」「琉球民族」から「全県民」「県民」に代わるだけで、土地闘争の復帰運動との連動性は、直接的に語るまでもなく明確になり、「平和と民族の独立を守る斗い」の「民族」は不可避的に「日本民族」の含意を帯びてくることになるので、「人権ナショナル化フレーム」のバリエーションの一つであることがわかる。「沖縄県民」は複合的なネーションのヴィジョンを表現するための極めて有用な「我々カテゴリー」として機能している。

しかし、この段階では、「沖縄県民」を用いていたのは人民党だけで、友党である社会大衆党も用いていない。「県民」の語の使用は、人民党の機関紙や政治集会でのみ確認され、立法院や超党派の集会での決議文の主語は「琉球住民」「沖縄住民」である。

「朝日報道」、「伊江島・伊佐浜」から「島ぐるみ闘争」へ

一 「朝日報道」

一九五五年一月一三日、朝日新聞の朝刊は「米軍の『沖縄民政』を衝く」と題した特集記事を社会面に掲載した。この記事は弁護士・法学者らで作る自由人権協会が沖縄の人権状況について調査した結果を報じたもので「農地を強制借上げ」「煙草も買えぬ地代」という見出し付きで軍用地問題が最も大きく取り上げられていた(28)。沖縄群島の全耕地面積の四分の一にあたる面積を米軍用地が占め、一戸当たりの平均農地面積が戦前のそれの半分近くにまで減少しているという事実を押さえた上で、米軍側から提示されている軍用地代が民間の評価額の十分の一以下であること、そして米軍の強制収用の実態などを紹介していた。沖縄の軍用地問題について日本の新聞が詳細に取り上げたのはこれが初めてだった。

翌日の朝刊社会面は、自由人権協会参与の作家石川達三と法政大学の中村哲教授の談話をトップに据えていた。石川の談話は次のようなものだった。「日本政府が今日まで何もしなかったのも全く怠慢だと思う。沖縄の人たちはもう何年も前からずいぶん訴えていたし、代議士連中も資料を持っていたろう。とっくに何とかしなければならぬ問題だった」「こんどのことは同胞として放って置けない人権問題だと思う」「外地の遺骨を引取るために船を出すのもいいが、それよりもまず生きている同胞の沖縄人のことを考えてもらいたい」一方中村も「沖縄人はわれわれと同じ血を引く民族である。これら人々の基本的な苦しみを救うために、日本人が起たずしてだれが口火を切ってくれるだろうか」と述べ、民族の紐帯を根拠に沖縄の人々を支援するよう訴えている（『朝日新聞』昭和三〇〈一九五五〉年一月一四日・朝刊）。

『朝日新聞』はその後五日間にわたって沖縄の実情を大きく取り上げた。沖縄戦後史の文脈で「朝日報道」という固有名詞で呼ばれているこのキャンペーンが火付け役となって、日本の新聞・雑誌で初めて、軍用地問題をはじめとする人権問題が取り上げられるようになった。郷土史家・活動家の大西照雄の調べでは、一九五四年に一四件だった沖縄問題に関する新聞記事は一九五五年には九四件と七倍近くにまで増えている（大西一九九五：四四）。

二　沖日間の「連帯」の社会作用と抗米運動・感情の高揚

この日本のマスコミの「沖縄問題」報道を契機に、「日本」の社会団体・労組・個人の沖縄土地闘争支援活動＝「同胞の救援」が活発化した。[29] 日本青年団協議会やPTA連合会といった全国組織から、広島の画家が立ち上げた「ひめゆり会」や広島女学院大学学生会といったサークル的なものまで、様々な規模のグループの支援活動が確認できる。このうち東京の一八歳の定時制高校生、黒田操子の伊江島支援活動（励ましの手紙や書籍・文房具の送付、激励訪問）は比較的広く知られている（阿波根一九七三、大西一九九五）。

本書の分析枠組に照らすと、「沖縄」の地元紙が本土紙の記事を転載したり、「日本」の諸団体・諸個人の支援活動を取材することで、「日本」での「沖縄問題」に関する一連の言論・活動状況が「沖縄」にいわばフィードバックされる形で受容されたことは重要である。そのような情報が伝わることによって、まず、人権ナショナル化フレームの正当性が裏づけられて共鳴性[30]が強まることが想定される。実際、この年のメーデーでは、人権ナショナル化フレームの使用が盛んだったようだ（『沖縄タイムス』一九五五年五月二日）。同時に、「沖縄」の人々の日本との連帯感の高まりによる「日本人」意識の強まりも想定される。そのような過程が生じたことは、「朝日報道」の初報直後に掲載された投書の次のような表現から窺える。

◇去る十三日から続けられている朝日新聞の沖縄住民の人権問題の記事は、私達に大きな力となりました。……（中略）……私の生き方は十三日から一変しました。それは、私達の未来が輝かしく、美しきものがつかめるように思えたからです。同じ血をひく日本民族が私達と手をにぎりあって闘ってくださることを信じたからです。……

（『朝日新聞』昭和三〇〈一九五五〉年一月一七日）

「同じ血を引く」だけでなく、「手をにぎりあって闘う」ことがわかったことで同胞意識＝「水平的な深い同志愛（comradeship）」（Anderson［1983］1991＝一九九七：二六）に根ざした日本ネーションの「想像」が強化されるという構図が窺えよう。

このような本土からの「救援活動」の活発化と並行して、「沖縄」ではこの頃から、米軍に対する抗議活動が拡大・変容の傾向を見せ始めていた。一九五五年三月に伊江村真謝と宜野湾村伊佐浜の一部で強制収用が行われた。事態が緊迫化する中、琉球政府主席を団長とする四者協代表が実情を直訴するために渡米。米議会下院の調査団の派遣にこぎつける。しかし強制収用は凍結されず、七月、伊佐浜の第二次強制収用が行われた。執行前日の早朝には、抵抗する住民に協力しようと、各地から千人単位の人々が収容現場に集まっていたという。それまでの強制収用の事例で、直接の当時者以外の人々がこれほどの数で集まったことはない。集まった人たちはその場で「土地を守る会」を結成し伊佐浜を人垣で固めることを決めた（『琉球新報』一九五五年七月一九日）。しかし、これらの人たちが夜に現場を離れた後の翌朝、およそ二〇〇人の武装兵に守られた八台のブルドーザーが現れ作業を開始。三二戸の住宅は破壊された（『沖縄タイムス』一九五五年七月一九日夕刊、同七月二〇日）。

九月、先述したように中部の石川市の六歳の幼女が米陸軍の軍曹に暴行・殺害される事件が発生（由美子ちゃん事件）。教職員会や沖縄青年連合会が緊急の抗議声明を出したのを皮切りに、この二つの団体や婦人会などで結成されていた「子どもを守る会」が石川や嘉手納など数ヵ所で断続的に抗議集会を開いた。米兵犯罪に対する組織だった抗議行動はこれが初めてである。この事件の発生直後、軍用地問題解決促進第二回住民大会が開かれた。教職員会など土地問題と直接関係のない他の諸団体が大会主催者に加わり、「沖縄」の三つの新聞社も後援に名を連ねている（『琉球新報』一九五五年九月一一日）。翌月には、米兵犯罪、労働問題そして土地問題を包括した抗議集会、人権擁護全住民大会が開かれた（『沖縄タイムス』一九五五年一〇月二三日）。シングルイシューとしての土地問題を超えて、「米国 vs 沖縄＋本土の『同胞』」の構図を前提にした包括的な闘争のダイナミクスが生じ始めていたことが窺える。

三　島ぐるみ闘争―人権ナショナル化フレームと「県民」の拡散

一九五五年九月、米下院調査団が沖縄で調査を実施。翌年六月九日にその調査結果「プライス勧告」が発表された。沖縄側の要求にほとんど配慮しない内容に琉球政府・与党を含めた「沖縄」の諸団体がこれを拒否。一般にこれ以降を

「島ぐるみ闘争」と呼ぶ。この段階で、人権ナショナル化フレームと「沖縄県民」は、保革対立を超えた「オール沖縄」的なフレームとして広まった。

六月一二日、立法院は日本政府に対して、一括払いと新規接収は日本の領土権に影響を及ぼす行為なので領土主権国としてこれを阻止することを要請する決議を採択した。六月二五日、那覇とコザで同時に地区住民大会が開かれた。参加者数は主催者発表で合わせて一五万人。空前の規模である。「民族と国土を守るわれ等八十万県民の……」と始まる大会宣言は、「この輝しい民族自決への歴史的斗いは、祖国復帰と独立と平和への道でありこれこそは日一日時々刻々と高まる祖国ならびに全世界の強固な支援と激励に応える民族最高の道義であることを確信しいかなる条件のもとにも不屈であることを誓うものである」と結んだ（『琉球新報』一九五六年六月二六日）。人民党に固有の政治表現であった「県民」の語が政府・与党が参加する大会で使われたのは、確認できた範囲ではこれが初めてである。同時に、土地闘争を反基地・平和闘争の一環に位置づけるフレームも、人民党の手を離れて超党派の集会で用いられている。例えば、真和志市土地を守る会結成大会の決議には、「人類を滅亡へと導く原子兵器基地拡張のための新規接収に絶対反対」という「土地問題」と「原水爆」と「基地」の三者を結び付けた表現が盛り込まれている（『琉球新報』一九五六年七月二八日）。この頃「無抵抗の抵抗」というスローガンが用いられたこととあわせ、後年の「革新」の反戦平和主義につながる政治表現が、正当性を獲得してゆく過程が窺える。

以上のような人権ナショナル化フレームの急速な拡散は、本書の枠組においては、プライス勧告以降の政治状況によって生じた、フレームの共鳴性（resonance）の高まりを裏づける現象として把握できる。そして、このようなフレームの拡散＝共鳴性の高まりは、「日本人」意識の高揚に連動する。島ぐるみ闘争における、「日本人」意識の高まりは、ある高校で開かれた集会についての記事から窺える。それによると、この集会では、プライス勧告粉砕などのスローガンに混じって、「民族意識の堅持」というスローガンが登場し、生徒会長が「われわれ生徒が民族運動へ無関心で安閑としていることは民族への裏切りである」と述べたという（『琉球新報』一九五六年七月三日）。島ぐるみ闘争の政治過程が、政治主体としての「日本人」意識の高揚に結び付き、それがさらに小熊（一九九八）で問題化された復帰運動の文化ナショナリズム的側面につながってゆくという文脈が窺える。

一方、島ぐるみ闘争では、新しい政治行動・表現の形式も生まれている。沖縄で「デモ行進」という政治表現が初めて用いられたのは、先に紹介した六月二五日の地区住民大会であったようだ（『琉球新報』一九五六年六月二六日）。七月二八日に開かれた四原則貫徹県民大会は、戦後の沖縄で大きな政治的インパクトを生んできた「県民大会」という抗議行動・表現の概念が用いられた第一号となった。

軍用地問題そのものは、一九五八年一一月、契約形態を不定期および五年以下の賃借権とすることや、使用料は新しい査定法により評価し、毎年払いとすることなどを内容とする妥協案が沖米間で成立し、事実上収束した（土地連三十周年記念誌編集委員会編一九八九：一〇四）。

それに伴い軍用地問題を「国土防衛」と意義づけるフレームは意義を失い消滅したものとみられる。しかし、「沖縄」の人権問題の解決を「復帰」に求める「人権ナショナル化フレーム」は、いわゆる「憲法復帰」の言説として一九六〇年代、一層盛んになり、それに伴って「沖縄県民」も、政治言論を語る上で欠かせない必須の主語として定着してゆく。

沖縄青年連合会主催で一九五七年四月に四年ぶりに開かれた復帰運動の大会の名称は「祖国復帰促進県民大会」で、一九五三年一月に開かれた大会にはなかった「県民」の語が入っているほか、「日本復帰」ではなく「祖国復帰」の語が採用されている。大会宣言や各種要請決議では「八〇万県民」の主語が多用される一方、固有名詞である「琉球政府」を除けば、「琉球」の語は見当たらず、制度カテゴリー的には「琉球」と表現すべき箇所はすべて「沖縄」の語に置き換えられている。この用語法は一九五八年末と一九五九年初頭に開かれた祖国復帰県民大会でも踏襲され、一九六〇年に結成された沖縄県祖国復帰協議会（復帰協）による六〇年代的復帰運動につながっていく（沖縄県祖国復帰闘争史編纂委員会一九八二：四〇—四六）。

復帰協の一九六二年度運動方針における「主目標」には、「『沖縄県』及び『沖縄県民』の呼称を徹底する」という項目がある。具体的実践活動としては、「各団体名に沖縄県を入れる」「『沖縄人』『島民』『住民』の呼称を『沖縄県人』

『県民』に統一する」「文書はすべて『沖縄県』『県人』とする（公文・私文）」「内外の各マスコミに対し『沖縄県』『県民』として報道してもらうよう協力要請する」「手紙を書く時、或は住所など全県民が『沖縄県』として出すよう九十万県民運動をおこす」「教職員会は春、夏、冬休みの友などを通じて、子どもや父兄に『沖縄県』を徹底させるよう、発行の度に各学年の系統的取扱いをする」等が列記されている（沖縄県祖国復帰闘争史編纂委員会一九八二：一一七）[31]。

これに対し保守政党の大会宣言等を見ると、一九六四年の段階では、「琉球」に代わって「沖縄」が主語として採用されているものの「沖縄県・県民」の用語は見当たらないが、一九六七年一二月の第五回民主党大会宣言では、「県民」の主語が採用されている[32]。このことから、一九五四年に人民党が始めた「県民」の語の使用が、一九五六年の「島ぐるみ闘争」を契機に、より広範囲な「革新勢力」の運動用語になり、最終的に保守を含む「オール沖縄」的表現として定着したという過程を推定できる。

「沖縄県民」興隆の原因

以上「沖縄県民」が拡散し「オール沖縄」的概念として定着する過程を検討した。確認すれば米統治時代「沖縄県」という行政機関は存在しない。つまり一九七二年五月に「沖縄県」が復活するより先に「沖縄県民」が復活した形となっている。いうまでもなく、この「沖縄県民」は公的制度の裏づけを持たない。このいわば「想像」上の産物である「沖縄県民」が、公的制度としての「沖縄県」より先に復活したのはなぜであろうか。

第二章で提示したように、「沖縄県民」というカテゴリーは、大田朝敷ら政治指導者層の言論活動によって戦前、すでに複合ヴィジョンの主語として定着していた。

人民党による「県民」カテゴリーの使用再開には、複合ヴィジョンを自然化した形で表現するために、戦後使われなくなって「過去の遺物」化していたこのタームを「政治文化資源」の格納庫から引っ張り出して再活用したという側面がある。

しかし、同時にこのタームは戦前とは全く異なる「戦後沖縄」の政治文脈に、人民党という当時の「沖縄」で最もラディカルな政治組織によって持ち込まれたことで、戦前とは異なる含意を帯びる作用があったことが推察できる。

第二章で詳述したように、戦前の文脈では、この概念は、「植民地」と「内地」とからなる大日本帝国内で、「沖縄」とその住民を「内地」側＝支配者側に位置づける制度カテゴリーであった。それゆえ歴史経緯的には「琉球国」に代わる「我々カテゴリー」として支配者側が強権的に設定したタームであるにもかかわらず、日清戦争を契機に「沖縄」の政治指導者層の生存・上昇戦略が日本帝国の枠組の中で「故郷で再び主人になる」ことを希求するものに切り替わると、ヤマト側による排除・差別に抗する対抗言説として琉球・沖縄人側が積極的に用いるようになった。

しかし、戦後、新しい支配者となった米国が公的制度カテゴリーとして設定した「琉球」の公的カテゴライゼーションの作用が進展すると、「琉球」カテゴリーを忌避する反応が生じた「奄美」とは対象的に、旧沖縄県側では比較的スムースに「琉球」「琉球人」という呼称が公的言論空間で定着し始めたことは第三章で述べた通りである。[33]

そして、この公的カテゴライゼーションが米軍政の思惑通り、「日本」との異化の作用を伴っていたことは在京沖縄人指導者の一人、高嶺明達の次のようなエッセイから窺える。

……琉球から通商問題の交渉に来ている諸君は、「外国扱いされて心外だ」と憤慨する　私もそれはけしからぬと一緒になって役所にたてつく、だが諸君の名刺に「琉球臨時中央政府駐日貿易代表」とあるのを見ては、ぶぜんとする。遠い近いは空間だけの問題ではない。日本と琉球の距離を全ての面でちぢめていこう。しまいにはその距離が全くなくなるまで。（『沖縄タイムス』一九五二年四月八日「随想―説遠説遠」）

第六章で述べたように一九五一年に「全琉」という今日でも使われる表現が登場していることや、一九五二年四月に発足した琉球・沖縄人側の行政機関の呼称が「琉球政府」であったことを踏まえれば、本章が対象とする一九五〇年代中頃の段階では、「沖縄」の政治指導者層の間では「琉球・琉球人」カテゴリーは相当に定着していたものと見てもよいだろう。

そして、まさにこうした状況だったからこそ最も先鋭的な米軍政批判勢力だった人民党が「琉球・琉球人」を用いることをやめて、「沖縄県・県民」のカテゴリーを用いる政治的意味が生じたのである。

その概念構図は、一九五三年末頃の執筆と推定される「人民党改正綱領草案」で提示された次のような一文からクリアに窺える。

……琉球政府はアメリカ占領軍の走りづかいとなって、琉球の独立国家化の陰謀をおしすすめている。琉球の独立国家化の陰謀をおくめんなく公言したのはビートラー前副長官である。彼は琉球の永久統治のあり方を次の三つに分けてアメリカ政府の意図を全世界に発表した。即ち、その一は、日本政府からの永久租借である。その二は、信託統治下において国連から琉球を借りることである。その三は、独立国家をデッチ上げて、偽政府から琉球を借りることである。アメリカ占領軍は第三の道をえらんだ。彼らは一九五一年十月、臨時中央政府と立法院を軍政令でつくりあげ、臨時中央政府主席に比嘉秀平を、立法院参議に大島・沖縄・宮古・八重山の売国分子を選任した。任命された比嘉主席と立法院参議の売国分子たちは、サンフランシスコ講和条約締結前からアメリカの信託統治を賛美することによって独立国家化の陰謀に加担し、合作した。アメリカ占領軍は布令九一号（契約権）を公布し、それに基いて琉球政府の比嘉主席から、沖縄県民から奪った土地を借用し、永久に占有することを宣言した事実だけでも、アメリカ政府が琉球政府□独立国政府であるかのようにみせかけているのがわかる。比嘉琉球政府は占領軍から與えられた契約権によって、日本の領土である沖縄の土地をアメリカ政府に売りわたしている売国偽政府であり、文字通り県民を売る犬であり、県民の敵である。（鳥山・国場編二〇〇五：六六―六七）

この例文の「人権ナショナル化」のフレーミングの中で、「琉球政府」は、米軍政による「琉球の独立国化の陰謀」によって生み出された「売国偽政府」で、「沖縄県民」から土地を奪う米軍政に加担する「県民を売る犬」「県民の敵」と位置づけられている。(34)「琉球」を、「独立国化の陰謀」や「売国偽政府」といった支配者側の思惑を体現したカテゴリーとして設定した上で、これに「沖縄県民」「県民」といういわば「真の我々カテゴリー」を対置することが対抗言説を組み立てる上で軸の一つになっていることがわかる(35)。

つまり米軍政が「琉球」を公的カテゴリーとして設定したがゆえに、「沖縄県」や「県民」は米軍政に対峙する政治勢力が「我々」を抵抗主体として表象する概念道具として活用されたのである。

戦前の「沖縄県民」の用法が、支配者側が設定した公的カテゴリーをいわば逆手にとって対抗言説として用いるものであったのに対し、この人民党の用法では、支配者側の公的カテゴリーの設定そのものを拒否する意図が込められていることを踏まえれば、非常にラディカルな概念として設定されているといえよう。実際、上記例文においても「琉球政府」という政治体制そのものを激しい言葉で全否定している。

しかしその一方、戦前に定着していた「我々カテゴリー」であった「沖縄県民」は「沖縄」の正当的な政治文化資源の一部でもある。だから、最もラディカルな政治志向を持つ人々にはラディカルな抵抗言説の概念としての「声」を発しつつも、同時に、第六章で提示したような政治指導者層の間で「戦前」を「古き良き時代」として振り返ることを促す社会作用が生じていた状況においては、同時に「戦前回顧」の声をも発する多義的（multivocal）な特性を帯びている。つまり、政治的性向が正反対の「革新」と「保守」の双方が、それぞれの立場から解釈しながらも同時に用いることができるマスターフレームとしての性質を帯びた概念だったといえる。

この「抵抗のシンボル」と「戦前回顧」の含意を同時に帯びていたという点では、「日の丸」もまた近似した象徴作用を帯びていた。ただし、日の丸が単純に「日本への帰属」を指し示す象徴であったのに対し、第二章で述べた通り、「沖縄県民」は戦前に大田朝敷が用いていた時代から「日本への帰属」を前提としながら、「故郷で再び主人となる」ことを目指す言説戦略の中で用いられた言葉であった。つまり都道府県の一つとして「日本」の不可分の一部でありながら、自己決定主体としての「我々」を同時に含意する点に、「沖縄県民」の概念に「千葉県民」や「大阪府民」にはないネーション性を付加せしめている。

それゆえに、「復帰」が確定して、再び支配者が「日本」に移る一九六〇年代末の時代文脈で、「日の丸」が抵抗のシンボルとしての含意を喪失して「戦前回顧」の含意だけが残り、「革新」にとっては一転して忌避の対象となったのに対し、「日本」の一部として福祉国家的権利を享受しつつ、日本に抗することを可能にする「我々カテゴリー」である「県民」は引き続き「オール沖縄」的に用いられ続けたと見ることができる。

こうして「沖縄県」「沖縄県民」は、日米両政府の米軍基地固定化政策に対峙する今日の政治文脈においても、公的政治言論を紡ぐ際必ず用いられる必須の概念として、「抵抗主体」としての「我々」を喚起し、同時にその対抗構想の範囲を複合ヴィジョンの枠内に拘束する概念として機能している。そしてその枠内で追求される「自己決定」理念の戦後沖縄に固有の代表的な指標が「自治」であり「経済自立」なのである。

まとめ

本章では、サンフランシスコ講和条約発効からいわゆる「島ぐるみ闘争」が生起した一九五六年までの期間を対象に、「沖縄県民」という「我々カテゴリー」が生起し、主流化してゆく過程を検討した。照射されたのは人民党という一つのアクターが提起したものが、「プライス勧告」という「事件（event）」を「引き金」に、幅広いアクターに共有されていく＝フレーム拡散（frame diffusion）によってマスターフレーム化してゆく「横の連関」の過程であった。

この「我々カテゴリー」の使用が始まったタイミングは、一九五三年末に「奄美返還」によって米統治下「琉球」の版図が戦前の「沖縄県」と同じになった直後であった。つまり「引き金要因」は「奄美返還」だったともいえる。当時、人民党と社会大衆党は、軍用地の強制収用を中心とする「沖縄」の域内の諸人権問題を、祖国復帰や領土権といったナショナルなイシューに結び付けてリフレームする「人権ナショナル化」のフレーミング活動を展開していたが、人民党はその一環として「沖縄県民」を用いた。

この「我々カテゴリー」は、一方では琉球・沖縄人を主体とする自己決定の希求と「日本・日本人」への「復帰」の同居、すなわち複合ヴィジョンの自然化を促進する効能があった。そして「島ぐるみ闘争」をきっかけに他の革新陣営のアクターに伝播し、最終的には「保守」を含めた「オール沖縄」的に用いられる政治言論に必須の用語として定着したのである。

（1）例えば、一九五三年一月に発足した復帰運動団体の名称は「沖縄諸島祖国復帰期成会」なのに対し、一九六〇年に発足した復帰運動団体の名称は「沖縄県祖国復帰協議会」。

（2）沖縄青年連合会は一九五三年四月に日本青年団協議会（日青協）に正式加盟した。これを受けて日青協は一九五〇年代の「日本」の社会団体の中でも復帰運動や土地闘争支援活動が最も活発な団体となった。
なお、本書的な意味での「政治」の範疇から外れる象徴政治的な領域では、これに先立って、「日本」の諸団体との提携が進展している。例えば各種スポーツ団体が「日本」の全国連盟に加盟し、一九五二年の第七回「国体」から「沖縄県」として「県旗」を掲げて出場するようになった（『琉球新報』一九五二年九月九日、一〇月二〇日）。また、前出の援護法の関係で一九五二年二月に琉球遺族会（その後連合会化された上で一九五三年一〇月日本遺族会に加盟）が結成され、琉球政府と合同で靖国神社の例大祭に代表を派遣する事業が始まるなど「日本」への「統合」が始まっている。

（3）日本における土地闘争としては石川県の日本海に面した地域の海岸地域を米軍の砲弾実験場として接収する計画に対する内灘闘争（現場闘争のピークは一九五二―五三年）と東京立川基地の拡張工事に対する砂川闘争（現場闘争のピークは一九五五―五七年）が著名である。

（4）「奄美」については、外交史における既存研究（Eldridge 2004＝二〇〇三）は「奄美返還」（一九五三年一二月）という米側の政策決定の判断に「奄美」現地の「復帰運動」が大きな材料となったことを示しているが、「沖縄」については、「沖縄」現地の運動が米側の政策決定に影響を与えたことが確認できるのは軍用地問題の問題文脈が最初である。

（5）土地闘争の文脈での日米交渉の内容、および沖縄側の動きが交渉に与えた影響については、平良（二〇一二：第四章、五章）を参照。

（6）土地闘争最中の一九五五年七月から翌年にかけて現在の名護市辺野古地区の民有地を使用して、新たに海兵隊第三師団の駐屯地・キャンプシュワブが新設された。

（7）これに対し、土地闘争をめぐる沖米日の三項間の交渉の相互作用に照準した平良（二〇一二：第四章、五章）では、「沖縄」側の抵抗が分断によって弱められていく過程と、「沖縄」における抗米世論の高まりによって米側が当初一切譲歩しない方針だった軍用地料の一括払いについて「山が動き」、方針撤回を余儀なくされる過程の両面を浮かび上がらせている。

（8）我部（一九九六：一三二）。

（9）『琉球新報』一九五四年一月一三日。

（10）一九六〇年に発足した沖縄県祖国復帰協議会の言論では、復帰運動を反植民地・民族自決運動の一貫として位置づけるフレームが盛んに用いられた。また一九六〇年一二月の国連総会で採択された「植民地諸国人民に対する独立付与宣言」を参照して米統治の非正当性と祖国復帰の正当性を国連加盟国に訴えた通称「二・一決議」が沖縄自民党が絶対多数を占める立法院で一九六二年二月に可決されている。なお、国連などを舞台にしたアジア・アフリカ諸国の植民地主義批判と復帰運動を連携させる活動を最初に立ち上げたのは「最初の復帰運動家」であった仲吉良光であった。これにより一九四〇年代には在日沖縄人共産党員から「反動勢力」の一端と見なされることが多かった仲吉は、一九六〇年代の

「革新」系の祖国復帰運動では一転して賞賛されることになる。
(11) 例えば『沖縄タイムス』一九五三年三月二七日および同四月一八日。
(12) 以上の叙述は外間（一九八六、二〇〇七）、宮城（二〇〇〇）、琉球新報社編（二〇〇〇：二三〇―二三六）、鳥山（二〇一三a：二六―二七）に依拠。
(13) 労働問題に関する以下の概説は、新崎（一九七六：一一五―一二五）、中野・新崎（一九七六：六五―七〇）に依拠した。米軍基地建設工事現場における争議の詳細については、森（二〇一〇：第三章）を参照。
(14) 近年、第一次琉大事件で退学になった学生の名誉回復を求める動きが起きた（琉球大学教授職員会・大学人九条の会沖縄編二〇一〇）。
(15)『琉球新報』一九五三年三月一七日掲載の意見広告「共同声明」を参照。
(16) 非合法共産党の活動については森（二〇一〇：第三、四章）が最新の研究成果である。また活動家が収集した一次史料と加藤・国場・森による解説が加藤・国場編（二〇〇四）、森・国場編（二〇〇五）に採録されている。ほかに国場（二〇〇一、二〇〇三）も参照。
(17) 土井（二〇〇五）によれば、「奄美返還」後に米軍政が立ち上げた入管制度・政策は、奄美群島からの移住者を統治リスクと見なしてこれを排除する志向性を有していた。
(18) 国場幸太郎はこの文書について一九五四年四月に非合法機関紙に掲載された日本共産党の対沖縄基本方針を下敷きにして、反共宣伝用に捏造したものだと判断している（国場二〇〇一）。
(19) ただし同時に出された「武装闘争の準備指令」は沖縄の現状に合致していないとして黙殺された（国場二〇〇三：七六）。
(20) 鳥山・国場編（二〇〇五：八二）。
(21)「中城村嘆願書」一九四八年一〇月六日付け、沖縄県公文書館蔵。
(22) 当時の沖縄群島政府は、「避難民」が立退きを求められるのを防ぐため、割り当てられた土地の利用者と地主の間に「賃貸借契約」が存在していると見なす条例を制定した（琉球銀行調査部編一九八四：四一九―四二〇）。
(23) 軍用地契約をめぐる米側の政策決定過程は、近年、平良（二〇一二：第三章）によって明らかにされた。それによればワシントンの陸軍省の軍用地政策のプリンシプルの一つはできるだけ廉価で簡単に軍用地を獲得するという単純なもので、それが低価格による「一括払い」に固執する動機をなしていたようだ。
(24) 正確には地主と琉球政府が契約し、琉球政府が米民政府にまた貸しする形となる（琉球銀行調査部編一九八四：四三四）。
(25) 軍用地問題のこと。
(26) もっとも後述する「朝日報道」以前の段階では、「沖縄」の軍用地問題は、日本では大きな政治的イシューとなっておらず、「沖縄」側の期待通りのレスポンスがあったことは確認できない。この立法院議員と超党派国会議員団との懇談でも、土地闘争をナショナルな問題として取り扱うよう迫る平良や瀬長に対して、左右両社会党を含む超党派の日本の国会議員たちは、行政権を日本に返還してもらって地代交渉を日米政府間で行うべきだという原則論以外は、地代の決定過程など手続面での瑕疵について調査すると述べるにとどまっている。
(27) 加藤・国場編（二〇〇四：二七二）。
(28) 沖縄在住の米人宣教師が米国の雑誌に発表した米軍批判の論文を読んだ国際人権連盟の議長から自由人権協会に調査依頼があったことが調査

の発端だった（中野・新崎一九七六：八一）。

(29) この頃、日本の国会質問で「国土防衛・復帰解決」フレームが用いられている（中野編一九六九：一〇九）。

(30) ここでの共鳴性は Benford & Snow（2000: 619-622）でいうところの 'empirical creditability', 'centrality', 'experientical commensurability' に該当する。

(31) 一九六五年度の運動方針では「沖縄県」「沖縄県民」に加えて「本土」「本土国民」の呼称を徹底することが掲げられている。

(32) 一九六四年一〇月八日付け「自由党立党宣言」、同一二月二六日付け「民主党立党宣言」を参照（自由民主党沖縄県連史編纂委員会二〇〇五：三七―三八、四二、四五―四六）。

(33) ただし、序章で述べたように、旧沖縄県側でも、「宮古」「八重山」では「沖縄」を沖縄群島、「琉球」を米統治下「琉球」全体を指し示すという当時の制度カテゴリーに忠実な用法が用いられたのに対し、「沖縄」では最後まで沖縄・沖縄人と琉球・琉球人を相互互換的に用いる用法が続けられたという相違がある。

(34) この例文の原史料が説明対象としているのはあくまで綱領の草案であるが、一九五三年一二月の党大会で実際改正された綱領にも、「琉球独立国家化反対」「カイライ琉球政府の打倒」が入っており、この例文は当時の人民党の公的な政治情勢解釈図式を反映しているものと理解しうる（鳥山・国場編二〇〇五：七二）。

(35) 確認しておけば、この人民党による「琉球」否定は、支配者側が「琉球」のカテゴリーを用いたことに対する対抗言説上のレスポンスとして「沖縄県民」を用いたという政治界内在的な政治言論行為であり、文化論的論壇における「琉球」カテゴリー、例えば「琉球民族」や「琉球文化」の正当性に影響を及ぼすものではない。文化論壇におけるカテゴリーの正当性を調節規定するのは、沖縄の文化知識人たちの間で展開される論争の界的ダイナミクスである。

終章

結論

本書は一九四〇年代末から五〇年代前半の「沖縄」の「政治の世界」を舞台に、「自治」「経済自立」に代表される琉球・沖縄人の「自己決定」の潮流と「復帰」の潮流の「からみ合い」の中から、「戦後沖縄」に特有の政治主体観念の「型」が形成される歴史過程を浮かび上がらせることを試みた。

「我々」がどの国家に帰属するのかが不明確な、混沌とした時代の公的政治言論空間において、「自治」「経済自立」「復帰」の三つの「理念」と「沖縄人」「琉球民族」「沖縄県民」等の「我々カテゴリー」がどのように興隆し、どのようなタイミングで大きな変化を見たのか。そして、サンフランシスコ講和条約後の土地闘争の政治文脈で「自己決定」と「復帰」のヴィジョンがどのように交錯したのか、といった点に照準を合わせて検討した。

その結果一九五一年に「復帰」の「理念」が最初に興隆するのと同時に琉球・沖縄人の「自己決定」のベクトルと「復帰」のベクトルが「からみ合う」混成過程（syncretic process）が生じ、そして一九五三年末に「沖縄県民」という「我々カテゴリー」が登場して、一九五六年の「島ぐるみ闘争」という「事件（event）」を契機に拡散するという二つの段階を経て「戦後沖縄」の諸政治ヴィジョンの基底枠組としてのナショナル・アイデンティティが形成されるという歴史過程の大枠が浮かび上がった。

その詳細を時期ごとに区分して説明すると、まず複合ヴィジョンや「沖縄県民」カテゴリーの起源自体は「戦前沖縄」に求めうる。この時代、琉球・沖縄の指導者層は、二種類の生存戦略を同時に探究した。一つは、「日本・日本人」への「包摂」を通してヤマト人と対等な地位を確保すること。もう一つは、琉球・沖縄人としての「個性」を確保して故郷で再び「主人」になることである。

この矛盾を孕んだ二つの目標を同時に達成するための言説武器として提起されたのが文化表現の領域では、「日本民族」の「民族内民族」として「琉球民族」という「個性」を確保する日琉同祖論の解釈図式であり、政治表現の領域では「我々」を「内地・内地人」に位置づけた上で「自治」の主体たらしめる「県」という行政制度を強調する「沖縄県民・県人」という「我々カテゴリー」であった。

この文化表現と政治表現の同時生起の結果、「琉球民族」と同義な含意を持つ「沖縄県民」という「我々カテゴリー」が定着し、本書が複合ヴィジョンと呼ぶ混成的なネーションのヴィジョンの「型」の原型ができたのである。

しかし「沖縄戦」終結後一九五〇年までの「沖縄」では、「日本人」や「沖縄県民」は公的言論空間においては「我々」を指し示す「カテゴリー」としての機能を停止し、複合ヴィジョンは具体的な言論（frame）としては表出しなくなった。他方、この時期には「自治」「経済自立」の理念が興隆したが、この時点では「自治」の具体的な意味は米軍政の枠内での「自己統治」というもので、対抗理念としては弱く、「経済自立」も単純に国際収支の黒字化を意味するもので、その後強く含意されるようになった「脱基地経済」の意味はなく、対抗理念としてはまだ機能していない。

こうした状況が大きく転換し、琉球・沖縄人の「自治」「経済自立」理念と「日本・日本人」への「復帰」が同じ時空間で同時並行的に興隆する過程が生じたのが米軍政への「失望」と「復帰」への期待が表裏一体となって高まった一九五一年のことであった。

具体的には、まず「自治」の場合は、「完全自治」や「拒否権」というタームをキーワードとした人民党のフレーミング戦略を起点に、それまでの「米軍政を前提に追求される理念」という含意が、米軍政とは両立しえず、米国の軍事支配を沖縄から消滅させることによってのみ実現するという、より先鋭的な含意を秘めた「理念」にその意味内容を変化させた。他方、「経済自立」の場合は、一九五一年に「基地経済」構築という米側の意図が明らかになったことで、それまでの「国際収支の黒字化」という単純な「経済自立」の含意を「脱基地経済」という対抗理念に「読み替える」過程が駆動した。

「復帰」については、まず一九五一年一月末のダレス訪日という「事件（event）」が「第一の引き金要因」になって日本復帰署名運動が生起した。そして、その運動が終わった一九五一年九月のサンフランシスコ講和条約調印という「第二の引き金要因」によって、「復帰」が「高揚」する過程が駆動した。それは正確には、日本に residual sovereignty が残るという米国の説明を、日本側が日本国の具体的な統治権限もいくらかは残存すると解釈し、その日本流に解釈された residual sovereignty が「沖縄」に伝わるという沖・米・日の三項間のコミュニケーション作用が引き金になったものであった。その結果、領土上の境界は米国の信託統治下に置かれても、人の境界である「国籍（citizenship）」においては、「『日本人』の境界」の中に残れるかもしれないという解釈が一時的に興隆し、それが自らを文化共同体としての「日本人」の「境界」内に位置づけることを希求する文化ナショナリズム的ベクトルの生起に連鎖し、日の丸掲揚運動など政治文化的実践の表出につながった。

このような「自治」「経済自立」「復帰」の同時興隆という状況において、琉球・沖縄人の「自己決定」と「日本・日本人」への「復帰」という基本的に緊張関係にある二つのベクトルを曖昧化して同居させた複合ヴィジョン（syncretic vision）のフレームが再表出する。

そして、このように表出した複合的なネーションのヴィジョンにおける「我々」を一言で表現できる「我々カテゴリー」として、一九五三年一二月の「奄美返還」直後から再利用されるようになったのが「沖縄県民」であった。党派対立を超えて「オール沖縄」的懸案事項であった「軍用地問題」を中心に沖米対立が深刻化した時代文脈にあって、米側の「公的カテゴライゼーション」のカテゴリーであった「琉球・琉球人」は、支配者側が被支配者側に「押し付けた」カテゴリーの含意を帯びていた。

こうした状況において、米軍政と全面対決するフレーミングを展開していた人民党が、「支配者に対する抵抗主体」という戦前の沖縄にはない新しい含意を込めて「沖縄県民」を再利用し始めたのである。

そして土地闘争初期には人民党だけが使っていた「沖縄県民」も一九五六年六月のプライス勧告を「引き金」に「島ぐるみ闘争」の状況になったことを契機に、他のアクターたちも用いるようになり、以後、一九六〇年代の復帰運動の文脈では、必須の用語となる。米軍政の公式のカテゴリーである「琉球人」ではなく、「沖縄県民」の用語を用いることが政治文化的な抵抗実践となったからである。

以上のような本書の分析を踏まえた上で、本書の冒頭で提示した最も根源的な論点――「アイデンティティの揺らぎ」――について本書の論旨を改めて提示しておこう。

琉球・沖縄人の「自己決定」の希求と「日本・日本人」への「帰属」の希求のアプリオリな相互排他性を所与の前提とする分析枠組では、琉球・沖縄の民族・ナショナリズム現象はうまく捉えられないのではないか。

これが本書の出発点ともいえる問題設定であった。

もし琉球・沖縄人の「自己決定」と「日本・日本人」への「帰属」を相互排他的に設定してしまえば、琉球・沖縄の歴史上最初の万単位の動員力を持つ抵抗運動であった「島ぐるみ闘争」ですら、ストレートに琉球・沖縄人の「自己決定」のベクトルの流れの中に位置づけるのは難しい。第八章で検討したように、そこで示された琉球・沖縄人の政治的主体性は「祖国復帰」のベクトルによっても規定され、「祖国」からの「連帯」や「救援」への依存性を内包したものでもあったからである。

これに対し本書が採用した理論的処方箋は、第一章で述べた通り、琉球・沖縄人の「自己決定」のベクトルと「日本・日本人」への「帰属」のベクトルがトレードオフ的に「せめぎ合う」のではなく「からみ合う」混成的（syncretic）なものとして捉えるというものであった。

そうした相互排他性を前提にした認識枠組自体が、「集団主義」と「方法論的ナショナリズム」によって自然化されたものであることが疑われたからである。

このような視座に依拠すると、琉球・沖縄人の「自己決定」の理念は、日清日露戦間期に「自治」などの「近代知」の概念の受容が進んで、平等な個々人からなる集合的な自己決定主体という意味でのネーションのヴィジョンが生起して以来一貫して追求されてきたものとして把握することが可能になる。

一九五一年に「復帰」が興隆して、圧倒的な支持を受けたことも「自己決定」のベクトルの単純な弱体化ではない。第五章における「自治」「経済自立」の理念の変容過程の検討を踏まえれば、この年、琉球・沖縄人の「自己決定」は「復帰」の興隆と同時並行的に「高揚」したという側面すらあったといえる。

ただ、こうした「自己決定」の潮流は「戦前沖縄」に定着した支配的な「我々観」で、「戦後沖縄」の政治文脈で意味内容を組み替えながら再生した複合ヴィジョンの枠内で希求されたものであった。だから「日本・日本人」への帰属を希求する祖国復帰のヴィジョンが大きく興隆したことで、その大きな流れに「からめとられる」形となり、不可視化されたのである。

その「からみ合い」を紐解き、琉球・沖縄の「自己決定」のベクトルを可視化するには、古典的な民族自決論に付随する、相互排他的に存在してコンテナ的に自己完結した「民族」という認識枠組を相対化し、それに収まらない幅広いヴァリエーションの「自己決定」の「型」の一つとして琉球・沖縄における「自己決定」の思潮の「型」を位置づけることが必要なのである。

そうすることで、一九五六年の「島ぐるみ闘争」はもちろん、本書の分析対象時期の後になるが、アジア・アフリカの脱植民地化過程の一環として「復帰」を位置づけた一九六二年の立法院の通称「脱植民地決議」も琉球・沖縄人の「自己決定」の潮流の中に位置づけうる可能性が出てくる。

そしてその延長線上で、「沖縄県民」を主体とする「自己決定」という把握の仕方が可能になる。「沖縄県民」は、中央主権的な日本の地方行政単位である「県」の語を含んでいる以上、それは「日本・日本人」の不可分の一部であるという含意があり、したがって古典的な「民族自決」の観点から見れば、「沖縄県民」の「自己決定」というものは論理矛盾ということになる。古典的な民族自結論の認識枠組に沿えば、日本が侵略して滅亡させた琉球国の故地に日本が設置した沖縄県に由来するアイデンティティというのは支配者によって押し付けられた払拭されるべき「虚偽意識」の一種でしかないからだ。

これに対し、本書の枠組においては、「自治」や「経済自立」といった「自己決定」の「理念」と結び付いて解釈図式を構成することが多い「沖縄県民」は、ネーションのヴィジョンを構成する様々な「我々カテゴリー」の一種であり、「自己決定」主体を表現する政治文化資源の一つということになる。

それは、一方で「県」という中央集権的な日本の行政制度に由来するがゆえに不可避に「日本・日本人」への「帰属」を暗黙の前提としつつ、しかし「沖縄」に支配的な政治文化においては、日琉同祖論的な「民族内民族」の意味での「琉球民族」と同義に理解されうるもので、それゆえに「大阪府民」や「千葉県民」にはないネーション性を帯びた「我々カテゴリー」なのである。

そして、このような「沖縄県民」を主語とするナショナル・アイデンティティが、「現代沖縄」における支配的な自己理解の解釈図式（schema）として機能しているからこそ、例えば「普天間基地の辺野古移設阻止は県民の総意である」といった表現が「自己決定」の「理念」の表明という意味を帯び、その主体である「県民」はネーション性を帯びる。

そして「県民大会」は、普段は対立している保革の諸政治アクターが連帯して「オール沖縄」的な意志を表明する局面において、必ず用いられる政治文化的ツールキットとして発動されるのである。

それが戦後沖縄における支配的なナショナル・アイデンティティの形態なのである。

それは、今日でも諸政治アクターのフレーミングを一定の「型」に拘束しつつ、同時に「辺野古」などの政治情勢展開を受けてこれらアクターが新しい観念要素―例えば近年では「自己決定権」―を導入することによって生じるフレームの解釈図式の変化からフィードバックされる形で影響を受け、変容し続けている。

一般理論的インプリケーション

さて次に本書の理論視角のナショナリズム研究の一般理論へのインプリケーションを提示したい。まずは「複合ヴィジョン」をはじめ、ナショナル・アイデンティティの生成を「からみ合い」と捉えるために設定した「方法論的ナショナリズム」「集団主義」を相対化する分析視座・概念の意義について述べたい。

「集合的アイデンティティ」をめぐる理論潮流においては、今日、「日本人」のような「民族名」は人々のアイデンティフィケーション過程において、文脈依存的に動員される「カテゴリー」として扱うことが主流的な理論的・方法論的前提になっているといってよいだろう。

ナショナリズムの研究文脈でも、例えば本書が理論的に依拠したブルーベイカーの研究のうち、ルーマニア系とハンガリー系が混住するルーマニア・トランシルバニア地方の住民の日々の生活世界におけるアイデンティフィケーション過程を会話分析的に浮かび上がらせた研究（Brubaker et al. 2006）では、「ハンガリー人」や「ルーマニア人」といった民族カテゴリーは相対化して扱われている。出自や言語等の身体性が「ハンガリー系」だからといって「ハンガリー人」を民族本来の「本物のアイデンティティ」、「ルーマニア人」をルーマニア国家の同化政策に強要された「人工的なアイデンティティ」とアプリオリに峻別した「アイデンティティ」関係を分析の前提にすることは徹底的に回避されている。

同様に、日本と米国の二つの国家を物理的に移動した来歴を持ち、二つの国家の領域に住む人々と同時並行的に持続的な社会関係（社会的絆）を有する日系移民ナショナリズムの研究文脈においても、初期の研究には色濃かったJapaneseを「異民族・異文化」に由来する「根強いアイデンティティ」、Americanは日系人にとって「表層的なアイデンティティ」と先入観的に仕分けしてしまうことは、今日、分析の前提から徹底的に払拭されることが志向されている（例えばAzuma 2005＝二〇一四；南川二〇〇七）。

もちろん、現実の社会関係においてはハンガリー系住民にはルーマニア人としての意識が弱くハンガリー人としての意識が強い、あるいは戦前の日系移民には帝国日本の臣民としての意識が強くアメリカ人としての意識が弱い、ということは往々にしてあるはずだ。しかし、そうした状況は研究者がこれら「カテゴリー」を変数として分析の俎上に乗せて検討・理解すべき事柄で、分析の前提にすべき事柄ではない。

だが実は、民族・ナショナリズムに関わる諸研究の中でも、こうした理論的前提を徹底することが困難な研究文脈がある。

それは、国民国家形成過程で周縁化された地域の「ナショナル・マイノリティ」などと呼ばれる民族・ナショナリズム現象の歴史過程や、「複数」の「民族」がモザイク状に「分布」する「多民族国家」の民族・ナショナリズム現象の歴史過程を、マクロ歴史社会学的な視座から説明する研究潮流である。

これらの研究文脈では、分析舞台が古くからの「ホームランド」を持つ「国家なきネーション（nations without state）」（Guibernau 1999）とこのネーションを搾取・抑圧する近代国家との対峙関係として設定されるため、そのネーション名は近代国家の「虚偽のアイデンティティ」に対峙する「真正なアイデンティティ」の含意を帯びてしまい、「我々カテゴリー」として相対化することが難しくなってしまう。

理論面でいえば、周縁地域のマイノリティ・ナショナリズムや多民族国家の崩壊は、ネーションを近代以前のエスニック共同体であるエトニー（ethnie）の延長線上で捉えることを主張するA・D・スミス（Smith 1986＝一九九九）らの理論（エスニック象徴主義者〈ethno-symbolist〉というタームで括ることが多い）がその強みを最も発揮する研究文脈である。

例えばエトニー概念を導入すると、一九九〇年代初頭のユーゴスラビア崩壊のアイデンティフィケーションの構図は、冷戦終結等の要因でユーゴ国家が弱体化したため、それまで押さえ込まれてきた「セルビア人」、「クロアチア人」、「スロベニア人」等、エトニーに由来するがゆえにアタッチメントの強い「アイデンティティ」が噴出し、ユーゴ国家が作為的に作ったという「人工性」ゆえにアタッチメントの弱い「ユーゴスラビア人」が意味をなさなくなった、というシンプルで合点の行きやすい枠組で説明しうる。

あるいは、なぜ近代の浸透と大英帝国の興隆によって政治的意義を失ったかに見えた「スコットランド人」が、一九六〇年代になって突然「エスニック・リバイバル」として政治化したのか、という問いに対しても、近代以前のエトニーとしてのスコットランドの形成過程によって、間主観的に共有されるようなった「我々」認識の枠組―「神話―象徴複合体（myth-symbol complex）」とも呼ばれる―の強固さによって説明することで、シンプルで説得力の高い説明が可能である。

エスニック象徴主義の理論は、その仮想敵であったE・ゲルナー（Gellner 1983＝二〇〇〇）ら近代主義の理論が、近代以前との断絶をシャープに印象づけるため、歴史過程を単純化する傾向があることに対する反発から提起されたもので、実証史的な知見との整合性という観点では近代主義の理論より分があることが多い。

実際、本書の議論も、「琉球人」というカテゴリーに「ネーション性」が含意されていることを前提としているが、その「ネーション」としての性質を、歴史時代以前の言語的独自性や琉球王朝時代に育まれた政治文化資源、例えば国家祭祀制度を通した神的世界観の共有に由来する世界観や身体性から切り離して理解するのは不可能である。エスニシティとしての「琉球人」なら、例えば近代「日本社会」における「差別」等による「エスニック境界」の作用に還元して理解することも可能かもしれない。しかし自己決定の歴史的権利を含意するネーションとしての「琉球人」場合は、どうしても琉球王朝やそれ以前の政治文化資源と連続性を踏まえなければ概念把握ができない。

このように近代と近代以前との連続性を確保するがゆえに、エスニック象徴主義は近代主義より「ナショナル・マイノリティ」の研究文脈で高い説得力を有するともいえる。

反面、エトニー概念は、ネーション名を「文脈依存的に動員されるカテゴリーとして扱う」という集合的アイデンティティ分析の基本を、分析に忠実に反映することを難しくする作用を伴っている。

エトニー概念は近代以前から存在する「スコットランド人」や「セルビア人」等の「民族カテゴリー」は、エトニー由来の「真正なアイデンティティ」、近代国家による「公的カテゴライゼーション」の道具などとして用いられた「ユーゴスラビア人」や「イギリス人（British）」は「人工的なアイデンティティ」という意味を半ば自動的に付与された上で、トレードオフ的に「せめぎ合う」形で認識される方向で分析者の思考を誘導する。

つまり「セルビア人」や「クロアチア人」等をエトニーとして把握する理論は、実はセルビアナショナリズムやクロアチアナショナリズムの世界観に学問的正当性を付与する方向で機能する。

第一章で提示したように、スミスは「方法論的ナショナリズム」を問題化した最初期の理論家であったが、皮肉なことに彼が編み出した理論は「意図せざる結果」として「方法論的ナショナリズム」を再生産している側面がある。

こうした理論状況にあって、「複合ヴィジョン」など本書が設定した概念装置は、エトニー的前提を排除して、「アイデンティティ」に関する社会理論のセオリー通りに「琉球人」と「日本人」を「カテゴリー」として扱う視座を徹底しつつ、同時に近代以前からの政治文化資源としての「琉球」の延長線上に「琉球人」のネーション性をも確保することを志向したものである。

琉球人＝エトニーという概念レンズではその民族・ナショナリズム現象の展開過程は「真正アインデンティティ」vs「人工アイデンティティ」の「せめぎ合い」のプリズムの中でしか認識できなくなってしまう。しかし、こうした二項対立的な枠組では「島ぐるみ闘争」など復帰運動興隆期の琉球・沖縄人の抵抗運動の位置づけが難しくなることはすでに述べた通りである。

これに対し本書のアプローチは「琉球人」等を「我々カテゴリー」として相対化しつつ、同時にこれらを従前の時代に蓄積された政治文化資源と位置づけることで、それら観念の起源を過去に遡ることを可能にするというものであった。

そうすることで琉球・沖縄人を主体とするネーションのヴィジョンに「真正性」を付与しつつ、同時により柔軟で多様な観点から民族・ナショナリズムの生成・変容過程を照射することを狙ったわけである。

本書で設定した具体的な概念道具に普遍性があるかどうかはわからないが、近代以前との連続性を確保しながらもエトニーよりも柔軟な分析装置を設定するという理論的方向性自体は、琉球・沖縄の文脈を超えて「ナショナル・マイノリティ」研究全般にインプリケーションを有するのではないか。その方向性を探究することで、先入観に規定された分析枠組では浮かび上がらない民族・ナショナリズム現象のより多様性に富んだ「型」が浮かび上がってくる可能性があるのではないだろうか。

次に「政治界」視角に社会運動論のフレーム分析の概念群を接合した分析枠組の理論的インプリケーションについて述べたい。この枠組は議会や選挙・政党といった狭義の「政治」の世界で展開するコミュニケーション過程を駆動因とする非常に可変的な社会現象としての「ナショナリズム」や「ナショナル・アイデンティティ」の生成・変容を捉えるための視座である。

このような理論視座は、「民族・ナショナリズムの社会学」が今後目指すべき理論展開の一つの可能性を示していると思われる。

ナショナリズムという研究テーマの一つの特徴は、同じ「ナショナリズム」という言葉をつかっても学術的なナショナリズム研究者とそれ以外の人々との間で意味内容に相当な開きがある点にある。

学術的なナショナリズム研究者の方は、社会科学の他の研究領域同様、「構造」を浮かび上がらせることに最大の関心があるので、その研究で浮かび上がる「ナショナリズム」というものは数十年の時間スパンで変化する比較的静的なものとして立ち現れる。具体的な研究視座としては、第一章で説明したように、「資本主義」や「近代国家」といったマクロ歴史社会学的なレベルの変数を念頭に置きながら、分析の照準自体は個々人の生活世界に置き、それら「大文字」の変数が、生活世界にどのように作用し、個々人がどのように交渉・抵抗・迎合するのかといった点に照準するものが多い（例えば、石原二〇〇七）。

ところが学術専門家以外の人々にとって「ナショナリズム」とは、例えば外国首脳の発言や行為に対して行われるデモやネット上における攻撃的言説の形で表出する政治イベントとインターアクティブに表出・変容する社会現象のことを意味することが多い。

そしてこのような、変転し続ける「社会現象」としての「ナショナリズム」の生成と変容を捉えることは前述したような持続性の高い「構造」の照射に関心があるナショナリズム研究コミュニティの伝統的課題ではないため、社会的に関心の高い「ナショナリズム」の分析にナショナリズム研究の理論／方法論が中心的な貢献をしないという奇妙なことになりかねない状況がある。

実際、現代日本の文脈で、政治イベントとインターアクティブに表出・変容する社会現象として近年関心が高まっているjingoism/chauvinismやxenophobiaの運動／言説の社会学的研究も、多くはナショナリズムを専門としない研究者によって取り組まれ、ナショナリズム研究で蓄積されてきた理論枠組や分析視角がこうした社会現象の研究に中核的な貢献をしているとは思えない（例えば、樋口二〇一四）。このレベルの研究では、ナショナリズム専門家の強みである歴史社会学的知見は、分析の「前提」ないし「背景」に置かれるにとどまり、議論そのものは社会階層論や若者論、あるいは社会運動論的な右翼研究・イデオロギー研究の枠組を基軸に展開されることが多いように見受けられる。

「民族・ナショナリズムの社会学」の強みは、近代ナショナリズムの特徴をなす変数―例えば国民国家システムの特徴である「国籍」や「領土」―に関する豊富な歴史社会学的知見の蓄積にある。

この強みを生かしながら、しかし文化政治的なヘゲモニー構造の照射という伝統的な研究視角が照射する数十年単位で変容する静的な「ナショナリズム」や「ナショナル・アイデンティティ」ではなく、政治イベントとインターアクティブに数年、数ヵ月の時間スパンで表出・変容するダイナミックな社会現象としての「ナショナリズム」や「ナショナル・アイデンティティ」を捉えるような新しい理論視座を探求することが、この分野における新たな理論展開を駆動させる可能性の一つなのではないだろうか。

補説　「自治」「経済自立」のナショナリズム思想史的起源

公分母としての「外部の統制・依存から脱却」＝「内的統制の確立」

本書では「自治」「経済自立」を「自己決定」の指標として採用した。この理解の正当性を補完的に論じておきたい。まずは現代日本語の用語法において「自立」「自治」「自己決定（自決）」という用語にいかなる意味内容が付されているのか、岩波書店の広辞苑第六版（二〇〇八）を参照することから始めよう。

「自立」
他の援助や支配を受けず、自分の力で判断したり身を立てたりすること。ひとりだち。

「自治」
①　自分で自分のことを処置すること。社会生活を自主的に営むこと。
②　自治行政の略。

「自己決定」
自分にかかわることを他人の判断に任せるのではなく自ら決定すること。

また「自己決定」の短縮語である「自決」は別個に独立した項目を立てられているので、これも見てみよう。

「自決」
① みずから決断して自分の生命を絶つこと。自裁。
② 他人の指図を受けず自分で自分のことをきめること。

一読して、「自立」と「自己決定」それに「自治」の①と「自決」の②に記載された項目の意味内容が重なっていることは明らかであろう。強いて言えば「自立」の場合は、外部の統制・依存から脱却＝自助の側面に力点が置かれているのに対し、「自治」「自己決定」「自決」の場合は「自ら決定する」「自分で自分のことを処置する」「自分で自分のことを決める」という内的統制の確立の側面に力点が置かれている、というニュアンスレベルの相違が感じられる程度である。

さらに、これらの用語を社会学辞典や政治学辞典といったより専門的な辞書や和英辞典で検索してみると、この四つの日本語の単語以外にも意味内容がオーバーラップする様々な単語が浮かび上がってくる。

例えば、弘文堂の（縮刷版）政治学辞典（二〇〇四）においては、「自律・自己決定」という項目の立て方をしている。なぜこのような項目の立て方になっているかといえば、カント倫理学における個人の「自律」＝autonomie（独語）＝autonomy（英語）と「民族自決」概念に代表される集団を主体とする自己決定の観念が、個人と集団の相違はあっても、意味内容の多くを共有していると見るからである。[1]

このautonomyをプログレッシブ英和中辞典（第四版）で引くと「自律〔自主〕（性）」以外に「自治（制、権）」、「自立」、各種類語辞典で引くとself-governmentの語が出てくる。「自立」の語が含意する外部の統制・依存からの脱却は自らの力で自らを助ける「自助」と同意であり、また自らを治めるという「自治」も内的統制を意味するものであるから、「自立」も「自治」も「自律」＝「自己決定」と意味内容が重なっているのは明らかであろう。

一方、「自立」は一般的な和英辞典ではindependenceの語が英語における対応用語として挙げられることが多い。しかしindependenceの日本語における対応語としてより一般的なのは「独立」であろうから、「独立」もまた関連用語ということになる。ちなみに広辞苑第六版（二〇〇八）における「独立」の項目の記載は以下の通りである。

「独立」

① それだけの力で立っていること

② 個人が一家を構え、生計を立て、私権行使の能力を有すること。

③ 単独で存在すること。他に束縛または支配されないこと。ひとりだち。特に、一国または団体が、その権限行使の能力を完全に有すること。

こうしてみると漢字の「自立」「自己決定（自決）」「自治」「自律」「独立」とその翻訳元であったと思われる英独仏語の諸用語、例えば英語の場合であれば self-determination, self-decision, autonomy, independence, self-help, self-reliance, self-support, self-sufficient, self-sustainability, self-government 等の用語が、意味内容や使用文脈において微妙な差異を有しながらも、しかし「外部の統制・依存から脱却」≒「内的統制の確立」という意味を公分母として共有した概念群であることがわかる。「自己決定権」≒ right of self-determination、「民族自決」≒ national self-determination といったより法律・政治用語色の強い用語も、この連関する用語群の中に位置づけられよう。[2]

これら用語群は self-government を除けば、いずれも「個人」を「主体」とする文脈と「集団」を「主体」とする文脈の双方にまたがって使用されている。この両義性は、先述した autonomy の概念に典型的であろう。「個人」を主体として想定する場合、この語の漢字の定訳は「自律」であり、「集団」を主体として想定する場合は、「自治」となる。近代的な「個人」の観念の形成過程とそのアナロジーとしての擬人化された「我々」の形成過程の相関関係はそれ自体が学問的テーマたりうるが、さしあたって本書の趣旨に沿って、「集団」を主体とする文脈での「外部の統制・依存から脱却」≒「内的統制の確立」の理念に焦点をしぼって、その歴史過程を押さえておこう。[3]

「外部の統制・依存から脱却」⫲「内的統制の確立」の理念の起源と展開

国際関係思想史や政治思想史の既存研究を踏まえれば、「外部の統制・依存から脱却」⫲「内的統制の確立」の理念の起源は、近代主権概念の生成に求めるのが妥当であろう。

多くの政治理論や国際法の概説書が主権を説明する文脈で用いる対外主権（external sovereignty）と対内主権（internal sovereignty）という分節化された概念は、「外部の統制・依存から脱却」⫲「内的統制の確立」という本書の表現に対応している[4]。

中世のキリスト教的普遍主義に基づいた政治世界観の世俗化という歴史過程に伴って興隆した「主権」概念の主体は、一六世紀から一八世紀の欧米の法・政治思想家の言説の中では、初期には君主個人として認識されていたものが、より抽象的な国家的観念が生起し（ボダンの思潮）、社会契約思想の展開に伴って被治者が相互「契約」によって統治者に委ねた絶対的権限の観念を生起させた（ホッブスの思潮）。それが相互に契約する被治者を国家の最高権力の源泉、統治者を最高権力の行使者へと転じさせた人民主権の萌芽的観念に展開し（ロックの思潮）、さらにその被治者を単なる個人の集合ではなく集合体としての「自己」＝一般意思の主体としての「国民（nation）」（ルソーの思潮）として把握する観念へと結び付いていった[5]。このような政治思想史的展開の概説書的大枠はナショナリズムをめぐる議論の前提としてよいだろう[6]。

そしてそれは、ホッブスのリヴァイアサンの口絵に描かれた無数の人間の集合によって構成される巨大な君主像に象徴されるように、自然権思想の興隆初期から擬人化の要素を随伴していた。「擬人化」という手法を通して「集団」を「個人」のアナロジーとして捉えることで、初めて「集団」を「主体」として認識することができた。

この擬人化の思考法に依拠して欧州の政治・文化エリートの思考を拘束するようになったのが主権国家間の関係を国家内の人間関係に見立てた欧州型国際社会＝国家の社会（society of state）のヴィジョンである（大沼一九九八：第二章：篠田二〇〇七：第二章）。この国家主権⫲国際社会観が欧州諸国の政治エリートが共有するヴィジョンとして確立していく過程と相互に影響しあいながら欧米世界における人民主権思想の生成・拡散・正当化の過程が進行し、フランス革命の洗礼を経た一九世紀前半の段階では、平等主義的な原理に基づいた民主主義的権力統制の理念と有機国家的な「集団」―「個人」関係の理念が融合し、過度に抽象化した国民主権観念が欧米世界の政治・文化エリートを規範的に拘束するに至る（篠田二〇一二：第二章）。

その過程の中で生まれたのが、擬人化された集団的自己（self）を統治（govern）するという「自治」（self-government）、国家（state）や人民（people）とシノインマスな意味内容を新たに付された近代的な意味での「ネーション」（nation）、生物学的な人間や群衆的人間とも違う「市民」（citizen）、といった近代ナショナリズムの核心的な諸概念である。(7) 一九世紀中頃以降になると、国籍法の制定等によって、それまで抽象的で曖昧だったネーションの構成員とその境界に関する観念に国家的統制が及び、世界中の国民国家はそれぞれの歴史文脈に沿って今日的形態を整える（Brubaker 1992＝二〇〇五：Weil 2005=2008）。

一方、啓蒙思想系のナショナリズム思潮が既存の「国家」という行政単位の領域を所与の前提に、その領域内の文化性を帯びた住民を主権者たる「ネーション」として想定するという「はじめに国家ありき」のヴィジョンだったのに対し、ロマン主義系のナショナリズムはこれを転倒させて、まず文化性を帯びた住民からなる共同体のヴィジョンを所与の前提にして、その文化（言語）共同体の自然権的な権利として self-determination を想定するという「はじめに民族ありき」の原則を提示した。(8)

この self-determination の思潮が、ウィルソン一四ヵ条（一九一八年）→国連憲章（一九四五年）→国際人権規約（一九六六年）という法源化の過程を経て国際規範化したわけである。

今日、国連憲章第一条第二項および五五条、国際人権規約（市民政治権規約・経済社会文化権規約双方の）第一条等を法源とする「人民の自己決定権」は一般に国際人権法の一部として遇されている。それは複数の個人の集合体である「人民」を「個人」のアナロジーとして「人権」の主体として想定するという認識操作によって、基本的に個人の権利をめぐる国際法上の規定である「国際人権法」で唯一の例外的「集団人格の権利」をなしている。

他方、この self-determination の思潮は、国家ではなく、文化共同体のアプリオリな存在を思考の前提にすることから、近年では、「人民」の範疇を植民地行政単位に限定する見方からあらゆる文化共同体を包摂する見方へ拡大的に変化し、なおかつ、「自決」の中身についても、独立以外の多様な内容を含める方向で変化している（大沼一九九八：五六―六〇）。

具体的には、一九六〇年代に始まった欧米諸国の少数民族や先住民の権利をめぐる運動の興隆である。「近代化」が達成されたと思われた地域での「エスニック・リバイバル」として受け止められたこれら運動の政治文脈の中で、「多文化主義」「集合的権利」「集団権利」「承認の政治」「帰属の政治」等をキーワードとする新しいタイプの self-determination の諸ヴィジョンが探求された。

この潮流は、今日では、これら諸ヴィジョンを正当化する政治哲学的作業（例えば、Kymlicka 1995＝一九九八：Tamir 1993＝二〇〇六）の蓄積を伴いながら、世界各地への運動の拡散→グローバルな「少数民族」「先住民」運動として展開し、今日に至っている。そしてこれら「国家なきネーション（nations without states）」（Guibernau 1999）については、諸国家および国際機関によって異なるレベルでその存在が承認[9]されている。

「自治」と「経済自立」の起源

本書の鍵概念である「自治（自己統治＝self-government）」と「経済自立」の起源も、このような「外部の統制・依存から脱却」＝「内的統制の確立」の理念の歴史的展開過程の中に探ることができよう。

この二つの概念のうち擬人化された集団的自己（self）を統治（govern）するという観念は、人民＝ネーションが自らの代表を通して自らを統治するという人民主権の観念そのものであり、カルフーン（Calhoun 1997）はその起源は一四世紀にまで遡ることができるとする。

人間存在のアプリオリな平等性と主権性を主張した「平等派（levers）」や相互に契約した諸個人の共同体がその統治を信託するというロックの政治思想が登場した一七世紀の段階では、この観念が少なくともイギリスでは急速に主流化していたと見るのが教科書的にスタンダードな理解であろう。

用語としての self-government はアメリカ建国理念のキーワードの一つであり、したがって一八世紀後半のアメリカの文脈では概念として定着していたと見なすことができる（Kohn 1944: 279, 310, 311, 317）。一九世紀に登場した文化共同体をアプリオリな前提とする self-determination の理念の文脈で、この自己統治の理念を表現した著名なテキストとしてはジョン・スチュアート・ミルの『代議制統治論（Considerations on Representative Government）』（一八六一年）が著名である。「いかほどの力であれ、民族感情が存在するところには、その民族の全成員を、同一の統治、しかも、独立したかれら自身のための統治の下に結合するための一応有利な事情が存在するのである。これは、統治の問題は、被治者によって決定されるべきである、ということをのべているにすぎない。」とした上で、「自由な諸制度は、異なった諸民族によって形成されている国にあっては、ほとんど不可能である。同胞感情のない国民のあいだにあっては、ことに、かれらが異なる言語を読み書きしているばあいには、代議制統治の運用に必要な、一致した世論が存在しえないのである[10]」というミルの認識は、この時点で「自治（自己統治）」の主体である「自己」が、文化共同体としての「民族」であることが当然の前提として自然化していたことを示している。

一方、「経済自立」の起源の探究はより複雑である。第一章で述べたように本書が照準する昭和二〇年代の日本や琉球の文脈での「経済自立」は、産業振興による生産力の増強を通して、経常収支の赤字を解消し、米軍基地関連収入や朝鮮戦争による「特需」を含む広義の援助依存からの脱却・経済政策の自立／自律性の確立を意味した。つまり「経済自立」の語には異なる複数の要素が内包されている。

このうち「経常収支」のバランスに注目するいわゆる「重商主義」的思潮の起源は古くは一四世紀に遡る一方、「生産力の増強」は、資本蓄積→投資→生産力増強の一連の循環過程を浮かび上がらせた「経済学」が登場した一八世紀以降にしか認識しえない観念である。さらに、その前提に立脚した上で「産業振興」を目的にした国家による「自立／自律」的な経済政策を主張する議論が興隆したのはアレクサンダー・ハミルトンやフリードリッヒ・リストに代表される一八世紀末から一九世紀中頃にかけての幼児産業保護育成論の文脈である。

したがって「経済自立」の語に含まれる要素が出揃うのは一九世紀ということになる[11]。同時期に興隆した self-determination のヴィジョンは、論理構造上ネーションを所与の前提とし、独立国家は選択肢の一つに過ぎないので、国家を伴わないネーションを主体とする経済のヴィジョンを可能にした。その延長線上に、琉球・沖縄の「経済自立」を位置づけることができよう。

注意すべきは、「自己統治」と「経済自立」につながる思潮は「政治」と「経済」という相互排他的な思潮文脈で並行的に展開したのではなく、いわゆる civil society の概念史ないし知識社会学的研究が明らかにしてきたように、支配者の差配から自立／自律した被治者側の共同体という諸観念の生成（commercial society, nation, civil society, society, public, people）という大きな思潮文脈の中から異なるアジェンダ（政治体制か経済政策か）に沿って派生してきたことであろう。アダム・スミスらスコットランド啓蒙が国家と対関係にありながらも国家の外にある共同体の諸活動の自己組織能力を強調する文脈で浮かび上がらせたのが「社会」＝「ネーション」とそこに内在する「市場」機能であったとすれば、ほぼ同時期に「人民」＝「ネーション」の政治的自己組織能力を強調したのがアメリカ建国理念のイデオローグたちやルソーであった。

その意味で「自治（自己統治）」と「経済自立」はたまたま「外部の統制・依存から脱却」≒「内的統制の確立」という意味内容の一致を見ただけの異なる思潮ではなく、近代ナショナリズムという大きな思潮から派生した諸概念群の一部と捉えることが正当的だといえよう。

（1）英語圏のナショナリズム研究の文脈では、政治思想史の観点から近代民族主義のカント起源論を提示した論者としてはケドゥーリ（Kedourie [1960] 1993＝二〇〇三）が著名である。これに対する批判としては例えば Gellner（1983＝二〇〇〇：一一八－一二四）を参照。

（2）カルフーン（Calhoun 1997: 5）は、普遍的定義が不可能なネーションやナショナリズムという概念を把握する方策として、ウィトゲンシュタインの「家族的類似性（family resemblance）」の概念を参照しているが、上記概念群については、すべての用語（シニフィアン）に通底する意味内容（シニフィエ）が確認できることから、「家族的類似性」の枠組を参照する必要性もなく、したがって「ネーション」や「ナショナリズム」よりも強い擬集性をもった概念群として把握できよう。

（3）近代個人主義と近代ナショナリズムの連関に関する議論としては例えば Calhoun（1997: 44-45; 2007: 163-164）を参照。

（4）そしてそのアナロジーとして self-determination についても内的自決（internal self-determination）、外的自決（external self-determination）の

概念を用いる研究者も多い（例えば、大沼一九九八：五八）。篠田（二〇一二：六九）によると、この「対内主権」と「対外主権」の概念類型は、遅くとも一八三〇年代までに登場していたようだ。

（5）集合的意思の主体としてのネーションの意識が「完成」し人々の意識を強く規定するようになる時期と動因に強い関心を寄せる「ナショナリズムの社会学」の文脈では、近代的な意味での国民意識の誕生の場所と時期について、百家争鳴的な議論が展開されてきた。これまでのところ、①一七世紀イングランド（Kohn 1961［1944］; Greenfeld 1992）、②一八世紀から一九世紀にかけてのフランス、③そのいずれとも違う時期と場所（Anderson［1983］1991＝一九九七）、の三種の立場が提示されている。その立場の相違は「平等な個人からなる共同体」の観念の中産・庶民階級への浸透と政治ヴィジョンの世俗化＝脱キリスト教化＝市民宗教・世俗宗教としてのナショナリズムの成立のどちらを重視するのかという論点に起因している。前者であれば、一七世紀イングランド、後者であればフランス革命が近代ネーションの完成時期となる。

（6）もちろん、実際には、論者によって議論は大きく異なる。例えば国際関係思想史的観点からの国家主権観念の生成過程を検討した篠田英明の最近の研究（二〇一二：五三—五八）によれば、国際関係の文脈での主権は、フランス革命直前の段階までは、自然人としての君主と不可分に結び付き、今日的な抽象原理としての国家主権の原理が登場したのは、国民国家の観念が急速に支配的となったフランス革命後のことであったとする。

（7）そして、その帰結としてstateとnationを同義に用いる用語法も定着した。例えば、国際法の国内類推的思考法を論じる上で参照されることが多いヴァッテルの「国際法」（一七五八年出版）の以下の表現を見てみよう。「人は生まれながらに平等であり、各々の権利義務が自然によって与えられたものとして同一であるように、人間から構成され、自然状態で共存する多くの自由人とみなされる諸国民（nations）は本来平等であり、自然から同一の義務と権利を授けられている」（大沼一九九八：四三—四四の訳を引用）。大沼が「諸国民（nations）」との表現を付したこの文脈でのnationsは、明らかに『国民＝民族』と『国家あるいは政治体、結合して一体化した人々の諸社会』を同一視」した上で擬人化して観念されている（篠田二〇〇七：六二）。

（8）別な言い方をすれば、前者では、漢字の「国民」の意味でのネーションが、後者では漢字の「民族」の意味でのネーションのヴィジョンが立ち上げられた、ということである。

（9）独立運動の帰結としての「国家承認」やパレスチナ自治政府のようなそれに準ずる承認、旧ソ連のような民族承認の一環としての「共和国」「自治共和国」の設置、国際法における「少数民族の権利」規定を媒介にした「民族承認」、そして民族の存在を主張する民族関連ＮＧＯの国連諸機関における発言機会の「承認」等、様々なレベルの法的・政治的インプリケーションを有する「承認」があるだろう。

（10）Mill（1861＝一九七二：三五五）。なお「民族」の漢字訳の原語はnationality。英語全文は、以下のウェッブサイトで閲覧できる。（Mill1861:Ch. XVI）The Project Gutenberg EBook of Considerations on Representative Government, by John Stuart Mill, Release Date: May, 2004［EBook #5669］Last Updated: February 6, 2013.［http://www.gutenberg.org/files/5669/5669-h/5669-h.htm#link2HCH0016］

（11）こうした一連の要素を括る「経済ナショナリズム」というタームもあるが、本書では混乱を避けるためこの語を用いない。一般に「経済ナショナリズム」の中には外国との経済関係の最小化を理想とする狭義のself-sufficiency=autarky（自給自足経済）の思潮も含まれるからである（Heilperin 1960; 中野二〇〇八）。昭和二〇年代の日本や琉球の文脈での「経済自立」は貿易を中心とする国際的な経済活動の活性化を目標とするヴィジョンであり、autarkyとは正反対の前提に立脚している。

あとがき

本書はある意味では沖縄研究の「中」に位置する研究ではない。「中」にあっては「死角」になってしまう要素を「外」から浮かび上がらせ、それを「中」に投げかけてゆく。そのような限定的・補助的な役割が筆者のイメージである。

沖縄研究は、日本による沖縄の「同化」＝「従属」、そしてそれからの「解放」をテーマとする在地の知識人たちの実存的な自問自答に根ざした問題関心を核とする領域である。それは制度化された学問領域という意味での「地域研究」に収まらない知的実践領域となっている。

このような潮流において、「沖縄のアイデンティティを問う」という営為は、「真の自立」を確立するための実践行為であって単なる社会学的なテーマの探求ではありえず、そうである以上、日本と沖縄の「アイデンティティ」の相互排他性を前提に、両者の支配―従属関係に照準する研究スタンスはこれからも沖縄研究における「本筋」であり続けるであろう。この点、「アイデンティティ」の社会学的分析に特化し、その一点を深堀することを志向した本書は、研究潮流の「外側」を行く存在でしかない。

だが、全てのものを見通せる万能の「レンズ」が存在しない以上、そのような実践的なスタンスに立つことによる「死角」が必ずできる。沖縄研究の潮流の「外部」に立つことによってその「死角」を照らし出し、その照らし出したものを沖縄研究の「中」に投げかけてゆくこと。それが沖縄研究のメインストリームを成す「思想」「文学」「歴史」にはない、「民族・ナショナリズムの社会学」に固有の知的貢献となるはずである。

　近年、「米軍基地」をめぐる政治は、日本政府が単なる「為政者」というよりは「占領者」としての性格をも帯びている事を際立たせるような展開となっている。その結果、「日本民族・日本人」を唯一無二の「民族自決権」の単位とする前提に依拠せざるを得なかった復帰運動由来の理念に代わって、琉球・沖縄人を明示的に「自己決定権の主体」と位置付ける新しい政治理念が語られるようになってきた。

　他方、「冷戦」「ポスト冷戦」などと表現されてきた国際秩序の枠組みは、最近になって大きな構造変化の様相を見せ始め、沖縄をめぐる政治経済情勢についても長期的な展望を見通すことが困難な時代となりつつある。そのような時代のとば口で出版される本書が、「我々」の政治ヴィジョンの来歴を確認し、沖縄が未来に向けて様々な自己決定の「形」を構想し、論議し、選択する知的営為の糧となれば幸いである。

＊＊＊＊

　本書は二〇一四年三月に一橋大学大学院社会学研究科に提出した博士論文を改稿したものである。このうち第八章は二〇〇四年に提出した修士論文を書き直したものである。第八章の論述形式が他の章と異なっているのはそのためである。なお第八章の内容の一部は二〇〇九年に法政大学出版局より出版された論文集（佐藤成基編著『ナショナリズムとトランスナショナリズム—変容する公共圏』）に掲載された論文「『日本人』意識の高揚—土地闘争期沖縄の祖国復帰ナショナリズム」に反映されている。それ以外の章はすべて博士論文のために書き下ろした原稿が元になっているが、第六章の内容の一部は『国際政治』一七〇号（二〇一二年一〇月）に掲載された論文「戦後初期沖縄群島における『複合ネーション』の生成過程と沖米日関係」に反映されている。

　本書の「個性」は大きく三つの要素の影響を受けている。

　第一の要素は、一九九〇年代中頃NHKの記者として五年にわたって沖縄で仕事をした経験である。周知のように、この時期の沖縄では一九九五年のいわゆる「少女暴行事件」をきっかけに、「復帰後」も米軍基地をめぐる状況に変化がないことに対する憤りの声が噴出していた。この頃、私は各市町村の行政・議会や各種選挙におけるこれら地区の情勢取材などの、いわば「小さな政治」の現場を取材する機会が多かった。そのような取材を重ねる中で感じた沖縄の「政治の世界」の「現場の空気」に関する「感覚」が、序章に記したような本書の主題に通じる「問い」のベースとなっている。

第二の要素は、私が、研究者としての基礎トレーニングを日本ではなく英国の大学のナショナリズム研究コースで受けたことである。最初に受けたトレーニングが日本流の国民国家論ではなく、ネーション意識の生成・変容の説明を重視する英米流のナショナリズム研究であったことが、私のその後の研究性向を経路づけ、最終的に「沖縄県民」をネーションのヴィジョンの一種として把握するという、本書の研究課題設定につながった。

そして第三の要素は、一橋大学大学院での私の専攻が国際社会学であったことである。事例研究の社会学理論へのインプリケーション―それも国民社会の相対化につながるようなー―を考えることが重視される国際社会学専攻であったことが、理論研究色が強い本書の特徴を規定している。

今から考えれば私の博士論文の執筆過程は、大学院生として特異なものであったかもしれない。通常、大学院生は、学会や学外研究会、ゼミ等で途中経過的な研究内容を発表し、そこで他の研究者との切磋琢磨を通して最終的に博士論文となる内容へ発展させていく。ところが五年に及んだこの論文の執筆期間中、私は所属大学から離れて沖縄で「主夫」をしており、年に一、二度ある指導教官とのチュートリアルや『国際政治』に掲載された上記論文の投稿を除き、ゼミ仲間を含む研究コミュニティとの接点が皆無な状態だった。子育てで忙しかったため、また不思議な縁で保育園の保護者会で活動する仲間に巡り合えたため、不思議と孤独感はなかったが、誤りを修正する機会が極端に少なかったことは研究が唯我独尊に陥りかねない大きなリスクを負う問題含みの過程であったと思う。

それでも最終的にこの研究が博士号の学位に値する水準にまで達することができたのは、ひとえに指導教官だった小井土彰宏先生のご指導の賜物である。博士号を取得するまで八年もの間辛抱強く見守り、ご助言いただいた。ご自身の専門とは遠いテーマであったにもかかわらず指摘内容は常に的を射ていて、その都度適切に修正して水準を高めることができた。

他方、私の研究テーマを最初に高く評価して激励していただいたのは、最初の指導教官の故梶田孝道先生であった。博士後期課程への進学を迷っていたとき、大きな可能性を有する研究なので絶対に進学して研究を続けるよう強い口調で説得されたことを思い出す。

この研究を継続すること自体を含めて常に迷い、腰が定まらなかった私を最終的に博士論文へと導いていただいた二人の指導教官には改めて心から、お礼申し上げたい。

以下、紙幅の関係で手短にならざるをえないが、二人の指導教官以外で研究にご支援いただいた方々への感謝の意を表したい。

まず、博士論文の審査をお引き受けいただいた一橋大学の町村敬志先生、伊藤るり先生、そして上智大学の吉野耕作先生。特にロンドン・スクール・オブ・エコノミクス（LSE）出身で「ナショナリズムの社会学」がご専門の吉野耕作先生からは、分析概念の設定など専門的な事柄について貴重なアドバイスをいただいた。他方、本書で用いたフレーム分析という分析視角の存在を最初に知ったのは、修士論文の審査会での町村敬志先生のご教示によるものであった。法政大学の佐藤成基先生。ブルーベイカーの弟子である佐藤先生には、先生が主催する研究会に誘っていただき、そこで多くの知的刺激を受けた。また先生が編集責任者となった論文集に論文を掲載させていただいた。

筆者がナショナリズム研究の基礎トレーニングを受けたロンドン・スクール・オブ・エコノミクス（LSE）での指導教官だったJ・ハッチンソン先生。理論教育を重視する観点から練り上げられたLSEのシステマティックな教育はその後の私の研究の礎となった。

そして、そのLSEの受験にあたって推薦状を認めていただいた私の学部時代の指導教官、慶應義塾大学の故十時厳周先生。「マレー半島のエスニシティと社会変動」というテーマで卒業論文を書いたのが私の国際社会学への最初の入り口であった。

さらに慶應義塾大学の柏崎千佳子先生にも助成金申請などの折にご支援の労を取っていただいた。

そして梶田・小井土両ゼミでご一緒させていただいた仲間たち。特に現在一橋大学で助手をしておられる吉年誠さんには手続面で研究を強力にバックアップしていただいた。

また、情報が乏しかった「沖縄の経済自立」理念の考察を進めるにあたっては、事前に複数の専門家からお話しを伺う機会を得た。これらの方々にも改めて御礼申し上げたい。

NHK時代の上司・同僚、および競争相手だった他社の記者たちからも長年励ましの言葉をいただいてきた。特に同い年の元同僚、宮城大蔵さんと真喜屋美樹さん。お二人はマスコミから研究者への転身、という私と同じ道を進んだため、とりわけ気にかけていただいた。博士論文提出後には、伊佐眞一先生を招いた内容発表の場まで設けていただいた。沖縄思想史研究の本流を行く研究者である伊佐先生から現代沖縄人にとっての伊波普猷の思想の功罪を口頭で伺えたことは本を読むのとはまた違った知的刺激となった。

それにしてもNHKの転勤で生まれて初めて沖縄の土を踏んでからもう四半世紀になる。あの頃の同僚、あるいはライバルとして切磋琢磨していた琉球新報・沖縄タイムスの若手記者たちの多くは、今やすっかり偉くなってしまった。隔世の感がある。

本書は、日本学術振興会の平成二八年度科学研究費補助金（研究成果公開促進費・学術図書）の助成を受けたことで出版の運びとなった。縁あって、最初の指導教官、梶田孝道先生の主著を出された有信堂高文社に版元を引き受けていただいた。最初に筆者の飛び込み電話での出版依頼に迅速に対応していただいた同社の川野祐司さん（当時）、そして校正を含む出版までの膨大な作業にご尽力いただいた髙橋明義社長にはご迷惑の掛け通しであった。筆者に辛抱強くお付き合いいただいたことに心より感謝したい。

最後に私事を記したい。長く、孤独な作業だった私の研究の精神的な励ましとなったのは、実は、子どもたちが通った保育園・小学校の保護者や生まれ育った実家の近所の人たちとの日々の交流であった。他方、近くに住んでいる妻の家族、そして遠方で暮らす私の父母弟妹は不安定な生活を送る道を選択した私を暖かく見守ってくれた。これらの人たちへの感謝の思いを大切にしたい。

そしてなにより妻、洋子と出会い、二人の息子に恵まれて幸せな生活を送ってきたことが私の研究へのエネルギーの源泉となった。

長年にわたって大変な苦労をかけたのに、常に前向きだったこの妻だったからこそ希望を失わずに研究を続けてこられたという確信がある。それほど大きな精神的な支えであった。この場を借りて、普段は表する機会がない心からの感謝の気持ちを伝えたい。

坂下　雅一

本書を二〇一五年四月に亡くなった父に捧げる

二〇一七年二月

索　引

語句そのものではなく語句の意味内容を説明している頁もある

a～z

back talk → talk and back talk
British → イギリス・イギリス人（British）
B円　164
Economic Plan for the Ryukyu Islands　163, 212, 228
FEC（Far Eastern Command ＝極東軍司令部）　17
FEC指令　126, 188-189, 212, 228
frame（framing）　46-53, 58-62, 65-68
NSC13/3　184-186, 188, 199, 278
PPS28　132, 184
residual sovereignty　261, 264-267, 277-280
schema（schemeを含む）　46-55, 59-62, 65-67
Scottish → スコットランド・スコットランド人（Scottish）
self-determination → 自己決定（self determination）
self-government　42, 174, 197-198, 304, 402-403, 405-407
talk → talk and back talk
talk and back talk　57

ア　行

アイヌ　90, 111
朝日報道　376-378
「奄美」（奄美群島・奄美大島）　12-16, 76-78, 127-128, 140-141, 148-154, 166, 168, 349, 352-355, 386
奄美タイムス　149-151
奄美返還（復帰）　341, 354-355, 386
新垣金造　309, 326-327
イギリス／イギリス人（British）　45, 397
池宮城秀意　300, 315-317, 331
糸数昌保　182
伊波普猷　87, 104-108, 111
移民 → 出稼ぎ・移民
「移民エスニシティ」　74, 86, 112
イレデンティズム（返還）　63, 236-238
インドネシア　114
A・ウィマー（アンドレアス・ウィマー）　27-28, 53-55, 67
浦崎康華　156
うるま新報（ウルマ新報）　129, 258
エトニー（ethnie）　4, 113, 396-398
大宜味朝徳　86, 160, 179, 307
太田朝敷　72, 92-111
大濱信泉　240-241, 275
沖縄朝日新聞　129
沖縄議会　129, 179
沖縄教職員会（沖縄教育連合会）　255-257, 275-276, 345-347
沖縄群島政府（Okinawa Gunto Government）　127-128
沖縄群島議会　129
沖縄県振興計画　194-195
沖縄建設懇談会　159,177
沖縄県祖国復帰協議会　380
沖縄諮詢会（Okinawa Advisory Council）　127-128
沖縄諸島祖国復帰期成会　257, 345-346
沖縄新民報　169
沖縄人連盟　157
沖縄青年連合会　260, 346-347
沖縄戦　5, 120-122
沖縄タイムス　129, 258
沖縄ヘラルド　129
沖縄毎日新聞　129
沖縄民主同盟　129, 159, 179
沖縄民政府（Okinawa Civil Administration）　127-128

カ　行

解釈図式　46
解釈図式（frame）→ frame
解釈図式（schema）→ schema
解釈のレパートリー（repertoire of interpretation）　48-53
会話の含意（conversational implicature）　57-58

隠された政治文化コード　57-58
鹿児島県・鹿児島県人　77-78, 148-151, 162
カテゴリーとしての国籍　269
兼次佐一　326, 355
神山政良　161, 240, 259, 342
「からみ合い」（syncretize）→複合ヴィジョン（syncretic vision）
「からみ合う」混成過程（syncretic process）→複合ヴィジョン（syncretic vision）
関係的（relational）　31, 65
完全自治　219-223
基地経済／基地依存経済　125, 134, 206-210
基地の恒久化・拡大化　132-133, 139
帰日→離日・帰日
旧慣制度、旧慣温存　73
「救済期」　130
共産党（沖縄の地下共産党、非合法共産党）　237, 239, 353-356
共産党（日本）→日本共産党
強制収用　361, 363-365, 378
共鳴性（resonance）　68
共和党　129, 213, 215, 259-260, 308
拒否権　211, 218-223, 229-230
グローバル・新思潮／グローバル思潮　60-61
桑江朝幸　158-159, 161, 305, 359, 368
「群島エスニシティ」　75-78
群島政府→沖縄群島政府
群島議会→沖縄群島議会
「軍工事ブーム」　133, 136
軍用地問題の「国益化」　366-368
経験的信頼性（empirical creditability）　225, 296, 305
経済自立（economic self-support 等）　42-43, 50-53, 407-409
経済振興第一次五ヵ年計画　209
形式的主権　261, 268-270
契約の非契約的な要素　55
公同会　98-99
公的カテゴライゼーション　142, 147
国際収支　42, 205-210
国籍（citizenship）　269-271
黒糖　244
国務省　124, 144-145, 148, 168, 278, 280
国連憲章（信託統治制度に関する条項）　289, 304-306
混成的（syncretic）→複合ヴィジョン（syncretic vision）

サ　行

蔡温　82
災害復旧費（沖縄群島の政策課題としての）　246-249
在京沖縄人指導者層　240-241
財政自立（米軍政の琉球統治政策としての）　125, 188-189
砂糖→糖業・製糖業
三項連関（図式、構図、関係）　62-64
残存主権　281-284
サンフランシスコ講和会議（対日講和会議）　261, 295
サンフランシスコ講和条約→対日講和条約
自己決定（self-determination）　1, 4, 6, 17, 40-43, 401-409
志喜屋孝信　180
自給（体制など）　131-132, 180-182, 198-199
事件史的（eventful）／事件（event）　7-8, 33-34, 62, 257, 337, 389
諮詢七号　195, 203, 212
諮詢四号　188, 203, 212
自治（＝自己統治 self-government）　42-43, 401-409
自治と参政権（排除／離脱、包摂／統合としての）　98, 100
自治能力　103, 111, 116, 187, 305-306
実質的シティズンシップ　269
実践のカテゴリー　4, 32
シニフィアン→シニフィエ・シニフィアン
シニフィエ・シニフィアン　48, 52-54, 57-58
島ぐるみ闘争（と「沖縄県民」）　378-380
島袋盛敏　302-303
社会進化論　86-87, 95-96, 103, 187, 306
社会大衆党（社大党）　129, 191, 223, 258-260, 344-345, 353-357, 366-368, 370-372
社会党　129, 160, 179, 259
謝花昇　89, 93, 99
自由沖縄　168
集合表象　54
主席公選制／任命制　127, 224-225, 342
「自立経済計画」（沖縄群島政府の）　195-196, 201-204, 212-213, 227-228, 312-313

清国・清朝 80, 84-86, 88
人権闘争フレーム 370
人権ナショナル化フレーム 371-372
新里銀三 307-309, 330, 332
人種学・人種論 89-91, 93
信託統治制度（国連の） 265-266, 289, 304-306
信託統治論（社会党の） 160, 259
診断的フレーミング（diagnostic framing） 67
人民党（活動概要） 129, 179, 215, 258-260, 341-342, 352-356
人民党（と「拒否権」「完全自治」） 219-225
人民党（と自立経済） 312-313
人民党（と結合論的復帰） 320-325
人民党（と土地闘争期のフレーミング） 366-368, 370-375, 382-384
末次一郎 286
スコットランド・スコットランド人（Scottish） 45, 396-397
スターリン（の民族定義） 321
M・スタインバーグ（マルク・スタインバーグ） 48, 56-57
生活世界 2, 7-8, 34-35
政治界（political field） 7-8, 33-34, 39-40, 58-64, 67
「政治の世界」 3-4, 7-8
政治文化（としてのナショナル・アイデンティティ） 4, 39
政治文化資源／政治文化資源ベース 59-62
税制改革（沖縄群島政府・議会の） 213-215
製糖業 → 糖業・製糖業
世界人権宣言 366-368
瀬長亀次郎 177-179, 229, 287, 295, 305, 320-327, 352, 356, 366-368, 372, 374
瀬長浩 206-209
「戦果」 165
戦災校舎復興 249-252, 255-257, 275-277
潜在主権 281, 291
「想像の共同体」 30
ソテツ地獄 74, 111, 194, 249
祖根宗春 308, 330
ソ連（の多民族国家制度） 239, 286, 332

タ　行

ダイグロシア 93, 140
対日講和条約第二条、第三条 264-267
平良辰雄 159, 191-196, 201-205, 211-218, 223-224, 240, 258, 262-263, 286, 312-313, 372
台湾（日本帝国統治下の） 86, 88, 91, 94, 98, 101, 103, 109, 131
台湾人（在日） 157
高嶺明達 240-241, 256-257, 259, 286, 382
多義性（multivocality）、多義的（multivocal） 48-53, 66
縦の相互作用 55-58
「多民族結合」→ ソ連（の多民族国家制度）
ダレス（米国特使） 258, 261, 275, 278-282, 291
単一民族国家 270, 274, 290
朝鮮（日本帝国統治下の） 87, 98, 100-101, 103
朝鮮三・一独立運動／宣言 88, 301, 330
朝鮮人（在日） 157
朝鮮戦争（沖縄基地建設への影響） 165
朝鮮人・民族（と民族自決） 87, 102, 107
出稼ぎ・移民 74, 86, 109, 120
討議界（discursive field） 37, 56-57, 66-67
糖業・製糖業 73, 124, 163-164, 228, 242, 244-245, 249, 318
闘争のレパートリー 68
桃原亀郎 44, 153-154, 357, 371
桃原茂太 159
トカラ 13-14, 165, 263
徳田球一 157, 169, 239, 320, 331-332
独立論（民主同盟と共和党の） 159, 179, 259, 300-301, 308
A・トザー（アルフレッド・トザー） 143, 145
都市エスニシティ 8, 112, 157
土地闘争 358
土地を守る四原則 369
都道府県的自治への復帰 318-319

ナ　行

仲里誠吉 324, 332-333
仲宗根源和 86, 154, 156, 159, 168, 179, 259, 300, 307
仲吉良光 156, 240, 387
ナショナル・アイデンティティ 4, 7-8, 38-41, 43-44, 46-50, 53-55, 58-64, 66-68
ナショナル・アイデンティティ（schema） → schema
南海日日新聞 140
南西諸島 12, 14, 149, 245, 265

日琉同祖論（伊波普猷の）　104-111
日清日露戦間期　72-75, 87, 89-92, 97, 109
日本共産党　157, 169, 237-239, 332-333, 354-356
『〈日本人〉の境界』　98, 100
日本人の境界　267, 271
日本復帰促進期成会　260
日本復帰促進青年同志会　260
認知的（cognitive）　26, 31, 65-66
ネーションのヴィジョン　38-40

ハ　行

ハワイ　143, 145, 167, 206
ハンガリー人　46, 395
比嘉永元　181
東恩納寛惇　106
比嘉秀平　209, 313-314, 342-343
比嘉良篤　259
日の丸（国旗）　257, 262, 268-271, 274-276, 297, 345
フィリピン（第二次世界大戦までの）　74, 85, 120, 131, 160
フィリピン人（戦後、沖縄群島で働く）　139-140, 166, 228
複合ヴィジョン（syncretic vision）　4, 43-46
複合的なネーションのヴィジョン → 複合ヴィジョン（syncretic vision）
複数の声　48
復帰賛成・反対（帰属論争における）　259
「復旧期」　130-132, 135-136
「復興期」　130, 132-134, 136-141
フレーミング　37, 58-62, 67-68
フレーミング・コンテスト（framing contest）　58
フレーム　37, 46-62, 65-66
フレーム（frame）→ frame
フレーム架橋（frame bridging）　68
フレーム拡散（frame diffusion）　61, 68
フレーム拡張（frame extension）　68
フレーム調整（frame alignment）　59, 67-68
フレーム転換（frame transformation）　60
フレーム補足（frame amplification）　68
文化共同体（「日本人」の成員資格としての）　269-271, 274-276
文化的妥協（cultural compromise）　53-55
文化ナショナリズム　276
分析カテゴリー　5, 32
文明・文明人・文明化　92-93, 96-97, 104, 111, 187
米軍政　17
米国民政府（USCAR = United States Civil Administration of the Ryukyu Islands）　17, 126
米民政府 → 米国民政府
米兵犯罪　347-349
星島二郎　262-263
本土と南西諸島との間の貿易及び支払いに関する覚書　245

マ　行

G・マードック（ジョージ・マードック）　145, 175, 198
前里秀栄　309
マクロ →「マクロ」「メゾ」「ミクロ」
「マクロ」「メゾ」「ミクロ」　34-37
マスターフレーム（master frame）　61, 68
又吉康和　176, 331
松岡政保　168, 191
D・マッカーサー（ダグラス・マッカーサー）　143
マッカーサー司令部　17
ミクロ→「マクロ」「メゾ」「ミクロ」
「密貿易」　165
「宮古」（宮古群島・宮古島）　13-16, 76-78, 93, 127-128, 163-164
宮里栄輝　157-161, 224, 297-298
宮里辰彦　183-184, 244
民主党　309, 343-344
民族自決（national self-determination）　17, 84, 113-114, 405-406
メゾ→「マクロ」「メゾ」「ミクロ」

ヤ　行

「八重山」（八重山群島）　13-16, 76-78, 93, 127-128
山城善光　158, 159, 161
屋良朝苗　256-257, 276-277, 287, 341, 345-346
優生学　86-87, 114, 116
予後的フレーミング（prognostic framing）　67-68
横の相互作用　58-62
吉田嗣延　240, 262-263, 282, 286
吉田茂首相（吉田首相）　261, 281-284

ラ　行

立法院　129, 343
離日・帰日　154
理念（分析概念としての）　38-41
琉球国（の「世界観」＝「我々観」）　78-83
琉球人主権論（新垣金造議員の立法院決議案における）　309, 326-327
琉球新報（戦前の）　93
琉球新報（戦後の）　164, 306-308, 315-317, 331
琉球新聞　129
琉球政府　127, 342-343
琉球日報　129
琉球農林省　165
琉球貿易庁　128, 133, 206, 243-244
「琉球民族」（伊波普猷が提起した）　104-111
琉球臨時中央政府　128
琉球列島軍政府（Military Government of the Ryukyu Islands）　126
領土権（土地闘争の文脈での）　366-368, 370-372
臨時琉球諮詢委員会　127-128
ルーマニア人　46, 395
レパートリー（解釈などの）　59-61, 66
レポジトリー（貯蔵庫）　39

ワ　行

J· ワトキンス（ジェームス・ワトキンス）　143-144, 167, 175-176, 198
「我々カテゴリー」　38-40

参照文献

簡略表記文献（公刊資料集）

『沖縄諮詢会記録』＝『沖縄県史料：戦後１：沖縄諮詢会記録』1986

『沖縄民政府記録１』＝『沖縄県史料：戦後２：沖縄民政府記録１』1988

『沖縄民政府記録２』＝『沖縄県史料：戦後３：沖縄民政府記録２』1990

『群島議会Ⅰ』＝『沖縄県議会史：第十三巻：資料編10：群島議会Ⅰ』1995

『群島議会Ⅱ』＝『沖縄県議会史：第十四巻：資料編11：群島議会Ⅱ』1996

『立法院Ⅰ』＝『沖縄県議会史：第十七巻：資料編14：立法院Ⅰ』

簡略表記文献（全集・選集・文書集）

『ワトキンス文書』＝ワトキンス文書刊行委員会編『沖縄戦後初期占領資料 Papers of James T. Watkins. Ⅳ』緑林堂書店（全100巻）1994

『太田朝敷選集』比屋根照夫・伊佐眞一編、第一書房、上巻1993、中巻1995、下巻1996

『伊波普猷全集』服部四郎・仲宗根政善・外間守善編、平凡社（全11巻）1974–1976

公刊資料集

『沖縄縣史　第１巻：通史』1976

『沖縄縣史　第７巻：各論編６：移民』1974

『沖縄縣史　第16巻：資料編６』1967

『沖縄縣史　第17巻：資料編７』1968

『沖縄県史：各論編５：近代』2011

『沖縄県史：資料編１：CIVIL AFFAIRS HANDBOOK：沖縄戦１（原文編）』1995

『沖縄県史：資料編１：民事ハンドブック：沖縄戦１（和訳編）』1995

『沖縄県史：資料編２：THE OKINAWAS OF THE LOO CHOO ISLANDS, etc.：沖縄戦２（原文編）』1996

『沖縄県史：資料編２：琉球列島の沖縄人・他：沖縄戦２（和訳編）』1996

『沖縄県史：資料編14：琉球列島の軍政：現代２（和訳編）』2002

『沖縄県史研究叢書16・琉球列島の占領に関する報告書（原文・和訳）』外間正四郎訳、2006

『沖縄県議会史　第二巻　通史編２』2013

『琉球史料　第一集：政治編１』琉球政府文教局1956

『琉球史料　第二集：政治編２』琉球政府文教局1956

『琉球史料　第三集：教育編』琉球政府文教局1958

『琉球史料　第六集：経済編１』琉球政府文教局1961

『琉球史料　第七集：経済編２』琉球政府文教局1962

『那覇市史：通史篇　第２巻：近代史』1974

『那覇市史：資料篇　第２巻中の４』1971

『那覇市史：資料篇　第３巻２：戦後の社会・文化１』2002

『那覇市史：資料篇　第３巻５：戦後の社会・文化２』2005

『那覇市史：資料篇　第３巻８：市民の戦時・戦後体験記２』1981

『名瀬市誌：下巻』1983

『経済安定本部戦後経済政策資料』（全30巻1994–1995）総合研究開発機構（NIRA）戦後経済政策資料研究会編、日本経済評論社

『経済安定本部戦後経済政策資料：戦後経済計画資料』（全５巻1997）総合研究開発機構（NIRA）戦後経済政策資料研究会編、日本経済評論社

公文書館所蔵一次史料

Economic plan for the Ryukyu Islands（1951・沖縄県立公文書館所蔵マイクロフィルム）
『経済振興第一次五ヵ年計画書』琉球政府（1955・琉球大学付属図書館他）

戦後新聞・雑誌史料出典元

『沖縄タイムス』（琉球大学付属図書館＆沖縄県公文書館所蔵マイクロフィルム）
『うるま新報』→『縮刷版・うるま新報』（第１巻～６巻）不二出版
『琉球新報』→『縮刷版／うるま新報改題・琉球新報』（第１巻～第33巻）不二出版
『沖縄毎日新聞』→琉球大学付属図書館所蔵原本
『琉球日報』→琉球大学付属図書館所蔵原本
『沖縄ヘラルド』→琉球大学付属図書館所蔵原本
『沖縄朝日新聞』→琉球大学付属図書館所蔵原本
『琉球新聞』→琉球大学付属図書館所蔵原本
『みやこ新報』→『占領期・琉球諸島新聞集成』（第２巻～第３巻）不二出版
『奄美タイムス』→『占領期・琉球諸島新聞集成』（第10巻～第16巻）不二出版
『海南時報』→『占領期・琉球諸島新聞集成』（～第９巻）不二出版
『沖縄新民報』→『縮刷版・沖縄新民報』（第１巻～第２巻）不二出版
『自由沖縄』→『縮刷版・沖縄新民報』（第２巻）不二出版
『人権新聞』→『人権新聞縮刷版』日本評論社
『沖縄思潮』→琉球大学付属図書館所蔵原本
『人民文化』→鳥山淳・国場幸太郎編・解説『戦後初期沖縄解放運動資料集：第１巻』不二出版
『世論週報』→同上
『琉球経済』→琉球大学付属図書館所蔵原本
『月刊タイムス』→沖縄県立図書館所蔵複製本

辞書・辞典

International Encyclopedia of the Social & Behavioral Sciences, 2001, Smelser N., and Baltes P., (Editor-in-chief), Elsevier
『沖縄大百科事典』（全４巻、1983）沖縄大百科事典刊行会事務局編、沖縄タイムス社

研究書・一般刊行物（アルファベット順）

明田川融2008『沖縄基地問題の歴史――非武の島、戦の島』みすず書房
阿波根昌鴻1973『米軍と農民――沖縄県伊江島』岩波書店（岩波新書 B104）
赤嶺政信2005「琉球社会の特質　男系原理と女性の霊威」豊見山和行・高良倉吉編『(街道の日本史56) 琉球・沖縄と海上の道』吉川弘文館：182–199
秋山勝2005「初期沖縄県政と旧慣温存政策」金城正篤・上原兼善・秋山勝・仲地哲夫・大城将保『(県民100年史47) 沖縄県の百年』山川出版社：63–103
Anderson, B. [1983] 1991, *Imagined Communities: Reflections on the Origin and Spread of Nationalism,* Revised Edition, Verso（＝1997白石さや・白石隆訳『増補・想像の共同体――ナショナリズムの起源と流行』NTT 出版）
――, 1992, "The New World Disorder", *New Left Review,* No.193: 3–13（抄訳として1993関根政美訳「遠隔地ナショナリズムの出現」『世界』586号）
――, 1994, "Exodus", *Critical Inquiry,* 20 (Winter 1994): 314–327
――, 1998, *The Spectre of Comparisons: Nationalism, Southeast Asia, and the world,* Verso（＝2005糟谷啓介・高地薫・イ・ヨンスク・鈴木俊弘・増田久美子・田中稔穂・新井幸康・中村順・木村護郎

クリストフ訳『比較の亡霊――ナションリズム：東南アジア：世界』作品社）
――, 2005, *Under Three Flags: Anarchism and the Anti-Colonial Imagination*, Verso（＝2012山本信人訳『三つの旗のもとに――アナーキズムと反植民地主義的想像力』NTT 出版）
新川明1981『琉球処分以後』（上・下巻）朝日新聞社（朝日選書175、176）
蘭信三編2008『日本帝国をめぐる人口移動の国際社会学』不二出版
――2011『帝国崩壊とひとの再移動――引揚げ、送還、そして残留』勉誠出版
浅野豊美2007「南洋群島からの沖縄人引揚と再移住をめぐる戦前と戦後」浅野豊美編『南洋群島と帝国・国際秩序』慈学社
新垣栄一編1961『十周年記念：沖縄県青年団史』沖縄県青年団協議会
新崎盛暉1976『戦後沖縄史』日本評論社
――1982a「沖縄人連盟」『新沖縄文学』53号
――編1982b『沖縄現代史への証言：上巻』沖縄タイムス社
――編1982c『沖縄現代史への証言：下巻』沖縄タイムス社
Azuma, E. 2005, *Between Two Empires: Race, History, and Transnationalism in Japanese America*, Oxford University Press（=2014飯野正子監訳、長谷川寿美・小澤智子・飯野朋美・北脇実千代訳『日系アメリカ移民二つの帝国のはざまで――忘れられた記憶1868–1945』明石書店）
Barth, F. 1969, "Introduction", in Barth, F. ed., *Ethnic Groups and Boundaries: The Social Organization of Cultural Difference*, Allen & Unwin
Beck, U. 2004, *Der Kosmopolitische Blick oder:Krieg ist Frieden*, Suhrkamp Verlag（=2006, Ciaran Cronin trans, *The Cosmopolitan Vision*, Polity）
Benford, R. & Snow, D. 2000, "Framing Processes and Social Movements: An overview and Assessment", *Annual Review of Sociology*, 26: 611–39
Billig, M. 1995, *Banal Nationalism*, Sage
Bourdieu, P. & Wacquant, L. 1992, *Résponses: pour une anthropologie reflexive*, Éditions du Seuil（＝2007水島和則訳『リフレクシヴ・ソシオロジーへの招待――ブルデュー、社会学を語る』藤原書店）
Breuilly, J. 2001, "The State and Nationalism", in Guibernau M. & Hutchinson J. eds., *Understanding Nationalism*, Polity, 32–52
ブルーベイカー、ロジャース2016「集団からカテゴリーへ――エスニシティ、ナショナリズム、移民、シティズンシップに関する三十余年間の研究を振り返って」佐藤成基・高橋誠一・岩城邦義・吉田公記編訳『グローバル化する世界と「帰属の政治」――移民・シティズンシップ・国民国家』明石書店：9–33
Brubaker, R. 1992, *Citizenship and Nationhood in France and Germany*, Harvard University Press（＝2005佐藤成基・佐々木てる監訳『フランスとドイツの国籍とネーション――国籍形成の比較歴史社会学』明石書店）
――, 1996, *Nationalism Reframed: Nationhood and the national question in the new Europe,* Cambridge University Press
――, 2004a, *Ethnicity without Groups*, Harvard University Press
――, 2004b, "In the Name of the Nation: Reflections on Nationalism and Patriotism", *Citizenship Studies*, Vol.8 No.2: 115–127（＝吉田公記訳2016「ネーションの名において―ナショナリズムと愛国主義の考察」佐藤成基・高橋誠一・岩城邦義・吉田公記編訳『グローバル化する世界と「帰属の政治」――移民・シティズンシップ・国民国家』明石書店：65–93
――, 2005, "The 'diaspora' diaspora", *Ethnic and Racial Studies*, Vol.28 No.1: 1–19
――, 2009, "Ethnicity, Race, and Nationalism", *Annual Review of Sociology*, 35: 21–42
Brubaker, R. & Cooper, F. 2000, "Beyond Identity", *Theory and Society*, 29 (1): 1–47, Reprinted in Brubaker R. 2004, *Ethnicity without Groups*, Harvard University Press: 28–63

Brubaker, R., Loveman, M., Stamatov, P. 2004, "Ethnicity as Cognition", *Theory and Society*, 33 (1): 31–64, Reprinted in Brubaker, R. 2004, *Ethnicity without Groups*, Harvard University Press: 64–87 (= 佐藤成基訳2016「認知としてのエスニシティ」佐藤成基・高橋誠一・岩城邦義・吉田公記編訳『グローバル化する世界と「帰属の政治」——移民・シティズンシップ・国民国家』明石書店：235–287)
Brubaker R., Feischmidt M., Fox J., Grancea L. 2006, *Nationalist Politics and Everyday Ethnicity in a Transylvanian Town*, Princeton University Press
Calhoun, C. 1997, *Nationalism*, University of Minnesota Press
——, 2007, *Nations Matter: Culture, History, and the Cosmopolitan Dream*, Routledge
Chernilo, D. 2007, *A Social Theory of the Nation-State: The Political Forms of Modernity beyond Methodological Nationalism*, Routledge
Colley, L. 1992, *Britains: Forging the Nation 1707-1837*, Yale University Press（＝2000川北稔監訳『イギリス国民の誕生』名古屋大学出版会）
Day, G. & Thompson, A. 2004, *Theorizing Nationalism*, Palgrave Macmillan
土井智義2015「奄美返還時における在沖奄美住民の地位問題に関するノート——USCAR生涯局文書"Amamian Problem"を中心として」『沖縄県公文書館研究紀要』第17号：29–38
Eldridge, 2001, *The Origins of the Bilateral Okinawa Problem: Okinawa in Postwar U.S.-Japan Relations, 1945-1952*, Garland Publishing（＝2003『沖縄問題の起源——戦後日米関係における沖縄1945–1952』名古屋大学出版会）
——, 2004, *The Return of the Amami Islands: The Reversion Movement and U.S.-Japan Relations*, Lexington Books（＝2003『奄美返還と日米関係——戦後アメリカの奄美・沖縄占領とアジア戦略』南方新社）
Emirbayer, M. 1997, "Manifesto for a Relational Sociology", *The American Journal of Sociology*, Vol.103 (2): 281–317
Eriksen, T.H.［1993］2002, *Ethnicity and Nationalism: Anthropological Perspectives*, Pluto Press, 2nd Edition（＝2006鈴木清史訳『エスニシティとナショナリズム——人類学的視点から』明石書店）
Fisch, A.G. 1988, Military Government in the Ryukyu Islands 1945–1950（＝2002宮里政玄訳『沖縄県史：資料編14：琉球列島の軍政：現代２（和訳編）』）
藤澤健一2000『近代沖縄教育史の視角——問題史的再構成の試み』社会評論社
——2005『沖縄／教育権力の現代史』社会評論社
福地曠昭1995『教育戦後史開封——沖縄の教育運動を徹底検証する』閣文社
——2000『沖縄史を駆け抜けた男——福地曠昭の半生』同時代社
福間良明2011『「焦土の記憶」——沖縄・広島・長崎に映る戦後』新曜社
我部政明1989「戦後沖縄における社大党の役割——一九五〇年代を中心に」『沖縄文化研究』第15号：１–35
——1996『日米関係のなかの沖縄』三一書房
——2000『沖縄返還とは何だったのか——日米戦後交渉史の中で』日本放送出版協会（NHKブックス889）
Gamson, W. 1992, *Talking politics*, Cambridge University Press.
月刊沖縄社1983a『アメリカの沖縄統治関係法規総覧Ⅰ』月刊沖縄社
——1983b『アメリカの沖縄統治関係法規総覧Ⅱ』月刊沖縄社
——1983c『アメリカの沖縄統治関係法規総覧：分野別索引』月刊沖縄社
Gellner, E. 1983, *Nations and Nationalism*, Blackwell（＝2000加藤節監訳『民族とナショナリズム』岩波書店）
宜野湾市教育委員会編1997『宜野湾市史別冊—戦後初期の宜野湾—桃原亀郎日記』

Goffman, E. 1974, *Frame Analysis: An Essay on the Organization of Experience*, Harper &Row
Goodwin, J. & Jasper, J. eds. 2004, *Rethinking Social Movements: Structure, Meaning and Emotions*, Rowman and Littlefield
GlickShiller, L. 2004, "Transnationality", in Nugent D. & Vincent, J. eds., *A Companion to the Anthropology of Politics*, Blackwell
Greenfeld, L. 1992, *Nationalism: Five Road to Modernity*, Harvard University Press
Guibernau M. 1999, *Nations without States :Political Communities in a Global Age*, Polity Press
畑博行・水上千之編1997『国際人権法概論』有信堂高文社
林博史2001『沖縄戦と民衆』大月書店
――2014『暴力と差別としての米軍基地：沖縄と植民地――基地形成の歴史』かもがわ出版
間弘志2000「奄美・先島からの流入」『沖縄を知る事典』日外アソシエーツ：76-77
――2003『全記録――分離期・軍政下時代の奄美復帰運動、文化運動』南方新社
Heilperin, M. 1960, *Studies in Economic Nationalism*, Librairie Minard
比嘉幹郎1965『沖縄――政治と政党』中央公論社（中公新書67）
――1971「沖縄自治州構想論（抄）」『中央公論』1971年12月号
――1975「政党の結成と性格」宮里政玄編『戦後沖縄の政治と法――1945－1972年』東京大学出版会：213-269
比嘉康文2004『[沖縄独立］の系譜』琉球新報社
樋口直人2006「分野別研究動向（移民・エスニシティ・ナショナリズム）」『社会学評論』57（3）：634-649
――2014『日本型排外主義――在特会・外国人参政権・東アジア地政学』名古屋大学出版会
比屋根照夫1981『近代日本と伊波普猷』三一書房
――1996『近代沖縄の精神史』社会評論社
――2011「『琉球亡国』に深い同情」『琉球処分を問う』琉球新報社（新報新書２）：89-126
比屋根照夫・我部政男1975「土地闘争の意義」『国際政治』第52号
Hirschfield, L. 1996, *Race in the Making: Cognition, Culture, and the Child's Construction of Human Kinds*, MIT Press
Hobsbawm, E. & Ranger, T. eds. 1983, *The Invention of Tradition*, Cambridge University Press（＝1992 前川啓治・梶原景昭訳『創られた伝統』紀伊国屋書店）
外間守善1993『増補新版・伊波普猷論』平凡社
外間米子1986「屈辱と栄光からの出発」宮里悦編『沖縄・女たちの戦後――焼土からの出発』（沖縄婦人運動史研究会）ひるぎ社：5-70
――2007「占領下の女性たち」那覇歴史博物館編『戦後をたどる――「アメリカ世」から「ヤマトの世」へ』（那覇市史：通史篇第３巻〈現代史〉改題）琉球新報社
保坂廣志1990「戦後沖縄の新聞と放送」東江平之・宮城悦二郎・保坂廣志編『大田昌秀教授退官記念論文集「沖縄を考える」』大田昌秀先生退官記念事業会
星名宏修2003「『植民地は天国だった』のか――沖縄人の台湾体験」西成彦・原毅彦編『複数の沖縄――ディアスポラから希望へ』人文書院：169-196
Hunt, S., Benford, R., and Snow, D. 1994, "Identity Fields: Framing Processes and the Social Construction of Movement Identities", Enrique Laraña, Hank Johnston, and Joseph Gusfield eds., *New Social Movements: From Ideologies to Identity*, Temple University: 185-208
市川英雄2009『糸満漁業の展開構造――沖縄・奄美を中心として』沖縄タイムス社
市川正明編1996『朝鮮半島近現代史年表・主要文書』原書房
伊波普猷著、服部四郎・仲宗根政善・外間守善編1974-76『伊波普猷全集』平凡社
池田慎太郎2006「占領初期沖縄における米信託統治論と独立論」『沖縄戦と米国の沖縄占領に関する

総合的研究（別刷）』（研究代表者・我部政男）平成14年度～平成17年度科学研究費補助金〈基盤研究（A)〉研究成果報告書：195-207
――2007「ある南洋開拓者にみる戦前と戦後――パラオ開拓から『琉球独立』へ」浅野豊美編『南洋群島と帝国・国際秩序』慈学社出版：267-295
池宮正治2003「祭祀（神歌・儀礼・のろ制度）と文学のなかの女性」豊見山和行編『（日本の時代史18）琉球・沖縄史の世界』吉川弘文館：196-213
池宮城秀正2009『琉球列島における公共部門の経済活動』同文館出版
いれいたかし1982『沖縄人にとっての戦後』朝日新聞（朝日選書201）
伊佐眞一2007『伊波普猷批判序説』影書房
――2016a「謝花昇と沖縄倶楽部の結成」『沖縄文化研究』43号：79-127
――2016b『沖縄と日本《ヤマト》の間で――伊波普猷・帝大卒論への道』（上・中・下巻）琉球新報社
石田正治2001『沖縄の言論人大田朝敷――その愛郷主義とナショナリズム』彩流社
――2010『愛郷者伊波普猷――戦略としての日琉同祖論』沖縄タイムス社
石原昌家1982『大密貿易の時代――占領初期沖縄の民衆生活』晩聲社（ルポルタージュ叢書25）
――2016『援護法で知る沖縄戦認識――捏造された「真実」と靖国神社合祀』凱風社
石原俊2007『近代日本と小笠原諸島――移動民の島々と帝国』平凡社
伊藤修2007『日本の経済――歴史・現状・論点』中央公論社（中公新書1896）
伊藤るり2010「女の移動と植民地的近代――沖縄のモダンガール現象への接近」伊藤るり・坂元ひろ子・タニ・E. バーロウ編『モダンガールと植民地的近代――東アジアにおける帝国・資本・ジェンダー』岩波書店：232-260
謝花昇著・伊佐眞一編／解説1998『謝花昇集』みすず書房
Jenkins, R. 1997, *Rethinking Ethnicity: Arguments and Explorations*, Sage
自由民主党沖縄県連史編纂委員会2005『戦後60年沖縄の政情――自由民主党沖縄県連史』
Johnston, H. 1991, *Tales of nationalism: Catalonia1939-1979*, Rutgers
Johnston H. & Noakes J. eds. 2005, *Frames of Protest: Social Movements and the Framing Perspective*, Rowman and Littlefield
川平成雄2011『沖縄　空白の一年1945-1946』吉川弘文館
梶田孝道［1992］1996「国際社会学とは何か」梶田孝道編『国際社会学（第２版）――国家を超える現象をどうとらえるか』名古屋大学出版会：１-26
嘉数啓1983「沖縄経済自立への道」『新沖縄文学』56号
金戸幸子2007「1930年前後の八重山女性の植民地台湾への移動を促したプル要因――台湾における植民地的近代と女性の職業の拡大をめぐって」『移民研究』第３号：１-26
鹿野政直1987『戦後沖縄の思想像』朝日新聞社
――1993『沖縄の淵――伊波普猷とその時代』岩波書店
片桐雅隆2006『認知社会学の構想――カテゴリー・自己・社会』世界思想社
加藤久子2012『海の狩人沖縄漁民――糸満ウミンチュの歴史と生活誌』現代書館
――2015「沖縄戦で失われた集落の再建と米国の統治法規による占領政策」『沖縄文化研究』第24号：405-433
加藤政洋2011『那覇――戦後の都市復興と歓楽街』FOREST
加藤哲郎・国場幸太郎編／解説2004『沖縄の非合法共産党資料（一九五三―五七）』不二出版（戦後初期沖縄解放運動資料集第二巻）
Kedourie,［1960］1993, *Nationalism*, Blackwell, 4th Edition（＝2003小林正行・栄田卓弘・奥村大作訳『ナショナリズム』学文社、第二版）
北村毅2008「戦死者遺骨のナショナリティ――1952年の沖縄をめぐる『遺骨野ざらし』問題」『琉球・沖縄研究』第２号：41-56

——2009『死者たちの戦後誌——沖縄戦跡をめぐる人びとの記憶』御茶の水書房
金城正篤・高良倉吉1984『「沖縄学」の父・伊波普猷』清水新書
Kladermans, B. 1984, "Mobilization and participation: social-psychological expansions of resource mobilization theory", *American Sociological Review*, 49: 583–600
Kohn, H. [1944] 1961, *Idea of Nationalism*, Macmillan
小井土彰宏1993「梶田孝道著『新しい民族問題——EC 統合とエスニシティ』」『社会学評論』44（3）：345–346
——［1995］2005「エスニシティ」宮島喬編『現代社会学（改訂版）』有斐閣
——2002「境界をめぐる思考——国際社会学的な視点の社会学にとっての意味」『一橋論叢』127（4）：446–461
小池康仁2015『琉球の「密貿易」と境界線—1949-1951』森話社
小松寛2015『日本復帰と反復帰——戦後沖縄ナショナリズムの展開』早稲田大学出版部
国場幸太郎2001「沖縄非合法共産党ノート」１～８『沖縄タイムス』８月14日～25日
——2003「米軍統治下における CIC と世論操作／人民党と非合法共産党」「沖縄を知る辞典」編集委員会編『沖縄を深く知る事典』日外アソシエーツ：72–79
小松寛2012「屋良朝苗の日本復帰運動の原点——一九五三年の全国行脚」『沖縄文化』第46巻２号：112（2012年11月）
近藤健一郎2006『近代沖縄における教育と国民統合』北海道大学出版会
小坂井敏晶2002『民族という虚構』東京大学出版会
河野康子1994『沖縄返還をめぐる政治と外交——日米関係史の文脈』東京大学出版会
桑江朝幸1951「なぜ？獨立を主張するか」『琉球経済・特集琉球歸屬論』：18–21
——1991『土がある明日がある——桑江朝幸回顧録』沖縄タイムス社
桑田三郎1959『沖縄住民の国際法的地位』南方同胞援護会
Kymlicka, W. 1995, *Multicultural Citizenship: A Liberal Theory of Minority Rights,* Oxford University Press（＝1998角田猛之・石山文彦・山崎康仕監訳『多文化時代の市民権——マイノリティの権利と自由主義』晃洋書房）
林泉忠（Lim, Chuan-tiong）2005『「辺境東アジア」のアイデンティティ・ポリティクス——沖縄・台湾・香港』明石書店
Mann, M. 1993, *The Sources of Social Power Vol.2: The Rise of Classes and Nation-States, 1760–1914*, Cambridge University Press（＝2005森本醇・君塚直隆訳『ソーシャル・パワー：社会的な〈力〉の世界歴史Ⅱ——階級と国民国家の「長い19世紀」（上）（下）』NTT 出版）
Marshall, T.H. & Bottomore, T. 1992, *Citizenship and Social Class*, Pluto（＝1993岩崎信彦・中村健吾訳『シティズンシップと社会的階級：近現代を総括するマニフェスト』法律文化社）
又吉盛清1990『日本植民地下の台湾と沖縄』沖縄あき書房
——2005『日露戦争百年——沖縄人と中国の戦場』同時代社
松田ヒロ子2008a「第四部・総説」蘭信三編『日本帝国をめぐる人口移動の国際社会学』不二出版
——2008b「沖縄県八重山地方から植民地下台湾への人の移動」蘭信三編『日本帝国をめぐる人口移動の国際社会学』不二出版：529–558
松田賀孝1981『戦後沖縄社会経済史研究』東京大学出版会
松島泰勝2006『琉球の「自治」』藤原書店
——2012『琉球独立への道——植民地主義に抗う琉球ナショナリズム』法律文化社
Mayall, J. 1990, *Nationalism and International Society*, Cambridge University Press
三上絢子2013『米国軍政下の奄美・沖縄経済』南方新社
Mill, J.S. 1861, *Considerations on Representative Government*（＝1972水田洋・田中浩訳「代議制統治論」『ミル・自由について・功利主義・代議制統治論・社会主義論集』世界の大思想28、河出書

房新社）
南川文里2007『「日系アメリカ人」の歴史社会学――エスニシティ、人種、ナショナリズム』彩流社
嶺井政和2000『流大が燃えた日』（私家本：琉球大学付属図書館所蔵）
宮城悦二郎1982『占領者の眼――アメリカ人は〈沖縄〉をどう見たか』那覇出版社
――1992『沖縄占領の27年間――アメリカ軍政と文化の変容』岩波書店（岩波ブックレット No.268）
――1993『占領27年――為政者たちの証言』ひるぎ社（おきなわ文庫65）
――1994a「ワトキンス・ペーパーの背景とその資料的価値」ワトキンス文書刊行委員会編『沖縄戦後初期占領資料 Papers of James T. Watkins Ⅳ：解題・総目次』：7－13
――1994b「ワトキンス周辺の人々」ワトキンス文書刊行委員会編『沖縄戦後初期占領資料 Papers of James T. Watkins Ⅳ：解題・総目次』：15-28
――1996「解題『琉球列島の沖縄人――日本の少数民族』について」『沖縄県史　資料編２　琉球列島の沖縄人・他・沖縄戦２（和訳編）』：３－６
宮城晴美2000「米兵による性犯罪」「沖縄を知る事典」編集委員会編『沖縄を知る事典』日外アソシエーツ：70-71
宮里栄輝1974「宮里栄輝回顧譚」『沖縄思潮』１号－４号
宮里栄輝85歳トゥシビーを祝う実行委員会1982『沖縄とともに・宮里栄輝の足跡』
宮里一夫1994『〈ウチナー〉見果てぬ夢――宮里栄輝とその時代』ボーダーインク
宮里政玄2000『日米関係と沖縄 一九四五―一九七二』岩波書店
――2003「沖縄の軍政」『現代思想』第31巻第11号（2003/９）
門奈直樹1970『沖縄言論統制史』現代ジャーナリズム出版会
Mooney, P. & Hunt, S. 1996, "A Repertoire of Interpretations: Master Frames and Ideological Continuity in U.S. Agrarian Mobilization", *Sociological Quarterly*, Vol.37: 177-97
森口豁1995『ヤマト嫌い――沖縄言論人池宮城秀意の反骨』講談社
森宣雄2000「琉球は『処分』されたか――近代琉球対外関係史の再考」『歴史評論』No.603：44-59
――2010『地《つち》のなかの革命――沖縄戦後史における存在の解放』現代企画室
森宣雄・国場幸太郎編／解説2005『沖縄非合法共産党と奄美・日本（一九四四―六三）』不二出版（戦後初期沖縄解放運動資料集第３巻）
中島岳志2005『ナショナリズムと宗教――現代インドのヒンドゥー・ナショナリズム運動』春風社
中村安太郎1984『祖国への道（抗米八年 奄美の復帰運動史）』文理閣
中野剛志2008『国力論――経済ナショナリズムの系譜』以文社
中野好夫編1969『戦後資料沖縄』日本評論新社
中野好夫・新崎盛暉1976『沖縄戦後史』岩波書店（岩波新書981）
仲宗根源和1973［1955］『沖縄から琉球へ――米軍政混乱期の政治事件史』月刊沖縄社
仲宗根みさを1987『仲宗根源和伝』月刊政経情報社
仲吉良光1964『日本復帰運動記――私の回想から』沖縄タイムス社
波平恒夫2006「アメリカ軍政下の戦後復興――1950年前後の沖縄、そして奄美」中野敏男・波平恒夫・屋嘉比収・李孝徳編著『沖縄の占領と日本の復興――植民地主義はいかに継続したか』青弓社
――2014『近代東アジア史のなかの琉球併合――中華世界秩序から植民地帝国日本へ』岩波書店
南方同胞援護会編1968『沖縄問題基本資料集』
――1972『沖縄復帰の記録』
西原諄1975「戸籍法制の変遷と問題点」宮里政玄編『戦後沖縄の政治と法一九四五―一九七二』東京大学出版会
西村雄郎編著2006『阪神都市圏における都市マイノリティ層の研究――神戸在住「奄美」出身者を中心として』社会評論社

西里喜行1982『近代沖縄の寄留商人』ひるぎ社（おきなわ文庫01）
——2004「旧慣温存の県政と新旧諸階層」安里進・高良倉吉・田名真之・豊見山和行・西里喜行・真栄平房昭『(県史47) 沖縄県の歴史』山川出版社：240-254
——2005『清末中琉日関係史の研究』京都大学学術出版会
——2011「社稷（国家）存亡の危機と救国請願」『琉球処分を問う』琉球新報社（新報新書２）：６-41
野入直美2008「生活史から見る沖縄・台湾間の双方向的移動」蘭信三編『日本帝国をめぐる人口移動の国際社会学』不二出版：559-592
——2011「植民地台湾における沖縄出身者——引揚者在外事実調査から見えてくるもの」蘭信三編『帝国崩壊とひとの再移動——引揚げ、送還、そして残留』勉誠出版：159-169
岡倉古士郎・牧瀬恒二編1969『資料沖縄問題』労働旬報社
小川浩之2012『英連邦——王冠への忠誠と自由な連合』中央公論新社
小川忠2012『戦後米国の沖縄文化戦略——琉球大学とミシガン・ミッション』岩波書店
小熊英二1995『単一民族神話の起源——「日本人」の自画像の系譜』新曜社
——1998『〈日本人〉の境界——沖縄・アイヌ・台湾・朝鮮　植民地支配から復帰運動まで』新曜社
岡本隆司2004『属国と自主のあいだ——近代清韓関係と東アジアの命運』名古屋大学出版会
岡野宣勝2003「ハワイ沖縄系移民の言説」『アジア遊学』53：141-149
——2007「占領者と被占領者のはざまを生きる移民——アメリカの沖縄統治政策とハワイのオキナワ人」『移民研究年報』13：３-22
——2008a「戦時下ハワイにおける米軍の沖縄移民研究——米国文化人類学者が紡ぎ出す民族論と心理作戦」『常民文化』31：１-23
——2008b「戦後ハワイにおける『沖縄問題』の展開——米国の沖縄統治政策と沖縄移民の関係について」『移民研究』４：１-30
——2010「戦前のハワイ日系社会における『ナイチ人／オキナワ人』関係について——『日琉同祖論』と『日琉異祖論』の対峙」『民俗学研究紀要』34：111-137
——2011「二重のマイノリティからマイノリティへ——ハワイ沖縄系移民史にみる社会的カテゴリーの変遷」日本移民学会編『移民研究と多文化共生』御茶の水書房
沖縄朝日新聞社1953『沖縄大観』
沖縄群島政府統計課編1952『沖縄群島要覧1950年版』琉球文教図書
沖縄人民党史編集刊行委員会1985『沖縄人民党の歴史』
沖縄県祖国復帰闘争史編纂委員会1982『沖縄県祖国復帰闘争史・資料編』沖縄時事出版
沖縄タイムス社編1971『沖縄の証言——激動の25年誌』（上巻）沖縄タイムス社
——1973『沖縄の証言——激動の25年誌』（下巻）沖縄タイムス社
——1998『庶民がつづる沖縄戦後生活史』沖縄タイムス社
「沖縄を知る事典」編集委員会編2000『沖縄を知る事典』日外アソシエーツ
——2003『沖縄を深く知る事典』日外アソシエーツ
奥平一2010『戦後沖縄教育運動史——復帰運動における沖縄教職員会の光と影』ボーダーインク
小野百合子2010「『沖縄軍用地問題』に対する本土側の反響の考察——日本社会と『沖縄問題』の出会い／出会い損ない」『沖縄文化研究』36：317-358
大井由紀2006「トランスナショナリズムにおける移民と国家」『社会学評論』57（１）：143-156
大西照雄1995『「沖縄の太陽」物語』あけぼの出版
大沼保昭1998『人権、国家、文明——普遍主義的人権観から文際的人権観へ』筑摩書房
大里康永1969［1935］『沖縄の自由民権運動——先駆者謝花昇の思想と行動』太平出版社
大城肇1993「島嶼経済の構造的不均衡と経済自立——沖縄県経済の場合」『經濟研究』45号：23-54
大城立裕1972『同化と異化のはざまで』潮出版社

太田朝敷1932『沖縄縣政五十年』国民教育社
大田昌秀1996［1967］『新版・沖縄の民衆意識』新泉社
——1996［1984］『沖縄の帝王高等弁務官』朝日新聞社（朝日文庫）
太田好信2001『民族誌的近代への介入——文化を語る権利は誰にあるのか』人文書院
——2003『現代人類学の射程——人類学と脱植民地化』岩波書店
大内義徳1995「アメリカの対沖縄占領教育政策」『沖縄文化研究』21：257-383
大山朝常1997『沖縄独立宣言——ヤマトは帰るべき「祖国」ではなかった』現代書林
Özkirimli U. 2000, *Theories of Nationalism: A Critical Introduction*, Palgrave
——, 2005, *Contemporary Debates on Nationalism: A Critical Engagement*, Palgrave
Price, 2004, *Threatening Anthropology: McCarthyism and the FBI's Surveillance of Activist Anthropologists*, Duke University Press
——, 2008, *Anthropological Intelligence: The Development and Neglect of American Anthropology*, Duke University Press
琉球大学教授職員会・大学人九条の会沖縄編2010『琉大事件とは何だったのか』
琉球銀行調査部編1984『戦後沖縄経済史』
琉球新報社編1992『ことばに見る沖縄戦後史』①②ニライ社
——2000『沖縄20世紀の光芒』琉球新報社
琉球政府1955『経済振興第一次五ヵ年計画書』
琉球政府労働局編1967『資料：琉球勞働運動史：自1956至1958』
坂野徹2005『帝国日本と人類学者——1884-1952年』勁草書房
崎原貢1986「一九四五年当時のアメリカ人の沖縄人観」『沖縄文化研究』12：129-141
——1989「琉球列島の沖縄人・日本の少数民族」『部落解放史・ふくおか』55：112-154
佐木隆三1976『証言記録沖縄住民虐殺』新人物往来社
櫻澤誠2008「沖縄知識人の思想変遷について——仲宗根源和を例に」『NOTRE CRITIQUE——歴史と批評』01：6-18
——2012『沖縄の復帰運動と保革対立——沖縄地域社会の変容』有志舎
佐竹京子編著2003『軍政下奄美の密航・密貿易』南方新社
佐藤成基1995「ネーション・ナショナリズム・エスニシティ——歴史社会学的考察」『思想』No.854
——2008『ナショナル・アイデンティティと領土——戦後ドイツの東方国境をめぐる論争』新曜社
——2009a「国家/社会/ネーション——方法論的ナショナリズムを超えて」佐藤成基編著『ナショナリズムとトランスナショナリズム——変容する公共圏』法政大学出版局：13-31
——2009b「ナショナリズムの理論史」大澤真幸・姜尚中編『ナショナリズム論・入門』有斐閣：39-62
——2016「グローバル化する世界において『ネーション』を再考する——ロジャース・ブルーベイカーのネーション中心的アプローチについて」ロジャース・ブルーベイカー著、佐藤成基・高橋誠一・岩城邦義・吉田公記編訳『グローバル化する世界と「帰属の政治」——移民・シティズンシップ・国民国家』明石書店：303-338
瀬長亀次郎1951「日本人民と結合せよ」『世論週報：特集號：日本復歸論』
千田夏光・池原秀明・相原宏1996『素顔の反戦地主——沖縄の心をともに生きる』ふきのとう書房
後田多敦2009『琉球の国家祭祀制度——その変容・解体過程』出版舎 Mugen
——2010『琉球救国運動——抗日の思想と行動』出版舎 Mugen
——2013「琉球国滅亡後の国家祭祀と中城御殿」『南島文化』第35号
島袋邦1975「住民の政治的動向」宮里政玄編『戦後沖縄の政治と法——1945-72年』東京大学出版会：117-151
篠田英朗2007『国際社会の秩序』シリーズ国際関係論１、東京大学出版会

——2012『国家主権という思想——国際立憲主義への軌跡』勁草書房
新沖縄フォーラム刊行会議2003『季刊けーし風』第40号（2003・9）
塩川伸明2004『多民族国家ソ連の興亡1：民族と言語』岩波書店
——2007『多民族国家ソ連の興亡2：国家の構築と解体』岩波書店
——2008『民族とネイション——ナショナリズムという難問』岩波書店（岩波新書1156）
Shiraishi, T. 1990, *An Age in Motion: Popular Radicalism in Java 1912-1926*, Cornell University Press
Smith, A.D. 1979, *Nationalism in the Twentieth Century*, Martin Robertson（＝1995巣山靖司監訳『20世紀のナショナリズム』法律文化社）
——, 1986, *The Ethnic Origins of Nations*, Blackwell（＝1999巣山靖司・高城和義他訳『ネイションとエスニシティ——歴史社会学的考察』名古屋大学出版会）
Smits, G. 1999, *Visions of Ryukyu: Identity and Ideology in Early-Modern Thought and Politics*, University of Hawai'i Press（＝2011渡辺美季訳『琉球王国の自画像——近世沖縄思想史』ぺりかん社）
Smits 2015a "New Cultures, New Identities:Becoming Okinawan and Japanese in Nineteenth-Century Ryukyu" in Peter Nosco, James E. Ketelaar, and Yasunori Kojima eds., *Values, Identity, and Equality in Eighteenth- and Nineteenth-Century Japan*, Brill: 159–178
——, 2015b "Rethinking Ryukyu" in *International Journal of Okinawan Studies*, Vol6: 1–19
Snow, D. 2004, "Framing Processes, Ideology, and Discursive Fields", in Snow, D., Soule, S., Kriesi, H. eds., *The Blackwell Companion to Social Movements*, Blackwell: 380–412（Ch.17）
——, 2008, "Elaborating the Discursive Contexts of Framing: Discursive Fields and Spaces", *Studies in Symbolic Interaction*, Volume 30: 3–28
Snow, D., Rochford, B., Worden, S., Benford, R. 1986, "Frame Alignment Processes, Micromobilization, and Movement Participation" *American Sociological Review*, 51: 464–81
Snow, D. & Benford, R. 1988, "Ideology, Frame Resonance, and Participant Mobilization", in *International Social Movement Research*, Vol.1: 197–217
——, 1992, "Master Frames and Cycles of Protest", in Morris, A. & Mueller, C. eds., *Frontiers in Social Movement Theory*, Yale University Press: 133–155
Snow, D. & McAdam, D. 2000, "Identity Work Processes in the Context of Social Movements: Clarifying the Identity/Movement Nexus" Sheldon Stryker, Timothy J. Owens and Robert W. White eds., *Self, Identity, and Social Movements*, University of Minnesota Press: 41–67
園田節子2009『南北アメリカ華民と近代中国——19世紀トランスナショナル・マイグレーション』東京大学出版会
Stalin, 1914, Marksizm I natsional 'nyi vopros,（＝1953スターリン全集刊行会訳「マルクス主義と民族問題」『スターリン全集第二巻』大月書店）
Steinberg, M. 1998, "Tilting the frame: Considerations on collective action framing from a discursive turn", *Theory and Society*, 27: 845–72
——, 1999, "The Talk and Back Talk of Collective Action: A Dialogic Analysis of Repertoires of Discourse among Nineteenth-Century English Cotton Spinners", *The American Journal of Sociology*, Vol.105 No.3: 736–780
末次一郎1968「沖縄返還と国民運動」南方同胞援護会編『沖縄復帰への道』
杉原洋2005「『北緯三〇度』とは何だったか」鹿児島県地方自治研究所編『奄美戦後史——揺れる奄美、変容の諸相』南方新社：65–96
Swart, W. 1995, "The league of Nations and the Irish Question: Master Frames, Cycle of Protest, and the 'Master Frame Alignment' ", *The Sociological Quarterly*, Vol.36: 465–81
Swidler, A. 1986, "Culture in action: symbols and strategies", *American Sociological Review*, 51: 273–86
高橋順子2011『沖縄〈復帰〉の構造——ナショナル・アイデンティティの編成過程』新宿書房

高橋孝代2006『境界性の人類学――重層する沖永良部島民のアイデンティティ』弘文堂
――2007「奄美・沖永良部島の近現代と『脱沖入日』」吉成直樹編『声とかたちのアイヌ・琉球史』森話社（叢書・文化学の越境15）
高嶺朝光1973『新聞五十年』沖縄タイムス社
高嶺明達1952『太平洋の孤児（米国統治下の琉球）』沖縄通商
高良倉吉2004「風土と人間――強い自己意識を持つ島々」『(県史47) 沖縄県の歴史』山川出版社：2-11
平良浩1972『父・平良辰雄を語る』「父・平良辰雄を語る」刊行会
平良勝保2011『近代日本最初の『植民地』沖縄と旧慣調査―1872-1908』藤原書店
平良辰雄1963『平良辰雄回顧録――戦後の政界裏面史』南報社
平良好利2012『戦後沖縄と米軍基地――「受容」と「拒絶」のはざまで1945年～1972年』法政大学出版会
竹沢泰子編2005『人種概念の普遍性を問う――西洋的パラダイムを超えて』人文書院
Tamir, Y. 1993, *Liberal Nationalism*, Princeton University Press（＝2006押村高・高橋愛子・森分大輔・森達也訳『リベラルなナショナリズムとは』夏目書房）
田名真之2003「琉球的身分制の成立」豊見山和行編『(日本の時代史18) 琉球・沖縄史の世界』吉川弘文館：177-184
田中克彦1991［1978］『言語からみた民族と国家』岩波書店（同時代ライブラリー81）
――2002「ヨシフ・V・スターリン『マルクス主義と民族問題』」大澤真幸編『ナショナリズム論の名著50』平凡社
――2003［1975］『言語の思想――国家と民族のことば』岩波書店（岩波現代文庫学術100）
Tarrow, S.［1994］1998, *Power in Movement: Social Movement and Contentious Politics*, 2nd ed., Cambridge University Press（＝2006大畑裕嗣監訳『社会運動の力――集合行為の比較社会学』彩流社）
照屋信治2014『近代沖縄教育と「沖縄人」意識の行方――沖縄県教育会機関誌「琉球教育」「沖縄教育」の研究』溪水社
Tilly, C. 1995, "Contentious Repertoires in Britain, 1758-1834", Mark Trauggott ed., *Repertoires and cycles of collective Action*, Duke University Press: 1-42
――, 2005, *Identities, Boundaries & Social Ties*, Paradigm
戸邉秀明2002「一九五〇年代沖縄教職員会の地域『診断』――教育研究集会の問題構制を中心に」『史観』第147冊：1-16
――2008「『戦後』沖縄における復帰運動の出発――教員層から見る戦場後／占領下の社会と運動」『日本史研究』547：102-124
――2012「越境者たちの復帰運動――1950年代前半における在日沖縄人学生の組織と意識」『沖縄文化研究』38：435-508
土地連三十周年記念誌編集委員会編1985『土地連のあゆみ――創立三十年史―資料編』
――1989『土地連のあゆみ――創立三十年史―通史編』
徳田匡2016「人種主義の深淵――伊波普猷における優生学と帝国再編」『現代思想』Vol.44-2：160-183
富川盛武1987『魂落ちゃる沖縄人――人間、文化、風土の視点から見た沖縄経済』新星図書出版
冨山一郎1990『近代日本社会と「沖縄人」――「日本人」になるということ』日本経済評論社
――2002『暴力の予感――伊波普猷における危機の問題』岩波書店
――［1995］2006『増補・戦場の記憶』、日本経済評論社
――2005「『南島人』とは誰かのことか」竹沢泰子編『人種概念の普遍性を問う――西欧的パラダイムを超えて』人文書院：255-275

豊見山和行2003「琉球・沖縄史の世界」豊見山和行編『(日本の時代史18) 琉球・沖縄史の世界』吉川弘文館：7–83
——2004a「士族社会の成立と儒教イデオロギー」安里進・高良倉吉・田名真之・豊見山和行・西里喜行・真栄平房昭『(県史47) 沖縄県の歴史』山川出版社：166–173
——2004b『琉球王国の外交と王権』吉川弘文館
——2011「近世琉球の士と民（百姓)」大橋幸泰・深谷克己編『(〈江戸〉の人と身分６）身分論を広げる』吉川弘文館：157–182
——2016「琉球言葉と大和言葉をめぐる外交と交流——覚書き」『沖縄文化』第50巻１号：43–51
鳥山淳1997「揺らぐ〈日本人〉——敗戦から日本復帰運動までの始動を中心に」『沖縄関係学研究論』第３号：49–65
——1998「『沖縄の自治』への渇望——戦後初期政党関係史料を中心にみる政治意識」『沖縄県史研究紀要』第４号：61–80
——2002「戦後初期沖縄における自治の希求と屈折」『年報　日本現代史』第８号：181–213
——2004「破綻する〈現実主義〉——『島ぐるみ闘争』へと転化する一つの潮流」『沖縄文化研究』30：113–156
——2013a『沖縄／基地社会の起源と相克1945–1956』勁草書房
——2013b「立法院発足前の沖縄群島一九四五年（昭和二〇）～一九五二年（昭和二七)」『沖縄県議会史　第二巻　通史編２』
鳥山淳・国場幸太郎編／解説2005『戦後初期沖縄解放運動資料集：第１巻：米軍政下沖縄の人民党と社会運動（一九四七—五八年)』不二出版
当山正喜1982『沖縄戦後史・政治の舞台裏・政党政治編』沖縄あき書房
鶴見太郎2012『ロシア・シオニズムの想像力——ユダヤ人・帝国・パレスチナ』東京大学出版会
上地聡子2006「日本『復帰』署名運動の担い手——行政機構と沖縄青年連合会」『沖縄文化』第40巻２号：109–129
——2008「競われた青写真——1951年の帰属議論における『復帰』支持と、論じられなかったもの」『琉球・沖縄研究』第２号：７–40
——2013「ハワイと東京をつなぐ試み——与世盛智郎と玉代勢法雲の1951年「復帰」支持を中心に」『琉球・沖縄研究』第４号：81–102
若林千代2002「第二次世界大戦後の沖縄における政治組織の形成、一九四五年——九五一年——沖縄人民党を中心にして」『沖縄文化研究』第28：291–350
——2015『ジープと砂塵——米軍占領下沖縄の政治社会と東アジア冷戦1945–1950（フロンティア現代史)』有志舎
渡辺昭夫1970『戦後日本の政治と外交——沖縄問題をめぐる政治過程』福村出版
渡辺美季2011「鄭秉哲の唐旅・大和旅——皇帝と話をした琉球人」村井章介・三谷博編『琉球からみた世界史』山川出版社
——2012『近世琉球と中日関係』吉川弘文館
Weber, M. 1920, “Die Wirtshaftsethik der Weltreligionen”, in Max Weber, Gesammelte Aufsätze Zur Religionssoziologie, Vol.I, Mohr（= “The Social Psychology of the World Religions”, in［1948］2009, *From Max Weber—Essays in Sociology*, translated, edite, and with an introduction by H.H. Gerth and C.W. Mills, Routledge）
Weil, P. 2005, *Qu'est-Ce Qu'un Francais? Histoire de la nationalité française depuis la Révolution, Galimard, Edition revue et augmentée*（= 2008 translated by Catherine Porter, *How to be French: Nationality in the making since 1789*, Duke University Press）
Williams, R. 1995, “Constructing the Public Good: Social Movements and Cultural Resources”, *Social Problems*, Vol.42, 124–44

——, 2004, "The Cultural Contexts of Collective Action: Constraints, Opportunities, and the Symbolic Life of Social Movements", in Snow, D., Soule, S., Kriesi, H. eds., *The Blackwell Companion to Social Movements*, Oxford, Blackwell: 91–115

Williams, R. and Benford, R. 2000, "Two Faces of Collective Action Frames: A Theoretical Consideration", *Current Perspectives in Social Theory*, Vol.20: 127–151

Williams, R. and Kubal, T. 1999, "Movement Frames and the Cultural Environment: Resonance, Failure, and the boundaries of the legitimate", *Research in Social Movements, Conflicts and Change*, Vol.21: 225–248

Wimmer, A. 2002, *Nationalist Exclusion and Ethnic Conflict: Shadows of Modernity*, Cambridge University Press

——, 2008a, "The making and Unmaking of the Ethnic boundaries: A Multilevel Process Theory", in *American Journal of Sociology* ,Vol.113 (4): 970–1022

——, 2008b, "Elementary Strategies of Ethnic Boundary Making", in *Ethnic and Racial studies*,Vol.31 (6)

Wimmer, A. & GlickSchiller, N. 2002, "Methodological Nationalism and Beyond: Nation-States Building, Migration and the Social Sciences" in *Global Networks*, 2 (4): 301–334

屋嘉比収2003「『国境』の顕現——沖縄与那国の密貿易終息の背景」『現代思想』第31巻11号（2003/ 9 ）

——2010『〈近代沖縄〉の知識人——島袋全発の軌跡』吉川弘文館

山里勝己2010『琉大物語1947–1972』琉球新報社

山室信一2001『思想課題としてのアジア——基軸・連鎖・投企』岩波書店

Yamazaki, T. 2003, "Politicizing Territory: The Transformation of Land Struggle in Okinawa, 1956",『人文研究』54（第 3 分冊）：31–65

山崎孝史2005「戦後沖縄における社会運動と投票行動の関係性に関する政治地理学的研究（平成15年度～平成16年度科学研究費（基盤研究（C）（２））研究成果報告書）大阪市立大学大学院文学研究科

——2007「戦後沖縄の境界・領域と政治行動——領土の分離・統合と闘争のイデオロギー」『史林』90（ 1 ）：179–209

屋良朝苗編著1968『沖縄教職員会16年——祖国復帰・日本国民としての教育をめざして』労働旬報社

——著1969a（屋良さんを励ます会編）『沖縄はだまっていられない——遥かなる本土への直訴状』エール出版社

——編著1969b（沖縄教職員会協力）『沖縄の夜明け——いのちを守る闘い』あゆみ出版

——1971「私の履歴書」日本経済新聞社編『私の履歴書：42』

与那国暹2001『戦後沖縄の社会変動と近代化——米軍支配と大衆運動のダイナミズム』沖縄タイムス社（タイムス選書Ⅱ-13）

與那覇潤2009『翻訳の政治学——近代東アジア世界の形成と日琉関係の変容』岩波書店

吉田嗣延1976『小さな闘いの日々——沖縄復帰のうらばなし』文教商事

吉本秀子2015『米国の沖縄占領と情報政策——軍事主義の矛盾とカモフラージュ』春風社

吉野耕作1993「梶田孝道編『国際社会学——国家を超える現象をどうとらえるか』」『アジア経済』XXXIV–2（1993. 2）：94–97

——2005「ネーションとナショナリズムの社会学」梶田孝道編『新・国際社会学』名古屋大学出版会：43–64

Yu-Jose, Lydia N. 2002, *Filipinos in Japan and Okinawa 1880s~1972*, Research Institute for the Languages and Cultures of Asia and Africa, Tokyo University of Foreign Studies

Zelizer, V. & Tilly, C. 2007, "Relations and Categories", in Markman, A. & Ross, B. eds., *Categories in Use*, A Volume In The Psychology of Learning and Motivation Vol.47, Academic Press（Elsevier）: 1–31

著者略歴

坂下　雅一（さかした・まさかず）

1968年生まれ。慶應義塾大学法学部卒業。

1991年～2001年、NHK記者。ロンドン大学ロンドン・スクール・オブ・エコノミクス修士課程、一橋大学大学院社会学研究科修士課程を経て、
2014年一橋大学大学院社会学研究科博士後期課程修了。博士（社会学）。

2015年４月から2017年３月まで一橋大学大学院社会学研究科特任講師（ジュニアフェロー）。

2017年４月より一橋大学大学院社会学研究科特別研究員。

この他、東洋英和女学院大学、国士舘大学等で非常勤講師。


「沖縄県民」の起源―戦後沖縄型ナショナル・アイデンティティの生成過程 1945-1956

2017年２月28日　　初　版　第１刷発行　　〔検印省略〕

／発行者　髙橋　明義　　印刷　亜細亜印刷／製本　ブロケード

東京都文京区本郷1-8-1　振替　00161-8-141750
〒113-0033　TEL　(03)3813-4511
FAX　(03)3813-4514
http://www.yushindo.co.jp
ISBN978-4-8420-6588-5

発行所
株式会社　有信堂高文社
Printed in Japan